Schulz
Geschichte
des antiken Griechenland

Reclam Sachbuch premium

Raimund Schulz

Geschichte des antiken Griechenland

Mit 5 Karten

Reclam

Ich widme das Buch meinem verstorbenen akademischen Lehrer Jochen Bleicken

3., aktualisierte Auflage

RECLAMS UNIVERSAL-BIBLIOTHEK Nr. 14255
2008, 2010, 2022 Philipp Reclam jun. Verlag GmbH,
Siemensstraße 32, 71254 Ditzingen
info@reclam.de
Umschlaggestaltung: Philipp Reclam jun. Verlag GmbH
Umschlagabbildung: Delphi, panhellenischer Kultort,
Hort des Wissens und dadurch wichtiges Kontaktzentrum der Antike
(Foto: Luis Leamus / Alamy Stock Foto).
Kartographie: Anna Schulze, Hannover
Druck und Bindung: Elanders Waiblingen GmbH,
Anton-Schmidt-Straße 15, 71332 Waiblingen
Printed in Germany 2025
RECLAM, UNIVERSAL-BIBLIOTHEK und
RECLAMS UNIVERSAL-BIBLIOTHEK sind eingetragene Marken
der Philipp Reclam jun. GmbH & Co. KG, Stuttgart
ISBN 978-3-15-014255-4
reclam.de

Inhalt

III.

Der Einbruch der Perser und Karthager in die griechische Welt

IV.

Der Aufstieg Athens zur Seemacht und die Entwicklung zur Demokratie

V.

Die griechische Welt im Zeichen des Peloponnesischen Krieges

VI.

Die Expansion Makedoniens unter Philipp und Alexander

VII.

Die Herrschaft der hellenistischen Könige

VIII.

Die griechische Kultur und ihre Begegnung mit fremden Völkern in der Zeit nach Alexander

IX.

Die griechischen Mächte und das Eingreifen Roms in den östlichen Mittelmeerraum

X.

Griechische Politik und Kultur unter der Herrschaft Roms

Einleitung

Eine Gesamtdarstellung der griechischen Geschichte will kein Lexikon sein, sich aber auch nicht damit begnügen, den Forschungsstand sachlich angemessen abzubilden. Bei der Fülle des Materials kommt es auf relevante Schwerpunktsetzungen an, die das Thema strukturieren und wesentliche Charakteristika der Entwicklung herausarbeiten. Erst die Konzentration auf Leitthemen und der Versuch ihrer durchgehenden Bearbeitung ermöglichen es, das Untersuchungsobjekt durch den Vergleich mit anderen Kulturen zu konturieren und im Rahmen der Weltgeschichte zu verorten.

Vor diesem Hintergrund und unter Berücksichtigung jüngerer Forschungstendenzen sind es im Wesentlichen drei Aspekte, die mir beim Zugriff auf das Thema relevant erscheinen. Eine erste Voraussetzung zum Verständnis der griechischen Geschichte ist, dass sie sich trotz aller überregionalen Verbindungen bis zum 6. Jahrhundert eher in einem Randbereich der Weltgeschichte entwickelte. Die Griechen der archaischen Zeit wurden bis zu den Perserkriegen von den weitaus mächtigeren Territorialreichen des ostmediterranen Raums nicht als machtpolitisch oder kulturell gleichrangige Partner wahrgenommen, sondern als umherschweifende Söldner, Händler und Piraten, häufig als geduldete Helfer und noch häufiger als Störenfriede vom Rande der Welt. Ihr Siedlungsland galt als karg und wenig einladend: Weder Bewässerungsanlagen noch große Ströme wie in Ägypten oder in Mesopotamien erleichterten den Ackerbau, die Verkehrsbedingungen waren zu Lande durch Gebirge und Räuber erschwert, und nur an wenigen Stellen gab es reiche Bodenschätze, die eine intensive Ausbeutung lohnten. All dies hat die griechische Halbinsel lange vor der Begehrlichkeit östlicher Territorialmächte bewahrt, andererseits jedoch das Bedürfnis zumal der griechischen Eliten geweckt, den viel mächtigeren Reichen des Ostens originäre Leistungen und Eigenschaften entgegenzustellen, die sie im positiven Sinne als etwas Besonderes darstellten. Anders als die Juden, die sich in einer vergleichbaren Situation befanden, suchte und fand man diese Besonderheit nicht im religiösen, sondern im politischen und – hiervon nicht zu trennen – im militärischen Bereich sowie etwas zeitversetzt in der Kunst. Mit der politisch autonomen und institutionell geordneten Gemeinde (Polis) und der schwerbewaffneten Schlachtreihe ihrer Bürger entwickelten die Griechen Organisationsformen, die keine Parallelen im Osten hatten und auf die sie immer wieder stolz zurückblickten, wenn sie sich von ihrer Umwelt abzuheben suchten.[1]

Eine weitere Eigenschaft, welche die Griechen gegenüber den östlichen Territorialreichen auszeichnete und sie nur mit den Phönikern verband, war ihre ungewöhnliche Mobilität – auch dies eine Überlebensstrategie von Menschen, die den Mächtigen ihre Dienste anbieten, um sich zu behaupten.[2] Seit den Anfängen der griechischen Geschichte segelten Händler und Piraten aus Griechenland durch das gesamte Mittelmeer, übernahmen im Auftrag östlicher Könige wagemutige Expeditionen oder kämpften als Söldner auf einem der zahlreichen Kriegsschauplätze der damals bekannten Welt.[3] Hinzu kamen Siedler, die unter Führung abenteuerlustiger Männer neue Gemeinden an fernen Küsten gründeten und Gastfreundschaften mit auswärtigen Fürsten schlossen. Der Lebensraum der Menschen, welche eine gemeinsame griechische (Schrift-)Sprache benutzten, sich durch gemeinsame Göttervorstellungen, durch Übereinstimmungen in Kunstgeschmack und Literatur, aber

1 Vgl. z. B. Phokylides Frg. 4 (Gentili-Prato): »[...] Eine Polis auf ihrem Felsen, nach der Ordnung lebend und klein, ist besser als das unvernünftige Ninive« (Übers. U. Walter aus: ders., 1993).

2 Die Griechen haben dies spätestens im 5. Jahrhundert als eine ihnen eigentümliche Eigenschaft begriffen; vgl. Herodot 1,56,3; Schlesinger (2000), 129f.

3 Vgl. Giangiulio (1996), 497–525; Purcell (1990), 29–58.

auch durch vergleichbare Strategien der Lebensbewältigung verstanden, reichte deshalb schon früh über das Gebiet hinaus, das wir als das griechische Mutterland bezeichnen; dies gilt besonders für den Osten und den Westen des Mittelmeerraums. Während die Forschung der letzten Jahrzehnte die nie unterbrochene Anbindung der griechischen Kultur an die nahöstlichen Reiche betont, gibt es jedoch nach wie vor Arbeiten, welche den Westen unberücksichtigt lassen oder ihn lediglich als Annex der Entwicklungen des Ägäisraums behandeln. Tatsächlich bestand aber seit der mykenischen Zeit ein steter Austausch zwischen den Siedlungsgruppen im gesamten Mittelmeer und dessen Randgebieten. Diesen Faktoren nachzugehen gehört angesichts der Forderungen nach einer globalen Historie als Kulturtransfer- und Beziehungsgeschichte auch zu den Aufgaben einer Darstellung der griechischen Geschichte.

Ein dritter wesentlicher Aspekt, der in jüngster Zeit auch die deutschsprachige Forschung nach langer Zurückhaltung beschäftigt, ist die Tatsache, dass die beschriebenen Austauschprozesse, die Bildung politischer Organisationsformen und das Selbstverständnis der Individuen in einem hohen Maße von militärischer Gewalt bestimmt waren. Krieg gehört zu den endemischen Begleitumständen und Entwicklungsfaktoren der Antike, doch im Rahmen der griechischen Geschichte nahm er insofern eine besondere Rolle ein, weil von ihm jeder Bürger erfasst wurde, ohne dass er den Befehlen monarchischer Herrscher oder gottgleicher Despoten folgte. Es waren über einen weiten Zeitraum kleine Siedlungsgemeinschaften (Poleis) oder aristokratisch geführte Landsmannschaften (Ethnien), die schon allein aufgrund der begrenzten Ressourcen des Landes Kleinkriege um Wasserstellen, Viehherden oder strategisch wichtige Punkte führten. Kriegerische Bewährung – dies unterscheidet die griechische Geschichte von den altorientalischen Reichen – war zumindest bis in die Zeit des Hellenismus nicht ein Privileg des Herrschers, sondern Aufgabe jedes Einzelnen, der in seiner Siedlung ernst genommen werden wollte.

Dementsprechend vollzogen sich militärische Eroberungen bis in die Zeit Alexanders fast durchweg in Form von territorial begrenzten Kriegen und – auch dies eine Eigentümlichkeit der griechischen Geschichte – in Form von Siedlungsneugründungen. Es gab wohl kein Jahrzehnt der langen griechischen Geschichte bis in die Zeit der Eroberungen Roms, in der nicht irgendwo von irgendwem eine Handelsniederlassung oder Apoikie gegründet wurde, die sich bald als selbständige Polis etablierte. Man nimmt dieses Phänomen häufig als gegeben hin, obwohl es alles andere als selbstverständlich ist. Mir ist jedenfalls keine andere Zivilisation und kein Kulturkreis bekannt, der über rund 1000 Jahre hinweg immer wieder an den entferntesten Winkeln der damals bekannten Welt Siedlungen anlegte und in diesen Gründungen einen Akt höchsten menschlichen Ruhms erblickte. Insofern ist es irreführend, eine bestimmte Epoche der griechischen Geschichte, nämlich die Zeit um 750–500 v. Chr., aufgrund einer stärkeren Häufung von Siedlungsgründungen als »die griechische Kolonisation« zu bezeichnen; sinnvoller wäre es da schon, die gesamte Geschichte der Griechen mit diesem Etikett zu belegen.

Mit der Ausbreitung von Siedlungsgemeinschaften, Kriegen und Handel war – dies ist eine vierte Konstituente der griechischen Geschichte – immer auch eine Neuerung kultureller Äußerungsformen verbunden. Meist konzentriert sich die Forschung auf die Literatur, weil sie über weite Strecken neben den Inschriften die wichtigste historische Quelle ist, doch genauso aussagekräftig ist der gesamte Bereich der Philosophie und der bildenden Kunst. Natürlich kann eine historische Darstellung der Griechen keine Philosophie- oder Kunstgeschichte anstreben, doch gilt es, zumindest bei bestimmten Schlüsselepochen den Gesamtzusammenhang zwischen politischer, gesellschaftlicher und kultureller Entwicklung im Blick zu behalten.

Diese Schwerpunkte werden mit den traditionellen (und vollkommen berechtigten) Interessen im Bereich der Politik- und Verfassungsgeschichte verknüpft, wobei auch hier der Blick über die klassischen Bezugspunkte (Athen und Sparta) hinaus geworfen wird, um zu zeigen, dass die griechische Geschichte keineswegs ihren Höhepunkt in der athenischen Demokratie oder in Alexander dem Großen fand – beides hätten viele Griechen vehement bestritten. Begriffe wie »Höhepunkt« oder »Krise« suggerieren eine teleologische Entwicklung, die nicht der Wahrnehmung der Zeitgenossen – allenfalls einer bestimmten Gruppe unter ihnen – entsprach. Insofern wird man auch nicht umhinkommen, traditionelle Epocheneinteilungen in Frage zu stellen, wenn sie dem Erkenntnisinteresse Barrieren entgegenstellen. Entscheidend sind die großen Linien, ihre Wandlungen und Brüche, welche die griechische Geschichte strukturieren.

Ich danke allen, die mir durch Lektüre, Rat und Kritik bei der Erstellung des Manuskriptes geholfen haben, besonders Ernst Baltrusch, Werner Dahlheim, Boris Dreyer, Stefan Pfeiffer und Uwe Walter.

Für die Neuauflage 2022 habe ich nur dort behutsame Veränderungen vorgenommen, wo die Forschung des letzten Jahrzehnts neue Erkenntnisse zutage förderte und eine Umformulierung oder Ergänzung nötig erschien; dies betraf besonders einige Passagen der Kapitel I–III sowie VII–VIII. Ferner wurden die Literaturhinweise aktualisiert und um relevante Neuerscheinungen ergänzt; dagegen habe ich einige ältere Arbeiten, die in die jüngeren Werke integriert sind und/oder von diesen ersetzt wurden, gestrichen. Von den jüngeren *Companions* wurden nur solche aufgeführt, deren Einzelkapitel mir wirklich instruktiv erschienen. Ich danke allen Kritikern und Lesern für ihre konstruktiven Hinweise.

I.

Das Erbe der mykenischen Kultur und die Ausbreitung der Griechen über den Mittelmeerraum

1. Troja und der Beginn der griechischen Geschichte

Wann begann die griechische Geschichte? Die Griechen selbst hätten wohl auf einen ihrer zahlreichen Mythen verwiesen. Sie alle handelten von den Taten großer Helden, dem Schicksal schöner Frauen und dem Wirken unberechenbarer Götter. Der berühmteste Mythos beginnt so:

Eines Tages, ausgerechnet bei einer Hochzeit, wirft Eris, die Göttin des Streites, einen goldenen Apfel unter die Göttinnen Hera, Aphrodite und Athene. Auf dem Apfel steht »Der Schönsten«. Gezänk entsteht, bis Zeus, der Höchste der Götter, einem jungen Sterblichen namens Paris die Rolle des Schiedsrichters zuerkennt. Paris, dem Sohn des Priamos, der über die mächtige Feste Troja an der kleinasiatischen Küste herrscht, erscheinen die drei Göttinnen. Er soll entscheiden, welche von ihnen die Schönste sei. Eine schwere Wahl, die am Ende auf Aphrodite, die Göttin der Liebe, fällt. Aphrodite belohnt das Urteil mit der Hand der schönsten Sterblichen, Helena. Helena ist allerdings verheiratet mit Menelaos von Sparta, und Paris muss sie entführen. Der betrogene Ehemann ruft darauf seinen mächtigen Bruder Agamemnon und andere Griechen (Achaioi) zum Rachefeldzug gegen Troja. Zehn Jahre dauert die Belagerung, dann fällt die Stadt durch die List des Odysseus und Helena kehrt nach Sparta zurück.

Eine schöne Geschichte, die jeder Grieche kannte und die zu zahllosen Variationen einlud. Doch welche historische Realität steckt dahinter? Die meisten halten das zuerst von Schliemann an der Ostküste Kleinasiens ausgegrabene Troja für das Vorbild Homers, zumal es aufgrund seiner handelspolitisch günstigen Lage sicherlich Objekt begehrlicher Angreifer war. Doch wie sieht es mit den Angreifern aus, mit Agamemnon, Menelaos, Odysseus und den anderen Helden, von denen die Griechen so viel zu erzählen wussten? Repräsentieren sie reale Gesellschaftsgruppen oder sind sie Verklärungen einer heroischen Vergangenheit, von deren Realität die Griechen nichts wussten?

2. Die mykenische Kultur

Für die meisten Griechen waren solche Fragen irrelevant. Selbst ihr größter Historiker, Thukydides, berühmt für seine kritische Nüchternheit, zweifelte an der Realität des trojanischen Kriegs keinen Augenblick. Er hielt ihn deshalb für so bedeutsam, weil er zum ersten Mal die griechischen Fürsten des Mutterlands in gemeinsamer Aktion vereinte.[4] Die Trümmer Trojas schienen ihn genauso zu bestätigen wie die Grabhügel, die man in der Ebene vor Troja ausmachte. Auch auf der gegenüberliegenden Seite der Ägäis gab es Monumente, welche auf eine heroische Vergangenheit verwiesen. Gewaltige Burgen, aus roh behauenen Steinblöcken zusammengefügte Mauern, meist auf schroffen Bergketten gelegen, wie Trutzburgen einer grauen, mythischen Vorzeit. Kyklopen, einäugige Riesen – so hieß es – hätten die Mauern errichtet. Und noch heute mag sich so mancher Tourist in jene Zeit zurückversetzt

4 Vgl. Thukydides 1,3–11.

fühlen, wenn er die Burganlagen von Mykene, Tiryns oder Pylos in der Argolis (im Westen Griechenlands) bestaunt.

Die Deutungen der Griechen sagen uns viel über ihr Welt- und Geschichtsverständnis, aber wenig über die Realitäten. Wir haben es mit einem Volk zu tun, das sich einer glorreichen Vergangenheit sicher war und diese Vergangenheit durch immer wieder neu erzählte Geschichten in ihre Gegenwart zu integrieren wusste. So fremd ihnen auch die Burgen der Argolis vorkamen, sie waren sicher, dass deren Geschichte bruchlos mit ihrer eigenen verbunden war. Das Gleiche galt für die große Welt, die sie umgab. Ob Ägypten, die Königreiche des Vorderen Orients oder die sagenhaften Eilande des Westens, nie waren sie wirklich fremd, weil man überzeugt war, dass irgendeiner der großen Helden oder Götter sie irgendwann besucht und damit zum Teil des griechischen Welthorizonts gemacht hatte. Man bewegte sich immer auf vertrautem Terrain, auch wenn die Vertrautheit auf dem Vertrauen in die alten Geschichten beruhte. Hierin liegt eine der Wurzeln für die erstaunliche Mobilität, welche die Griechen seit Anbeginn ihrer Geschichte auszeichnete.[5]

Manche dieser Charaktereigenschaften besaßen offenbar schon die Menschen, die zwischen 1600–1200 v. Chr. in der sog. späten Bronzezeit in und bei den großen Burgen lebten. Die Forschung spricht in Anlehnung an die größte erhaltene Anlage in Mykene von der mykenischen Zivilisation oder Kultur. Wo ihr Ursprung liegt, ist bis heute unklar. Doch manches spricht gegen die alte These von einer großen indogermanischen Einwanderung aus dem Norden als entscheidender Initialzündung. Sicherlich wird es solche Einwanderungsschübe immer gegeben haben, und manche größere Siedlung wie Lerna am Golf von Nauplia (in der Argolis) dürfte hierauf zurückgehen. Doch die wesentlichen Entwicklungen vollzogen sich im griechischen Raum

5 Vgl. Schlesinger (2000), 129.

selbst durch Anregungen, welche die einheimischen Eliten über Handelskontakte mit den minoischen und kleinasiatisch-levantinischen Stadt- und Palastkulturen erhielten. Im 15. Jahrhundert entstanden so neben Mykene verschiedene palastartige Anlagen wie das nicht weit entfernte Tiryns, ferner der Palast von Pylos in Westmessenien, nach Homer Stammsitz des greisen Nestor. Die Herren von Theben in Böotien dürften von ihrer Burg aus über ein außergewöhnlich großes Gebiet (einschließlich Euböa) geherrscht haben, selbst auf der athenischen Akropolis ist eine mykenische Festung nachgewiesen. Weitere Anlagen werden in Ithaka und Sparta, auf einigen Ägäisinseln sowie an der Küste Thessaliens (am Golf von Pagasai) vermutet, von wo aus sich nach griechischer Vorstellung Jason und seine Argonauten auf die Suche nach dem Goldenen Vlies begaben.

Doch nicht alle Menschen lebten in oder in der Nähe von großen Palästen; mancherorts findet man nur Einzelgehöfte, kleinere Dörfer, aber auch größere Siedlungszentren. Wahrscheinlich bildeten jedoch die Palastanlagen – vielleicht angeregt durch die minoischen Paläste – Zentren der Repräsentation, der festlichen Kommunikation, der Wirtschaft und des Handels, ohne dass sie die Region vollständig dominierten. Manche von ihnen wie Pylos, Orchomenos und Iolkos besaßen keine Wehranlagen, andere wie Mykene, Tyrins und Midea waren stark befestigt.[6] Interessanterweise wurde jedoch offensichtlich der militärische Bereich von dem engeren Palastbezirk getrennt. Dieser gruppierte sich um einen rechteckigen repräsentativen Saal in Form eines Megaron mit Haupt- und Vorhalle. Hinter dem Megaron schlossen sich meist Vorratshallen an, vor der offenen Seite lag die Empfangshalle mit repräsentativen Säulen und Wandmalereien. Der Boden war – wie uns die Ausgrabungen in Pylos lehren – mit Platten reich gegliedert.

6 Vgl. Hölkeskamp, »Vom Palast zur Polis – die griechische Frühgeschichte als Epoche«, in: Gehrke/Schneider (2019), 66–69; Small (1998).

Eine zweite Gemeinsamkeit vieler mykenischer Burgpaläste waren die monumentalen Grabanlagen. Bereits um 1600 v. Chr. begann man innerhalb des Burgareals große Schachtgräber in die Erde bzw. in den Fels zu treiben. Diese Schachtgräber waren mit reichen Beigaben gefüllt; neben kostbaren Waffen traten Goldschmuck und die offenbar für die mykenische Kultur typischen goldenen Gesichtsmasken zutage. Zu Beginn des 15. Jahrhunderts wagte man nach minoischen Vorbildern die Konstruktion von Kuppelgräbern (Tholoi).[7] Das sog. Schatzhaus des Atreus (um 1350) in Mykene ist das bekannteste. Es handelt sich um in den Hügel hineingeschnittene Kammern, zu denen ein Gang führte und die durch ringförmig geschichtete, überkragende Steinkonstruktionen kuppelartig überdacht waren. Der Durchmesser des Kuppelraums betrug bis zu 14,5 Meter, die Höhe bis zu 13,2 Meter. Die monumentalen Grabanlagen sind die erstaunlichste Hinterlassenschaft einer kriegerischen Elite, die auch nach ihrem Tod Zeugnis von ihrer Macht ablegen wollte und hierfür die technischen und handwerklichen Ressourcen mobilisieren konnte.

Angesichts dieser Fähigkeit zur Ressourcenmobilisierung überrascht es wenig, dass die herrschenden Eliten über eine einheitliche Schrift verfügten. Sie wurde erst 1952 durch den Engländer Michael Ventris entziffert. Man nennt sie Linear B, weil sie der bisher nicht entschlüsselten Linear-A-Schrift der minoischen Kultur auf Kreta entlehnt und der eigenen Sprache – einer altertümlichen Vorform des klassischen Griechisch – angepasst wurde. Erhalten ist die Schrift auf rund 1400 Tontäfelchen aus Pylos, mehreren Dutzend aus Mykene, einzelnen Tafeln aus Theben, Eleusis und Tiryns sowie in größerer Zahl aus Knossos, der minoischen Palastanlage, die um 1400 unter die Herrschaft der Mykener geraten sein muss.

7 Vgl. Burkert (1977), 50, 67 f.

Die Entzifferung der Schrift war für die Fachwelt zunächst eine Enttäuschung. Hatte man gehofft, Aufschlüsse über das Leben der episch-mythischen Helden, Nachrichten über Troja oder andere spektakuläre Kriege zu erhalten, so entpuppten sich die Tontäfelchen stattdessen als nüchterne ›Inventarlisten‹ zur täglichen Buchführung der Paläste, die in bestimmten Abständen – jährlich oder monatlich – erneuert wurden. Um bei der Inventur für die neuen Register Platz in den Archiven zu schaffen, hat man die überholten Täfelchen einfach weggeworfen bzw. – da sie, anders als im Vorderen Orient, nicht gebrannt wurden – wieder zu körnigem Ton zerbröselt. Die auf uns gekommenen Täfelchen sind nur deshalb erhalten, weil sie durch Brände im Zuge der letzten Zerstörung der Paläste unbeabsichtigt gebrannt und gehärtet wurden.

Es handelte sich dementsprechend um letzte Momentaufnahmen einer Palastorganisation, der sehr daran gelegen war, einen genauen Überblick über ihre materiellen Vorräte und Besitzungen zu haben, ausgehend von Hausgeräten über importierte Wertgegenstände, Waffen, Abgaben sowie die Zahl der im oder um den Palast beschäftigten Menschen. Da diese Angaben bestimmten Funktionsbereichen zugeordnet werden, lässt sich in Verbindung mit archäologischen Funden Wesentliches über das Herrschafts- und Gesellschaftsgefüge der mykenischen Paläste aussagen.

Die Tontäfelchen bezeichnen den Herrn der Palastgesellschaft als *wanaka*; eine blasse Erinnerung an den Begriff hat sich wohl in dem von Homer für Agamemnon gebrauchten Titel *(w)anax* gehalten. Unklar ist, ob es sich bei dem *wanax/wanaka* um einen realen »König« oder um eine Gottheit (als »Eigentümer« des Palastes) handelt, die von einer aristokratischen Elite in den Palästen verehrt wurde. Jedenfalls übten die Eliten weitgehend konkurrenzlos administrative, ökonomische und militärische Leitungsfunktionen aus. Ihre herausragende Stellung ergab sich offensichtlich daraus, dass sie als Anführer mehrerer Familien oder einwandernder Stämme bei der Sesshaftwerdung das größte Landgut erhalten hatten. Durch spätere Eroberungen haben die Kriegereliten ihr Land in eine größere Herrschaft verwandelt.

Neben dem »König« (wenn es ihn denn gab), seinem Stellvertreter und der Kriegerelite gab es zumindest in Pylos mehrere »Beamte«, die den neun Bezirken vorstanden, aus denen sich die Provinzen des Herrschaftsgebietes zusammensetzten. Auch sie besaßen zugewiesenes Land, einen kleineren Herrschaftssitz und eine kleine Zahl von Gefolgsleuten. Sie dürften in regelmäßigen Abständen vor ihrem Herrn Rechenschaft über Ernte und Steuereinnahmen erstattet haben und für die Sicherung der Grenzen und Küsten (vor Piraten) zuständig gewesen sein.

Unterhalb der Adels- und Funktionärsschicht stand das Volk, der *da-mo* (*damos*), von dem das spätere *demos* abgeleitet ist. Auch dem *da-mo* gehörten wohl große Stücke des vom Palastbezirk überwachten Landes. Dies unterscheidet die mykenische Herrschaftsform von den vorderasiatischen Stadtkulturen. Denn man wird aus diesem Befund schließen können, dass die Elite auch in der Blütezeit der mykenischen Kultur nie gänzlich unabhängig von der Zustimmung des Volkes gewesen ist – eine Einschränkung der Regierungsgewalt, die typisch für die griechischen Verhältnisse auch der Folgezeit ist.[8] Selbst die sich im Besitz eines Freien befindlichen Sklaven, welche sich meist aus Kriegsgefangenen rekrutierten, konnten über Vermögen und Grundbesitz verfügen. Viele halfen in den Schmiedewerkstätten, bei der Bestellung des Landes und standen im Dienst von Priestern. Priester zu sein bedeutete in Mykene nicht eine vorübergehende Funktion, sondern eine lebenslange Stellung im Dienst wohlorganisierter Heiligtümer. Lange Zeit fehlten eindeutige Hinweise

8 Vgl. Gschnitzer (1981), 15ff.

auf religiöse Kultstätten, doch inzwischen sind auf Keos, in Pylos sowie besonders in Mykene Kultgebäude innerhalb größerer religiöser Anlagen identifiziert. So weisen z. B. der hufeisenförmige Lehmaltar mit Feuerspuren und einem Steinblock innerhalb des sog. Tsountas-Hauses von Mykene sowie der vorgelagerte viereckige Altar mit Podium und Zuschauerbänken auf Opferzeremonien zu Ehren einzelner Gottheiten hin, deren Idole und Darstellungen (mit Priesterin) in einem tiefer gelegenen Teil der Anlage gefunden wurden. Der gesamte Bereich war durch einen »Prozessionsweg« mit dem höher gelegenen herrschaftlichen Palast verbunden; offenbar war also die religiöse Organisation eng an die Palastverwaltung angeschlossen, wobei offen bleiben muss, ob es in Mykene oder Pylos eine Art »sakrales Königtum« gab, das dem König einen übermenschlichen Status zusicherte.[9] Wichtiger für die Frage nach der längerfristigen Wirkung der mykenischen Kultur ist die Tatsache, dass fast alle Namen von Gottheiten, welche die Griechen der archaischen und klassischen Zeit verehrten (wie Poseidon, Zeus oder Dionysos), bereits den Mykenern bekannt waren; auch die mykenischen Kultzeremonien einschließlich der Brandopfer bildeten später (geprägt auch von nahöstlichen Einflüssen) ein wesentliches Element der religiösen Kulte – ein erstaunliches Zeugnis kultureller Kontinuität.[10]

Zusammengefasst ergibt sich das Bild einer recht hierarchisch strukturierten, aber nicht durchweg unfreien Gesellschaft, die auf ein repräsentatives Zentrum ausgerichtet ist. Die Macht des Herrschers und seine Akzeptanz beim Volk beruhten nicht nur auf der engen Verbindung zur wohlhabenden Priesterschaft und der Fähigkeit, materielle Ressourcen zu akkumulieren und die agrarischen Lebensgrundlagen des Landes zu sichern; ein weiterer wesentli-

9 Vgl. Burkert (1977), 66 ff., 75 ff.
10 Vgl. Hall (2007), 43; Burkert (1977), 86 ff.

cher Legitimationsfaktor war der militärische Erfolg. Dieser Erfolg war schon bei der Etablierung der Herrschaftsräume ein entscheidendes Kriterium der Landvergabe; er zählte auch später zu den von Generation zu Generation weitergegebenen Identifikationsmerkmalen der mykenischen Elite, wie wir aus den Burganlagen selbst mit seinen kyklopischen Mauern, dem Streitwagen als Inbegriff königlicher Macht (wohl nach hurritisch-hethitischem Vorbild) sowie den Wandmalereien von Pylos und den Grabbeigaben schließen können:[11] Der Krieg versprach der herrschenden Gesellschaft Beute, Sklaven sowie Vieh und sicherte seinen Reichtum in einer Welt, deren agrarische Erträge mager waren. Vor diesem Hintergrund erhält auch das Bemühen um die genaue Registrierung des Besitzes einen zusätzlichen Sinn. Die Kriegerelite dokumentierte, dass sie stets kampfbereit war und das für den Krieg notwendige Gerät herstellen, horten und an seine Gefolgschaft verteilen konnte.

Der Drang, sich durch militärische Erfolge und reiche Beute auszuzeichnen, richtete sich offenbar schon bald nicht nur auf die unmittelbaren Nachbarn, sondern auch über See auf eine Welt, die das bot, was es in Griechenland selbst nicht oder nur in unzureichendem Maße gab, wie z. B. die für die Herstellung von Waffen und Kriegsgerät notwendigen Rohstoffe sowie andere Luxuswaren (Gold). Um an die begehrten Materialien heranzukommen, schalteten sich die mykenischen Herren früh in den überregionalen Tauschhandel des ostmediterranen und vorderasiatischen Raums ein. Im Gegenzug bot man fremden Händlern bemalte Keramik sowie Waffen (Streitäxte) an, die in wichtigen Handelsknotenpunkten des 2. Jahrtausends wie Zypern und Rhodos, an der Küste Kleinasiens und der Levante, in Ägypten, aber auch im fernen Sizilien und Italien (Etrurien) und sogar in Südengland gefunden wurden.

11 Vgl. Chadwick (1979), 212–239; Burkert (1977), 50.

Anstatt sich jedoch allein von den fremden Händlern abhängig zu machen, stach man schon früh selbst in See, knüpfte transmaritime Handelskontakte und setzte sich – wo es ging – in den Regionen fest, die nah bei den begehrten Schätzen lagen. Seit dem 15. Jahrhundert verfügten die Mykener selbst über kleine Flottillen, die zunächst zur Küstenverteidigung eingesetzt wurden; eine Tafel aus Pylos nennt 569 Ruderer, eine andere spricht von der Entsendung eines Dreißigruderers nach Pleuron, vermutlich einer Küstenstadt am Nordufer des heutigen Golfs von Patras. Dies sind die ältesten Schriftzeugnisse zum Seewesen auf europäischem Boden. Die zunehmende Vertrautheit mit der Schifffahrt erlaubte bald längere Fahrten über das Meer. Mykenische Siedlungen, Handelskontore und Stützpunkte sind auf Rhodos, Zypern, den Ägäisinseln und an der kleinasiatischen Küste nachgewiesen; man ist sich heute sogar recht sicher, dass die Mykener Stützpunkte in Sizilien, Süditalien und Spanien anlegten, vielleicht sogar in den Atlantik vorstießen. Es kann auf einer der Fahrten nach Osten durchaus zu einem Zusammenstoß mit dem Herrschaftssitz von Troja an der kleinasiatischen Küste gekommen sein. Die minoischen Paläste auf Kreta befanden sich seit dem 14. Jahrhundert unter der Kontrolle der mykenischen Herrscher. Zu den anderen Großreichen des Vorderen Orients – Ägypten, den Hethitern und dem Reich von Mitanni – bestanden Handelskontakte und freundschaftliche Beziehungen, die wohl auch zu kulturellem Austausch führten.[12]

12 Vgl. z. B. Schuol (2002), 345 ff.

3. Die griechische Welt zwischen Siedlungskontinuität und Neubeginn

Alles schien so auf die Weiterentwicklung einer Kultur hinzudeuten, die im Innern gefestigt und durch Handel, diplomatische Kontakte und eine kriegsbereite Elite geschützt war. Doch vermutlich war es gerade diese Einbindung der Mykener in den mediterranen und nahöstlichen Waren- und Kulturaustausch, die ihren Niedergang mitverursachte. Seit etwa 1200 v.Chr. wurden viele Paläste zerstört, andere aufgegeben. Auch wenn es in einigen Gebieten wie Tiryns, Mykene oder Athen in der sogenannten nachpalatialen Periode (um 1200–1050) eine bemerkenswerte Nachblüte mit Siedlungskontinuitäten und Neubefestigungen lokaler Herrschaften gab, so waren die Verhältnisse bescheidener und weniger hierarchisch strukturiert. Mit dem Untergang der Paläste ging in jedem Falle die Schrift verloren, die nun keine Funktion mehr besaß.

Die Wissenschaft hat ein ganzes Arsenal von Erklärungen für den sich über einen längeren Zeitraum hinziehenden Machtverfall aufgeboten, doch konnte bis heute keine von ihnen recht überzeugen. Sicher scheint, dass militärische Angriffe sowie verheerende Brände wesentlich zur Schwächung der Palastgesellschaften beitrugen. Die Tafeln von Pylos und die archäologischen Zeugnisse in Mykene und Tiryns lassen darauf schließen, dass man in der Endphase der Paläste die Verteidigungsanstrengungen erhöhte, die Fortifikationen ausbaute sowie unterirdische Zisternen mit geschützten Zugängen anlegte,[13] offenbar in Erwartung eines Gegners, den man als existentiell bedrohlich erachtete.

Bei diesem Gegner handelte es sich aber nicht – wie man früher glaubte – um große Völkerscharen, die nach Griechenland einwanderten und die Festungsmauern wie

13 Vgl. Hall (2007), 43.

eine riesige Woge berannten. Für eine solche »dorische Wanderung« fehlen archäologische Zeugnisse. Vielmehr wird man die Zerstörung der Paläste wohl mit anderen, in etwa zeitgleich auftretenden Kämpfen im östlichen Mittelmeerraum in Verbindung bringen, die u. a. zum Untergang von Troja, dem Hethiterreich sowie der wohlhabenden Handelsstadt Ugarit an der nördlichen Levanteküste führten.[14] Die östlichen Quellen sprechen von überraschenden Angriffen unbekannter Feinde zur See.[15] Ähnlich wie in Pylos versuchten offenbar die Herrscher von Ugarit und Alašija (Südtürkei), in letzter Minute alle verfügbaren Waffen und Ressourcen zu konzentrieren, um dem Angriff zu begegnen. Die Forschung hat die Angreifer unter dem Sammelbegriff »Seevölker« zusammengefasst, weil sie mit Schiffen anrückten und erst 1179 v. Chr. im Nildelta von der Armee des Pharao gestoppt wurden.[16] Nur eines dieser Völker ist sicher identifiziert. Es sind die aus der Bibel bekannten Philister, die nach der Niederlage im Nildelta in der Levante angesiedelt wurden; vermutlich stammen einige aus dem Ägäisraum.

Der Untergang der mykenischen Paläste ist in die großräumige Wanderung der »Seevölker« einzuordnen; doch sie allein werden kaum in der Lage gewesen sein, die mächtigen Mauern der weit von der Küste entfernt gelegenen Paläste zu Fall zu bringen. Man hat deshalb vermutet, dass zusätzlich Söldner der mykenischen Herren eine Rebellion anzettelten und die Herrschaft der Paläste von innen so weit schwächten, dass sie eine leichte Beute für die Angreifer wurden. Dies würde immerhin erklären, warum es in Pylos brannte, ohne dass die Mauern zerstört wurden.

Ausreichende Beweise oder schlüssige Indizienketten gibt es freilich nicht. Man neigt deshalb in jüngster Zeit dazu, eine Kombination verschiedener Faktoren für den

14 Vgl. Lehmann (1996), 1–38.
15 Vgl. Berger (1969).
16 Vgl. Edel (1985), 223–237.

Machtverfall der Palastkultur verantwortlich zu machen sowie den Blick auf die sozialen und materiellen Grundlagen ihrer Herrschaft zu richten.[17] Vieles deutet darauf hin, dass die mykenische Palastkultur angesichts der recht kargen ökologischen Bedingungen auf einen steten Zufluss an materiellen Ressourcen und landwirtschaftlichen Erträgen angewiesen war; deshalb investierten die Herrscher so viel Energie in die ständige Erneuerung der Registraturen. Ein System, das in so hohem Maße abhängig ist von der Erfassung der agrarischen und steuerlichen Ressourcen, bricht umso schneller zusammen, wenn sich auch nur an einer Stelle – durch welche Gründe auch immer – Lücken auftun, die nicht schnell genug geschlossen werden. Naturkatastrophen, Ernteausfälle infolge von Überbewirtschaftung der Böden sowie Erdbeben mögen diese Lücken gerissen haben. Sie schwächten vermutlich die Palastorganisationen bereits vor den Angriffen der »Seevölker« so stark, dass die Mykener nicht mehr in der Lage waren, ihren militärischen Apparat in dem Augenblick effektiv einzusetzen, als es am nötigsten war.

Außerdem werden auch die Angreifer selbst einen Großteil der Agrarressourcen des Umlands für ihre Zwecke genutzt und dem Zugriff der Mykener entzogen haben. Als einer der Paläste angesichts dieser widrigen Verhältnisse den Kampf aufgab bzw. unter den Angriffen zusammenbrach, dürften viele der anderen Burgen eine weitere Verteidigung ebenfalls für sinnlos erachtet haben. Manche schlossen sich den Angreifern auf ihren Zügen nach Osten an, andere flüchteten sich in die nördlichen Bergregionen der Peloponnes (wo der Name der Landschaft Achaia noch in klassischer Zeit auf die Selbstbezeichnung der Mykener als *Achaioi* hindeutet), zogen nach Arkadien und Zypern oder suchten Schutz in Ostattika und in den wenigen

17 Überblick bei Hölkeskamp, *Vom Palast zur Polis*, 58f., und Hall (2007), 43–55.

Burganlagen, die wie die Athener Akropolis in größerem Abstand vom Kampfgeschehen überlebten.[18]

Folgt man dieser Erklärung sowie den jüngeren Ergebnissen der archäologischen Forschung, so wird man das Szenario des Untergangs der mykenischen Palastkultur sowie ihre Folgen in einem neuen Licht sehen. Demnach erfolgten Zerstörung oder Aufgabe von Palästen weder zeitgleich noch flächendeckend. Unzweifelhaft verschwanden damit aber die mit ihrer Organisation verbundenen Kenntnisse und Fertigkeiten, wie etwa die Schrift, die monumentale Architektur der Festungen und Grabanlagen sowie die hierarchische Organisation der Gesellschaft; dies bedeutet aber nicht, dass außerhalb der Paläste eine menschenleere Wüste bestand.

Zwar mochten viele der ehemals im Bereich der Palastherrschaften lebenden Menschen getötet oder verschleppt worden sein; auffälligerweise kann jedoch die Archäologie vor allem in den Gegenden auf Siedlungskontinuitäten verweisen, die zum Territorialbesitz der Paläste gehörten. Nicht ohne Grund lebte der mykenische Titel *pa-si-re-u*, der für einen lokalen Funktionär auf dörflicher oder städtischer Ebene stand, in dem klassisch griechischen Begriff *basileus* weiter,[19] der seit dem 9. Jahrhundert die lokalen Führer dörflicher Gemeinschaften sowie die regierende Elite der städtischen Siedlungen bezeichnete. Offensichtlich überlebten demnach vielerorts mykenische Bevölkerungsgruppen in alten Siedlungskernen im Schatten der rauchenden Paläste die militärischen Auseinandersetzungen, vermutlich weil sie keine nennenswerten Reichtümer besaßen. Da sie ihre Agrarressourcen nicht mehr den mykenischen Palastherren zur Verfügung stellen mussten, dürfte es ihnen gelungen sein, recht beträchtliche Bevölkerungszahlen zu ernähren.

18 Burkert (1977), 88 f. Auf Zypern gab es im 12. Jahrhundert Tempel und Bronzestatuen mykenischer Herkunft.

19 Vgl. Hall (2007), 91.

Weitere Kontinuitätslinien lassen sich im Bereich der Architektur, der Religion, des Kultes (s. S. 24) und der Sprache erkennen. Viele Ortsnamen wie Pylos, Korinth oder Theben erhielten sich; der klassische griechische Tempel knüpfte an das Hauptgebäude des mykenischen Palastes (Megaron) mit seiner Halle, dem Eingang an der Schmalseite sowie der mit zwei Säulen gestützten Vorhalle an.[20] Viele Heiligtümer des 9. Jahrhunderts gehen direkt auf mykenische Ursprünge zurück, und auch die seit dem 8. Jahrhundert aufblühenden »panhellenischen Zentren« wie Delphi und Olympia weisen mykenische Wurzeln auf, die selbst in der unsicheren Zeit des 10. und 9. Jahrhunderts nie durchtrennt wurden.[21] Über die Hälfte der Götter des reichen mykenischen Pantheons wurde tradiert.[22] Mit ihren Namen überlebten einerseits viele ihrer Kulte und mündlich überlieferten Geschichten das Ende der mykenischen Epoche. Auf der anderen Seite bewirkten die im Zuge des 11. Jahrhunderts einsetzende Mobilität sowie der nach wie vor gepflegte Kontakt zu den östlichen Kulturreichen, dass die religiösen Vorstellungen wandelbar und empfänglich für neue Einflüsse blieben.

Tatsächlich entstanden schon im 11. und 10. Jahrhundert (in der sog. postpalatialen Periode) auf dem Gebiet der Paläste der Argolis sowie im weitgehend unzerstörten Attika größere Siedlungszentren, welche die Kontakte zur außergriechischen Welt im Osten pflegten. Diese Kontinuität der transmaritimen Verbindungen wurde wesentlich durch den Aufstieg der phönikischen Küstenstädte gefördert, die sich in das von den Seevölkern in der Levante geschaffene Machtvakuum einordneten und wegen ihrer hervorragenden Kenntnisse in der Seefahrt von den östlichen Territorialreichen respektiert wurden. Ihre Kontakte reichten schon im 10. Jahrhundert über Zypern bis in die

20 Vgl. Burkert (1977), 83 f.
21 Vgl. Hölkeskamp, *Vom Palast zur Polis*, 76.
22 Vgl. Burkert (1977), 83 f.; Osborne (2007), 31.

Ägäis und stießen hier auf die Interessen der neuen Herren nach Luxusgegenständen und Metallen (für die Waffenherstellung). Umgekehrt verdichteten die nach dem Zusammenbruch der mykenischen Palastkultur einsetzenden Wanderungen griechischer bzw. ehemals mykenischer Siedlungsgruppen nach Kleinasien und Zypern das Netz der Kontakte.

Die sich intensivierenden Verbindungen verliefen im 9. und 8. Jahrhundert vornehmlich über See entlang der Küste von Ägypten über die Levante bis nach Zypern und Kilikien, und sie wurden zunächst von den Phönikern bestimmt.[23] Sie benutzten zur Abwicklung und Organisation des Handels eine praktikable Konsonantenschrift, die kurz nach 800 von Griechen in Zypern oder Nordsyrien adaptiert und unter Hinzufügung der Vokale in eine griechische Lautschrift umgewandelt wurde. Diese Schrift konnte nicht nur wegen ihrer leichten Erlernbarkeit von jedermann zu Handelszwecken benutzt werden, sondern sie wurde auch Grundlage einer Weltliteratur.

Nur wenige Generationen nach der Adaption der phönikischen Schrift setzt nämlich offenbar eine schriftliche Fixierung von epischen Erzählungen ein, die aus älteren mündlichen und wahrscheinlich bis in die mykenische Zeit zurückreichenden Traditionen schöpften und – angesichts der engen Kontakte des ägäisch-kleinasiatischen Raums nach Vorderasien nicht verwunderlich – stark von altorientalischen, besonders assyrischen, aber vielleicht auch den noch älteren anatolisch-hethitischen Vorbildern beeinflusst waren.[24] Inhalt und Komposition der Geschichten setzten – angefangen von der Gestaltung der Götterversammlungen und der Kampfszenen bis hin zu einzelnen Episoden – eine intime Kenntnis vorderasiatischer Epen, besonders des Gilgamesch-Epos, voraus.[25]

23 Vgl. Rollinger (2003), 337ff.
24 Vgl. Schuol (2002), 340–345.
25 Vgl. Burkert (2003), 28–54.

Wo, wann genau und auf wessen Initiative diese Verschriftlichung geschah, ist nicht eindeutig zu klären. Vieles spricht für adlige Herren, die sich zunächst nach dem Verfall der mykenischen Paläste als Führer von Kriegergefolgschaften an den kleinasiatischen Küsten der Ägäis und in Kilikien festsetzten und in den folgenden Jahrhunderten das Bedürfnis entwickelten, ihrer herausgehobenen Stellung als »Proto«-Adel heroischen Glanz zu verleihen. Vielleicht bildeten aber auch militärische Auseinandersetzungen mit den Assyrern in Kilikien den Anlass zur Fixierung von Heldengeschichten, welche von umherziehenden Sängern (Rhapsoden) verbreitet wurden. In jedem Fall entstanden zwischen 700 und 600 die beiden Großepen *Ilias* und *Odyssee* als das Werk vermutlich mehrerer Dichter, obwohl nur der Name Homer als der des für uns nicht näher greifbaren Autors überliefert ist. Er hat den Griechen die literarische Basis zur Konstruktion ihrer mythischen Vergangenheit und Möglichkeiten einer Identitätsfindung geboten, nach denen die griechischen Eliten – ähnlich wie im Osten etwa zeitgleich die Juden – angesichts phönikischer Konkurrenz und der viel mächtigeren vorderasiatischen Reiche dringend verlangten.

4. Homer und die adlige Welt des Odysseus

Häufig wird behauptet, die *Ilias* handle vom Trojanischen Krieg – eine tiefgehende Fehleinschätzung, die dem Charakter des Werks nicht gerecht wird. Tatsächlich bietet die *Ilias* keine chronologische Abfolge des langen Belagerungskriegs, wie man es von den Tatenberichten nahöstlicher Herrscher kannte, sondern sie schildert nur wenige Tage des Kampfes um die Stadt. Das Generalthema ist ein zeitloser menschlicher Konflikt: Agamemnon, der Heerführer der Griechen, verlangt von seinem stärksten Krieger Achilleus die Herausgabe der als Kriegsbeute errungenen Fürstentochter Briseis – eine Provokation, die zwar formal gerechtfertigt, aber mit der Tüchtigkeit (*arete*) des Achilleus nicht zu vereinbaren ist. Formale Autorität steht gegen individuelle Größe, und dieser Konflikt ist fundamental. Denn die homerischen Helden bezogen aus der allgemeinen Akzeptanz ihrer Tüchtigkeit ihr Selbstbewusstsein, außerdem spielte sich der Konflikt inmitten einer bedrohlichen Grenzsituation ab, nämlich im Krieg. Von dem Ausgang des Konflikts war demnach nicht nur die Ehre der beiden Protagonisten betroffen, sondern auch das Schicksal zahlloser anderer Menschen, die nicht am Streit beteiligt waren.

Achilleus beugt sich schließlich, verweigert aber fortan den Kampf, und es kommt, wie es kommen muss: Nach anfänglichen Erfolgen werden die Griechen bis zu ihren Schiffen zurückgedrängt. Da fasst Patroklos, der beste Freund des Achilleus, einen fatalen Entschluss: Er streift Achills Rüstung über, greift dessen Schild und Schwert und stürzt sich voller Hoffnung, Feinde und Freunde würden in ihm den wahren Achill erblicken, in den Kampf. Tatsächlich weichen die Trojaner, bis Hektor, der stärkste Trojaner, den vermeintlichen Achill zum Kampf stellt und Patroklos erschlägt. Achilleus stürzt sich daraufhin wieder in die Schlacht, wütet grauenhaft unter den Trojanern, fordert schließlich Hektor zum Kampf, besiegt den Fliehenden und schleift den Leichnam mehrmals um die Stadtmauern. Leid wird auf Leid getürmt, und nirgends ist Hoffnung auf Linderung.

Doch am Ende finden im Leid zwei Gegner zueinander: Priamos, der Vater Hektors, wagt den Gang in das Zelt desjenigen, der seinen Sohn getötet hat, und bittet um den Leichnam. Die Reaktion Achills überrascht: Mit dem Vater des Mannes, der seinen Freund erschlug, stimmt er ein in den Jammer um die verloschenen Leben. Gemeinsam tröstet man sich mit dem unentrinnbaren Schicksal des Menschen, und am Ende erhält Priamos, was er erbittet.

Nicht der starke Held, sondern der fragile Mensch bestimmt die Handlung, und gerade das macht ihn groß: Das Epos endet da, wo es begann, nämlich mit dem Individuum und seiner Schwäche.

Homers zweites Epos, die *Odyssee*, setzt den Handlungsstrang fort, indem es das Schicksal eines der Helden, nämlich das des Odysseus auf seiner Rückfahrt von Troja in die Heimat erzählt. Wie in der *Ilias* geht es auch in der *Odyssee* um Schmerzen und Tod, um Hoffnung und Leid, doch diesmal ist der geographische Handlungsrahmen nicht auf Troja fixiert, sondern dynamisch geweitet: Nicht eine Stadt, sondern viele Siedlungen sieht der umhergetriebene Held. Odysseus ist von einem anderen Schlag als Achilleus: Der Kerngehalt des ihn schmückenden Adjektivs »vielgewandt« (*polytropos*) ist die Fähigkeit des Menschen, sich trotz natürlicher Schwäche und äußerer Widrigkeiten durch Anpassungsvermögen, Intelligenz, List und Zähigkeit zu behaupten, ohne sein Ziel aus dem Auge zu verlieren – Eigenschaften, die die Griechen nicht weniger faszinierten als die Schönheit, die Kraft und die heroische Konsequenz Achills.

List und Schläue bewahren Odysseus allerdings nicht vor tiefem Schmerz, etwa als er auf dem Eiland der Kalypso an der Heimkehr verzweifelt oder als Schiffbrüchiger an den Strand der Phäaken geworfen wird. Doch auch ihm gelingt es, wie Achilleus, weiterzuleben. Am Ende gewinnt er Heimat und Frau zurück. Zuvor muss er Abenteuer und Gefahren bestehen, weil er Poseidon erzürnt hat. Diese Erlebnisse sind die märchenhafte Rahmenhandlung für die Schilderung individueller Schicksale in einem kurzen Handlungszeitraum von nur vierzig Tagen im zehnten Jahr nach der Eroberung Trojas. Allein ein Fünftel des Gesamtwerks ist der Suche des Telemachos nach seinem verschollenen Vater Odysseus gewidmet, ein Handlungsstrang, der später vielfach zum Vorbild für eigenständige Ausschmückungen wurde.

Das Motiv des Spätheimkehrers ist verwoben mit der Initiationsfahrt des jungen Telemach; beides ist verknüpft mit dem reichen Arsenal wundersamer Schiffermärchen, Abenteuer und Utopien, von denen die griechische Phantasie nie genug bekam.[26] Entsprechend mehrdimensional ist der Protagonist: Den brutalen Piraten, der aus purer Neugier das Leben seiner Mannschaft aufs Spiel setzt und das Leben in den Armen exotischer Göttinnen genießt, drängt am Ende die Liebe zur Heimat und zur Ehefrau. Odysseus fasziniert nicht weniger als Achilleus, weil seine Persönlichkeit Widersprüche offenbart, die man bei den Heroengestalten des alten Orients weitgehend vermisste.

Die gesamte griechische Literatur vermittelt die pessimistische Grundauffassung, dass das menschliche Leben von Not und Mühen geprägt sei, denen keiner entrinnen kann; entsprechend groß ist die Bewunderung für einen Mann wie Odysseus, der Widerstände erträgt, sich immer wieder aufrafft und in seiner Hartnäckigkeit eine rühmenswerte Tugend des Menschen erkennen lässt, die ihn von den Göttern unterscheidet. Zu einem ruhmreichen Leben gehörte aber auch die Fähigkeit, Stunden des Glücks in heiterer Stimmung zu genießen; genauso wie man Standhaftigkeit in Zeiten der Not hervorhob, so pries man Liebeserfolge und Trinkfestigkeit. Hieraus erklärt sich die fesselnde Spannung zwischen den Extremen, die sowohl den Charakter des Odysseus als auch die Handlung bestimmt: der Absturz vom trojanischen Triumphator zum mittellosen Schiffbrüchigen, die ruhelose Suche nach Abenteuern und die Hoffnung auf die behagliche Heimat, die Liebesabenteuer mit exotischen Schönen und die Loyalität zur treuen Ehefrau.

Homers Epen übten eine ungeheure Anziehungskraft aus. Sie waren den Griechen wert, ständig wiederholt, variiert und ergänzt zu werden. Die (vermeintlichen) Wir-

26 Vgl. Hölscher (1990), 25 ff., 94 ff.

kungsstätten und Gräber der Helden besaßen den Rang religiöser Wallfahrtsorte. Nun ist Heldenverehrung ein Grundphänomen indogermanischer Kultur von Indien bis ins westliche Mittelmeer. Ebenso archaisch ist das Medium der Vermittlung: Der Gesang von Langversen in einem bestimmten Maß und Rhythmus (Hexameter) bildet die älteste Form der Vergegenwärtigung vergangener Taten. Dennoch bot Homer seinen Landsleuten eine Identifikationsmöglichkeit, die sich von vergleichbaren vorderasiatischen Erzählungen in einem wesentlichen Punkt unterscheidet. Götter, Göttinnen sowie der gesamte Bereich des Religiösen spielen zwar eine wesentliche Rolle; dennoch sind sie nicht das Zentrum, auf das die Erzählung ausgerichtet wird; Athene ist mehr treue Gefährtin des Odysseus als unnahbare Gottheit. Im Mittelpunkt der Epen steht der Mensch selbst. Die Griechen waren dabei nicht weniger religiös als ihre Nachbarn. Und doch war ihre Religiosität nicht einzwängend, sondern befruchtend, weil sie das autonome Handeln des Menschen nicht behinderte, sondern forcierte. Deshalb konnten es sich die Griechen leisten, ihre Götter so menschlich zu gestalten, wie es keine andere Kultur wagte. Natürlich sind die Götter mächtiger als die Menschen, und vor allem sterben sie nicht. Dennoch werden sie aus der Perspektive des Menschen gestaltet, sie sind deshalb weniger rätselhaft als der jüdische Gott, man kann ihre Reaktionen vorausahnen, weil sie der menschlichen Vorstellungskraft zugänglich sind.

Diese Autorität des Menschen eröffnete Perspektiven, die über die Möglichkeiten der Stadtkulturen des Orients hinausgingen; sie barg aber auch Risiken. In dieser Hinsicht sind die *Ilias* und die *Odyssee* ein recht getreues Abbild der Lebensumstände nach dem Niedergang der mykenischen Kultur und der Etablierung kleinräumiger Herrensitze innerhalb befestigter Höhensiedlungen. Das Leben wurde instabiler, weniger planbar und war stärker den Bedrohungen von Raub und Eroberung ausgesetzt als in der Blütezeit der mykenischen Paläste. Selbst große Siedlungen wie Nichoria oder Lefkandi konzentrierten ihre Ernährungsgrundlage auf Viehzucht und Herdenhaltung – eine nomadische Lebensweise –, und erst im 8. Jahrhundert begann man, sich der agrarischen Lebensweise und ihren für Griechenland typischen Produkten (Öl, Getreide, Wein) zuzuwenden.[27]

Eine solche Welt sucht nach Stabilität und Orientierung, ohne die Früchte von Mobilität und Unabhängigkeit aufzugeben. In der *Ilias* und *Odyssee* ist das Spannungsverhältnis zwischen Sicherheit und Risiko, zwischen Erfolg und Scheitern eingebunden in eine Welt, die einem ständigen Wechsel von Chaos und Ordnung unterworfen ist: Der von Eris entfachte Streit stört die Harmonie der Götter, der Schiedsspruch des Paris und der Raub Helenas entweihten die Regeln der Gastfreundschaft und die Heiligkeit der Ehe. Ein ganzer Krieg muss dazu herhalten, um die gestörte Ordnung wieder ins Lot zu bringen. Innerhalb der Ordnungssuche stört die Arroganz Agamemnons die Solidarität des Heeres, Achills Grollen droht die von den Göttern längst beschlossene Lösung, nämlich den Untergang Trojas, zu unterminieren. Erst der Tod Hektors und der Fall Achills machen den Weg frei zur Herstellung des Gleichgewichts, das von den Göttern selbst gestört worden war. Desgleichen lebt Odysseus zwischen Chaos und Ordnung, bis am Ende seine Ordnung in Ithaka wiederhergestellt und durch Athene der Friede auf der Insel gesichert ist. Achilleus und Odysseus bilden die Protagonisten in einer unruhigen Welt, und die Griechen konnten sich in ihnen wiedererkennen: Vertrat Achilleus das heroische Pathos und die Faszination der »großen Aufgabe«, so repräsentierte Odysseus intellektuelle Gewandtheit sowie die Fähigkeit des Beharrens in tiefstem Unglück.[28]

27 Vgl. Hölkeskamp, *Vom Palast zur Polis*, 56 f.
28 Vgl. Hölscher (1994), 40 f.

Die Hörer bzw. Leser konnten sich auch deshalb mit diesen Geschichten und Helden identifizieren, weil sie die geographischen und politischen Verhältnisse ihrer eigenen Zeit spiegelten. Die Einbettung der Handlung in eine mythisch-heroische Vergangenheit verschaffte den Erzählungen Autorität und Legitimation. Vermutlich beruhen der Erfolg der homerischen Epen und ihre schnelle Verbreitung in der griechischen Welt somit gerade darauf, dass sie dem Bedürfnis der Eliten nach einer Art »panhellenischer Identität«[29] in einer Zeit der Bildung neuer politischer und sozialer Konfigurationen sowie der Begegnung mit mächtigen Gegnern und Konkurrenten in besonderem Maße entgegenkamen. Man besaß nun ein Gegenstück zu den großen Epen des Ostens, ohne auf königliche Bibliotheken und professionelle Schreiber angewiesen zu sein.

Die Epen Homers geben uns aber nicht nur Einblick in die Mentalität und das Selbstverständnis, sondern auch in die sozialen, politischen und wirtschaftlichen Zustände des 8. Jahrhunderts, genauer, als dies die mykenischen Tontäfelchen für die Epoche der Paläste vermögen; manche Forscher lassen deshalb die griechische Geschichte erst mit Homer beginnen.[30] Natürlich ist die *Odyssee* keine getreue Abbildung der realen Welt ihrer Abfassungszeit und schon gar nicht der von ihr geschilderten heroischen Vergangenheit; doch wird das epische Geschehen in einem Ambiente angesiedelt, das so viele Übereinstimmungen mit der archäologischen Hinterlassenschaft des 8. Jahrhunderts aufweist, dass sich die Grundzüge des Lebens erkennen lassen.[31]

An der Spitze der Gesellschaft standen wohlhabende Großbauern (*basileis*; Sg. *basileus*) – die Nachfahren der einst in Kleinasien sich festsetzenden Gefolgschaftsführer.

29 Vgl. Raaflaub (2003), 325 ff.
30 Vgl. Stahl (2003a), 120.
31 Vgl. E. Stein-Hölkeskamp, »Die Welten des Homer«, in: Gehrke/Schneider (2019), 92 f.

Zentrum ihres Lebens war die Familie, der Gutshof und der vom Vater ererbte Grundbesitz, der den einer kleinen Bauernfamilie beträchtlich übertraf. Alle drei Bestandteile wurden mit dem Begriff *oikos* zusammengefasst. In der Regel lagen die Häuser der *basileis* innerhalb geschlossener Siedlungen,[32] herausgehoben durch ihre Größe und auf erhöhtem Terrain. Sie fungierten als Richter, berieten über Krieg und Frieden, heirateten untereinander und gaben durch ihren Lebensstil zu erkennen, dass sie etwas Besonderes waren.

Allerdings gab es keine göttlich legitimierten oder institutionell gesicherten Hierarchien, auf welche die *basileis* ihre Besonderheit gründen konnten. Deshalb waren sie auf die Anerkennung unter ihresgleichen angewiesen. Diese Anerkennung begründete ihren Ruf (*time*), um den ständig zu ringen war. Erst wer dieses Ringen bestand, durfte sich zu den *aristoi*, den Besten, zählen. Aus diesem Begriff leitet sich der Terminus ›Aristokratie‹ ab. Wichtigste Voraussetzung aristokratischen Selbstverständnisses war Reichtum. Die *aristoi* behaupteten, ihre individuelle Tüchtigkeit (*arete*) habe sie reich gemacht: Um seinen Reichtum zu präsentieren, traf man sich regelmäßig mit ähnlich gut situierten Grundbesitzern, tauschte kostbare Geschenke und knüpfte ein Netz von Freunden (*hetairoi*) über weite Entfernungen. Tüchtigkeit zeigte man ferner im Krieg und auf Beutezügen, aber auch in Friedenszeiten durch eine wohlgesetzte Rede und kluge Argumente. Zusätzliche Vorteile verschaffte eine eindrucksvolle äußere Gestalt. Schnell setzte sich so die Überzeugung durch, dass körperliche Schönheit mit individuellem Erfolg identisch sei, zwar nicht zwangsläufig ein Beweis geistiger Beweglichkeit war – der mächtige Aias war Odysseus hoffnungslos unterlegen –, aber doch eine gute Voraussetzung für ein erfolgreiches Leben bildete.

32 Vgl. Homer, *Odyssee* 23,130–140, 372; *Ilias* 20,252–254; Andreev (1988), 24f.

Der Weg zu einem erfolgreichen Leben war jedoch riskant und gefährlich. Odysseus muss sich seinen *oikos* nach langer Abwesenheit mit List und Gewalt zurückerobern, andere verloren ihn durch Überfälle, Seuchen oder Missernten. Um in den Kreis der Adligen zurückzukehren und zu einem neuen *oikos* zu gelangen, wanderte man häufig an den Hof eines anderen *basileus* und hoffte, auf einem seiner Beutezüge als *hetairos* teilnehmen zu können. Denn auch der erfolgreiche *basileus* musste angesichts der Kargheit der griechischen Böden und des Mangels an wertvollen Rohstoffen regelmäßig seinen *oikos* verlassen, um seinen Besitz zu mehren oder befreundeten *basileis* beizustehen, genauso wie es Odysseus tat.

5. Die Griechen im Osten

Gelegenheiten für Großtaten und Bereicherungen außerhalb Griechenlands gab es vor allem im Osten. Die in Kleinasien, auf Kreta und Zypern lebenden Adligen siedelten in unmittelbarer Nähe zu den Seehandelsrouten aus Ägypten und der Levante. Menelaos prahlte mit seinen Raubzügen am Nildelta, und Odysseus stand ihm in nichts nach: »Fort von Ilion [Troja] trug mich der Wind«, so erzählt er den Phäaken, »zum Land der Kikonen / kam ich, nach Ismaros. Ich zerstörte die Stadt, und die Männer / ließ ich erschlagen. Doch nahmen wir Weiber und Mengen von Gütern / mit aus der Stadt zum Verteilen.«[33] »Die alten Hellenen«, so bestätigt Thukydides, »hatten sich, seitdem sie häufiger einander besucht hatten, auf die Seeräuberei verlegt. Die Führung übernahmen die Mächtigsten zu ihrer eigenen Bereicherung und Versorgung der Ärmeren. Sie überfielen die mauerlosen, dorfartig gebauten Städte, plünderten sie aus und lebten fast gänzlich da-

33 Homer, *Odyssee* 9,39–43.

von. Schande brachte dieses Handwerk nicht, vielmehr Ruhm.«[34]

Was die Griechen später von sich behaupteten, bestätigen altorientalische Texte. Hier erscheinen die als »Iamnaja« bzw. »Iamanala« (für »Ionier«) bezeichneten Völker aus Griechenland und der Ägäis im 8. Jahrhundert als Piraten und Plünderer, welche von den Assyrern besiegt oder vertrieben wurden; mitunter nutzten die assyrischen Könige aber auch deren Kenntnisse der Schiffbaukunst und Nautik. Im 7. Jahrhundert ändert sich das Bild: Nun dienen vor allem griechische bzw. karische Söldner unter den Pharaonen der Saiten in Ägypten, in Neubabylonien sowie in den phönikischen Festungen der Levante; einige erlangen sogar höhere Kommandopositionen.[35]

Piraterie und Söldnerdienst waren demnach nicht nur weit verbreitet, sondern auch gesellschaftlich anerkannt, zumindest dann, wenn man auf diesem Weg zu Ansehen und Reichtum gelangte. Das Gleiche gilt im Prinzip für den Handel. Zwar wird Odysseus inkognito von einem adligen Jüngling der Phäaken mit folgenden Worten angesprochen: »Ein sachverständiger Kenner in Spielen / scheinst du mir nicht [...]. Vielmehr scheinst du ein Schiffsherr, einer von denen, die immer / wieder kommen auf Schiffen mit zahlreichen Rudern; ein Krämer / denkt an nichts als die Fracht, hält Ausschau einzig nach der Ladung; / Gelder will er nur raffen!«[36] Kritisiert wird hier nur das Gewinnstreben um seiner selbst willen. Dagegen hatte jeder Verständnis, wenn ein Adliger aus widrigen Umständen gezwungen war, sich für gewisse Zeit im Überseehandel Mittel zur Rückeroberung seines Status zu sichern, zumal riskante Fahrten über das Meer sowie der Besitz eines Schiffes auch als Zeichen von Tüchtigkeit gedeutet werden konnten. In der *Ilias* führte der Fürst von

34 Thukydides, 1,5.
35 Vgl. Rollinger (2003), 337 ff.; Rollinger (2007), 286–292.
36 Homer, *Odyssee* 8, 159–164.

Lemnos namens Euneos (»Mann der guten Schiffe«) Schiffe mit Wein aus, um im Gegenzug Metalle, Perlen und Sklaven einzuhandeln.[37] Ein anderer Großgrundbesitzer aus Lesbos soll Wein bis nach Naukratis in Ägypten verschifft haben.[38] Odysseus selbst erklärt, ihm seien die Gewinne (*chremata*) wichtiger als die Heimkehr. In der *Odyssee* erzählt Athene in der Gestalt des Taphiers Mentes, eines alten Gastfreunds des Odysseus: »Ich fuhr mit Gefährten / fort auf dem weinroten Meer zu Menschen mit anderen Sprachen. / Temesa bietet mir Erz, da ich funkelndes Eisen ihm bringe.«[39]

Offensichtlich hatten sich Mentes und die Taphier – neben der Piraterie – auf den Zwischenhandel von Eisen und Erz konzentriert.[40] Diese Vermutung wird von der Archäologie und den altorientalischen Texten weitgehend bestätigt. Mit Temesa ist wahrscheinlich Zypern gemeint. Zypern besaß ertragreiche Kupferlagerstätten und war neben Kilikien Knotenpunkt des Überseehandels von Ägypten und der Levante (Tyros) in die Ägäis; ferner konnte man von Zypern aus zu den Eisenerzlagern des Taurus gelangen. Vor diesem Hintergrund wundert es nicht, dass die Griechen bereits im 8. Jahrhundert – rund 100 Jahre nach den Phönikern – auf Zypern mehrere Handelsstützpunkte errichteten. Vieles spricht dafür, dass hier oder in Kilikien die Übernahme des phönikischen Alphabets im Zuge des Austauschs zwischen griechischen und semitischen Händlern erfolgte.[41] Diese Kontaktzonen erleichterten aber auch den östlichen Händlern den Export von Waren, die für die griechische Elite des Mittelmeerraums unentbehrlich geworden waren. Zu ihnen zählten z. B. Weihrauch und Myrrhe aus Südarabien sowie die dazugehörigen Weih-

37 Homer, *Ilias* 7, 467–475.
38 Vgl. Kopcke (1990), 126 f.
39 Homer, *Odyssee* 1,180 ff.; vgl. Rollinger (2007), 278 f.
40 Vgl. Rollinger (2007), 278.
41 Burkert (2003), 25 f.

rauchständer babylonisch-assyrischer Herkunft, welche über phönikische Händler wohl über Zypern für Brandopfer in Griechenland und Etrurien eingesetzt wurden; im Gegenzug dürften griechische Händler außer Wein unter anderem gefärbte Stoffe geliefert haben. Es waren aber nicht nur Waren, die in dieser polyglotten und hochmobilen Welt besonders von Ost nach West wanderten: Handwerker, Priester, Magier, Gelehrte und Übersetzer (in assyrischen Diensten) brachten Wissen und Ideen vorderasiatischer Kulturen nach Griechenland, welche die Philosophie, Religion, Kunst und Architektur des griechischen Siedlungsraums erheblich befruchtete (s. S. 100f.).[42]

Ein weiteres günstig gelegenes Handelszentrum im Osten war Al Mina am Orontes (Nordsyrien). Hier fanden Ausgräber neben dem Hafen ein Handelsviertel mit Lagerhäusern und Verkaufsständen, die offenbar von griechischen und phönizischen Kaufleuten benutzt wurden. Es bot den Händlern Zugang zu den Rohstoffen Zyperns und zu den Luxuswaren aus dem mesopotamisch-levantinischen sowie ägyptischen Raum.[43] So fanden sich Amphoren zum Wein- und Öltransport aus Euböa sowie fein dekorierte Keramik bereits aus der Zeit zwischen 950 und 900 v. Chr. in der phönikischen Hafenstadt Tyros.[44] In der ersten Hälfte des 8. Jahrhunderts gab es euböische und kykladische Keramik in Samaria, der Hauptstadt des Königreichs Israel. Im 7. Jahrhundert gelang es griechischen Händlern immer häufiger, sich als Zwischenhändler über die einst von den levantinischen Kaufleuten (besonders aus dem phönikischen Tyros) gebahnten Kommunikations- und Migrationskanäle in den gewinnbringenden Handel mit den nahöstlichen Großreichen einzuschalten.[45]

42 Vgl. Rollinger (2003), 333f.; Burkert (1977), 110.
43 Vgl. Murray (1991), 91ff.; Osborne (2007), 112f.
44 Vgl. Haider (1996), 59–115.
45 Vgl. Rollinger (2007), 282ff.

6. Abenteurer im fernen Westen

Das Eisen, das Mentes in der *Odyssee* als Fracht mit sich führte, stammte dagegen aus dem Westen, also von dort, wohin Poseidon Odysseus verschlagen hatte. Und da Odysseus trotz aller Verluste zurückgekommen war, konnte man selbst auf erfolgreiche Rückkehr hoffen. Die Zuversicht der homerischen Kapitäne war auch deshalb begründet, weil die Verbindungen der Mykener zum Westen nie gänzlich abgerissen waren.[46] Kolaios aus Samos gelangte so schon rund 50 Jahre nach Aufzeichnung der homerischen Epen bis nach Spanien, fuhr durch die Straße von Gibraltar und kam mit einer großen Ladung Gold in seine Heimatstadt zurück.[47]

Welche Möglichkeiten sich im Westen eröffneten, zeigt ferner die Siedlung auf der Insel Pithekussai im Golf von Neapel. Vor fast 3000 Jahren lebten hier an die 10 000 Menschen – und zwar nicht nur Korinther neben Euböern und Rhodiern, sondern auch Phöniker aus Nordafrika, Spanien und der Levante –, ein Schmelztiegel von Menschen, denen Verharren in der alten Heimat wenig und Erfolg in der Fremde alles bedeutete.[48] Was die Menschen bewog, nach Pithekussai überzusiedeln, war die günstige Lage der Insel am Schnittpunkt alter Seehandelswege und die Nähe zu den etrurischen Häfen, wo man Zinn und Kupfererze gegen Keramik, Kunstgegenstände, Salben und Öl eintauschen und in den Osten weiterhandeln konnte. Die Erze stammten wohl aus den Abbaugebieten der oberösterreichischen Hallstattkultur. Andere dürften Getreide importiert haben, denn eine Gemeinde von 10 000 Menschen war von den Erträgen der Insel allein nicht zu ernähren. So war die Zahl der in Pithekussai le-

46 Vgl. Hall (2007), 98.
47 Vgl. Herodot 4,152.
48 Zusammenfassung bei Osborne (2007), 116 ff. und (2004), 23 ff., 39 ff.

benden Bauern gegenüber denen der Handwerker, Händler und Schmiede gering.

Die Ausgrabungen offenbaren eine Kultur voller Lebensfreude und Geschmack. Man fand u. a. Parfumfläschchen und Glaswerk, das bei sportlicher Ertüchtigung sowie in trinkfesten Männergesellschaften (*symposia*) verwendet wurde. Offensichtlich bildeten ein bestimmter (aristokratischer) Lebensstil, die gemeinsame Sprache und das kollektive Wissen um alte Geschichten Traditionselemente einer sonst so heterogenen Gesellschaft. Hinzu kam die Kenntnis einer allen verständlichen Schrift. Auf einem der großen, aus der Ostägäis importierten Keramikbecher war zu lesen:[49] »Nestors Becher bin ich, aus dem sich gut trinken lässt, wer aber aus diesem Becher trinkt, sofort wird ihn Verlangen nach der schön bekränzten Aphrodite ergreifen.« Nestor war der älteste Kämpfer der Achäer vor Troja und nannte einen riesigen Trinkbecher sein eigen; Aphrodite war als Göttin der Schönheit und Liebe auf fatale Weise mit dem Kampf um Troja verbunden. Leicht verstand man die anzügliche Ironie der Zeilen, die versprachen, den alternden Krieger durch den Genuss des Weines in die Liebeswelt der Aphrodite eintauchen zu lassen.

Doch steht hinter dem »Nestorbecher« mehr als zotiger Spaß im Rahmen eines feuchtfröhlichen Symposions. Die Verse sind die ältesten Hinweise auf die Fixierung einer mündlich überlieferten mythischen Vergangenheit, die selbst am Rande der Welt Menschen vertraut war, deren Tätigkeit in Handel und Handwerk so gar nicht der Vorstellung berühmter Recken auf der Wallstatt entsprach. Aber auch Pithekussai selbst will nicht recht passen in das Bild, das wir uns gemeinhin vom frühen Griechenland machen: eine dicht gedrängt lebende Bevölkerung ohne ei-

49 Vgl. Rüter/Matthiessen (1968), 241 f. mit den Erklärungen, sowie Osborne (2007), 115 f.ff.

nen nennenswerten Anteil von Bauern, aber mit aristokratischem Gehabe. Pithekussai zeigt uns, dass die griechische Geschichte weder gleichförmig noch linear, weder stationär noch zielgerichtet verlief. Hierzu gehört auch, dass die Stadt 200 Jahre später nach einem Vulkanausbruch aufgegeben wurde. Ferner wird deutlich, dass die ersten Griechen, die nach dem Zusammenbruch der mykenischen Welt nach Westen aufbrachen, nicht etwa geschlossene Siedlungsgruppen auf der Suche nach Ackerland waren, sondern unabhängige Händler, Handwerker und Abenteurer, die auf eigene Initiative bereit waren, gegebenenfalls mit der einheimischen Bevölkerung und anderen Händlern unterschiedlicher Herkunft zu kooperieren.[50]

Dieses Bild vermitteln auch die archäologischen Befunde griechischer Präsenz in Unteritalien (Metapont und Siris):[51] Lange bevor die Griechen es wagten, feste Siedlungen zu gründen, waren es Stoßtrupps mutiger Abenteurer, die auf eigene Faust Orte ansteuerten auf der Suche nach Profit. Mal tat man dies als Händler, der Keramik, Wein oder Öl feilbot, mal als Söldner, der seine Kampfkraft einheimischen Häuptlingen zur Verfügung stellte; nicht selten dürfte der Ankömmling für seine Dienste mit der Hand einer einheimischen Prinzessin und einem Stückchen Land belohnt worden sein. Es entstand ein lockeres Geflecht von transmarinen Bindungen und Gastfreundschaften, auf die spätere Zeiten zurückgreifen konnten.

50 Vgl. Osborne (1998), bes. 256 ff.
51 Vgl. Stein-Hölkeskamp (2006), 311–337, bes. 321 ff.

7. Hesiod und die Dörfer der Bauern

Weitgehend getrennt von der Welt mobiler Händler und Krieger war der Bauer, der nur über begrenzte ackerfähige Gebiete gebot. Vergleichsweise gut unterrichtet über seine Lebensbedingungen und das soziale Gefüge bäuerlicher Dorfgemeinschaften sind wir durch die Werke des böotischen Dichters Hesiod. Sein Vater war im 8. Jahrhundert v. Chr. nach einer gescheiterten Existenz in Kleinasien (aus dem äolischen Kyme) »auf der Flucht vor bitterer Armut« aufgebrochen, um als Händler und Seeräuber »segelnd in dem Schiff nach edlen Gütern zu spähen«[52], bevor er sich von seinem Gewinn auf der anderen Seite der Ägäis im böotischen Askra ein Stück Land kaufte.[53] Der junge Hesiod führte die väterlichen Schafherden über die Hügel Askras und soll hierbei von den Musen zur Dichtung inspiriert worden sein. In seinem Großgedicht *Werke und Tage* erwähnt er zu Beginn einen Streit mit seinem Bruder Perses um das väterliche Erbe – ein fast alltäglicher Konflikt, der sich aus dem Prinzip der Realteilung ergab: Jeder Sohn hatte einen gleich großen Erbanspruch auf das väterliche Gut. Wenn nicht einige Söhne neues Land erwarben oder auswanderten, wurde der kleine Grundbesitz binnen weniger Generationen so zerstückelt, dass er die Existenz der Familien nicht mehr sichern konnte.

Jenseits dieses Konflikts bieten uns die *Werke und Tage* Einblicke in eine Welt, die sich in vielerlei Hinsicht von der Gesellschaft der homerischen *basileis* unterschied.[54] Askra war eine Siedlung, die ausschließlich von nichtadligen Bauern mit begrenztem Grundbesitz bewohnt wurde. Sie bildeten die führende soziale Schicht der Siedlung und definierten ihren Status gegenüber ihresgleichen und dem unter ihnen stehenden Gesinde. Während die *basileis* über

52 Hesiod, *Werke und Tage* 634.
53 Hesiod, *Werke und Tage* 635–640.
54 Vgl. Schmitz (2004), 26–104.

eine recht beträchtliche Zahl von Sklaven und Dienern verfügten, beherbergte der Hof eines Bauern von Askra lediglich das bäuerliche Ehepaar und ihre Kinder sowie einen Knecht, der jedoch nur saisonal angeworben wurde. Der soziale Status des Bauern wird dementsprechend durch den eigenen Oikos, die Ehefrau, den Pflugochsen sowie die landwirtschaftlichen Geräte bestimmt. Wer diese unverzichtbaren Elemente der bäuerlichen Existenz nicht aufweist, fällt aus dem Kreis der führenden Bauern heraus und muss sein Leben in der »unterbäuerlichen Schicht« der Tagelöhner und Knechte fristen.

Ähnlich wie die adlige Gemeinschaft durch Regeln und Ideale bestimmt wird, die sich aus der Schicht selbst entwickelten, so ist auch das Leben der Bauern durch Normen geprägt, welche die Bauerngemeinschaft formulierte und wie sie sich aus dem Leben in einer kargen Umgebung ergaben. Während die Adligen ihre Ehepartner überregional wählten, suchten die Bauern Askras innerhalb der Siedlungsgemeinschaft zu heiraten, um durch die Kenntnis potentieller Bewerberinnen das Risiko einer falschen Wahl zu minimieren. Entscheidendes Kriterium ist nicht Schönheit und Anmut, sondern die Fähigkeit der Frau, sich in den bäuerlichen Betrieb einzuordnen. Während der Adlige seine Tüchtigkeit im Kampf, bei der Ausrichtung luxuriöser Gastmähler und der Beutegewinnung beweist, ist das bäuerliche Wertesystem durch Fleiß, Sparsamkeit und Ehrlichkeit geprägt.

Innerhalb dieses Wertesystems bemisst sich die Rollenverteilung der Geschlechter nach Arbeitsbereichen, welche noch über Jahrtausende das bäuerliche Leben im mediterranen Raum bestimmen sollte: Während der Mann vorzugsweise die schwere Arbeit auf dem Feld und der Weide leistet, versorgt die Frau den Haushalt, verarbeitet die Ernteerträge, kümmert sich um den hausnahen Kleingarten und übernimmt parallel hierzu die Erziehung der Kinder. Beide Arbeitsbereiche ergänzen sich und bilden die Grundlage der bäuerlichen Existenz. Dennoch sind die Wertungen der jeweiligen Rollen eindeutig vom Mann bestimmt. Seine Arbeit wird grundsätzlich als ranghöher betrachtet, da er die entscheidende Autorität über den Gutsbesitz beansprucht und die gesamte Verantwortung trägt. In diesem Zusammenhang erklären sich auch viele der so markant frauenfeindlichen Sinnsprüche im Werk Hesiods sowie der etwas jüngeren Lyriker. Wenn hier vor dem potentiell schlechten Charakter der Ehefrau gewarnt, ihre Neigung zur Faulheit, ihre Verführungskunst getadelt und ihr Geschlecht für die Not in der Welt verantwortlich gemacht wird (Pandora), dann spricht hieraus eine tief sitzende Angst des kleinen Grundbesitzers vor der Wahl einer falschen Ehefrau, die nicht bereit oder in der Lage ist, sich den Anforderungen des ländlichen Lebens anzupassen.

Ist so die Ehegemeinschaft stark vom Überlebenswillen der bäuerlichen Gemeinschaft und ihren Kontrollnormen geprägt, so bildet just diese dörfliche Gemeinschaft die einzige und damit entscheidende Hilfe in existentiellen Krisensituationen: Stützt sich der Adel auf seine überregionalen Gastfreundschaften und die große Zahl der *hetairoi*, wenn ein Angriff von außen droht oder ein Beutezug zum Erwerb von Luxusgütern und Rohstoffen nötig wird, so ist es die solidarische Nachbarschaftshilfe, welche den Bauern bei Naturkatastrophen (Ernteausfällen, Seuchen, Trockenperioden) und Piratenüberfällen das Überleben sichern soll. Anspruch auf Hilfe hat jedoch nur der anerkannt Fleißige, also derjenige, der bereits über längere Zeit bewiesen hat, dass er den Normen der Dorfgemeinschaft entsprechend gelebt hat. In Zeiten der Not belohnt ihn die Gemeinschaft der übrigen Bauern für sein Wohlverhalten, indem sie auf seine Hilferufe hin sofort herbei eilen und Unterstützung anbieten. Um diese Solidarität zu stützen, das Ausbrechen der Dorfmitglieder aus dem Normverhalten der Gruppe zu unterbinden und die soziale Ordnung des Dorfes zu stabilisieren, entwickelt die Bauerngemeinschaft nicht nur soziale Kontrollmechanismen, sondern auch eine starke Religiosität und achtet auf die Einhaltung religiöser Riten.[55] Nur so scheint das Überleben in einer von Gefahren ständig umlagerten bäuerlichen Gesellschaft möglich. Diese von einer höheren menschlichen Instanz unabhängige Solidarität einer Gemeinschaft von Gleichen war eine wesentliche Wurzel der späteren politischen Gemeinschaft der Bürger, die für Griechenland so typisch ist.

Die Abschottungstendenzen der dörflichen Gemeinschaft gegenüber der Welt der Aristokraten haben freilich nicht verhindert, dass es immer wieder Austauschbewegungen und gegenseitige Beeinflussungen gab. Das Schicksal des Vaters von Hesiod, der selbst als Adliger gezwungenermaßen zum Kleinbauern in Askra wurde, beweist dies genauso wie die Mahnungen des Dichters an seinen Bruder Perses, der aus der bäuerlichen Enge ausbrechen will und die Gemeinschaft der *basileis* außerhalb Askras sucht. Hesiod beschuldigt seinen Bruder, die Adligen der benachbarten Stadt durch Bestechung zu einem ungerechten Schiedsspruch veranlasst zu haben. Die Geschenke für die »gabenfressenden« *basileis* hatte sich Perses – nach dem Vorbild seines Vaters – durch riskante Handelsunternehmungen verschafft. Hesiod geißelt diese Fahrten, doch verschiffte er selbst Getreide und Wein seines Hofes, um sie auf einem nahe gelegenen Markt am Golf von Korinth zu verkaufen. Angeblich wagte er sich nur dann aufs Meer, wenn die Erträge seines Oikos nicht ausreichten oder ein landwirtschaftlicher Überschuss erzeugt wurde.[56] Immerhin gibt er offen zu, dass der Seehandel eine Möglichkeit bot, »Schuld und Hunger zu entfliehen«. Zudem besaß Hesiod gute Kenntnisse der See-

55 Vgl. Hesiod, *Werke und Tage* 336–341, 706, 724–759, 765ff.; Schmitz (2004), 78.

56 Vgl. Hesiod, *Werke und Tage* 647, 230–237; Melé (1979), 12.

fahrt. Er weiß genau, wann eine Seefahrt zu wagen ist, wann man sein Schiff an Land zieht und wie man es im Winter vertäut, um Planken, Ruder und Segel vor Fäulnis zu schützen.[57] Seine geographischen Kenntnisse übertreffen bereits die Homers: Er weiß von den Etruskern und den euböischen Kolonien, kennt die entfernten Meere, ihre Seefahrer und ihre Erzählungen von den glücklichen Inseln im Atlantik – vermutlich die kanarischen Inseln oder Madeira.[58]

Dass ein rühriger Landmann des griechischen Mutterlandes mit dichterischen Ambitionen aber auch Einflüsse aus dem Osten aufnehmen konnte, zeigt Hesiods zweites großes Werk, die *Theogonie*, eine Götter- und Weltentstehungsgeschichte ebenfalls in Hexametern, welche der Dichter wohl während eines Dichterwettkampfs in Chalkis vortrug. Erstmals wurden die zahllosen Geschichten der Götter und Helden mit den Erinnerungen aus mykenischer Zeit in ein logisches Entwicklungsschema integriert und an ein teleologisches Prinzip gekoppelt. Demnach habe erst der Sieg der olympischen Götter unter Führung des Zeus über die ungezügelte Gewalt der früheren Götterdynastie den gesamten Kosmos nach langen Kämpfen aus dem ursprünglichen Chaos zu einer umfassenden Weltordnung geführt, welche auf Recht und Sitte beruhte und von Zeus in gerechter Weise gelenkt wird.

Diese (erfolgreiche) Suche nach einem strukturierenden Prinzip einer undurchschaubar und feindlich erscheinenden Welt bildet eine der zentralen Antriebskräfte der bald nach Hesiod einsetzenden Naturphilosophen (s. S. 100 ff.); man ist geneigt, in ihr eine über Generationen tradierte Erinnerung an die für viele Zivilisationen des östlichen Mittelmeerraums so einschneidende Umwälzung der Seevölkerinvasion zu erblicken. Unbestritten ist der große

57 Vgl. Hesiod, *Werke und Tage* 617 ff.; Werner (1990), 62.
58 Vgl. Malkin (1987), 208; Hesiod, *Werke und Tage* 167 ff., *Theogonie* 1013–16.

Einfluss nahöstlicher Überlieferungen, besonders der des babylonischen Schöpfungsmythos *Enuma Elisch* (um 1100 v. Chr.), des hethitischen »Gesanges vom Königtum im Himmel« sowie ugaritisch-churritischer Epen; Hesiods Berufung zum Dichter weist auf Parallelen zu dem etwa zeitgleich entstandenen Epos von der Berufung des Moses zum Propheten (2. Mose 3).[59]

Die *Theogonie* gehört somit zu einer Literaturgattung von Kosmogonien, deren Verbreitung den gesamten Raum vom Zweistromland über die Levante, Ägypten und Kleinasien bis nach Griechenland umfasste und sich weitgehend mit den Austauschbewegungen von Söldnern, Händlern und Weisheitslehrern deckte.[60] Dies zeigt erneut: Auch der am Rand der adligen Welt und ihrer *oikoi* lebende Bauer konnte sich in die Interaktionskanäle der Adligen einklinken. Adliger Oikos und bäuerliche Siedlung waren nicht nur durch Handel, sondern auch durch Kult und Feiern verbunden. Dies gilt auch für die Entstehung und Ausbreitung der bekanntesten griechischen Lebensform, die bereits zur Zeit der *Odyssee* ihren Siegeszug über weite Teile des Mittelmeerraums antrat.

59 Vgl. Schönberger (1999), 146 f.; West (1997), 276–333.
60 Vgl. Burkert (2003), 72.

II.
Verfassungsbildung, Machtpolitik und kulturelle Entwicklungen in der Poliswelt des 7. und 6. Jahrhunderts

1. Die Entstehung der Bürgerpolis

Als Odysseus an die Insel der Phäaken gespült wird, nimmt sich die Prinzessin Nausikaa des Fremden an und bereitet ihn auf ihre Heimatstadt vor:[61] »Wir betreten die Stadt, um die eine Umwallung ist, / eine hohe, und ein schöner Hafen ist beiderseits der Stadt; / schmal ist der Zugang und beiderseits geschweifte Schiffe sind den Weg entlang / hinaufgezogen, denn alle haben, jeder für sich, dort für die Schiffe ihren Standplatz. / Und dort ist ihnen auch der Markt zu beiden Seiten des schönen Poseidontempels, / mit herbeigeschleppten Steinen eingefasst, die in die Erde eingegraben sind.«

Was Nausikaa beschreibt, unterscheidet sich wesentlich von den Dörfern der Bauern und den Höfen der homerischen Helden. Während diese meist innerhalb von Siedlungen auf Hügeln im Landesinnern liegen, haben die Phäaken ihre Stadt direkt am Meer angelegt, mit einem doppelten Hafen versehen sowie mit einer Mauer umgürtet; sogar ein Tempel schmückt die Stadt. Odysseus kennt solche Siedlungen, einige haben er und seine Mannschaft geplündert. In der Zeit zwischen 800 und 600 stieg ihre Zahl sprunghaft an, man fand Anlagen von der Art Scherias in Griechenland, auf den Ägäisinseln und an vielen

61 Homer, *Odyssee* 6,262–267.

Küsten des Mittelmeers. Die Griechen nannten solche Gemeinschaften mit einem städtischen Zentrum und agrarischem Hinterland *Poleis.* Wir sprechen meist von Stadtstaaten. Sie beherbergten meist kaum mehr als 1000 Menschen, die jedoch wie ein autonomer Staat souverän über ihre Geschicke im Innern und nach außen entschieden. Die Polis garantierte ihren Bürgern das exklusive Besitzrecht an Land, eigene Gerichtsbarkeit und eigenes Recht.

Die Polis war zwar keineswegs die einzige Lebensform der Griechen; in Ätolien, Makedonien, Epiros und Thessalien blieben der adlige Gutshof sowie verstreute Dörfer bis in das 5. Jahrhundert bestehen; der thessalische und ätolische Adel gehörte sogar zu den reichsten der griechischen Welt. Vielfach lebten diese Dörfer neben den Poleis weiter, wie das Beispiel Askra in Böotien beweist (s. S. 48 f.). Doch nur in der Polisgemeinschaft entwickelten die Griechen die Formen des Mit- und Gegeneinanders, die wir als Politik bezeichnen.

Die Entstehungsgeschichte der Poleis liegt aufgrund der schlechten Quellenlage vielfach im Dunkeln, doch gibt es genügend Erklärungen, die ohne ein »griechisches Wunder« oder Einflüsse von außen auskommen.[62] Der Übergang von einer zerstreuten Siedlungsweise zu einer Konzentrierung auf engerem Raum an sich ist nichts Ungewöhnliches. In Griechenland und an den Küsten Kleinasiens mag dieser Vorgang durch die geographische Engräumigkeit gefördert worden sein; die ältesten Kleinstädte entstanden in fruchtbaren Küstenebenen und Flusstälern nahe dem Meer. Vielfach siedelten Menschen aber auch auf dem Gebiet zerstörter Wohnplätze. Dies erklärt zum Teil, weshalb in einigen Gebieten, die zwar die beschriebene geographische Beschaffenheit in besonderem Maße aufweisen, aber kaum alte Siedlungsstrukturen besaßen, nur wenige Poleis das Bild der Landschaft bestimmen.

62 Dazu Raaflaub (2004), 271–289.

Eine wichtige Rolle spielt denn wohl der kontinuierliche Anstieg der Bevölkerungszahlen seit dem 9. Jahrhundert v. Chr.[63] Viele verließen ihre Höhensiedlungen und zogen in die Ebenen in Küstennähe oder an die Mündung eines Flusses. Hier gab es umfangreichere Ackerflächen und hier eröffnete sich der Zugang zum Meer, aber es drohten auch neue Gefahren. Denn die Siedlung in einer Ebene nahe der Küste bot eine größere Angriffsfläche als der *oikos* auf dem Hügel im Landesinnern. Um sich besser zu verteidigen, legte man die Wohnhäuser enger zusammen und umschloss sie teilweise mit einer Mauer. Das fruchtbare Ackerland lag außerhalb des Wohngebiets. Damit entstand die für die Polis typische Zweiteilung in städtisches Siedlungszentrum und dazugehöriges Umland.

Mit dem Anstieg der Bevölkerung begann sich auch die Wirtschaft zu wandeln. Archäologen fanden in Alt-Smyrna an der kleinasiatischen Ägäisküste große Vorratsbehälter für Öl und Getreidesilos sowie Modelle für Kornspeicher in Athen. Offenbar spielte der Acker- und Gartenbau eine immer größere Rolle im Vergleich zur Weidewirtschaft. Die Bedeutung des Landes und der Bindung aller Bürger an den Bodenbesitz nahm zu, während das Gewicht des einzelnen Gutshofs schwand.[64]

Diese Veränderungen waren immer auch Herausforderungen: Streitigkeiten um fruchtbare Böden mussten geschlichtet, Wege und Versorgungsplätze angelegt, Grenzen festgelegt und die Verteidigung organisiert werden.[65] Zuständig für all diese Aufgaben waren die Adligen. Um ihnen gerecht zu werden, richteten die *basileis* in vielen Poleis Jahresämter für bestimmte Kompetenzbereiche ein wie Kriegführung oder Kultvollzug. Alle Ämter standen nur den männlichen Mitgliedern der Adelsfamilien offen. Man darf deshalb vermuten, dass sich in einigen Poleis

63 Vgl. Welwei (1983), 36; Starr (1977), 43.
64 Vgl. Tandy (1997), 209; Murray (1991), 57.
65 Vgl. Walter (1993), 133; Snodgrass (1980), 24.

einzelne Familien über die Ämterausbildung und -besetzung auf Kosten anderer eine dominierende Machtposition sicherten, welche den Zusammenhalt der Gemeinschaft gefährdete.[66] Um dem entgegenzuwirken, einigte man sich vielerorts darauf, Amtskompetenzen turnusmäßig zu vergeben; viele frühe Polisgesetze sahen genaue Regelungen bezüglich der Amtsdauer (ein Jahr) sowie den zwischen den Ämtern für Bewerber einzuhaltenden Intervallen vor. Dies deutet einerseits auf einen starken Konkurrenzdruck innerhalb der führenden Familien hin; auf der anderen Seite müssen Adlige die Bekleidung eines Amts als sehr prestigeträchtig eingeschätzt haben. Tatsächlich verschaffte die Bekleidung öffentlicher Ämter den Großgrundbesitzern neue Möglichkeiten der Identitätsbildung: Familienclans wie die Bakchiaden in Korinth (s. S. 78 ff.), die Eupatriden in Athen oder die Basilidai in Ephesos bezeichneten sich jetzt als *kaloi* (Schöne), *agathoi* (Gute) oder *esthloi* (Tapfere) und grenzten sich damit nicht nur gegenüber dem Volk, sondern auch gegenüber Konkurrenten sowie den außerhalb der Polis lebenden Menschen ab.

Diese Abgrenzung markierte soziale Barrieren, behinderte aber nicht die Kooperation mit der übrigen Bevölkerung. Vermutlich gelang es den Adligen, die bäuerlichen Zusammenkünfte der Dörfer (s. S. 49 ff.) in die Volksversammlungen zu integrieren und damit die Effektivität kommunaler Kommunikation zu steigern. Die intensive Kommunikation innerhalb der Polisgemeinschaft und ihre Organisation gehörten jedenfalls zu den herausragenden Merkmalen der griechischen Stadt, die sie von allen anderen bekannten Siedlungsgemeinschaften unterschied. Innerhalb der Polis entstanden drei voneinander abgegrenzte öffentliche Räume, die einen festen Rahmen für das gemeinsame Leben schufen:[67] Im Zentrum lag der profane

66 Vgl. Bernstein (2004), 74 ff., 121 ff.
67 Vgl. Hölscher (1998a), 20 f.; Hölscher (1998b), 29 ff.

Bezirk der Agora als ein freier, von öffentlichen Bauten umgebener »bürgerlicher« Versammlungsplatz, auf der die Adligen Recht sprachen, das militärische Aufgebot der Polis versammelten und mit den übrigen Bürgern über die Belange der Polis verhandelten.

Die teils heftigen Auseinandersetzungen zwischen den Adligen auf der Agora ließen sich häufig nur durch die Besinnung auf die gemeinsame Religion und die Autorität der Götter schlichten. Von einer unmittelbaren Präsenz der Götter fühlte man sich aber zu sehr eingeschränkt. Deshalb trennte man den religiösen Bezirk von dem politischen Raum, legte jedoch beide nahe beieinander an, damit die gemeinsamen religiösen Kulte die politischen Kämpfe entschärfen konnten. Begann man zunächst ab 750 v. Chr. Steinaltäre zu errichten und mit Mauern zu umgeben, so wurden bald erste Kulthäuser gebaut. Aus diesen entstanden seit dem 6. Jahrhundert steinerne Tempel für die Schutzgötter der Poleis.

Während der Rückgang individueller Grabbeigaben sowie die Zunahme der Weihungen in Heiligtümern im 8. Jahrhundert als Verlagerung aristokratischer Repräsentationsenergien zu interpretieren sind, waren die Tempelbauten eine Leistung, die nur unter Inanspruchnahme der *gesamten* Bevölkerung möglich war. Als Aufbewahrungsorte des Kultbildes der am höchsten verehrten Gottheit und anderer Kultgegenstände wurden sie für *alle* Einwohner zum Hort der gemeinsamen Religionsausübung. Kostbare Grabbeigaben, die man bisher individuell den Adligen mitgegeben hatte, wurden jetzt in den heiligen Bezirken der Polis öffentlich zur Schau gestellt. Der Tempel wurde damit – anders als in den Großreichen des Ostens – Ort des öffentlichen Kultes, Bezugspunkt *aller* Einwohner und identitätsstiftendes Zentrum der Polisgesellschaft. Als dritten öffentlichen Bezirk neben Agora und Tempel grenzte man den Ort der Begräbnisse von dem engeren Siedlungsraum aus und trennte damit die Welt der Lebenden und in der Polis Aktiven von den Toten. Die Dreiteilung der öffentlichen Räume entsprach der ideologischen Aufteilung der Welt: Bürger, Götter und Tote.[68]

2. Anfänge der Hoplitenphalanx?

Das Überleben der kleinen Siedlungsgemeinschaften hing aber nicht nur von einer effektiven Organisation der politischen Kommunikation im Innern ab, sondern in hohem Maße von der Verteidigungsfähigkeit nach außen. Die Polis war deshalb immer auch in erster Linie ein »Kriegerverband«.[69] Seit dem 7. Jahrhundert v. Chr. verfügten viele Bürgeraufgebote über Fußsoldaten, die eine schwere – wohl aus dem Osten eingeführte – Bewaffnung (Helm, Brustpanzer, Beinschienen, großer Rundschild) trugen. Sie kämpften als Hopliten (der Begriff entstammt wohl der Bewaffnung) in lockerer Formation, doch im Laufe der Zeit und je mehr Bürger sich eine schwere Bewaffnung leisten konnten, desto enger schlossen sich die Reihen zu einer Phalanx, die dem Gegner mehr oder weniger Schild an Schild gegenübertrat; der Endpunkt dieser Entwicklung wurde wohl erst in den Perserkriegen des frühen 6. Jahrhunderts (s. S. 124) erreicht, doch schon vorher bildete die Formation der Schwerbewaffneten einen wichtigen Faktor städtischer Integration und Identität. Da sich die Verluste in der Regel auf die erste Reihe der Formation beschränkten, konnte die Polis regelmäßig ihre Wehrhaftigkeit erproben, ohne ihre agrarischen und personellen Grundlagen ernsthaft zu gefährden.

Die allmähliche Erhöhung der Zahl der Hopliten dürfte – wie viele andere Institutionen – auf die Initiative der Adligen zurückgehen, auch wenn das Ziel, möglichst *viele* Bür-

68 Vgl. Hölscher (1998a), 20f; J. M. Hall, »Polis, community, and ethnic identity«, in: Shapiro (2007), 43–45.

69 Vgl. Eich (2006), 475, 482.

ger mit einer schweren Bewaffnung auszurüsten und Seite an Seite mit den Adligen kämpfen zu lassen, eigentlich dem Bemühen der Aristokraten um Exklusivität widersprach. Ein genaues Studium der Quellen zeigt aber, dass wohl nur ein kleiner Teil des Bürgerheeres, nämlich die ersten beiden Reihen der Phalanx (von durchschnittlich acht insgesamt) von Hopliten besetzt wurden, während die übrigen mit leichterer Bewaffnung dahinter oder daneben kämpften.[70] Die vordere Reihe blieb so zunächst noch eher ein Privileg des Adels (und der Reichen), der sich in der gefährlichsten Zone der Schlacht vor den Augen der Mitbürger als *agathos* und *esthlos* erwies.

Die Adligen taten dies aber nicht mehr allein zur Mehrung *ihres* Ruhms und zur Verteidigung *ihres* Oikos, sondern auch, um mit der übrigen Bevölkerung die Polis vor Schaden zu bewahren. Die Polis wird in den Kriegselegien der Lyriker als *ihre* Heimat anerkannt. Individuelle aristokratische Ideale vereinten sich – parallel zur Ausbildung von Jahresämtern – auf dem Schlachtfeld mit einem kollektiven Verantwortungsgefühl, welches die übrige Bevölkerung mit einbezog und in bestimmten Situationen (s. S. 124) erstaunliche Energien entfalten konnte.

Allerdings mussten diese Energien immer wieder neu geweckt und an die nächste Generation weitergegeben werden. Das Überleben der Siedlungsgemeinschaft war in so entscheidendem Maß von der Kampf- und Todesbereitschaft der Bürger abhängig, dass die Poleis zumindest ihre adlige Jugend – in unterschiedlicher Intensität – entsprechend konditionierten und auf den Tod in der ersten Reihe der Phalanx vorbereiteten.[71] Zu dieser Konditionierung gehörte nicht nur eine Erziehung, welche die Kinder zum Teil intensiven Angsterfahrungen aussetzte, um sie abzuhärten, ihnen Gehorsam einzuimpfen und sie im Sinne des bürger-

70 Vgl. Hall (2007), 163–170; zur neueren Sicht auf die Entwicklung der Hoplitenphalanx vgl. besonders van Wees (2004).
71 Vgl. Burkert (1995), 185 ff.

lichen Kriegsethos zu formen. Nicht weniger wichtig war die regelmäßige Teilnahme an den Opferzeremonien der Polis. Sie trug dazu bei – folgt man Walter Burkert[72] –, die Jugendlichen vertraut zu machen mit der Erfahrung von Tod und Blutvergießen; der beim Tod des Opfertieres ausgestoßene Entlastungsschrei hatte auffällige Parallelen zu dem Kampfgeschrei der Hopliten in der Schlacht. Der Rekrut besaß demnach nicht nur ein hohes Maß an psychischer und physischer »Leidensfähigkeit«, sondern hatte auch bei der Anwendung von organisierter militärischer Gewalt niedrige Hemmschwellen zu überwinden. Nur so gelang der Polis etwas, was sie in keinem anderen Bereich des Lebens durchzusetzen wagte, nämlich die Unterwerfung freier (junger) Männer in einen disziplinierten Handlungsablauf, der mit dem Tod enden konnte. All dies bedeutet nicht, dass der Bürgerhoplit vor der Schlacht wie ein seelenloser Roboter vor Angstzuständen gefeit war. Die Polisgesellschaft erwartete jedoch, dass er diese Gefühle beherrschte und sein Leben für die Verteidigung der Polis einsetzte. Ein solcher Tod galt als »schön«, er versprach höchste soziale Anerkennung und ewigen Ruhm.[73]

3. Repräsentation und Selbstverständnis einer militarisierten Gesellschaft – Das Ideal des männlichen und weiblichen Körpers

Die zentrale Bedeutung, welche die Polisgemeinschaft der Kampffähigkeit und -bereitschaft ihrer Jugend zumaß, erklärt zu einem nicht geringen Teil ein weiteres Phänomen, das im welthistorischen Vergleich einmalig ist, nämlich die obsessive Darstellung von nackten jungen Männern in der bildenden Kunst. Sind es im 8. und frühen 7. Jahrhundert

72 Vgl. Burkert (1997), 45 ff.; Burkert (1995), 179–188; Burkert (1986), 65–86.
73 Vgl. Müller (1989), 319 ff.; Eich (2006), 349.

noch kleine Bronzestatuetten Lanzen schwingender Krieger mit breiter Brust und kräftigen Schultern sowie starken Schenkeln, so wird im 6. Jahrhundert der überlebensgroße Kouros zum »konzeptionellen Leitbild« der Bürgergesellschaft.[74] Dieser Figurentypus dürfte auf ägyptische Anregungen zurückgehen, seine Ausgestaltung verrät griechisches Selbstverständnis. Dargestellt ist ein junger Mann mit kräftigem Körper, starken Schenkeln, breit gewölbter Brust, muskulösen »aktionsbereiten« Armen sowie einem Kopf, dessen lächelnder Mund und reich verziertes Haar das Selbstbewusstsein einer Elite ausstrahlen, die sich ihres Wertes für die Polis bewusst ist. Die Kouroi wurden als Weihegeschenke aufgestellt oder auf den Gräbern jung Verstorbener postiert, die häufig unter den Vorkämpfern (also in der ersten Reihe der Phalanx) für die Polis gefallen waren.[75]

Alle Darstellungen nackter Männer bewegen sich im Kontext von Krieg oder Kampf; schon mykenische Vasenbilder zeigen Soldaten (oder Söldner) unbekleidet vor dem König.[76] Natürlich haben in der Realität griechische Soldaten nicht nackt gekämpft; doch legte die Polisgemeinschaft viel Wert darauf, ihre männliche Jugend in der Pracht eines unverhüllten Körpers zu präsentieren. Kraft und Stärke der Jugend waren eben für eine Gesellschaft, die mit den Reichtümern des Ostens nicht konkurrieren konnte, sich aber stets vor Angriffen schützen musste, eines der wenigen Pfunde, mit denen sie wuchern konnte. Die Menschen selbst machten den Wert der Gemeinschaft aus, nicht reiche Äcker, goldene Tempel oder gewaltige Heerscharen. Eine starke Jugend förderte ihr Identitätsbewusstsein und steigerte ihr Ansehen in der Welt – ein wichtiger Faktor, wenn man bedenkt, wie viele Griechen als Söldner in der Fremde dienten.

74 Vgl. Hölscher (1998a), 30ff.
75 Vgl. Hampe/Simon (1980), 279.
76 Vgl. Stewart (1997), 32, 37f.

Dass man sein kostbarstes Gut – den Körper der männlichen Jugend – hüllenlos präsentierte und hierauf aufbauend eine ganze Ideologie entwickelte, erscheint noch verständlicher, wenn man bedenkt, dass hiermit aristokratische Werte in die Ideale der Polis eingebunden wurden. Körperliche Schönheit korrespondierte mit Tapferkeit und Mut und gehörte deshalb zu den herausragenden Eigenschaften der *basileis*; insofern waren die Kouroi auch »Symbole der Unsterblichkeit im Sinne des unvergänglichen Nachruhms«.[77] Diese Symbole der adligen Familien wurden sukzessive in die Leitbilder der bürgerlichen Gemeinschaft integriert. Deshalb maßen die Poleis dem körperlichen Training und sportlichen Wettkampf eine so große Bedeutung zu. Sie ergibt sich aus der Kombination »alter« aristokratischer Ideale mit dem »neuen« Zwang, eine stets kampfbereite Generation zur Verteidigung bereitzuhalten.

Vor diesem Hintergrund war es konsequent, wenn die adlige Jugend vor den Augen der Älteren im Gymnasium, auf den Sportplätzen und in Olympia unbekleidet trainierte und kämpfte. »Die Bevölkerung konnte die nackten jungen Männer im Zentrum des öffentlichen Lebens bewundern.«[78] Nur so ließ sich prüfen, ob sie dem Leitbild der bürgerlichen Gesellschaft entsprachen und der Forderung nach höchster Verteidigungsfähigkeit trotz geringer Bürgerzahlen Genüge taten. Der Körper des Athleten war von dem des Kriegers kaum noch zu trennen.[79]

Dass sich in diesem Rahmen homoerotische Verbindungen entwickelten und – soweit sie sich auf das Verhältnis zwischen dem Älteren und dem Jüngeren beschränkten – sozial akzeptiert wurden (deshalb spricht man von »Knabenliebe«), ist bekannt; auch dieses Phänomen reiht sich ein in den Gesamtkomplex von adliger Lebensweise und ge-

77 Vgl. Martini (1990), 77; Niemeier (2002), 52 ff.
78 Hölscher (1998a), 44 f.
79 Vgl. Hölscher (1998a), 45.

meinschaftlichen Selbstbehauptungswillen: Auf der einen Seite gingen solche Verbindungen wohl auf frühe aristokratische Vorstellungen zurück; auf der anderen Seite waren sie für die Gemeinschaft die beste Gewähr dafür, dass der junge Mann als heranwachsender Krieger durch einen erfahrenen Bürger nicht nur in die körperliche Welt der Erwachsenen, sondern auch in das militärische Ethos der Polis eingeführt wurde. In Sparta war die Knabenliebe bei der militärischen Erziehung ausdrücklich erwünscht, weil man glaubte, dass die Beziehung zwischen Knaben und Erwachsenen die Kampfbereitschaft stabilisierte. Es spricht viel dafür, dass dies in anderen Poleis ähnlich gesehen wurde.[80] Auch die »Knabenliebe« gehört so zum Instrumentarium einer Gemeinschaft, die Elemente adligen Selbstverständnisses weiterentwickelte, um ihr militärisches Ethos von einer Generation an die andere weiterzugeben.

Was für die männliche Jugend galt, traf *vice versa* auch für die Mädchen und Frauen zu. Das Gegenmodell des nackten jungen Mannes als Kouros bildet die Statue des bekleideten Mädchens (Kore). Da sie im Kampf keine Rolle spielte, war es nicht nötig, entsprechende körperliche Merkmale offen zu zeigen; nur in Sparta trainierten die jungen Frauen unbekleidet, allerdings nicht, um ihren Körper für den Krieg zu stählen, sondern – wenn man den antiken Gewährsmännern glauben mag – um kräftige und gesunde Kinder zur Welt zu bringen und die jungen Männer zur Ehe zu animieren. Ob dies zutrifft oder nicht – entscheidend ist, dass sich die Mädchen einordnen mussten in den Überlebenskampf einer kleinen Gemeinschaft, die alles tat, um das Beste, was sie hatte, zu pflegen und zu präsentieren. Der Besitz schöner Frauen und wohlgeratener Kinder wurde »als wesentliche Garanten des Renommees von Städten angesehen«.[81] Während die Kouroi ei-

80 Vgl. W. Schuller, in: *Die Zeit* (2006), 113.
81 Belege bei Schneider (1975), 13ff.

nen durchtrainierten Körper zeigen, dient der weibliche Figurtypus der Kore dazu, nicht nur jugendliche Schönheit, sondern auch Wohlstand und Heiratsfähigkeit zu dokumentieren, und dies erneut – wie die Bewegung, Gestik und Bekleidung zeigt – in einem aristokratischen Kontext.[82] Indem die Polis durch die öffentliche Aufstellung der Koren aristokratische Ideale für sich zu vereinnahmen begann, wurden sie Leitbilder einer nach innen und außen selbstbewusst erscheinenden Gemeinschaft.

Die gesellschaftlichen Normen, die auf die Statuen projiziert wurden, waren dabei männlich geprägt. Die Frauen passten sich diesen Normen an und verloren in dem Maße an Handlungsspielräumen, in dem sich die Polisgemeinschaft nach innen und außen stabilisierte. Nach griechischem Geschlechterverständnis fehlte den Frauen die körperliche Leistungsfähigkeit sowie Tapferkeit der Männer und das volle rationale Denkvermögen. Da die Verteidigung der Polis Männersache war, Wehrfähigkeit aber als Voraussetzung für politische Mitsprache galt, kamen die Griechen nicht auf den Gedanken, Frauen in politische Entscheidungsprozesse mit einzubeziehen. Dagegen spielten Frauen bei offiziellen Festen und religiösen Feierlichkeiten eine wichtige Rolle.

4. Die Wesensmerkmale der Polis im 7. und 6. Jahrhundert v. Chr.: Ausdifferenzierung der Institutionen und innere Konflikte

Gegen Ende des 6. Jahrhunderts hatten sich die beschriebenen Institutionen und gesellschaftlichen Strukturen so weit verfestigt, dass sie als typisch für griechische Poleis gelten konnten: Die Tagungen des Adelsrates wurden festen Regeln unterworfen, die Teilnehmerzahl begrenzt und

82 Vgl. Schneider (1975), 27ff.

auf ein hohes Eintrittsalter beschränkt. Überall gab es (unbezahlte) Jahresämter für spezielle Aufgaben im Bereich des Kriegswesens, der Religion und der Rechtsprechung. Weiterhin bildeten sich Gremien aus Mitgliedern der Bürgerschaft, die sich als Gerichtshöfe etablierten und die adlige Rechtsprechung auf bestimmte Bereiche zurückdrängten. Mit dem Aufstieg der Hoplitenphalanx zog auch die Volksversammlung mehr Kompetenzen an sich und entschied bald in letzter Instanz über alle wichtigen Vorhaben des Adelsrates. Zugelassen zur Volksversammlung war nur die freie und wehrfähige männliche Bevölkerung; die höchsten Ämter blieben den Großgrundbesitzern vorbehalten. Politische Mitspracherechte gewannen nur diejenigen, die sich eine Hoplitenrüstung leisten konnten.

Die Dreiteilung der Institutionen in Rat, Volksversammlung und Amtsträger bzw. Gerichtshöfe hatte jedoch nichts mit dem Prinzip neuzeitlicher Gewaltenteilung zu tun. Dazu überschnitten sich die Kompetenzen zu sehr, und vor allem fehlte den Bürgern die Vorstellung abstrakter staatlicher Gewalten, die sich zum Schutz des Bürgers gegenseitig beschränkten. Und schließlich war das Machtverhältnis zwischen den drei Institutionen von Polis zu Polis recht unterschiedlich. Dort, wo die Adligen über den Rat die Politik bestimmten und sich ihre Pläne durch die Volksversammlung lediglich bestätigen ließen, sprach man später von einer oligarchischen Verfassung. Gelang es dagegen, einen mit dem Adelsrat konkurrierenden Volksrat zu etablieren, und genoss die Redefreiheit des Bürgers in der Volksversammlung einen hohen Stellenwert, dann handelte es sich um eine »isonome« Ordnung (vgl. S. 93).

Jede Polis bildete, unabhängig von der Machtverteilung ihrer Institutionen, eine souveräne Rechts-, Kult- und Wehrgemeinschaft der freien Bürger. Ein Bürger definierte sich in erster Linie durch seinen Bodenbesitz, seine Teilnahme an den Kulten und Festen sowie durch individuelle

Leistung, Einsatzbereitschaft (im Krieg) und Selbstachtung. Weil »Staat« und »Gesellschaft« zusammenfielen, besaß die Polis keinen Polizeiapparat, keine Arbeitsbeschaffungsmaßnahmen oder Armenfürsorge (mit Ausnahme von staatlichen Zuschüssen). Umgekehrt zahlten die Bürger keine Steuern, und die Poleis kannten mit wenigen Ausnahmen keinen Staatshaushalt mit festem Budget; sie verfügten in der Regel auch nicht über einen Staatsschatz; Zolleinnahmen oder Beuteerlöse wurden an die Bürger verteilt oder zum Bau von Tempeln und Verteidigungsanlagen verwendet. Ansonsten achteten die Behörden lediglich darauf, dass die Nahrungsmittelversorgung sowie die Wehrfähigkeit der Bürger gesichert waren.

Gänzlich außerhalb der Bürgerschicht standen Menschen, die ihre Freiheit verloren hatten. Allerdings gab es unterschiedliche Typen und Abstufungen von dem, was wir gemeinhin Sklaverei nennen. In einigen Gegenden wie in Thessalien oder der südlichen Peloponnes hatten die Griechen die Ureinwohner zu Hörigen gemacht (»helotisiert«). Sie mussten die Felder bearbeiten und (regulierte) Abgaben entrichten, führten ansonsten aber ein vergleichsweise unabhängiges Bauernleben und waren nicht völlig rechtlos.[83] Einen schlechteren Rechtsstatus hatten Menschen, die nach Kriegen oder Beutezügen als Kaufsklaven auf die Sklavenmärkte gelangten. Sie arbeiteten allerdings unter recht unterschiedlichen Bedingungen in den Haushalten und Werkstätten der Bürger, auf den Feldern oder in den Bergwerken. Viele Bürger konnten nur deshalb als Ratsmitglied fungieren oder die Volksversammlung besuchen, weil sie häusliche und ländliche Arbeit auf Sklaven abwälzten.

Probleme für den Zusammenhalt der Polis entstanden jedoch so gut wie nie innerhalb der Schichten, die vom politischen oder sozialen Leben ausgeschlossen waren,

83 Vgl. Eich (2006), 260–266.

sondern innerhalb der politisch Aktiven selbst. Die breiten politischen Artikulations- und Partizipationschancen der Polis waren objektiv zugleich eine empfindliche Schwäche: Es fehlten starke Regierungszentren sowie durch Tradition und Gewalt festgelegte Herrschaftshierarchien; besonders die Adligen kämpften auch nach der Ausdifferenzierung der Institutionen heftig um die politische Führung und versuchten, ihre Standesgenossen durch größeren Landbesitz und luxuriösen Lebensstil auszustechen. Hin und her gerissen zwischen dem Streben nach individuellem Erfolg und der Verantwortung gegenüber der Polisgemeinschaft, bildeten sie einen Unruheherd, der den inneren Frieden stets bedrohte.

Seit der Mitte des 7. Jahrhunderts erhielten sie zusätzliche Konkurrenz. Infolge der Ausweitung des Seehandels gelang es Fremden und außerhalb der Polis wohnenden Bauern, im Überseehandel Gewinne zu erzielen und Land zu erwerben. Damit gefährdeten sie den aristokratischen Führungsanspruch, zumal die Einführung der Hoplitenphalanx ihnen durch den Kauf einer Rüstung die Chance bot, auch als »Krieger« mit den Adligen gleichzuziehen. Die Adligen versuchten neue Barrieren gegen die ehrgeizigen Aufsteiger aufzubauen, bezeichneten sie als *kakoi* (Schlechte) und verunglimpften ihre Methoden des Gelderwerbs – obwohl sie sich selbst vielfach daran beteiligten – sowie ihre niedere Herkunft. Demgegenüber verwiesen sie auf ihre Erfolge bei Aufbau und Leitung der Polis: Die Polis wurde dezidiert als ein Raum des Rechts, des Gesetzes und der Zivilisation von der angeblich rechtlosen Halbwelt der Bauern und Händler abgegrenzt.

Derartige Parolen haben dazu beigetragen, das Identitätsbewusstsein der Polisbürger zu stärken, doch reichten sie selten aus, um den Aufsteigern das Eindringen in die Bürgerschaft zu verwehren. Zum einen fehlte den *basileis* eine ausgeprägte Standessolidarität, zum zweiten war der frühgriechische Adel nie gegen finanzielle Rückschläge gefeit. Viele verarmte Aristokraten versuchten durch die Heirat einer reichen Tochter aus der Schicht der *kakoi* wieder in den Kreis der Standesgenossen zurückzukehren.[84] Aber es gab auch Aufsteiger, die auf ihre finanziellen Erfolge pochten und hieraus gesellschaftliche (und politische) Ansprüche ableiteten. Rücksichtsloses Gewinnstreben – so der allgemeine Tenor der adelsfreundlichen Quellen – sei die Ursache allen Übels und Zwists;[85] hemmungsloser Ehrgeiz kam hinzu, der Kampf um Beamtenposten und Grundstücke wurde härter.

Die Leidtragenden dieser inneren Kämpfe (*staseis*) waren die kleinen Bauern, die sich gegen den Landhunger der Reichen nicht wehren konnten und nur selten Gelegenheit hatten, innerhalb der lokalen Märkte oder im Überseehandel Geld zu verdienen. Kamen Missernten und Dürreperioden hinzu, und drohte das Prinzip der Realteilung, so blieb manchen Bauern nichts anderes übrig, als ihr Land zu verkaufen, als Pächter weiterzuarbeiten oder sich und ihre Familie als Schuldsklaven anzubieten.

5. Die Anlage von Apoikien

Die inneren Konflikte produzierten so parallel zum Ausbau der Polisinstitutionen eine Schicht von Unzufriedenen: landlose Bauern, Adlige, die allzu riskante Handelsgeschäfte unternommen hatten und im Konkurrenzkampf um die führenden Positionen in der Stadt unterlagen, aber auch Hopliten, die sich durch die Abschirmungstendenzen der Adligen benachteiligt fühlten und in der Heimat geringe Chancen für ihr Weiterkommen sahen. Lange Zeit glaubte man die Gründe der Auswanderung vornehmlich in agrarischen Nöten, Dürreperioden oder partieller Überbevöl-

84 Vgl. Stein-Hölkeskamp (1989), 84 ff.
85 Vgl. Theognis 39–38; Solon F 3 D (Zoltan Franyo, Peter Gran).

kerung erkennen zu können. Diese Aspekte werden eine gewisse Rolle gespielt haben, entscheidend waren sie nicht. Die lange als kanonisch geltende Vorstellung einer verbreiteten Landknappheit als Grund für eine Agrarkrise, die zur Auswanderung zwang, kann heute nicht mehr aufrechterhalten werden. Land stand meist ausreichend zur Verfügung, nur fehlten den Bauern häufig die Arbeitskräfte, um mehr als etwa fünf Hektar zu bewirtschaften.[86] Wichtiger scheinen die Streitigkeiten zwischen den Adelsfamilien gewesen zu sein, verbunden mit einer grundsätzlichen Disposition, in der Ferne individuellen Ruhm und Reichtum zu erlangen, welche die heimatliche Welt verwehrte.[87] Die heimatliche Polisgemeinschaft und ihre Eliten haben diesen Prozess gefördert, weil sie sich so eines Konfliktpotentials entledigen zu können glaubten, das nicht nur ihre Position, sondern den inneren Frieden gefährdete.

Die Auswanderungswilligen konnten an Erfahrungen anknüpfen, welche weit in die Zeit Homers und möglicherweise sogar der Mykener zurückreichten (s. S. 26). Schon allein deshalb ist es irreführend, von einem chronologisch fest zu umgrenzenden »Zeitalter der Kolonisation« zu sprechen. Siedlungsgründungen an fernen Küsten bildeten zudem nur einen Aspekt der Mobilität, die fast alle Gesellschaftsschichten erfasste. Wenn sich ab ca. 750 v. Chr. in Korinth, Milet, Chalkis und Megara Gruppen von Auswanderern verschiedenster Herkunft unter adliger Führung sammelten, um in See zu stechen, standen ihnen vielmehr unterschiedliche Optionen zur Verfügung.[88] Die gängige Annahme, als Kolonisten hätten sich wegen der Härte des Ruderdienstes nur Männer gemeldet, trifft für viele Fahrten zumal in eher unbekannte Gefilde zu. Mitunter

86 Vgl. Foxhall (2005), 75–92 mit U. Walter in: *Göttinger Forum für Altertumswissenschaft* 10 (2007), 1051.

87 Vgl. Hall (2007), 116 f. Zu innenpolitischen Streitigkeiten dezidiert Bernstein (2004), passim.

88 Zu den gemischten Gruppen der Auswanderer vgl. Lomas (2000), 173 f.

dürften aber auch Frauen, Kinder und Gepäck auf geräumigeren Transport- oder Kriegsschiffen mitgereist sein. Dies taten z. B. die Phokäer und die Karthager auf ihren Expeditionen entlang der westafrikanischen Küste.

Handelte es sich dagegen um Männergruppen nach Art der homerischen *hetairoi*, so stand für alle der materielle Erfolg an erster Stelle: Erfolg konnte zur Gründung einer neuen Polis (*apoikia*) führen, musste es aber nicht. Genauso attraktiv war ein Leben als Pirat oder Söldner, das erst später oder gar nicht in die Ansiedlung mündete. Mitunter hat man auch Siedlungen aufgegeben, wenn sich lohnendere Ziele boten. Dennoch war und blieb die Gründung von Poleis das spektakulärste und folgenreichste Ergebnis der Auswanderungen: Binnen zwei Jahrhunderten besiedelten Griechen zahlreiche Küstengebiete des Mittelmeers und des Schwarzen Meers; nur die syrische und afrikanische Küste sparte man weitgehend aus, weil hier mächtige Monarchien oder Fürstentümer das Sagen hatten. Fast alle Apoikien lagen in unmittelbarer Meeresnähe und wurden mit Wehrmauern umgeben, doch verehrten die Kolonisten die gleichen Götter und übernahmen wie selbstverständlich das politische Modell ihrer Heimatpolis: Überall, wo Griechen in den Weiten des Mittelmeerraums und des Schwarzmeergebiets siedelten, entstanden Bürgergemeinden mit den gleichen Institutionen, die sie aus ihrer Heimat kannten. Viele von ihnen wie Massilia (Marseille), Syrakus oder Neapolis (Neapel) entwickelten sich zu blühenden Poleis, die ihre Mutterstädte an Wohlstand, Größe und Macht überflügelten und noch heute bedeutende Großstädte sind.

Sicherlich stärkte so jeder Erfolg in der Fremde das Selbstbewusstsein der Griechen, in der Polis ein erfolgreiches Siedlungs- und Lebensmodell gefunden zu haben. Identitäten scheinen sich jedoch eher auf regionaler Ebene in den Kolonialgebieten selbst entwickelt zu haben.[89]

89 Vgl. Lomas (2000), 184 f.

Denn fast alle Apoikien, zumal im Westen, besaßen nach einigen Generationen schon allein deshalb eine von den Poleis der Ägäis verschiedene Mentalität und Kultur, weil sie in einem viel intensiveren Austausch mit der einheimischen Bevölkerung standen und sich auch nicht selten mit ihr vermischten – ein Phänomen, das man im Mutterland nicht kannte. Der Erfolg der Apoikien beruhte denn auch häufig auf der Fähigkeit, ihre Verfassung den Gegebenheiten des Siedlungsgebiets flexibel anzupassen.

So entstand in Nordafrika um 630 v. Chr. mit Kyrene eine Polis, die von einer Familiendynastie (den Battiaden) monarchisch regiert wurde. Diese Regierungsform ging wohl zum Teil auf heimatliche Traditionen (Thera) zurück, reagierte aber auch auf einheimisch-afrikanische Erwartungen; ein Königtum nötigte den libyschen Stämmen größeren Respekt ab als ein oligarchisches Regiment.[90] Nordafrika galt ferner als schwieriges Terrain – nicht wenige Gründungen scheiterten – und insofern versprachen eine Konzentration aller Kräfte unter einer monarchischen Entscheidungsspitze sowie die Fähigkeit, im Notfall Söldnerverbände zu unterhalten, bessere Erfolgschancen als eine potentiell von Adelsrivalitäten geschwächte Apoikie. Auch in den Siedlungsgebieten Unteritaliens und Siziliens spielte das monarchische Prinzip in Form einer adligen Alleinherrschaft (Tyrannis) eine wichtige Rolle, auch wenn es sich – wie in Syrakus – mit dem Regiment reicher Adelsfamilien abwechselte. Dass dagegen die berühmte Polis Massilia ununterbrochen eine oligarchische Verfassung bewahrte, wurde schon von den antiken Gewährsmännern als außergewöhnlich erachtet und erklärt sich wesentlich aus der Tradition der Heimatpolis Phokaia sowie den außergewöhnlichen händlerischen Erfolgen der führenden Familien (s. S. 335 f.).

90 Vgl. Mitchell (2000), 82 ff.; Applebaum (1979), 9 f., 13 f.

6. Die Einbindung der Polis in regionale und überregionale Handelsräume

Doch es war nicht nur Massilia, welches von den sich verdichtenden Handels- und Wirtschaftsbeziehungen profitierte. Vielen der sich zu blühenden Poleis entwickelnden Apoikien fehlte ein fruchtbares Umland; weitaus wichtiger war (wie z. B. in Zankle und Rhegion) die Lage an den großen Seehandelsverbindungen; viele Bewohner bezogen – wie schon die Siedler in Pithekussai (s. S. 45 f.) – aus dem Überseehandel und dem hafennahen Handwerk ihren Lebensunterhalt.[91] Besonders den an der Peripherie der griechischen Welt (zumal im Schwarzmeerraum) gelegenen Apoikien gelang es, durch die Anlage von Relaisstationen und den Aufbau diplomatischer Verbindungen den Handelsaustausch mit den angrenzenden Stammesgesellschaften zu intensivieren.[92] Poleis wie Kyrene, Syrakus und Kroton konnten gewinnbringend begehrte einheimische Produkte (wie Getreide, Wolle oder Silphion) zunächst in ein regionales Handelsnetz einspeisen, von dem aus die Güter weiter in den Mittelmeerraum geleitet wurden. Jede Neugründung sowie alle die an den Küsten der Ägäis erbauten Poleis waren auf solche Beziehungen angewiesen: Schon allein die Einführung der schweren Rüstung sowie der Bau von Mauern und Tempeln aus Stein setzten eine differenzierte Handwerksschicht sowie einen funktionierenden Handel voraus. Aber auch die Großgrundbesitzer selbst suchten nach neuen Geldanlagemöglichkeiten jenseits von Grund und Boden. Gerade dieser »Einsatz der Geldvorräte der Elite als profitsuchendes Kapital«[93] dürfte *ein* entscheidender Faktor für die dynamische Entwicklung der griechischen Poleis gewesen sein. Nicht ohne

91 Vgl. Hall (2007), 117.
92 Vgl. Eich (2006), 136–149.
93 Zitat und folgender Gedankengang nach Eich (2006), 367.

Grund verlegten viele Städte seit der Mitte des 7. Jahrhunderts ihre Agora näher an den Hafen. Der Versammlungsplatz wurde so neben einem politischen Versammlungsort zum Zentrum von Handel und Gewerbe: Diese Kombination politischer und wirtschaftlicher Aktivität war im Verständnis der Griechen ein Kennzeichen ihrer Polis und unterschied sie von den orientalischen Stadtkulturen.[94] Die Bürger boten Fernhändlern und Handwerkern einen geschützten Ort des freien Austauschs von Waren und Dienstleistungen ohne staatliche Eingriffe und erhielten selbst Möglichkeiten, kleine Gewinne zu erzielen, die das Leben sicherer machten und neu investiert werden konnten. Erwartungsgemäß waren es denn auch die dem Meer und dem Seehandel zugewandten Poleis, die im 6. Jahrhundert (nach östlichem Vorbild) Geld in Form von Münzen übernahmen und eine eigene Währung zu prägen begannen, welche als Tauschwertmesser und Tauschmedium im (über)regionalen Handel fungierte.[95]

Diese enge Anbindung an den Seehandel war auch deshalb so wichtig, weil nicht wenige Poleis wie Korinth oder Athen schon in archaischer Zeit Getreide über See einführen mussten, um ihre wachsende Bevölkerung zu versorgen. Umgekehrt exportierten die aufstrebenden Küstenstädte Keramik sowie Wein und Öl über erstaunlich weite Entfernungen. Die Kontakte spezialisierter Fernhändler reichten bis in die Getreideanbaugebiete des Schwarzen Meers, im Osten und Süden bis nach Ägypten sowie westlich bis nach Sizilien und Kampanien. Von dem sich intensivierenden Handel profitierten so nicht nur die Bürger der Küstenpoleis, sondern auch diejenigen, die den Poleis ihre Dienste anboten: Schon die Adligen der homerischen Zeit waren für den Bau ihrer größeren Schiffe auf die Hil-

94 Vgl. Starr (1977), 22, 101.
95 Vgl. Eich (2006), 240f.

fe von Ingenieuren und Zimmerleuten angewiesen.[96] Im 6. Jahrhundert zählte der Korinther Ameinokles zu den Ingenieuren, der nicht nur seiner Heimatstadt, sondern auch den Samiern die ersten Dreiruderer (Trieren) wohl nach phönikischem Vorbild konstruierte. Er gehörte zu der wachsenden Gruppe umherziehender *demiourgoi*, die ihre Arbeit nach den Bedürfnissen der Gemeinden ausrichteten.[97] Neben Zimmerleuten und Metallarbeitern genossen Ärzte und Sänger hohes Ansehen. Arion, der »unvergleichlichste Sänger und Kitharaspieler«, plante von Korinth aus eine Tournee durch Sizilien und Italien, bevor er von Piraten entführt wurde – ein weiteres Indiz für den steten Austausch zwischen allen griechischen Siedlungsgebieten.[98]

7. Söldner, Tyrannen und Gesetzgeber

Erfolge winkten in der von Konflikten geprägten Welt aber auch den Söldnern, die bisher traditionell eher in die Dienste Ägyptens sowie der vorderasiatischen Königreiche getreten waren. Nun eröffneten die Abwehrkämpfe der Apoikien in Thrakien oder Sizilien sowie die Konkurrenz zwischen den Poleis und innerhalb der Bürgerschaften verbannten Adligen oder Thronprätendenten auch in der griechischen Welt lukrative Beschäftigungsmöglichkeiten.[99] So verließ z. B. der spartanische Prinz Dorieus mit einer stattlichen Anhängerschar zu Beginn des 6. Jahrhunderts v. Chr. nach Thronstreitigkeiten seine Heimat, versuchte sich vergeblich als Kolonistenführer in Nordafrika, verdingte sich dann mit seiner Mannschaft als Söldner der Stadt Kroton im Kampf gegen Sybaris und

96 Vgl. Homer, *Ilias* 5,58–62; *Odyssee* 9,125–129.
97 Vgl. Finley (1979), 54 ff.
98 Vgl. Herodot 1,23–24.
99 Vgl. Heuss (1969), 76 ff.

fand schließlich als Condottiere in Sizilien den Tod. Wir wüssten von der Mentalität dieser Leute in der Zeit der frühen Polis sehr wenig, wenn nicht einer von ihnen – nämlich Archilochos von der Kykladeninsel Paros (680–640 v. Chr.) – Gedichte verfasst hätte, die nicht nur von seinen Erlebnissen erzählen, sondern auch persönliche Empfindungen und Gedanken ausdrücken.[100] Archilochos hatte zu Beginn des 7. Jahrhunderts v. Chr. nach dem gescheiterten Versuch, in die lokale Aristokratie einzuheiraten, eine Schar Gleichgesinnter gesammelt und sich zunächst als Söldner in den Dienst der von seinem Vater (oder Großvater) gegründeten Kolonie Thasos gestellt. Von Thasos aus unternahm er Beutezüge an die thrakische Küste, wo Sklaven und das Gold des Pangaiongebirges lockten.[101]

Die Kämpfe in Thrakien verliefen allerdings ganz anders als die Gefechte in den Ebenen der Poleis: An die Stelle der offenen Phalanxschlacht trat der Überfall aus dem Hinterhalt, und auf der Flucht ließ man lieber seinen Schild zurück, um das nackte Leben zu retten, als dass man mit ihm für eine Polis starb. Der Stolz dieser Abenteurer war nicht abhängig vom Beifall eines Stadtstaats, sondern vom Erfolg ihrer Unternehmungen und dem Kampf gegen die Natur am Rand der Welt. In einem solchen Leben hatten Ehefrau und Kinder – der Garant städtischer Existenz – keinen Platz; Archilochos und seine Gefolgsleute pflegten unregelmäßige Beziehungen zu Thrakerinnen und Hetären.

Die Gestalt des Archilochos steht für viele, die von den sich verdichtenden Handelsbeziehungen profitierten – Archilochos ließ die erbeuteten thrakischen Sklaven wohl nach Ägypten verkaufen – und in kleinen Gemeinschaften ein Ethos entwickelten, das sich von dem des Polisbürgers

100 Vgl. Fränkel (1993), 147–170.
101 Vgl. Schulz (2005), 66 f.; Fränkel (1993), 165.

wesentlich unterschied. Der »staatlich ungebundene Unternehmergeist« (Alfred Heuss) gehörte genauso zum Alltag der griechischen Mittelmeerwelt wie das Leben des Bauern als Bürger einer Stadt. Und die Städte waren – ob sie wollten oder nicht – auf diese ungebundenen Leute und ihre Erfahrungen angewiesen. Wenn in einer Polis die üblichen Konkurrenzkämpfe der Adligen in regelrechte Bürgerkriege (*staseis*) auszuarten drohten, hielt man häufig Ausschau nach auswärtigen Helfern, die als Schlichter die Konflikte unparteiisch zu lösen versprachen.[102] Gesetzgeber wie Solon in Athen oder Zaleukos in Lokroi Epizephyrioi stabilisierten durch pragmatische Sofortmaßnahmen und zukunftsträchtige Regelungen die Lage, allerdings häufig zugunsten der Adelsschicht.

Für die Bürgerschaft war eine solche Lösung freilich genauso riskant wie die Anwerbung eines Söldnerführers. In beiden Fällen übergab man Vollmachten, die von den Gerufenen für eigene Zwecke genutzt werden konnten. Der Weg vom Helfer zum Alleinherrscher, zum Tyrannen, der ohne politische oder religiöse Legitimation alle zivilen und militärischen Gewalten auf sich vereinigte, war nicht weit: So versuchte sich Euryleon, einer der Überlebenden des Dorieus-Zuges, nachdem er die Einwohner von Selinus von einem Tyrannen befreit hatte, selbst zum Alleinherrscher aufzuschwingen.[103] Mitunter hoffte ein Teil der Bürgerschaft sogar insgeheim, dass sich ein Schlichter zum Tyrannen aufschwinge, um die Probleme schneller in den Griff zu bekommen.[104] In Sizilien und Unteritalien konnten Tyrannen schon allein deshalb mit dem ehrlichen Dank der Mehrheit der Bürgerschaft rechnen, weil sie das Verteidigungspotential der Polis gegen einheimische Stämme und die Karthager bündelten.

102 Vgl. Herodot 5,28 mit Heuss (1969), 94.
103 Vgl. Herodot, 5,46.
104 Vgl. Plutarch, *Solon* 14–15; vgl. Osborne (1996), 196, 272.

8. Ausprägungen städtischer Lebensformen: Korinth, Ägina und Phokaia

Die Tyrannis wurde so in der archaischen Zeit zunächst an der kleinasiatischen Küste, später in den Hafenstädten Griechenlands und Apoikien des Westens zu einer prägenden Herrschaftsform, die jedoch die Institutionen der Polis nicht aufhob, sondern sich in ihnen einrichtete und sich so nur graduell von der vormaligen Regierung einer dominierenden Sippe oder Familie unterschied. Das bekannteste Beispiel für einen solchen Prozess ist Korinth.

Korinth galt in der archaischen Zeit als die reichste Polis Griechenlands und war mit einem Territorium von rund 900 km² die zweitgrößte Stadt der Peloponnes. Regiert wurde sie von dem adligen Geschlecht der Bakchiaden. Sie stellten die höchsten Amtsträger jeweils für ein Jahr, besetzten exklusiv den Adelsrat und dominierten somit über eine geraume Zeit fast nach Art von Tyrannen die Politik der Stadt.[105] Konkurrierende Adelsfamilien wurden offenbar erfolgreich zur Auswanderung in neue oder bestehende Apoikien gezwungen oder durch die Teilhabe am Wohlstand der Stadt besänftigt. Entscheidende Basis für diesen Wohlstand waren neben dem fruchtbaren Küstenland, welches Getreide-, Oliven- und Weinanbau erlaubte, die Rolle der Stadt als Handelsknotenpunkt auf der Landbrücke zwischen der Peloponnes im Süden und Attika im Norden sowie dem Korinthischen und Saronischen Golf. Seit der zweiten Hälfte des 7. Jahrhunderts erleichterten zwei große Hafenanlagen beiderseits des Isthmos (Kenchreai und Lechaion) die Anbindung Korinths an den aufblühenden Seehandel und den Absatz eigener Güter. Orientalisierende korinthische Keramik wurde bis nach Syrien, im Westen bis nach Etrurien verkauft.

105 Vgl. Bernstein (2004), 76 f.

All diese Erfolge konnten jedoch nicht verhindern, dass sich um 600 v. Chr. die Spannungen, mit denen die dominierenden Bakchiaden innerhalb der Stadt schon immer zu kämpfen hatten,[106] im Zuge wirtschaftlicher Veränderungen verschärften. Einige Großgrundbesitzer begannen anstelle von Getreide Olivenbäume anzupflanzen, da die gestiegene Nachfrage nach Olivenöl höhere Gewinne versprach. Dies steigerte den Unmut der Bauern, die sich den Veränderungen nicht anpassen konnten, weil sie zur Ernährung ihrer Familien das gesamte Areal ihrer Felder zur Getreidewirtschaft nutzen mussten. Gleichzeitig geriet die Töpferindustrie durch athenische Konkurrenz unter Druck. Als die Bakchiaden auch noch eine herbe militärische Schlappe gegen ihre Kolonie Kerkyra und die dort lebenden Adelsfamilien einstecken mussten, welche sie einst zur Auswanderung gezwungen hatten, begann der Führungsanspruch der regierenden Sippe zu wanken.

In ihrer Not betrauten die Bakchiaden Kypselos mit dem Amt des städtischen Feldherrn (*polemarchos*). Dieser nutzte allerdings den Prestigeverlust seiner Auftraggeber und den Missmut der Hoplitenschicht, um sich zum Tyrannen aufzuschwingen. Mit Landverteilungen aus den konfiszierten Gütern der Bakchiaden verhalf er zunächst den Kleinbauern wieder zu einer Existenzgrundlage. Sein Sohn Periander brachte Kerkyra zur Räson und dehnte durch Apoikien und Kriege den Einfluss Korinths weiter über die griechische Westküste aus. Ferner ließ er die Häfen am Isthmus ausbauen und eine Schiene (*diolkos*) in den Fels hauen, auf der Schiffe vom Korinthischen in den Saronischen Golf (und umgekehrt) gezogen werden konnten. In etwa dieser Zeit dürfte auch ein neues Kriegsschiff, der Dreiruderer, entwickelt worden sein, der Korinths Seemacht begründete (s. S. 75). Der Ausbau der Hafenanlagen, die Anlage der Schiffstrasse und der Bau neuer Schiffe lie-

106 Vgl. Bernstein (2004), 76.

ßen erneut Handwerk und Handel erblühen und machten Korinth zu einer der modernsten Poleis Griechenlands. Dieser Erfolg war aber offenbar bis ins 6. Jahrhundert nur mit einer fast monarchischen Herrschaft einzelner Familien oder Sippen (Bakchiaden) möglich, welche zur Selbsterhaltung alles taten, um den Wohlstand der Stadt zu mehren, und Konkurrenten mit einer zufriedengestellten Bauernschicht in Schach hielten oder in die Apoikien schickten.

Andere Bedingungen als Korinth hatte Ägina im Saronischen Golf. Die Insel war äußerst karg,[107] bot aber ihren Bewohnern ebenfalls leichten Zugang zu allen Festlandhäfen des Golfes und zu den Seehandelsrouten aus dem Schwarzen Meer. Spätestens seit 700 betrieben die äginetischen Aristokraten aus der Bucht nördlich von Kap Kolonna einen ausgedehnten Seehandel mit Exportprodukten wie Schmuck, Parfum und Salben, die man *Aigineia*, »Dinge aus Ägina« nannte. Zu deren Transport benutzte man Krüge korinthischer, später athenischer Provenienz. Im Gegenzug kauften die Ägineten Getreide (über Naukratis aus Ägypten), um selbst oder über Zwischenhändler auf der Peloponnes weiter damit zu handeln.[108] Die Handelskontakte des Adligen Sostratos – angeblich der reichste Grieche seiner Zeit – reichten über Norditalien bis nach Spanien, von wo er mit eigenen Schiffen Zinn und Silber aus Nordeuropa in die Ägäis transportierte. Andere Aristokraten dürften ähnliche Unternehmungen organisiert haben und bezogen ihren Ruhm aus der Kunst der Seefahrt und der Anzahl ihrer Schiffe.[109] Schiffe und Reichtum, nicht kriegerischer Erfolg bewiesen ihre Tüchtigkeit (*arete*).

Eine ähnliche Entwicklung nahm das kleine Städtchen Phokaia (das heutige Eskidische Fotscha in der Türkei) an der Ägäisküste: Phokaia lag ebenfalls an einem kargen

107 Vgl. Strabon, *Geographika* 8,6,16.
108 Vgl. Osborne (1996), 257; Figueira (1981), 231–236, mit Herodot 7,147; 2,257–259.
109 Vgl. Herodot 4,152; Figueira (1981), 166 ff., 241, 285.

Küstenstreifen, besaß aber einen ausgezeichneten Hafen nahe der viel befahrenen Seehandelsroute von der Levante in die Nordägäis und den Schwarzmeerraum. Abgeschnitten von den Handelswegen zu Lande und durch mächtigere Nachbarn auf dem Festland bedroht, verlegten sich die Phokaier auf das Meer. Die Aristokraten der Stadt benutzten den von den Phönikern übernommenen Fünfruderer und stießen als Kaperer oder Händler so weit wie kaum eine andere griechische Polis in den Westen vor, gründeten mehrere berühmte Kolonien an der französischen Atlantikküste (u. a. Massilia) und segelten durch die Straße von Gibraltar, wo sie mit den einheimischen Königen einen einträglichen Handel aufnahmen und sich als Söldner verdingten. Die in Spanien erworbenen Edelmetalle transportierten sie wieder in den Ägäisraum und wurden reich damit.

Erfolgreicher Seehandel und Piraterie, ausgehend von einer Heimat, die nur begrenzte agrarische Ressourcen bereithielt, erklären, weshalb Ägina und Phokaia vor inneren Konflikten weitgehend gefeit blieben. Die führenden Familien waren sich bewusst, dass sie ihre Erfolge nur mit Unterstützung der übrigen Bevölkerung als Ruderer, Handwerker, Hafenarbeiter oder Zwischenhändler erzielen konnten. Umgekehrt bot das maritime Engagement der phokäischen und äginetischen Adligen der übrigen Bevölkerung Beschäftigung unabhängig vom heimischen Acker. Die konsequente Ausrichtung auf den Seehandel stärkte die Solidarität der Bürger, lenkte Spannungen nach außen und machte die Äginaten und Phokaier somit recht unabhängig von sozialen, politischen oder agrarischen Krisen in der Heimat. Eine Tyrannis hatte, anders als in Korinth, offenbar deshalb keine Chance, weil ihr die agrarische Basis in der Heimat fehlte. Wer auf See und am Hafen seine Handelsunternehmungen verfolgt und seine Gewinne nicht in Land, sondern in Schiffe anlegt, hat weder Muße noch Interesse daran, über seine Mitbürger oder Partner zu herrschen.

9. Sparta

Sparta unterscheidet sich nach Ansicht vieler Forscher in mancherlei Hinsicht von den bisher behandelten Beispielen. Es lag im Landesinnern, konzentrierte sich auf Eroberungen zu Lande und unterwarf das Leben seiner Bürger eiserner Disziplin und kriegerischen Idealen. Dieses Bild ist jedoch überzeichnet. Die meisten antiken Nachrichten über Sparta gehen auf athenische Autoren zurück, die Sparta gern als »kulturlosen« Gegenentwurf benutzten, um ihre eigene Polis zu glorifizieren. Manche Züge sind allerdings auch von den Spartanern selbst gepflegt worden, um die Disziplin ihrer Mitbürger zu stärken und sich Respekt nach außen zu verschaffen. Tatsächlich war Sparta zumindest in der Frühzeit ein kulturelles Zentrum, das eindrucksvolle Bauten und Kunsterzeugnisse hervorbrachte sowie Dichter und Sänger anzog. Außerdem gibt es genügend Hinweise, dass auch die Spartaner der Seefahrt kundig waren und keineswegs ihre Unternehmungen auf die Peloponnes beschränkten. Hieraus ein schlüssiges Bild der Gesamtentwicklung zu gewinnen, gehört nach wie vor zu den vordringlichen Herausforderungen der Forschung.

Am Anfang der spartanischen Geschichte steht die Einwanderung von dorisch sprechenden Bevölkerungsgruppen aus dem Norden in die Peloponnes um 900 v. Chr. Sie ließen sich in der dünn besiedelten Ebene des Eurotas nieder und bildeten zunächst vier Dorfgemeinschaften. Anders als man lange annahm, hat man bei der Landverteilung keineswegs strikt auf die Gleichheit der Landlose geachtet. Besitzunterschiede prägten – wie in anderen Gemeinden auch – von Beginn an die Geschichte Spartas und erklären vielleicht auch die Herausbildung des für Sparta so typischen Doppelkönigtums. Vermutlich handelt es sich bei den Königen um die Oberhäupter zweier herausragender Kriegerfamilien, die gegenüber den übrigen *basi-*

leis größeren Einfluss besaßen und diesen Einfluss im Zuge der Ansiedlung so weit zu steigern wussten, dass ihnen als *basileutatoi* (den »Königlichsten«) von der Siedlungsgemeinschaft ein durch göttlichen Segen legitimierter Führungsrang zugebilligt wurde.[110] Vielleicht ging die Einrichtung aber auch auf einen Kompromiss der führenden Familien zurück, die in den vier lakonischen Dörfern das Sagen hatten und bei der Polisbildung nach einer neuen Form der effektiven militärischen Machtausübung suchten.

Die Gesamtheit der »adligen« Großgrundbesitzer versammelte sich im Rat der Alten (Gerusie). Er befasste sich mit allen für die Gemeinde wichtigen Problemen, angefangen von der Kriegführung, der Außenpolitik bis hin zur Landversorgung. Auf Drängen der Geronten und der Könige wurde im 8. Jahrhundert Südlakonien erobert. Die Ureinwohner hatten als rechtlose Hörige (Heloten) fortan die Felder der reichen Spartaner zu bewirtschaften und einen (regulierten) Teil ihrer Ernte abzugeben (was ihnen die Chance auf ein geregeltes Bauernleben ließ).[111] Der Landhunger der Adligen sowie die Plünderungszüge ihrer Gefolgschaftsgruppen (Hetairien) provozierten kurze Zeit danach Racheakte der im Westen siedelnden Messenier. Ihre Angriffe riefen die gesamte spartanische Siedlungsgemeinschaft zu den Waffen; erst nach mehreren langwierigen Kriegen und wiederholten Aufständen konnte Messenien erobert werden.[112]

Diese Expansion wirkte wie ein Katalysator auf die Entwicklung der spartanischen Gesellschaft. Die Messenier wurden fast alle helotisiert und sicherten die agrarische Versorgung der spartanischen Vollbürger – besonders der Oberschicht – durch geregelte Fruchtabgaben.[113] Viele

110 Vgl. Welwei (2004), 25 f.
111 Vgl. Eich (2006), 268.
112 Vgl. Welwei (2004), 53 ff.
113 Vgl. Hall (2007), 174 ff.

Spartiaten konnten sich so ihrer bäuerlichen Pflichten entledigen. Allerdings war die Abwendung von der Landwirtschaft keineswegs strikt. Verlor ein Vollbürger sein Landgut durch Verschuldung, Realteilung oder Naturkatastrophen, dann musste er selbst (auch auf fremden Gütern) Hand anlegen, um wieder in den Kreis der Vollbürger zu gelangen sowie das Anrecht auf einen Ratssitz zu erhalten.

Während des Krieges gegen die Messenier wurde erstmals die später so gefürchtete spartanische Phalanx eingesetzt. Der Dichter Tyrtaios suchte die Kampfbereitschaft seiner adligen Mitbürger dadurch zu stärken, dass er den Schlachtentod nicht nur als höchsten Beweis individueller Tapferkeit pries, sondern auch an den Ruhm erinnerte, welcher dem Kämpfer bei der Verteidigung der Polis zuteil wurde. Auch Sparta dürfte demnach die wichtige Phase der griechischen Polisbildung durchlaufen haben, in der aristokratische Ideale immer stärker in die Verantwortung für die Bürgergemeinschaft eingebunden wurden. Für Sparta war diese Entwicklung besonders wichtig, da die Kontrolle des neu erworbenen Landes die stete Kampfbereitschaft und Solidarität der Spartiaten erforderte. Allerdings hatten schon während der Eroberung viele Adlige ihren Grundbesitz ausgedehnt, während andere infolge von Erbteilung und Verschuldung verarmten. Dies führte wie in anderen Poleis zu Spannungen und verlangte eine grundlegende Neuordnung, welche langfristig Stabilität und militärische Schlagkraft sicherte.

Diese Reform setzte vielleicht schon während des Krieges (um 700) ein und ist mit dem Namen des Gesetzgebers Lykurg verbunden – vermutlich handelt es sich um eine Fiktion, welche der Neuordnung Glanz verleihen sollte. Grundlage der Maßnahmen bildete die »Große Rhetra«, ein als »feierlicher Spruch« deklariertes Gesetzeswerk, das Anweisungen über die Organisation und das Zusammenspiel der öffentlichen Organe enthielt. Demnach befehligten die beiden Könige das Bürgerheer und leiteten die religiösen Kulte. Die dominierende Instanz des staatlichen Entscheidungsprozesses blieb die Gerusia unter dem Vorsitz der Könige. Die Zahl ihrer Mitglieder, die das 60. Lebensjahr erreicht haben mussten und von der Volksversammlung auf Lebenszeit gewählt wurden, wurde jetzt aber auf dreißig beschränkt. Die wichtigste Funktion der Gerusie bestand neben der Kapitalgerichtsbarkeit darin, alle politischen Fragen vorzuberaten und einen vorläufigen Beschluss zu fassen, der dann der Versammlung aller Spartiaten (Apella) zur Entscheidung vorgelegt wurde. An der Volksversammlung konnten alle wehrfähigen Spartiaten ab dem 20. Lebensjahr teilnehmen. Sie tagte einmal im Monat und bestätigte ohne Initiativrecht durch Akklamation die Vorentscheidungen der Gerusie.

Deutlich erkennbar bestand also das Hauptziel der Reformen darin, die Institutionen und Entscheidungsmechanismen der Polis angesichts der wachsenden Bürgerzahlen sowie des größer gewordenen Herrschaftsraumes und der damit verbundenen Probleme (Heloten) effektiver zu gestalten und noch stärker der Kontrolle der adligen Familien zu unterwerfen. Besonders gefährlich für die innere Harmonie waren die Ansprüche der im Messenienkrieg siegreichen Hopliten sowie die militärische Führung der beiden Könige. Um deren Handlungsspielraum zu begrenzen, wurden seit etwa 650 v. Chr. fünf Beamte installiert, die sog. Ephoren. Sie waren ursprünglich Helfer der Könige und dienten als Musterungs- und Aufsichtsbeamten. Im 6. Jahrhundert wurden sie jährlich von der Volksversammlung aus dem Volk, d. h. ohne Beschränkung auf die Adelsfamilien, gewählt, übernahmen nun an Stelle der Könige die Leitung von Rat und Volksversammlung und begleiteten (seit 505) einen König auf den Feldzügen. Sie konnten sogar Könige vor der Gerusie in einem legalen Gerichtsverfahren anklagen.

Begleitet wurde der Ausbau der institutionellen Ordnung durch eine Neukonstituierung religiöser Kulte und genossenschaftlicher Einrichtungen. Um die Unberechenbarkeit der adligen Hetairien einzudämmen und der Polis ein stets abrufbereites Wehrpotential zu sichern, wurde der Bürgerverband – wie später in Athen auch (s. S. 91 f.) – in sog. Phylen eingeordnet. Sie bildeten die Grundlage der Rekrutierung und Mobilisierung des Aufgebots.[114] Im Gegenzug unterwarf man die Hetairien weiteren Kontrollen, indem sie sich nun regelmäßig zu je 15 Mann zu Mahlzeiten (Syssitien) unter einfachen Hütten vermutlich entlang der Straße von Sparta nach Amyklai versammelten. Zu den Mahlzeiten hatte jeder Spartiate monatlich einen bestimmten Anteil seiner Erträge beizusteuern.

Die relative Freiheit von bäuerlicher Tätigkeit, welche die Teilnahme an den Syssitien ermöglichte, beeinflusste auch den Aufbau der übrigen spartanischen Lebensordnung: Während in anderen Poleis die Familie und der *oikos* Grundeinheiten des Lebens bildeten, stand im Mittelpunkt der spartanischen Gesellschaft die Einteilung der männlichen Bevölkerung nach Altersgruppen. Sie wurden nicht durch ihre Eltern, sondern durch die Gemeinde bzw. öffentlich bestellte Aufseher erzogen. Diese Erziehung (*agogé*) bestand zum großen Teil aus öffentlich inszenierten Prüfungen. Das Leben verlagerte sich aus der Lebenswelt der Familie in den öffentlichen Raum und bildete dort spezielle Formen des Umgangs aus: Selbst als Erwachsener kehrte man offiziell nicht in eine eheliche Hausgemeinschaft zurück, sondern lebte, trainierte und kämpfte innerhalb der gleichgeschlechtlichen Horde. Dies hat homosexuelle Verbindungen gefördert – die es aber auch in anderen Adelsgesellschaften gab.

Die im 6. Jahrhundert blühende Kunst- und Kulturentfaltung Spartas steht nicht im Widerspruch zur öffentlich reglementierten Sozialordnung. Fremde Künstler und Sänger arbeiteten im Auftrag der Polis, sie komponierten

114 Vgl. Welwei (2004), 62–65.

Lieder zur Verbesserung der militärischen Moral und zur Untermalung der öffentlichen Feste, und sie schmückten die Tempel und Amtsgebäude zum Ruhm Spartas. Sparta wurde so zu einer architektonisch wohlgestalteten Polis mit zahlreichen Kultstätten. Architektur und Kunst dienten jedoch in erster Linie der Festigung der Polisordnung. Der weit reichende Export spartanischer Keramik und Kunstprodukte ging dagegen offenbar auf den Fleiß der sog. Periöken zurück, die in eigenen Städten an der Küste und den Randgebieten (gegen Tributzahlung) ein Handwerk ausüben sowie Handel treiben durften, aber von jeglicher politischer Mitwirkung ausgeschlossen waren.

Sparta entwickelte somit zusammengefasst andere Methoden zur Krisenentschärfung als Phokaia und Ägina. Die Expansion zu Lande und die Helotisierung der Einheimischen verschafften vielen Spartiaten die Möglichkeit, ein adliges Kriegerleben frei von agrarischen Zwängen zu kultivieren. Dennoch haben die militärischen Erfolge Besitzunterschiede nicht ausgeglichen; zudem verlangte der große Herrschaftsraum eine Konzentrierung der Kräfte. Beides führte zu einer oligarchischen Verfassung, die den Großgrundbesitzern die unbedingte Kontrolle des Staatswesens sichern sollte.

Das spartanische System erwies sich als erstaunlich erfolgreich. Sparta richtete seit 600 v. Chr. seine expansive Außen- und Kriegspolitik gen Norden, konnte mehrere Poleis durch Einzelverträge an sich binden (»Peloponnesischer Bund«) und bildete um 550 die unumstrittene Führungsmacht (Hegemon) auf der Peloponnes. In dieser Zeit unternahm man sogar (zusammen mit Korinth) spektakuläre militärische Operationen zur See (nach Samos und Naxos), was die Existenz einer Achtung gebietenden Flotte voraussetzt. In den Jahren um 520 gerieten schließlich Böotien und Attika in das Blickfeld der Spartaner. In dieser Zeit war Athen zu einem der letzten ernstzunehmenden Konkurrenten auf dem griechischen Festland aufgestiegen.

10. Athen

Athen beherrschte mit der Halbinsel Attika – neben Sparta – das größte Territorium aller griechischen Poleis. Die hieraus erwachsenen organisatorischen und schiedsrichterlichen Aufgaben versuchten die städtischen Adligen zunächst durch eine Differenzierung von Amtskompetenzen zu bewältigen. Ein *Archon Eponymos* hatte den Vorsitz des Adelsgerichts, leitete den Rat und die Volksversammlung. Die Heeresführung übernahm der *Polemarchos*. Die Vertretung des Gemeinwesens gegenüber den Göttern lag beim *basileus*. Sechs *Thesmotheten* waren für die Aufzeichnung der in öffentlicher Sitzung gefällten richterlichen Entscheidungen zuständig. Alle Beamten rückten nach ihrer einjährigen Amtszeit auf Lebenszeit in den Adelsrat auf, der auf dem Areshügel (*Areopag*) tagte. Er war aus den informellen Beratungstreffen der homerischen Adligen hervorgegangen. Seine wichtigste Funktion bildete jetzt die richterliche Behandlung von Tötungsdelikten innerhalb der Polis.

Trotz der territorialen Erschließung Attikas kam es auch in Athen im frühen 6. Jahrhundert zu Konflikten innerhalb der adligen Eliten. Ihre Konkurrenzkämpfe hatten immer mehr Kleinbauern in ihre Abhängigkeit gebracht. Um einen Bürgerkrieg zu verhindern, bestellte man einen weitgereisten Mann namens Solon zum Schlichter mit gesetzgeberischen Vollmachten. Solon erließ zunächst den Kleinbauern Attikas ihre Schulden und hob ihre Verpflichtung auf, regelmäßig (als *hektemoroi*) Ernteabgaben an ihre Oberherren zu entrichten. Damit stoppte er eine Entwicklung, die in Sparta zur Herrschaft einer kleinen Elite über eine weitaus größere Zahl von Untertanen geführt hatte. Stattdessen war in Athen die Voraussetzung gegeben für eine breite politische Teilhabe freier Bürger, deren Wohngebiete sich über ganz Attika erstreckten.

Solon sicherte seine Maßnahmen durch schriftliche, auf dem Marktplatz veröffentlichte Gesetze. Sie banden alle Bürger – ob Adlige oder Kleinbauern – an die Ordnung. Ferner hatte jeder Athener die Möglichkeit, beim zuständigen Beamten eine Klage einzureichen – unabhängig davon, ob es um sein persönliches Wohl ging oder ein allgemeiner Gesetzesverstoß gerichtlich verfolgt werden sollte. Die Verhandlung dieser Klagen – außer Mord und Verrat gegen die Polis, deren Sühne in die Zuständigkeit des Areopags fiel – erfolgte in einem neu eingerichteten »Volksgericht«, in das jeder Athener als Richter berufen werden konnte. Vielleicht schuf Solon auch einen Volksrat, in dem vor allem die mittleren Bauern und Handwerker vertreten waren.

Bei seinen Maßnahmen ließ sich Solon von der Einsicht leiten, dass der innere Friede nur gewahrt werden konnte, wenn die Verbesserung der sozialen und wirtschaftlichen Lage durch eine Stärkung der politischen Verantwortlichkeit jedes Bürgers ergänzt wurde. Um die wirtschaftlich Erfolgreichen stärker an der Politik zu beteiligen, teilte er die Bürgerschaft in vier Klassen ein. Als Einteilungskriterium dienten die Größe des Bodenbesitzes und der jährliche Ertrag der Felder. Die oberste Klasse bildeten die reichsten Großbauern; die Nächstreicheren wurden in die Klasse der *Hippeis* (Ritter) eingereiht; die *Zeugiten* waren Bauern und Handwerker, die sich eine Hoplitenrüstung leisten konnten; die unterste Klasse wurde von den *Theten* eingenommen. Faktisch blieb das adlige Anrecht auf die obersten Ämter zwar erhalten; denn nach wie vor wurden die Beamten aus der obersten Besitzklasse gewählt. Prinzipiell stand jedoch der Zugang zu den Ämtern nun jedem wirtschaftlich erfolgreichen Athener offen, auch wenn er kein Adliger war.

Solon wies damit einen Weg des politischen Miteinanders, der nicht nur allen Bürgern neue Rechte verschaffte, sondern auch alle Bürger in die Pflicht nahm, wenn es um die Lösung städtischer Probleme ging. Das gestärkte Verantwortungsgefühl der Bürger konnte zwar nicht verhindern, dass Athen auch nach den Reformen von den Machtkämpfen der Adligen geprägt wurde. Immerhin musste nun jedoch das Wohl der Heimatgemeinde stärker berücksichtigt werden als zuvor. Typisch für diese Einstellung ist die Tyrannis des Peisistratos, die sich noch zu Lebzeiten Solons etablierte. Peisistratos brachte seine Anhänger in die höchsten Ämter und in den Areopag, ließ aber die solonische Ordnung bestehen und versuchte, seine Machtstellung durch militärische Erfolge, die Steigerung des Reichtums der Stadt sowie durch die Förderung von Kunst und Kultur zu legitimieren. Er und seine Söhne erweiterten Athens Einfluss in der Nordägäis und sicherten den Überseehandel durch eine kleine Kriegsflotte. Großzügige Darlehen sowie eine rege Bautätigkeit flankierten das Aufblühen der ländlichen Wirtschaft und der Keramikproduktion, die zu einer gefährlichen Konkurrenz der spartanischen Töpferware wurde. Ferner richtete er wahrscheinlich eine Bibliothek (mit den Epen Homers) ein, zog berühmte Dichter an seinen Hof und erweiterte das Fest der Dionysien zu einem Wettbewerb von Tragödiendichtern. Vielen Athenern galt diese Tyrannis als goldenes Zeitalter.

Die wirtschaftlichen und außenpolitischen Erfolge der Peisistratiden weckten jedoch Neider. 510 marschierte auf Betreiben der athenischen Adelsopposition ein spartanisches Heer in Attika ein und machte der Tyrannis ein Ende. Die einheimischen Gegner der Peisistratiden unter Führung des Isagoras planten, den Umsturz zu nutzen, um die Adelsherrschaft der Zeit vor den solonischen Reformen wiederherzustellen. Gegen diese Pläne wandte sich erfolgreich ein Mann namens Kleisthenes, der an die Tradition Solons anknüpfte. Als Isagoras erneut die Spartaner zu Hilfe rief, mussten Kleisthenes und seine Anhänger fliehen. Doch auch ohne ihren Wortführer zwangen der Rat und die Mehrheit der Bürgerschaft die Spartaner und deren Athener Freunde zum Abzug – eine erstaunliche und beispiellose Willensleistung des Demos.

Um Athen gegen erneute Angriffe von außen zu schützen sowie das Aufkommen einer restaurativ gesinnten Adelsgruppe oder gar einer Tyrannis zu erschweren, begann Kleisthenes kurz nach der Vertreibung der Spartaner und ihres Schützlings Isagoras ein Reformwerk. Dessen Kernstück bestand in der Einrichtung von lokalen Gemeinden (Demen) im gesamten Gebiet Athens und Attikas. Fortan besaß jede Gemeinde ihre eigenen Feste und Kulte, eigenes Vermögen sowie eine Versammlung, in der die lokalen Angelegenheiten beraten sowie das Gemeindeoberhaupt gewählt wurde. Nach den Listen der Gemeindemitglieder stellte man die Rekruten und Amtsbewerber zusammen. Ferner wählte die Gemeindeversammlung die Kandidaten für den neu eingerichteten Rat der 500. Dieser übernahm Aufgaben des alten Adelsrates und arbeitete eng mit der Volksversammlung zusammen. Jede Gemeinde stellte im Durchschnitt drei bis vier Ratsherren, die nur zweimal für ein Jahr (allerdings nicht in Folge) amtieren durften. Damit konnte fast jedes Gemeindemitglied einmal in seinem Leben Mitglied des großen Rates werden.

Flankiert wurden die institutionellen Neuordnungen auf lokaler und translokaler Ebene – ähnlich wie in Sparta (s. S. 86) durch eine große Phylenorganisation. Kleisthenes teilte alle Gemeinden Attikas einem der drei großen geographischen Bereiche zu, der Küste, dem Binnenland und dem Stadtgebiet. Diese drei Bereiche teilte er wiederum in je zehn Einheiten mit ungefähr gleicher Bürgerzahl auf. Je drei dieser Einheiten aus drei verschiedenen Bereichen bildeten eine Phyle, die größte Teileinheit der Bürgerschaft. Jede Phyle entsandte je 50 Mitglieder zu dem Rat der 500. Die gleichmäßige Zusammensetzung jeder Phyle mit Bürgern aus der Stadt, dem Binnenland und der Küste garantierte, dass im neuen Rat jede attische Region gerecht vertreten und die Auswahl der Kandidaten breit gestreut war. Die Phylen bildeten ferner die neuen Einheiten des Bürgerheeres. Ab 510 v. Chr. wurde in der Volksversammlung aus jeder Phyle jeweils ein Feldherr (Stratege) gewählt. Beides erhöhte den Professionalisierungsgrad und die taktische Beweglichkeit der Hoplitenarmee (vgl. S. 125).[115]

Schema der Phylen und Trittyen nach der Reform des Kleisthenes

Demen	Trittyen		Phylen
139 lokale Selbstverwaltungseinheiten, so auf die Trittyen verteilt, dass jede etwa die gleiche Zahl erwachsener Männer umfasste →	10 städtische (Asty) 10 aus der Küstenzone 10 aus dem Binnenland	Rechengröße zur Durchmischung der Bürgerschaft; je 1 Trittye aus den drei Zonen bilden eine neue Phyle →	10 Phylen – wählen je 50 Mitglieder des Rates; – die Beamten; – stellen je eine Hoplitenabteilung mit 1 Strategen

Alles in allem stärkten die Reformen des Kleisthenes ganz auf der Linie Solons die Beteiligungsmöglichkeiten aller Bürger an der Politik und schwächten die Dominanz der adligen Familien, zumal auf dem Land, bei der Auswahl der Kandidaten für Rat und Beamtenschaft. Vielfach hat man deshalb in Kleisthenes einen Wegbereiter der athenischen Demokratie gesehen. Eine solche *ex-eventu*-Perspektive entspricht freilich selten den Wahrnehmungen der Zeitgenossen. Zweifellos wurde in Athen die Bürgerschaft stärker an der Politik beteiligt und ein neues Gefühl politischer Einheit bewirkt. Kleisthenes war jedoch kein altruistischer Idealpolitiker, der aus Gerechtigkeitserwä-

115 Vgl. Schubert (2006), 42 ff.; Osborne (2007), 295 ff.

gungen ein durchgeplantes Verfassungsprogramm durchsetzen wollte. Auffälligerweise verschwand er – auch hierin Solon ähnelnd – kurz nach seinem Reformwerk von der politischen Bühne – obwohl man eine längere Unterstützung gerade des Demos erwartet hätte; ferner waren einige Adelsfamilien durch seine Phyleneinteilung stärker betroffen als andere.[116] All dies deutet darauf hin, dass hier ein adliger Politiker am Werk war, der sich in erster Linie gegen seine Konkurrenten durchzusetzen suchte und sich dabei durch Zugeständnisse an das Volk die Hilfe breiterer Bevölkerungsschichten sicherte. Diese Unterstützung wurde mit der Einschränkung adliger Freiheiten insgesamt erkauft. So kann man die Schlagworte *Isegoria* (gleiches Rederecht) und *Isonomia* (gleiche Verteilung der politischen Rechte), welche zu Inbegriffen der neuen Athener Ordnung wurden, auch als Sicherung *adliger* Gleichheitsrechte interpretieren, bevor sie im Laufe der Zeit die gerechte Beteiligung des *Demos* an der Politik bezeichneten.

Man erkennt an diesen Beispielen, dass die Entwicklung einer Polis von vielen Faktoren abhängig war und sich in mehrere Richtungen bewegen konnte. Welche dabei eingeschlagen wurde, hing in hohem Maße von geographischen, wirtschaftlichen und gesellschaftspolitischen Umständen ab. Trotz vergleichbarer struktureller Ausgangsbedingungen suchte und fand jede Polis spezifische Methoden, mit den Herausforderungen der Umwelt, der wachsenden Bevölkerung sowie den Ansprüchen der Adligen umzugehen; jede Polis hat dabei ein unverwechselbares Eigenleben sowie ein politisches Selbstbewusstsein entwickelt, das auch die Konkurrenz untereinander erheblich verschärfte.

116 Vgl. Hall (2007), 217f.

11. Mythos, Religion, Sprache – Elemente eines »hellenischen Gemeinschaftsgefühls«?

Berücksichtigt man zusätzlich Gegenden Griechenlands wie Achaia oder Ätolien, die spätestens seit dem 6. Jahrhundert eine eigene, auf dem jeweiligen *ethnos* beruhende Identität ausbildeten,[117] dann fällt es nicht leicht, der verbreiteten Auffassung zu folgen, wonach es im Zuge der Kolonisation und der Begegnung mit fremden Kulturen zur Bildung eines hellenischen Gemeinschaftsgefühls gekommen sei. Dieses Gemeinschaftsgefühl gründe auf der gemeinsamen Sprache sowie mythischen und religiösen Vorstellungen und manifestiere sich in den Zusammenkünften an den panhellenischen Heiligtümern Olympia und Delphi. Tatsächlich war aber »das Griechische« in so unterschiedliche Dialekte aufgespalten, dass sich z. B. ein Ätoler und ein Athener nicht verständigen konnten. In den Kolonialgebieten förderten Mischehen zwischen Kolonisten und Einheimischen Annäherungen griechischer Dialekte an einheimische Mundarten. Ferner spricht die Leichtigkeit, mit der sich die griechische Schrift unter Etruskern, Sikelern oder Lykiern verbreitete, dagegen, dass es gerade die Schrift oder die Sprache war, welche dienlich gewesen wäre, sich als Grieche gegenüber Nichtgriechen abzugrenzen und eine eigene Identität auszubilden.[118]

Ähnlich verhält es sich mit Literatur, Mythos und Religion. Tatsächlich zeichneten sich Kultur und bildende Kunst der Griechen spätestens seit dem Ende des 8. Jahrhunderts durch den gemeinsamen Rückgriff auf eine schier unüberschaubare Vielzahl von meist abenteuerlichen Erzählungen über Götter und Helden aus, die wir unter dem Begriff des Mythos zusammenfassen.[119] Sie alle

117 Vgl. Morgan (2000), 189–211, bes. 210.
118 Vgl. Hall (2007), 259 ff.
119 Vgl. Burkert (1988), 11 ff.; Bremmer (1998), 66 ff.

folgen wiederkehrenden Handlungsabläufen und wollen fundamentale Weltphänomene und menschliche Verhaltensweisen in einen sinnvollen Erklärungszusammenhang bringen. Sie boten Orientierungshilfen und Legitimationsmuster, allerdings – soweit man sieht – nie in einem irgendwie gearteten »panhellenischen« Sinn. Man schöpfte aus den Mythen, hörte sie gerne und variierte sie von Ort zu Ort auch mit speziellen politischen Absichten, aber doch wohl kaum, um sich mit ihrer Hilfe einer übergreifenden kulturellen oder gar politischen Identität zu versichern.

Das Gleiche gilt im Prinzip für die vom Mythos nur schwer zu trennenden religiösen Vorstellungen. Wir werden sehen (S. 106ff.), dass es religiöse Entwicklungen gab, die so spezielle Regeln und Weltvorstellungen entwarfen, dass es schwerfällt, sie in ein gemeingriechisches Identitätsgefühl zu integrieren. Die Epen Homers bildeten zwar eine kulturelle Klammer, die jeden Bürger von Kindheit an begleitete. Doch in der *Ilias* führen die eigentlich nicht griechisch sprechenden Trojaner ein Leben, das sich kaum von denen der Achäer unterscheidet: Sie verehren die gleichen Götter, kennen die gleichen Mythen und folgen den gleichen adligen Idealen wie die »Griechen«. Ein ethnisches Distinktionskriterium war die Religion jedenfalls nicht.

Doch selbst wenn die Griechen seit dem 7. Jahrhundert eine gemeinsame Religion verband, wenn sie die gleichen Götter in menschlicher Gestalt und in überschaubarer Zahl verehrten, so zeigt die Leichtigkeit, mit der griechische Dichter Gottheiten aus fremden Kulturen als Varianten ihrer eigenen erklärten, dass sie die Religion (noch) nicht als entscheidendes Kriterium der Abgrenzung gegenüber den Nichtgriechen erachteten. Und wir werden sehen (s. S. 111), dass umgekehrt auch die »Ausländer« gerne bereit waren, »typisch« griechischen Gottheiten und Heiligtümern ihre Reverenz zu erweisen. Aber auch die religiöse Gemeinsamkeit hielt sich in Grenzen: Schließlich erhob jede Polis einzelne Götter zu ihren speziellen Schutz- und Stadtgottheiten (wie etwa Athene in Athen) und achtete eifersüchtig auf deren Gunst.

Wie sieht es aber mit den großen überregionalen religiösen Zentren Delphi und Olympia aus? Tatsächlich reisten vornehmlich Aristokraten zu den Wettkämpfen, um sich vor einem griechischen Publikum miteinander zu messen und ihren teuren Lebensstil zu demonstrieren;[120] nicht ohne Grund entstammten sämtliche in Olympia und anderswo gepflegten Sportarten der adligen Sphäre des Krieges und der körperlichen Ertüchtigung, die wir z. T. bereits aus den homerischen Epen kennen. Die im Abstand von vier Jahren zu Ehren des Zeus abgehaltenen Olympischen Spiele demonstrierten weniger ein »hellenisches Gemeinschaftsgefühl«; sie versinnbildlichten vielmehr regelmäßig für einen kurzen Augenblick die glanzvolle Dominanz eines international orientierten Adels, der selbst in Zeiten des Heranreifens bürgerlichen Selbstbewusstseins von seiner Überlegenheit überzeugt war. Von einer ethnischen Gemeinschaft mit dem Demos oder griechischen Handwerkern wollte man dabei jedenfalls nichts wissen; ganz im Gegenteil waren es Luxusgegenstände und Moden aus dem Osten – nicht aus Griechenland –, welche zur adligen Statussicherung dienten.

Auch das Apollonheiligtum von Delphi reiht sich in dieses Bild ein. Die Weihegaben lassen darauf schließen, dass besonders adlige Eliten von dem Heiligtum angezogen wurden. Auch hier fanden Sportwettkämpfe statt, doch anders als Olympia war Delphi weniger eine Stätte des feierlichen Kräftemessens als ein Ort der überregionalen Problemlösung. Die angesehene Priesterschaft von Delphi legte die Sprüche aus, welche eine Priesterin namens Pythia wohl unter Drogeneinfluss den Besuchern als

120 Vgl. z. B. Hölscher (1998a), 15.

Prophezeiung Apolls offenbarte. Eine große Bedeutung erlangte Delphi in diesem Zusammenhang vor allem im Zuge der Koloniegründungen (s. S. 70f.). Fast jeder Führer einer Auswandererschar (*oikist*) befragte vor seinem Aufbruch das Orakel nach Seerouten und Anlaufpunkten. Da jede erfolgreiche Kolonie prächtige Weihegeschenke nach Delphi brachte, sammelte sich so unter der Priesterschaft im Laufe des 8. und 7. Jahrhunderts ein breites Wissen über die geographischen und ethnographischen Verhältnisse der bekannten Welt, das immer wieder zur aktuellen Problemlösung abgerufen werden konnte.

Die delphische Priesterschaft wurde auch bei Streitigkeiten und Verfassungsproblemen in den griechischen Mutterstädten konsultiert und ihre Ratschläge zur Legitimation von Reformen, aber auch von Alleinherrschaften eingesetzt. Sogar ausländische Potentaten ließen es sich nicht nehmen, vor wichtigen Entscheidungen eine Gesandtschaft nach Delphi zu schicken oder selbst den Rat der Pythia einzuholen. Delphi wurde so zu einem Wissenszentrum mit religiöser Weihe, und sicherlich wuchs mit jedem Besucher und jeder Problemlösung der Stolz auf das Heiligtum; denn die Fähigkeit zur Problemlösung war ja eine der Eigenschaften, welche einen Mann wie Odysseus von seinen Zeitgenossen unterschied. Doch Odysseus war Vorbild der Adligen, nicht des kleinen Bauern. Dieser erhoffte sich konkrete Verbesserungen seiner Situation, ohne auf eine gemeingriechische Fähigkeit zur Problemlösung zu setzen.

12. Die Suche nach lokaler Identität und grenzüberschreitender Weltdeutung: Gründungsmythen und Naturphilosophie

Die Griechen mochten demnach aus gemeinsamen religiösen Vorstellungen, künstlerischen Ausdrucksformen und architektonischen Standards (z. B. im Tempelbau) sowie episch-mythischen Vorbildern schöpfen, um miteinander zu wetteifern und fremde Völker zu beeindrucken – ein politisch aktivierbares Gemeinschaftsgefühl entwickelte sich jedoch nicht zwischen, sondern allenfalls innerhalb der Polis. Dies gilt besonders für die Apoikien. Ähnlich wie gegen Ende des 8. Jahrhunderts, als die adligen Herren in Kleinasien nach einer Fixierung des epischen Wissens verlangten, setzte sich hier nach einer zweihundertjährigen Phase der Konsolidierung das Bedürfnis fest, dem eigenen Status durch die Gestaltung einer heroischen Vergangenheit gebührenden Glanz zu verleihen und in eine metahistorische Sinnordnung einzubinden.

Zu diesem Zweck kreierten seit dem 6. Jahrhundert viele Apoikien Gründungslegenden, die sich in ihrer Struktur und ihrem Inhalt eng an das große Mythenreservoir der Griechen anlehnten.[121] Ihr Ausgangspunkt ist eine Krise in der Heimat. Häufig führt ein Streit innerhalb der führenden Familien um den Königsthron oder die Macht in der Polis zu einer Mordtat, wonach der Täter die Heimat verlassen muss. Danach befragt er das delphische Orakel und wird mit der Gründung einer Apoikie beauftragt. Nach der erfolgreichen Kolonisierung wird der verstorbene Gründer als Heros verehrt und es entsteht ein Gründerkult. Diese drei Motive – Krise, delphisches Orakel und Koloniegründung – sind eng miteinander verklammert: Allein das delphische Orakel kann die durch die innere Krise (das erste Motiv) erzeugte Schuld des Kolonisten

121 Für das Folgende vgl. Dougherty (1993) und Bernstein (2004).

sühnen. Die Heimatstadt des Mörders befreit sich von der Schuld, indem sie den Mörder in die Fremde schickt. Für den Kolonisten wird der Auszug zu einer Sühnefahrt, auf der er sich von seiner Schuld reinigt. Die Neugründung integriert die Ausgestoßenen in eine neue Gemeinschaft; Chaos wird in Ordnung überführt, Schuld in eine Tat, die allen gefällt.

Eine zweite Interpretationsebene ergibt sich aus der Befragung des delphischen Orakels: Die Orakelsprüche repräsentieren ein kohärentes System kultureller Bedeutungen, das von dem Gründer interpretiert werden muss. Kolonisation ist damit auch eine Intelligenzprobe des Kolonistenführers, der sich in der Fremde durch seine intellektuelle Überlegenheit behauptet und die Hand der fremden Königstochter gewinnt. Der Orakelspruch verlangt eine ordnende Interpretation, genauso wie der Kolonisationsakt eine Reaktion auf die durch die Krise in der Heimat hervorgerufene Unordnung ist. Der Übergang von Unordnung zur Ordnung wird durch die Heirat des Gründers mit einer einheimischen Frau gekrönt und mit der Urbarmachung eines Feldes verglichen. Deshalb erhält das neue Land Epitheta, die mit weiblichen Idealen wie Fruchtbarkeit und Schönheit verbunden sind. Die Gründung der Apoikie kann sogar als Ergebnis göttlicher Vergewaltigung gedeutet werden. Die Kolonie repräsentiert nach der Vereinigung von Gründer und Prinzessin die Verbindung griechischer und barbarischer Völker.[122]

Diese und ähnliche Geschichten rechtfertigten die gewaltsame Landnahme und verschafften der Polis ein Interpretationsmuster, das Misserfolge rebellischer Außenseiter erklärte: Ein Mann wie Dorius (s. S. 75f.) musste scheitern, weil er es versäumt hatte, das delphische Orakel zu befragen. Die Kolonisten selbst erklärten ihre Erfolge als einen Akt der Ordnungsstiftung im Chaos einer barbari-

122 Vgl. Dougherty (1993), 75ff., 140, 157.

schen Umwelt. Während sie dabei dezidiert göttliche Instanzen als Initiatoren bemühten, lösten ungefähr zeitgleich gebildete Männer in Milet dieses Ziel der ordnenden Erklärung aus ihrem kolonialpolitischen Kontext und übertrugen es auf die gesamte Welt: Ohne Rückgriff auf eine Vielzahl von Göttern und die Erklärungen der Dichter wollten sie wissen, nach welchem Prinzip die Welt zusammengesetzt ist bzw. nach welchen Gesetzen sie sich verändert. Ihre Suche galt einer Art Weltformel, die diese Veränderungen bewirkt und Ausdruck einer allumfassenden, »abstrakten göttlichen Allkraft« ist.

Die Überlegungen dieser Naturphilosophen (der sog. Vorsokratiker) waren zwar spekulativ, basierten jedoch auf vernünftigen und logischen Argumenten. Der Begriff *philosophia* meinte eine umfassende *Liebe* zur *Weisheit*, die sich auf naturwissenschaftlich-kosmologische, religiöse, politische und in diesem Sinne auch auf philosophische Bereiche der Welt bezieht. Ein Weiser gibt sich nicht mit alltäglichen und traditionellen Lehren zufrieden, er will mehr wissen über die Welt und ihre Funktionsgesetze. Für dieses Suchen nach »Mehr-Wissen« hatten die Ionier den Begriff *historie.* Warum begnügte sich die ionische *historie* jedoch nicht mit der Erklärung einzelner Phänomene, sondern nahm die ganze Welt in den Blick, und warum tat sie dies gerade in Milet?

Ausgangspunkt allen Philosophierens ist – so Aristoteles – das neugierige Staunen (*thaumazein*) über die Welt und ihre Veränderungen. Gerade in den kleinasiatischen Küstenstädten hörte man von den Fahrten in unerschlossene maritime Räume, lauschte den Erzählungen wagemutiger Kapitäne und staunte über die Möglichkeiten, die sich dem Menschen bei der Eroberung des Meeres eröffneten. Das Staunen über die maritimen Erfolge verknüpfte sich mit der Vermittlung altorientalischen Wissens: An den kleinasiatischen Küstenstädten trafen sich die Handelswege aus den östlichen Kulturreichen mit den Schifffahrtsrouten in die Ägäis. Von Homer über Hesiod bis zu den philosophischen Entwürfen der Milesier verlief eine selten unterbrochene Linie der Adaption östlicher Weisheitsliteratur und Kosmologien.[123] Milet war Teil einer »nahöstlich-mediterranen *koiné*«, die uraltes Wissen des Ostens und Erfahrungen von Seefahrern des Westens aufeinanderprallen ließ und die Menschen aufgeschlossen machte für andere Sichtweisen.

Staunen allein bewirkt jedoch noch keine Wissenschaft, keine *theoria*. Hinzu müssen die hartnäckige Neugier und der Wunsch treten, neue Fragen zu stellen und neue Antworten zu formulieren und diese in ein Erklärungssystem zu bringen. Wer staunt und forscht – so sagten die Griechen –, der verlässt gedanklich die vielen kleinen und beschränkten Welten des Alltags; er erweitert seinen Blickwinkel und erkennt das Weltganze: Für dieses Streben nach geistiger Horizonterweiterung scheinen neben der Beeinflussung durch den Osten die Ausweitung des geographischen Erfahrungsbereichs sowie die lange Erfahrung der Milesier im Überseehandel ein entscheidender Stimulus gewesen zu sein. So haben Kolonisation und Fernhandel die Ausbildung naturphilosophischer Fragestellungen erheblich gefördert. Fast alle Naturphilosophen unternahmen lange Seereisen und beschäftigten sich intensiv mit Geometrie, Astronomie und Navigationskunst: Thales verfasste ein astronomisches Lehrbuch für Seeleute und entdeckte die Bedeutung des Kleinen Bären für die Navigation. Anaximander erklärte u. a. die den Babyloniern bereits bekannte Sonnenuhr.[124]

Thales und seine Nachfolger verharrten aber nicht bei der Adaption astronomischen Wissens, sondern öffneten sich den Horizont globaler Welterklärung. Neben der Erfahrung räumlicher Unbegrenztheit auf dem Meer be-

123 Vgl. Burkert (2003), 59 ff., 65 ff., 72 ff., 75 ff., Fazit: 133.
124 Vgl. Pichot (1995), 283–289; Röd (1988), 33, 39.

günstigten gesellschaftlich-politische Bedingungen den geistigen Aufbruch. Da die Menschen anders als in vielen Städten Griechenlands – so erklärte Aristoteles – nicht von unmittelbarer Lebensnot belastet waren, sondern freie Zeit und Muße besaßen, begannen sie zu philosophieren.[125] Tatsächlich herrschten in Milet ein erstaunlicher Wohlstand und außenpolitische Sicherheit, was die Denker vom Tagesgeschäft entlastete.

Eine zweite Voraussetzung bildete die geringe Autorität religiöser Instanzen: Die Griechen waren frei genug, das auf ihren weiten Fahrten gen Westen Erlernte sowie die Anregungen östlicher Nachbarn neu zusammenzufügen und zu deuten. Denn auf der einen Seite waren Religion und Mythos zu unverbindlich, um zufriedenstellende Antworten auf die großen Fragen nach der Natur der Welt und des Lebens zu geben; andererseits gab es weder mächtige Könige noch einflussreiche Priesterschaften oder eine professionelle Schreiberkaste, die die Kunst der Fixierung von Weisheit monopolisierten. Griechisches Denken blieb zwar nicht unbeeinflusst, vollzog sich aber weitgehend unabhängig von den Zwängen politischer oder religiöser Hierarchien.

Nur die Priesterschaft von Delphi bildete eine überregionale Instanz, die ihr Wissens- und Erfahrungsmonopol mit religiöser Autorität verband und für Adlige und Händler zu einem »geistigen Umschlagplatz« von Gedanken und Ideen wurde.[126] Nicht ohne Grund verglichen die Koloniallegenden den Erfolg der Kolonisation mit der Lösung eines von der Pythia vorgegebenen Rätsels, und nicht ohne Grund erklärte Anaximander Delphi zum Zentrum der Welt. Der Durchbrechung partikularer Horizonte durch die Philosophen entsprach die überregionale Autorität Delphis. Deshalb pflegte das Orakel so enge Ver-

125 Vgl. Aristoteles, *Metaphysik* 981 b 20.
126 Vgl. Meier (1989), 73, und (1987), 109 f.

bindungen zu den sog. ›Sieben Weisen‹. Die Vernetzung des Mittelmeers durch Seefahrt und Handel war die Voraussetzung für eine polisübergreifende Diskussion der drängendsten Probleme. Milet wurde so neben Delphi und Elea zu einem Zentrum griechischen Denkens.[127]

Diese Faktoren bildeten die Rahmenbedingungen, um das Denken der Milesier in eine Richtung zu bewegen, die sich von früheren Wegen der Weisheitsfindung unterschied. Dass die scheibenförmig gedachte Erde wie eine Insel vom Okeanos umflossen wurde, ist eine für Küstenbewohner naheliegende Vorstellung. Thales übernahm von den Babyloniern ferner die These, dass der Okeanos unter der Erdscheibe hindurchlaufe. Schon Homer und die Mythen hatten dem Okeanos die Rolle des Erzeugers der Götter, des »Ursprungs für alles« zugewiesen. Kombiniert man diese Erklärungen mit den babylonischen Thesen über die Welt und berücksichtigt man ferner die intensive lebensweltliche Konfrontation der Milesier mit dem Meer, dann lag es mehr als nahe, das Wasser als das gesuchte Urelement der Welt anzunehmen, wie es Thales tat.[128]

Auch sein Landsmann Anaximander maß dem Meer bei der Erklärung der Natur eine zentrale Bedeutung zu. Grundlage seiner Welterklärung war die Annahme, dass alles Seiende in einem steten Wandel begriffen sei. Die ersten Lebewesen seien im Meer entstanden, und auch der Mensch habe sich im Innern von Fischen entwickelt. Den Urgrund alles Seienden bezeichnete Anaximander als *apeiron*, »das Unbegrenzte«, ein Zustand, der anstelle von Hierarchie Unordnung und anstelle von Struktur unstrukturierte Formlosigkeit besaß.[129] Indem der Philosoph dazu beiträgt, die Struktur der Welt durch die Aufdeckung des Gegensatzes von Ordnung und Unordnung zu erkennen, schafft er selbst eine rationale Ordnung anstelle mythischer Phantasie.

127 Vgl. Meier (1987), 112; Heilen (2000), 33–54.
128 Vgl. Ninck (1945), 24ff.; Kahn (1985), 135; Burkert (2003), 69.
129 Vgl. Ninck (1945), 32; Röd (1988), 40ff.; Romm (1992), 11.

13. Geographie und politische Ordnungsvorstellungen

Wir können also auf zwei Diskursebenen – der Ebene der Koloniallegende und der Ebene der Naturphilosophie – das Bemühen um die Suche nach harmonisierenden Ordnungsmustern konstatieren. Hinter diesem Bemühen steht ein Strukturierungsbedürfnis, das im Falle der Koloniallegenden den in sich schlüssigen Bau der Geschichte, im Falle der naturphilosophischen und kosmologischen Spekulationen eine nach logischen Gesichtspunkten ausgewogene Welterklärung hervorbringt. Beide Bemühungen entwickelten sich vor dem Hintergrund maritimer Welterfahrung, und so liegt es nahe, auch die im Zuge der Naturphilosophie entstehende Geographie in das gleiche Intentionsschema einzuordnen.

Bildliche Darstellungen der bekannten Teile der Welt kursierten in den ionischen Küstenpoleis schon im 7. Jahrhundert. Doch erst Anaximander aus Milet setzte den erweiterten geographischen Horizont des 6. Jahrhunderts nach babylonischen Vorbildern zum Entwurf einer Karte der *gesamten* Erdoberfläche (*ges periodos*) ein.[130] Während das geographische Wissen der bekannten Welt für Homer und Hesiod im Westen bis Sizilien und Unteritalien reichte, umfasste die neue Weltkarte fast sämtliche Mittelmeeranrainer bis zur Straße von Gibraltar. Diese Welt wurde vom Okeanos umflossen. Die scheibenförmige Erde schwebte als Oberfläche eines Zylinders in der Mitte eines kugelförmigen Weltalls und wurde von dem halbkreisförmigen Himmelsgewölbe überwölbt. Zentrum der Erdscheibe war Delphi.[131]

Anaximander ging es offensichtlich darum, die Erde nach den Vorgaben orientalisch-milesischer Geometrie

130 Vgl. Heilen (2000), 35 f.; Romm (1992), 26 f.; Kahn (1985), 83.
131 Vgl. Pichot (1995), 303; Heilen (2000), 34 f.

und kosmologischer Konstruktionen als eine harmonische Struktur zu erfassen; insofern war seine Karte eine erstaunliche Abstraktionsleistung, die große Widersprüche zur Realität bewusst in Kauf nahm.[132] Sein Nachfolger Hekataios hat diesen Widerspruch zu beheben versucht, indem er seiner nach Westen und Osten erweiterten Erdkarte (*Periodos ges*) einen erläuternden Text (*Periegesis ges*) mit Angaben über Völker, Städte, Gebirge und Flüsse beifügte. Er verarbeitete dabei Fahrtberichte griechischer Expeditionen ins südliche Meer und nach Indien sowie der Karthager und Massilier in den Atlantik und unternahm selbst Forschungsreisen nach Ägypten, ins Schwarze Meer sowie zu den Apoikien des Westens (Massilia). Auch Hekataios ging es jedoch nicht in erster Linie um den praktischen Nutzen seiner Werke, sondern um eine wohlproportionierte Ordnung der Welt im Sinne der ionischen Naturphilosophen. Was diese für den Kosmos insgesamt erstreben, suchte Hekataios für die Erdfläche zu erreichen, indem er die natürlichen Begebenheiten sowie die bekannten Landmassen symmetrisch in die Form einer kreisrunden Scheibe bannte.

Die allen wissenschaftlich-philosophischen Bemühungen zugrunde liegende Intention, die Welt durch harmonische Ordnungskriterien zu erklären, hatte von Beginn an auch einen politischen Aspekt.[133] In der späten Archaik flossen die von Philosophen und Geographen entwickelten Erklärungsmuster in die Bemühungen zur Schlichtung innerer Poliskrisen ein. Alle Schlichter waren Teil der überregionalen intellektuellen Elite – Solon gehörte wie Thales zu den Sieben Weisen. Anstelle partikularer ›Notlösungen‹ richtete sich ihr Blick auf das Polisganze: Während die Milesier nach Erklärungsformeln für die Welt fragten und die Philosophen die partikularen Horizonte des Lebens auf der

132 Vgl. Gehrke (1998), 35.
133 Vgl. Vernant (1982), Kap. 6 und 8; Romm (1992), 14 f.

Suche nach einer Weltformel durchbrachen, mussten die Schlichter von Einzelinteressen der Parteien abstrahieren, um agrarisch-soziale Krisen zu meistern. Solon und andere fanden diese Formel in der Vorstellung des allumfassenden Rechts (*dike*) und des aus ihm fließenden Gesetzes (*nomos*). Dieses bildete – vergleichbar der Vorstellung von der Gesetzmäßigkeit der Welt – die einzige Instanz, welche die Gesamtheit der Polis gegenüber den Partikularinteressen der Adligen in eine ›rechte Ordnung‹ (*eunomia*) einbinden konnte.[134] Die Akzeptanz dieser Gedankengänge war in der Archaik noch nicht so verbreitet, dass sie das Aufkommen von Tyrannen verhinderte; immerhin hielten sich auch die Tyrannen formal an die Institutionen. Doch aus Sicht der Bürger rechtfertigte die fehlende Rechtslegitimation der Tyrannen deren Sturz. Die neue Ordnung propagierte die Gleichheit der Bürger vor dem Gesetz.

14. Alternativen zum »bürgerlichen« Leben und zur Polis-Religion: Die Rolle der Charismatiker

Athen, Sparta, Korinth und die großen Poleis der Kolonialgebiete bildeten wesentliche Beschleunigungsfaktoren und kulturelle Kulminationspunkte der archaischen Zeit. Allerdings gab es nach wie vor zahlreiche Menschen, die über weite Entfernungen zwischen diesen Kulminationspunkten wanderten, ohne in den Städten vollständig integriert zu sein. Ohne sie wäre das Bild der griechischen Archaik unvollständig und schief. Eine wichtige Gruppe bildeten die schon aus der früharchaischen Zeit bekannten religiösen oder philosophischen Charismatiker.[135] Ihre Lebensweise war in mancher Hinsicht ein Gegenmodell zum

134 Vgl. Starr (1977), 31 f.; Meier (1989), 79, 83; Meier (1987), 113–117.
135 Vgl. Riedweg (2002), 84 f.

kontrollierten Dasein des Polisbürgers, und sie bewahrten dabei Überzeugungen, welche die Polis abzuschütteln bestrebt war.

Die Griechen verehrten eine polytheistische Götterwelt, die Hesiod in eine genealogische Ordnung gebracht hatte. Glaube im Sinne einer individuell emotionalen und bekennenden Überzeugung spielte im Bereich der Polisreligion eine geringe Rolle. Das Verhältnis zu den Göttern dokumentierte sich vornehmlich in praktischer Kommunikation, öffentlichen Gebeten, Prozessionen, Kult- sowie Opfervollzug, Weihegaben und Tempeln. Die Götter waren allgegenwärtig und den Griechen in ihrer Menschlichkeit (Anthropomorphismus) vertraut, ohne dass man heilige Schriften oder ausgebildete Priester brauchte. Doch in einem wesentlichen Punkt erschienen sie weit entrückt: Sie sind unsterblich, können Leben vernichten, aber nicht geben. Beistand im Augenblick des Todes war nicht zu erwarten. »In der letzten entscheidenden Not ziehen sich die Götter vom Menschen zurück.«[136] Im Jenseits erwartet die Seele nach Auffassung Homers nur ein schattenhaftes Dasein, Hoffnung auf ein glückliches Weiterleben gewähren die olympischen Götter jedenfalls in der Regel nicht.[137]

Lange Zeit hat man diese ausgeprägte Diesseitigkeit der griechischen Polisreligion als ein selbstverständliches Phänomen hingenommen und darauf verwiesen, dass gleichsam als Ersatz für die verwehrte Seligkeit im Jenseits die Hoffnung auf ewigen Ruhm im Diesseits getreten sei; tatsächlich mögen die Eliten der Poleis solche Vorstellungen gefördert haben, um den Kampfeseifer der Jugend anzuspornen (s. S. 60 f.). Die griechische Religiosität ist damit aber nur unzureichend erklärt. Zahlreiche Zeugnisse zumal aus den Rand- und Kolonialgebieten der griechischen

136 Burkert (1977), 290 f.
137 Vgl. Rohde (1991), 1–67.

Welt deuten darauf hin, dass es parallel zum homerischen Götter- und Todesverständnis eine breite Strömung von religiösen und pseudo-philosophischen Vorstellungen jenseits der »Polisreligion« gab, die dem Menschen nach Einhaltung bestimmter, meist geheimgehaltener Regeln ein seliges Leben im Jenseits verhießen.

Revolutionär war hieran zweierlei: Zum einen wurden diese Ideen über weite Entfernungen durch Gruppen wie die Orphiker, welche sich auf den thrakischen Heros Orpheus beriefen, schriftlich und unter Berufung auf heilige Bücher (des Orpheus) verbreitet – eine deutliche Alternative zum rein mündlichen Kultvollzug der Poleis.[138] Orphische (bzw. bakchische) Goldtäfelchen, die den Toten in ihr Grab gelegt wurden, fand man z. B. in Thrakien und Unteritalien. Zweitens wandelte sich die Vorstellung von der Seele (*psyche*) grundsätzlich. Vegetierte sie bei Homer nach dem Tode kraft- und erinnerungslos im modrigen Hades, erscheint sie nun als ein unsterbliches Wesen, das von den Göttern stammt und seine göttergleiche Identität auch unabhängig vom Körper bewahrt.[139] Vielfach dürften dabei schamanistische Vorstellungen aufgenommen und weiterentwickelt worden sein, die alle davon ausgingen, dass die Seele sich durch Ekstase sogar schon vor dem Tod vom Körper trennen kann und nach dem Tod in einen paradiesartigen Zustand übergeht oder in einem neuen Körper »wiedergeboren« wird.[140]

Eine der berühmtesten und umstrittensten Persönlichkeiten, die vergleichbare Vorstellungen lehrte, war der aus Samos stammende Charismatiker Pythagoras. Er gelangte nach langer Wanderschaft in Babylonien und Ägypten um 530 nach Kroton in Unteritalien und begründete dort eine religiös-philosophische Gemeinschaft, die man als eine der

138 Vgl. Burkert (1977), 440 ff.
139 Vgl. Burkert (1977), 446 f.
140 Vgl. Eliade (1992), 95 ff.; Rohde (1991), 109 ff., 162 ff.; Hölscher (1998a), 16.

ersten »Sekten« der Antike bezeichnen kann.[141] Sie umfasste zwischen 300 und 600 Personen meist adliger Herkunft, die ihren Meister wie einen Gott verehrten und sich vor der Aufnahme in die Gemeinschaft physiognomischen und ethischen »Eignungstests« unterwerfen mussten. Hierzu zählten die Fähigkeit zum Schweigen, ferner das Verbot des Fleischgenusses sowie zahlreiche Reinheitsgebote; Freundschaften beschränkten sich auf Mitglieder des Geheimbunds. Diese Behinderung freier verbaler Kommunikation sowie das Verbot des Fleischgenusses, der für die Teilnahme an städtischen Blutopfern unumgänglich war, grenzten die Gemeinschaft von all dem ab, was für das Selbstverständnis der Polis wesentlich war.[142] Man kann deshalb die Bewegung der Pythagoreer (sowie die der ihr nahe stehenden Orphiker) als eine Protestbewegung gegen die etablierte Polis interpretieren.

Zwar haben Anhänger des Pythagoras beratend und erzieherisch auf die Politik der italischen Städte einzuwirken versucht; langfristiger Erfolg war ihnen jedoch nicht beschieden – ganz im Gegenteil: Einige Jahrzehnte nach dem Tod des Meisters machte sich der Unmut in Brandanschlägen und Aufständen gegen die pythagoreischen Versammlungslokale Luft. Daraufhin zogen sich die Pythagoreer aus jeder politischen Verantwortung zurück.

Dennoch hat die pythagoreische Lehre überlebt; sie bildete in der Folgezeit über Platon bis hin zum Neupythagoreismus der Spätantike eine Quelle zumal für diejenigen, die sich den Regeln der Polisgemeinschaft nicht anpassen wollten. Und sie dürfte neben anderen philosophisch-religiösen Gruppen wie den Orphikern auch dafür verantwortlich gewesen sein, dass sich neben der Polisreligion ein Konkurrenzmodell hielt, das dem Einzelnen Erfüllung auch jenseits der Versprechungen der Poleis von

141 Vgl. Riedweg (2002), 129ff., 136.
142 Vgl. Riedweg (2002), 131ff.; Eliade (1992), 102f.

irdischem Ruhm verhieß. Die städtischen Eliten versuchten, die schwer kontrollierbaren, weil zu ekstatischen Exzessen neigenden religiösen Gemeinschaften und Bräuche zu integrieren (so im Falle der Mysterien von Eleusis) oder zeitlich und räumlich an den Rand der bürgerlichen Gesellschaft zu drängen (so im Falle der bakchisch-orphischen Feiern). Ganz gelungen ist ihnen das nie; immer wieder scheinen bürgerliche Ängste vor dem irrational Entfesselten durch (so in den *Bakchen* des Euripides).

III.
Der Einbruch der Perser und Karthager in die griechische Welt

1. Der Aufstieg des Perserreiches

In der Mitte des 6. Jahrhunderts v. Chr. erschien vor den Tempelanlagen von Delphi ein hoher Gast. Der Lyderkönig Kroisos suchte den Rat der Pythia, nachdem er vorher schon die Orakel von Didyma (Kleinasien), Dodona (Westgriechenland) und Siwah (Nordafrika) aufgesucht hatte. Es ging um ein machtpolitisches Problem von höchster Brisanz, das den gesamten ostmediterranen Raum von Grund auf verändern sollte. Im Osten des Lyderreiches war ein gewaltiges Heer aus den Hochebenen Irans aufgetaucht. 559 hatte Kyros, ein ehemaliger Vasallenfürst der Meder, sich zum König eines Reiches erhoben, das sich im Westen und Süden bis nach Mesopotamien erstreckte. Die Vereinigung seiner Heimat, der Persis, mit dem Mederreich war die Geburtsstunde des Perserreiches. Das Königshaus des Reiches bildete die Familie des Kyros, die Achaimeniden. Kaum an der Macht, startete Kyros einen atemberaubenden Eroberungszug, der sich zunächst auf das Lyderreich im Westen richtete. Die Priester von Delphi sollen Kroisos daraufhin die sichere Zerstörung eines großen Reiches prophezeit haben. Der Lyderkönig sah sich in seinem Beschluss bestätigt, das persische Heer anzugreifen.[143] Er verlor nicht nur die Schlacht, sondern 547 auch sein Reich an die Perser.

143 Quellen und Interpretation bei Giebel (2001), 39ff.

Wie auch immer man die Historizität der Prophezeiungen Delphis beurteilen will,[144] sie beweisen, dass die Priester die machtpolitische Bedeutung des persischen Aufstiegs erkannten. Deshalb haben sie in der Folgezeit den Griechen von einer Konfrontation abgeraten. Ihre Vorsicht traf sich mit den Ratschlägen der ionischen Intellektuellen. Bias von Priene, einer der Sieben Weisen, schlug den kleinasiatischen Griechen (546 im Panionion) vor, sich mit Sack und Pack auf die Schiffe zu werfen und nach Sardinien überzusiedeln.[145] Erneut wurde so schon jetzt – wenn auch in Form von Planspielen – das gesamte Mittelmeer in die drohende Auseinandersetzung mit einbezogen. Befolgt haben den Rat des Bias allerdings nur wenige, obwohl viele kleinasiatische Griechen die Perser als bedrohlich empfanden.[146] Zu ihnen zählten die Einwohner von Phokaia, die im 7. Jahrhundert reiche Erfahrungen als Kolonisten, Seeräuber und Händler im fernen Westen gesammelt hatten (s. S. 80 f.). Als die Perser sich daranmachten, ihre Stadt einzuschließen, segelten sie mit sämtlichen Familien nach Chios und danach Richtung Italien. Hier siedelten sie sich um 545 auf Korsika (Kyrnos) an, im 20 Jahre zuvor auf Weisung Delphis gegründeten Alalia.[147]

Die meisten übrigen Poleis arrangierten sich dagegen mit den neuen Herren. Denn der Wechsel zur persischen Oberherrschaft gestaltete sich weniger einschneidend als befürchtet. Zudem richtete Kyros seine Expansion auf andere Weltgegenden. 539 zog er in Babylon ein und stieß bis zur Grenze Ägyptens vor; 522 v. Chr. eroberte sein Nachfolger Kambyses das Pharaonenreich. Dabei zeigten

144 Vgl. Rosenberger, »Das Orakel in den Bergen: Delphi«, in: Brodersen (2006), 25–38.

145 Vgl. Herodot 1,170. Die Stelle darf als authentisch gelten. Vgl. Heuß (1993), 199.

146 Dies lässt sich besonders aus Gedichten des Theognis von Megara ableiten; vgl. Highbarger (1937), 88–111.

147 Vgl. Herodot 1,164–166; Malkin (1987), 73; Osborne (1996), 320.

sich die Perser weder als blinde Zerstörer noch als habsüchtige Ausbeuter oder Unterdrücker lokaler Gebräuche: Eines ihrer Erfolgsrezepte bestand darin, den nichtpersischen Untertanen lokale Autonomie zu gewähren und sich nicht in einheimische Kulte einzumischen, wenn sie die Minimalforderungen nach Tribut und Truppenstellung im Kriegsfall erfüllten und ihre Politik nach den Wünschen Persiens ausrichteten. Sogar die Phöniker arrangierten sich mit der neuen Supermacht und stellten ihre nautischen Kenntnisse in den Dienst der persischen Könige. Ein militärisch geschützter Wirtschaftsraum mit Verbindungen von Indien bis in die Ägäis bot sichere Gewinne. Beschäftigungsmöglichkeiten als Künstler, Ingenieure und Architekten sowie Karrierechancen als Hofärzte oder Flottenkommandanten zogen viele Griechen aus dem Westen an.[148]

Um die Reichsteile effizienter an die Zentrale anzubinden, teilte König Dareios das Reichsgebiet in zwanzig Provinzen (Satrapien) unter jeweils einem Satrapen ein. Dieser zog jährliche Tribute ein und leitete einen Teil an die Schatzkammern des Großkönigs weiter. Ferner sorgte er durch Rechtsprechung und Inspektionen für Ruhe und Ordnung und war für die Verteidigung seines Gebiets verantwortlich. Jede größere militärische und politische Entscheidung des Satrapen war allerdings abhängig von der Zustimmung des Großkönigs. Offizielle Agenten, ›die Augen und Ohren des Großkönigs‹, informierten die Zentrale über unzufriedene Untertanen und Verfehlungen der Satrapen. Parallel zur Einrichtung der Satrapien verbesserten Dareios und seine Berater das Steuer- und Abgabensystem. Die jährliche Agrarproduktion der Städte wurde genauer registriert. Bestandteil dieser Initiativen war eine an lydischen Vorbildern orientierte Münzreform. Gleichzeitig trieb Dareios den Ausbau des Straßennetzes

148 Vgl. Herodot 4,87 ff. zu dem Baumeister Mandrokles; Funck (1995), 34 ff.

sowie die Verbesserung des Post- und Nachrichtensystems voran. Die berühmteste Verbindung bildete die Königsstraße von Sardeis im Westen bis nach Persepolis bzw. Susa im Südosten. Nirgends gelangten Nachrichten über Land schneller von einem Ort zum anderen als im Reich des Dareios.

Hinter all diesen Reformen stand nicht nur der Wille, die herrschaftlichen Kontrollen zu verbessern, sondern auch die Absicht, einem neuen Expansionsschub die infrastrukturellen und finanziellen Grundlagen zu verschaffen. Diese Expansion richtete sich auf die Räume des Mittelmeers, die sich an die von Kyros und Kambyses eroberten Landmassen anlagerten und zu den Grenzen der bekannten Welt führten, d. h. im Süden die Kyrenaika und im Norden die griechische Halbinsel einschließlich der Straße von Otranto. Zur Vorbereitung solcher Expansionsbewegungen benötigte man Informanten, die zwischen den Welten der Poleis und den Reichen des Ostens pendelten. Einer von ihnen war der Arzt Demokedes aus dem unteritalischen Kroton.[149] Er arbeitete zunächst in Ägina und Athen, diente dann dem Tyrannen Polykrates auf Samos und wechselte schließlich an den Hof des Perserkönigs. In den Jahren um 530 befand er sich an Bord einer kleinen Expeditionsflotte, die den Auftrag hatte, den Küstenverlauf Griechenlands aufzuzeichnen und die politische Lage jenseits der Straße von Otranto zu sondieren.[150] Von der griechischen Südküste ging es weiter bis nach Tarent, wo sich Demokedes in seine Heimatstadt Kroton absetzen konnte.[151]

149 Vgl. Herodot 3,125, 129–137.
150 Vgl. die Einschätzung seiner Aktivitäten bei Murray (1988), 464 f.
151 Vgl. Herodot 3,136; Schulz (2005), 81.

2. Der Aufstieg der Karthager im Westen

Das Interesse des Perserkönigs am Westen kam nicht von ungefähr. Fast zeitgleich mit dem Vorstoß der Perser in den ostmediterranen Raum bahnten sich im westlichen Mittelmeer machtpolitische Veränderungen von großer Tragweite an. Sie standen schon deshalb miteinander in einem mittelbaren Zusammenhang, weil die Perser die phönikischen Hafenstädte unterworfen hatten, die regelmäßige Kontakte zu ihren Kolonien im Westen pflegten – nicht ohne Grund begleitete ein Schiff aus dem phönikischen Sidon die Expedition des Demokedes!

Die bedeutendste phönikische Kolonie war Karthago (im Gebiet des heutigen Tunis). Ursprünglich auf das Küstengebiet beschränkt, gelang es der Stadt im 6. Jahrhundert, sich neben Syrakus zum zentralen Warenumschlagplatz des westlichen Mittelmeers aufzuschwingen und die phönikischen Faktoreien unter ihren Schutz zu stellen. In den frühen 40er Jahren, als die Perser im Osten an die Ägäis drängten, besetzte man die Balearen sowie Malta und war in Westsizilien und (zunächst wenig erfolgreich) auf Sardinien aktiv.[152] In der Mitte des 6. Jahrhunderts folgte ein Bündnis mit den Etruskern in Italien.[153] Nur sieben Jahre nach der Eroberung der lydischen Hauptstadt Sardeis (547) durch die Perser im Osten besiegte eine karthagisch-etruskische Flotte die Phokaier nahe ihrer Apoikie Alalia; danach wurde Korsika dem etruskischen und Sardinien dem karthagischen Einflussbereich zugeschlagen. Phönikische Händler und perserfreundliche Tyrannen hielten den persischen Königshof über diese Vorgänge auf dem Laufenden.[154] Immerhin konnte man formalrechtlich Karthago als Untertan der Perser betrachten; jedes Jahr ging eine karthagische Ge-

152 Vgl. Huß (1985), 58–65.
153 Vgl. Herodot 1,166; Bengtson (1975), 13.
154 Vgl. Berve (1967), Bd. 1, 118 f.

sandtschaft zur Hauptgottheit von Tyros im persischen Reich. Es ist deshalb vielleicht kein Zufall, dass etwa in der gleichen Zeit, als das tyrrhenische Meer zu einem karthagisch-etruskischen Binnenmeer wurde, auch im Osten die Perser ihre Anstrengungen verstärkten, ihre Herrschaft über die Ägäis auszudehnen.

3. Das griechische Kleinasien unter persischer Herrschaft

513/12 eroberte Dareios das Gebiet am Bosporus, schuf nach einem Kriegszug gegen die Skythen in Thrakien einen ersten Brückenkopf auf europäischem Boden und brachte ein Jahr später Makedonien in seine Abhängigkeit. Die zweite Route auf das griechische Mutterland quer über die Ägäis war schwieriger, weil sie genaue nautische Kenntnisse voraussetzte. Wie im Fall der Demokedesfahrt setzte man auf die Mithilfe griechischer Experten. Eine wichtige Rolle spielten die in den kleinasiatischen Küstenstädten eingesetzten Tyrannen.

Neben Samos genoss Milet mit seiner perserfreundlichen Tyrannis eine Sonderrolle, weil es als Mutterstadt zahlreicher Apoikien über hervorragende Erfahrungen im Ägäis- und Schwarzmeerraum verfügte und sich seine Elite als Kaperer und Händler einen guten Namen gemacht hatte. Seine Tyrannen hatten bereits die persische Expeditionsarmee auf dem Skythenfeldzug unterstützt. Nun stellten ihnen die Perser die Herrschaft über eine der vielen Inselpoleis in Aussicht und überließen den Rest der Kontrolle des Satrapen in Sardeis. 500 v. Chr. war die Gelegenheit zum Losschlagen gekommen. Adlige Exilanten aus Naxos fanden sich in Milet ein und baten Aristagoras, den Herrn der Stadt, um Unterstützung bei der Wiedergewinnung der Heimat. Aristagoras sagte zu, benötigte allerdings die Zustimmung seines persischen Oberherrn. Diesem machte er die Sache schmackhaft, indem er auf die strategische Bedeutung von Naxos hinwies. Die Insel lag genau auf der Mitte der Fahrtstrecke zum griechischen Festland und bot somit ein hervorragendes Sprungbrett für die persische Westexpansion.[155] Dareios beorderte daraufhin seinen Vetter Megabetes an die Seite des Aristagoras.

Im Frühjahr 500 stach ein persisch-phönikisch-milesischer Flottenverband in See. Doch die Belagerung von Naxos scheiterte kläglich. Wie oft in solchen Situationen kam es unter den Oberbefehlshabern zum Eklat. Jeder warf dem anderen Versagen und Untreue vor, wobei die persischen Anschuldigungen größeres Gewicht hatten, war doch Aristagoras schon vorher nicht sonderlich sorgsam mit den persischen Rüstungsgeldern umgegangen. In jedem Fall musste er nach der Rückkehr mit der Strafgewalt des Dareios rechnen; an eine weitere Herrschaft unter persischen Gnaden in Milet war nicht mehr zu denken.

So tat er das, was viele griechische Aristokraten vor und nach ihm in vergleichbaren Situationen taten: Er ergriff die Flucht nach vorn, verkündete kurzerhand eine Aufhebung der Tyrannis – die er einseitig als Produkt der Perser verkaufte – und rief auf zur Rebellion. Die Konzentration auf ein gemeinsames Feindbild lenkte von den eigenen Machtinteressen ab; und dass ein Mann wie Aristagoras Polisverfassungen wie ein schmutziges Hemd wechselte, um den Demos auf seine Seite zu bringen, wunderte niemand – es war aristokratische Praxis, die am Ende der Archaik noch einmal ihren Nutzen demonstrierte. Ebenso wenig überraschend war, dass diese Wendung der Politik die Bürgerschaft erreichte. Die kleinasiatischen Poleis waren bis dahin von der isonomen Entwicklung in Athen und anderen Poleis des Mutterlands (s. S. 93) abgekoppelt gewesen. Aristagoras versprach, die verpasste Entwicklung nachzuholen.

Gemeinhin wird die nun von Aristagoras initiierte Re-

155 Die Einzelheiten bei Herodot 5,28ff.

bellion gegen die Perser als ›Ionischer Aufstand‹ bezeichnet; die Begriffskombination suggeriert einen Aufstand *aller* Griechen Kleinasiens (Ioniens). Herodot, unsere wichtigste Quelle, weiß von all dem nichts. Er veröffentlichte rund 50 Jahre nach den Ereignissen ein Werk mit dem Titel *Darlegung der Erkundung* (*histories apodexis*), das heute unter dem Titel *Historien* bekannt ist. Darin wollte er die Ursachen der Auseinandersetzungen zwischen Griechen und Persern ergründen, die erst *nach* dem Konflikt der kleinasiatischen Poleis mit der persischen Herrschaft größere Dimensionen annahmen. Bei der Schilderung des Ionischen Aufstands stützte er sich auf Aussagen griechischer Adliger sowie auf Geschichten, die in Milet und Samos kursierten. Glaubwürdig erschien ihm eine Aussage, wenn sie keine inneren Widersprüche aufwies und ihm wahrscheinlich erschien.

Aus Herodots Angaben ist zu schließen, dass sich dem Aufruf des Aristagoras zunächst nur die wohlhabenden Küstenstädte anschlossen, obwohl doch gerade sie durch den Schiffbau der Perser und durch den Bedarf der Satrapen an Bauarbeitern und Rohstoffen profitierten. Auch die Entfaltung von Kunst, Kultur und Wissenschaften erlebte unter persischer Herrschaft in den kleinasiatischen Küstenstädten einen Aufschwung. Entscheidend für ihren Abfall waren also nicht handelspolitische oder wirtschaftliche Gründe, sondern die von Ruhelosigkeit und Ehrgeiz geprägte Mentalität der aristokratischen Eliten. Die griechischen Stadtherren ließen sich zwar gern die persische Rückendeckung ihrer lokalen Spitzenposition gefallen, andererseits suchten sie wie Aristagoras jede Gelegenheit, ihren verlorenen maritimen Aktionsspielraum wiederzugewinnen. Es wundert deshalb nicht, dass sich just die Küstenstädte der Rebellion anschlossen.[156] Denn sie konn-

156 Die Literatur zum Ionischen Aufstand ist kaum noch zu überblicken. Die hier vorgetragene »minimalistische« Interpretation orientiert sich an Neville (1979), 274 ff.

ten mit der Befreiung von der Last des Flottendienstes auf einen Gewinn hoffen, für den es sich zu kämpfen lohnte. Zudem bot ihnen die lange Erfahrung im Schiffbau im Falle eines Scheiterns immer noch die Möglichkeit, sich über das Meer gen Westen abzusetzen.

Diese besonderen Voraussetzungen des Aufstands erklären auch, weshalb sich die Poleis des Mutterlands weitestgehend bedeckt hielten. Sparta hatte nach dem Scheitern seiner Expeditionen gegen Samos und dem misslungenen Kolonisationsversuch des Dorieus (514 v. Chr.; s. S. 75 f.) seine Außenpolitik auf die Sicherung der Position auf der Peloponnes konzentriert und alle Angebote – unter anderem der Skythen – abgelehnt, gegen die Außenposten der persischen Herrschaft vorzugehen;[157] vielleicht spielte auch die Bindung an das delphische Orakel und dessen betont defensive Haltung eine Rolle, dass man den ionischen Küstenstädten militärische Hilfen verweigerte. Doch auch anderswo schien der Lohn eines militärischen Abenteuers – Beute und Ruhm – gering gegenüber dem Preis einer möglichen Niederlage, nämlich ein aggressives Persien, das nicht mehr bereit war, den Griechen unter der Bedingung erträglicher Tribute das Angebot eines behaglichen Friedens zu machen. Von einer gemeinsamen Hilfsbereitschaft für die Poleis Kleinasiens gab es weit und breit keine Spur.

Allein Athen glaubte durch eine Beteiligung an der Rebellion mehr zu gewinnen. Es war nur zwanzig Jahre her, dass sich die Bürgerschaft und ihre Adligen der Peisistratiden entledigt und unter Kleisthenes die Isonomie errichtet hatten; Hippias, der Sohn des Peisistratos, weilte seitdem in Kleinasien;[158] um sich persische Unterstützung gegen Sparta zu sichern, hatten die Athener 508 sogar ein Bündnisangebot nach Sardeis geschickt, was die Perser aller-

157 Vgl. Baltrusch (2007), 45 ff.
158 Vgl. Herodot 5,96.

dings als Unterwerfungsgeste interpretierten. Nach alldem musste man erwarten, dass ein expansives Persien von den Athenern die Wiedereinführung der Tyrannis und die Abschaffung der Isonomie verlangt hätte, also der Verfassung, zu der sich jetzt auch die rebellierenden Ionier bekannten. Zudem strotzten die Athener vor Selbstbewusstsein. Wenige Jahre vor dem Ausbruch des Ionischen Aufstands hatte man einen Angriff der Spartaner, Böotier und Chalkidier abgewehrt. Da man ferner an der maritimen Expansionspolitik der Peisistratiden festhielt, fühlten sich die Athener stark genug, um der Welt zu zeigen, dass man nicht weniger als die einstigen Tyrannen in der Lage war, auch in Übersee aktiv zu werden:[159] »Sie waren zu offenen Feindseligkeiten gegen Persien entschlossen«, charakterisiert Herodot die Stimmung.[160]

499 entsandte die Bürgerschaft eine Expeditionsflotte von zwanzig Fünfruderern; nur Eretria, das den Milesiern verpflichtet war, schloss sich mit fünf Trieren an.[161] Die Aufständischen hatten den Überraschungseffekt genutzt und die auf eine Offensive in der Ägäis eingestellte persische Militärorganisation überrollt. Ungehindert marschierten auch die Athener Expeditionstruppen mit ihren Verbündeten nach ihrer Landung bei Ephesos auf Sardeis zu, setzten die Stadt in Brand und belagerten die Burg des Satrapen. Erst ein Gegenangriff der Belagerten und die Nachricht vom Anrücken eines persischen Entsatzheeres trieben die Belagerer in die Flucht. Bei Ephesos erlitten sie eine schwere Niederlage. Die Athener waren schon vorher nach Hause gesegelt. Jeder gierte nach schneller Beute und leichtem Ruhm, doch niemand wollte für die griechischen Poleis der Küstengebiete seine Haut riskieren.

Inzwischen erhoben sich immerhin die Griechen der Küste Kariens und Zyperns. Im Gegensatz zu den Grie-

159 Vgl. Funke (1999), 30.
160 Vgl. Herodot 5,96.
161 Vgl. Herodot 5,99.

chen der Ägäisküste behielten sie jedoch die Tyrannis bei; offenbar war die Ausstrahlungskraft der Isonomie hier nicht so stark wie weiter westlich. Es ging auch in Karien und Zypern in erster Linie um die Befreiung von den Schiffsforderungen und die Wiedererringung außenpolitischer Handlungsspielräume gegenüber den von Persien protegierten Phönikern. Deshalb richteten sich die Vorstöße der Rebellen vornehmlich gegen die phönikischen Küstenprovinzen.

Erst jetzt reagierte Dareios auf breiter Front. Große Truppenverbände rollten die Positionen der Aufständischen von der Landseite systematisch auf. Gleichzeitig drängte die phönikisch-persische Flotte die Griechen zurück. 494 v. Chr. kam es zur Entscheidungsschlacht mit jeweils 300 Schiffen auf beiden Seiten in den Küstengewässern Milets bei der Insel Lade. Fatal wirkte sich jetzt die mangelnde Koordination der Griechen aus, die nicht auf einen Seekrieg, sondern auf Überfälle eingestellt waren. Viele griechische Schiffe zogen sich nach dem ersten Gefecht zurück, am Ende siegte die phönikisch-persische Flotte. Die Sieger eroberten Milet, töteten, versklavten oder verschleppten die Einwohner und zerstörten große Gebäude und Heiligtümer.

Binnen Jahresfrist eroberten die Perser die restlichen Widerstandsnester in der Ägäis und ersetzten danach die Tyrannis als Regierungsform durch Oligarchien. Außerdem ließ Dareios das Land der abgabenpflichtigen Poleis neu vermessen und stellte das Tributsystem auf eine gerechtere Basis – eine wichtige Voraussetzung für den inneren Frieden und die effiziente Finanzierung der weiteren militärischen Unternehmungen.

4. Die Abwehr der persischen Invasion in Griechenland

In der Zwischenzeit hatte sich auch die Lage im Westen des Mittelmeers zugespitzt. Auslöser der Konflikte war, ähnlich wie in Ionien, das Streben der griechischen Führungsschicht um Prestige und Macht. Die sizilischen Städte wurden wie die meisten ionischen Küstenpoleis von Tyrannen regiert: Um das Jahr 480 hatten sich in Sizilien zwei machtpolitische Schwerpunkte gebildet: Den Süden beherrschte Theron von Akragas, den Osten Gelon von Syrakus. Nur die Nordküste um Himera sowie Selinus im Westen und Zankle (Messina) an der Meerenge gegenüber Italien konnten ihre Unabhängigkeit mit Mühe wahren. Schließlich gelang es Theron von Akragas, Terillos, den Herrscher von Himera, zu vertreiben. Ähnlich wie vor dem Beginn des Ionischen Aufstands die Adligen von Naxos Aristagoras von Milet aufforderten, sie bei ihrer Wiedergewinnung der Vorherrschaft zu unterstützen, so soll nun der von Theron vertriebene Terillos nicht nur seinen Schwiegersohn Anaxilaos von Rhegion, sondern auch seinen karthagischen Gastfreund Hamilkar um militärische Hilfe gebeten haben. Hamilkar sagte zu und landete noch im Frühjahr 480 mit einer ansehnlichen Flotte in Himera.[162]

Wie auch immer die Authentizität dieser Ereignisse im Einzelnen einzuschätzen ist – unbestritten bleibt, dass im Osten und im Westen aristokratische Machtkämpfe unter den Griechen zur Mobilisierung auswärtiger Aggressoren führten. Auch im Westen verband sich mit dem Feldzug des Hamilkar zugunsten seines griechischen Gastfreundes eine wohl länger angelegte außenpolitische Zielsetzung, nämlich die Erweiterung des karthagischen Einflussgebietes im westlichen Mittelmeer. Natürlich besaß diese Ziel-

162 Vgl. Herodot 7,165–166.

setzung nicht die globale Perspektive der Perser – an eine Unterwerfung *ganz* Siziliens dachte niemand. Doch deuten Verträge zumal mit den Etruskern darauf hin, dass Karthago das außenpolitische Umfeld seit einiger Zeit für einen Militärschlag auf Sizilien abgesichert hatte.[163]

Die Perser waren über diese Vorgänge informiert. Vor Beginn des Ionischen Aufstands segelte Skythes von Kos mit Genehmigung des persischen Hofes nach Sizilien und etablierte sich an der strategisch wichtigen Polis Zankle als Tyrann; in den 90er Jahren kehrte er nach Persien zurück und wartete mit wertvollen Informationen auf.[164] Tatsächlich dürfte die Entwicklung im Westen Dareios in der Absicht bestärkt haben, nach der Niederschlagung der kleinasiatischen Rebellion seine Pläne zur Eroberung des griechischen Mutterlandes in die Tat umzusetzen.

Im Norden der griechischen Halbinsel zwang sein Feldherr Mardonios die Könige von Thrakien und Makedonien erneut zur Anerkennung der persischen Oberhoheit. Unerwartet zerschellten jedoch die nach Süden drängenden persischen Schiffe am Berg Athos. Doch bereits 490 v. Chr. nahm eine neue Flotte unter dem Oberbefehlshaber Datis von Kleinasien direkt über die Ägäis Kurs auf das Festland. An Bord waren eretreische und athenische Exilanten, die in ihrer Heimat eine pro-persische Regierung errichten sollten. Datis unterwarf zunächst Naxos und die Kykladen, zerstörte Eretria und landete auf Anraten des ehemaligen Athener Tyrannen Hippias in der Bucht von Marathon.

Für die Athener war diese Entwicklung dramatisch. Zum ersten Mal mussten sie mit der Zerstörung ihrer Stadt rechnen, eine Kriegsform, die man bisher nur aus den Kolonialgebieten kannte. Erwartungsgemäß gewann deshalb unmittelbar vor dem Angriff der Perser in Athen

163 Vgl. Huß (1985), 61.
164 Vgl. Herodot 6,24; Berve (1967), 119.

ein Mann an Einfluss, der über langjährige Erfahrungen in diesen Bereichen verfügte: Miltiades, Mitglied einer alten Aristokratenfamilie, hatte sich im Auftrag der Peisistratiden auf der Chersonnes eine lokale Herrschaft aufgebaut, bevor er am Skythenfeldzug des Dareios 513 teilnahm. Er besaß damit wie kaum ein anderer intime Kenntnisse des persischen Militärs und konnte sich während des Ionischen Aufstands in Athen zum Wortführer eines entschiedenen Widerstands aufschwingen.[165] 490 überzeugte er seine Mitbürger davon, den Persern mit Hilfe der Spartaner und der gesamten Hoplitenarmee in offener Feldschlacht entgegenzutreten.[166]

Wenige Tage nach der Landung der Perser trafen die athenischen Schwerbewaffneten in der Ebene von Marathon ein. Von einer gemeinsamen Abwehrfront der Griechen war nichts zu spüren. Religiöse Feiern verhinderten den rechtzeitigen Anmarsch der Spartaner. Nur 800 Hopliten aus Plateiai schlossen sich den Athenern an. Drei Tage sollen sich die gegnerischen Armeen belauert haben, bis die Griechen vorrückten und auf beiden Flügeln über die Hilfstruppen der Perser siegten. Als eine Einkreisung drohte, ließ Datis zum Rückzug blasen. Der Großteil der persischen Truppen gelangte geordnet auf die Schiffe.

Warum die Athener und ihre Verbündeten dieses erste Treffen einer Hoplitenarmee mit den Invasionstruppen des Großkönigs für sich entschieden, ist bis heute unklar. Höchstwahrscheinlich waren die persischen Truppen keinesfalls zahlenmäßig überlegen (was sich allein aus der Transporttonnage der Schiffe ergibt). Grundsätzlich liegt bei etwa gleicher Stärke der Vorteil auf Seiten der (griechischen) Verteidiger. Entscheidend dürfte aber gewesen sein, dass die Perser zum ersten Mal auf die Phalanx einer spezialisierten Hoplitenarmee stießen, die ohne Hilfstrup-

165 Vgl. Berve (1949), 43f.
166 Vgl. Aristoteles, *Rhetorik* 1411 a 10; Bengtson (1977), 164f.

pen den Gegner attackierte und große taktische Beweglichkeit bewies (als sie von den Flügeln auf das Zentrum einschwenkte) – auch ein Ergebnis der kleisthenischen Rekrutierungsreform (s. S. 92).

Bei der Beurteilung der Schlacht insgesamt wird man zunächst das Bemühen der griechischen Überlieferung in Rechnung stellen, dem Geschehen eine Bedeutung beizumessen, die den Realitäten nicht unbedingt entsprach. Für die Perser handelte es sich um das Scheitern einer Expeditionsarmee, nicht des Reichsheeres. Zudem bedeutete die Niederlage bei Marathon keineswegs das Ende der gesamten Operation. Vieles spricht dafür, dass die Landung der Perser nur die Stärke des Widerstands testen wollte. Falls sich die Athener durch die bisherigen persischen Erfolge beeindrucken ließen und nur einen Teil ihrer Truppen mobilisierten, dann wollte man diese schlagen und direkt nach Athen marschieren. Sollten die Athener ihr gesamtes Bürgeraufgebot nach Marathon schicken – was denn tatsächlich geschah –, würde die persische Invasionsarmee nach Ägina segeln und von hier aus die von Verteidigern entblößte Stadt von der Seeseite aus angreifen. Was die Perser nicht einkalkulierten, war die Schnelligkeit, mit der die athenischen Bürgerhopliten diesen Plan vereitelten. Noch in der Nacht kehrten die Athener in ihre Stadt zurück und ließen die Hoffnung der Perser auf eine erfolgreiche Belagerung schwinden. Folgerichtig zog sich erst jetzt die persische Invasionsflotte nach Kleinasien zurück.

Mochte die Schlacht bei Marathon für die Perser militärisch von geringer Bedeutung gewesen sein, das Scheitern der Eroberung Athens entfaltete eine gefährliche politische Signalwirkung. Manche Polis begann ihre Politik zu überdenken, zumal auch im Westen Gelon von Syrakus die Erfolgsserie der Karthager stoppte.[167] Die Perser blieben jedoch unbeeindruckt. Wenige Jahre nach dem Tod

167 Vgl. Huß (1985), 61.

des Dareios plante sein Nachfolger Xerxes, selbst an der Spitze eines Reichsheeres die griechische Halbinsel systematisch zu Lande und zu Wasser zu erobern. Zu diesem Zweck legte er Versorgungsdepots an den Küsten Thrakiens und Makedoniens an und intensivierte in den ionischen und karischen Häfen den Flottenbau.

Erneut scheuten viele Griechen den Kampf. Von den rund 600 Poleis der Ägäiswelt konnten sich wohl nicht mehr als 35 zu einer gemeinsamen Abwehr aufraffen. Sie sollen sich im Jahre 481 in Korinth zu einer eidlich bekräftigten Wehrgemeinschaft zusammengefunden und den Sympathisanten der Perser mit Vernichtung gedroht haben.[168] Ob es sich hierbei wirklich um ein neues Bündnis handelte, ist mit guten Gründen bezweifelt worden.[169] In jedem Falle zeugt die auf dem Kongress beschlossene Strategie nicht gerade von einer souveränen Koordination der Kräfte: Sparta war vornehmlich an der territorialen Integrität seiner Position in Griechenland interessiert und durfte nie den Blick nach Westen vernachlässigen. Die außenpolitische Perspektive der Athener war dagegen nach Osten gerichtet. Schonung erwarteten sie nur bei völliger Unterwerfung. Doch dieser Preis erschien zu hoch; der Erfolg bei Marathon hätte seine Bedeutung verloren und die Preisgabe der Isonomie wäre wahrscheinlich gewesen. Athen war ferner wegen der Größe seiner Einwohnerschaft von der Versorgung über See weitaus abhängiger als andere Poleis. Außerdem sah man sich von den Kriegsschiffen des perserfreundlichen Ägina bedroht. Maritime Ambitionen verlangten ein anderes Vorgehen als die territoriale Herrschaftssicherung Spartas, und so war es kein Wunder, dass zwar Sparta der offizielle Oberbefehl als Hegemon übertragen wurde, faktisch aber Athen die Leitung des Seekriegs erhielt.[170]

168 Vgl. Herodot 7,132.
169 Vgl. Tronson (1991), 93–110.
170 Zur Eidgenossenschaft der Hellenen vgl. Bengtson (1975), 29–32.

5. Der Aufbau der Athener Seemacht

Als Motor der athenischen Abwehrstrategie erwies sich Themistokles, ein junger Aufsteiger, der bereits Ende der 90er Jahre den Ausbau des Piräus zum Kriegshafen durchgesetzt hatte. Als man 483 neue Silberlagerstätten im Bergbaugebiet von Laureion erschloss, standen zusammen mit den Beiträgen der Reichen die Mittel zum Bau einer Kriegsflotte bereit. Binnen weniger Jahre liefen fast 200 Trieren des modernsten Typs vom Stapel. Dies war mit den alten Beständen die größte Armada, die bis dahin eine griechische Polis aufbringen konnte.

Woher Themistokles die Anregung und das technische Know-how zum Flottenbau bezog, wird in den Quellen nicht gesagt. Die Trieren der Peisistratiden waren längst untauglich geworden; ob andere Poleis wie Korinth Ingenieure schickten, darf angesichts der notorischen Konkurrenz zwischen beiden Poleis bezweifelt werden. Doch ließ fast zeitgleich Gelon von Syrakus ebenfalls eine Trierenflotte etwa von der gleichen Größe auf Kiel legen.[171] 481 sondierten Gesandte Spartas, Athens und der übrigen kampfwilligen Poleis in Syrakus, ob Gelon Hilfe zu schicken bereit wäre.[172] Auch wenn Gelon ablehnte – ein Gedankenaustausch über die militärischen und technischen Möglichkeiten einer Abwehr der jeweiligen Invasoren lag nahe. Gelon schickte immerhin den Tyrannen Kadmos von Zankle nach Delphi, um von hier aus den Verlauf der weiteren Kämpfe zu beobachten; Kadmos war Sohn des Skythes, der für die Perser in umgekehrter Richtung spioniert hatte (s. S. 133).

Die Griechen des Mutterlands hatten derweil ohne militärische Unterstützung zu planen. Ein Jahr nach der Konferenz von Korinth einigte man sich darauf, den persischen

171 Vgl. Herodot 7,158; Diodor 11,51,1; Thukydides 1,14,2; Schenk von Stauffenberg (1963), 191 f.

172 Vgl. Herodot 7,157–162. Zur Ungeschichtlichkeit der Gesandtschaftsreden vgl. Zahrnt (1993), 373.

Streitkräften zu Lande auf der Höhe des Thermopylenpasses und zu Wasser am Kap Artemision entgegenzutreten. 480 v. Chr. verschanzten sich 300 Spartiaten unter ihrem König Leonidas mit knapp 600 Hopliten verbündeter Gemeinden am Engpass der Thermopylen. Dass die Griechen so vergleichsweise geringe Kräfte für diese wichtige Aufgabe mobilisierten, bestätigt den Verdacht, dass es mit dem später so viel beschworenen Willen zur gemeinsamen Verteidigung nicht weit her war. Bei den Thermopylen kämpfte eine kleine Armee gegen die Invasoren an einem Punkt Griechenlands, der im Norden (Ätoler, Thessaler) und Süden (Teile Böotiens) von perserfreundlichen oder neutralen Stämmen und Poleis eingeschlossen war. Tatsächlich hielten die Spartaner und ihre Verbündeten nur drei Tage stand, dann umgingen persische Abteilungen die Abwehrstellung, vertrieben die Phoker und töteten die Spartaner und ihre noch nicht abgezogenen Verbündeten bis auf den letzten Mann.[173] Was später als Triumph spartanischer Todesbereitschaft und Pflichterfüllung gefeiert wurde, offenbarte griechischen Partikularismus in drastischer Weise.

Auf die Nachricht von der Niederlage des Leonidas zogen sich die griechischen Schiffe nach kurzem Gefecht in den Saronischen Golf zurück. Themistokles setzte nun alles auf eine Karte und folgte dabei einer Strategie, die ihm die Erfahrungen der Apoikien nahelegten. Das delphische Orakel hatte die Athener auf die »hölzernen Mauern« als letzte Rettung verwiesen. Sie wollten damit vermutlich wie schon vor Beginn des Ionischen Aufstands andeuten, dass sich die Athener auf die Schiffe zurückziehen und neue Siedlungsmöglichkeiten im Westen suchen sollten. Themistokles überraschte jedoch die delphischen Priester nicht weniger als die Perser; anstatt sämtliche Athener auf die Schiffe zu beordern, ließ er im Einvernehmen mit der spartanischen Heeresleitung Frauen und Kinder auf die

173 Vgl. Herodot 7,200–233.

naheliegenden Inseln im Saronischen Golf evakuieren. Die Männer besetzten die Ruderbänke. Die Schiffe bezogen mit den verbündeten Einheiten in der Meerenge von Salamis Stellung. Zurück blieb eine kleine Garnison auf der Akropolis, die den Einmarsch der Perser ebenso wenig verhindern konnte wie die Zerstörung der Tempel.[174]

Ende September 480 tauchte die Flotte der Perser in der attischen Küstenregion auf. Nach wenigen Tagen segelten die ersten Schiffe in den Sund von Salamis. Als ein Großteil der persischen Flotte in den Sund eingelaufen war, stießen die in Wartestellung verharrenden griechischen Trieren in die Flanke der gegnerischen Schiffe und trieben sie in die Defensive. Den Rückzug versperrten sich die nachrückenden persischen Schiffe selbst. Nach zwölfstündigem Kampf hatten die Griechen rund 40 Einheiten verloren, die Perser einige mehr. Obwohl keineswegs vernichtend geschlagen, befahl Xerxes angesichts der vorgerückten Jahreszeit den Rückzug. Die dezimierte Flotte segelte nach Kleinasien, die Landarmee überwinterte in Thessalien.[175]

Noch war der Krieg für die Griechen jedoch nicht gewonnen. Die Seeschlacht von Salamis war nur ein taktischer Erfolg, der das Vordringen der Perser zu Wasser gestoppt hatte.[176] Nach wie vor stand die persische Landarmee angriffsbereit im Norden Attikas, und tatsächlich besetzte im folgenden Frühjahr der persische Feldherr Mardonios erneut Athen. Abermals warfen sich die Athener auf ihre Schiffe. Doch diesmal ließen sich die Perser nicht auf einen Seekampf ein. So marschierten die griechischen Verbündeten 479 nach Norden und formierten sich bei Plataiai zur Landschlacht. Mardonios drängte auf eine schnelle Entscheidung, nicht zuletzt, weil Xerxes ungeduldig wurde und in der Ägäis ein Aufruhr drohte. Un-

174 Vgl. Herodot 8,40–54.
175 Vgl. Herodot 8,85–107.
176 Ausführliche Argumente bei Schulz (2005), 88 ff.

mittelbar vor Schlachtbeginn verließ überraschend der Satrap Artabazos mit seinen Truppen das persische Heerlager. Doch Mardonios konnte nicht mehr zurück. Nach hartem Kampf verlor er Schlacht und Leben.

Die Schlacht von Plataiai bedeutete den eigentlichen Wendepunkt des Krieges. Denn zum ersten Mal war eine Reichsarmee der Perser in offener Feldschlacht besiegt worden. Der psychologische Eindruck war umso größer, als fast gleichzeitig (479) die Besatzungen der griechischen Flotte das persische Schiffslager bei Mykale an der Mündung des Mäander (gegenüber Samos) zerstörten. Erst jetzt erhoben sich erneut die kleinasiatischen Griechen. Ihre Bitte, Aufnahme in den Hellenenbund zu finden, war verständlich, da eine Revanche Persiens immer in der Luft lag; auf einer Konferenz der Bündnismitglieder in Samos sprach sich jedoch Sparta gegen eine Erweiterung des Bundes aus und kehrte damit offiziell zu der alten, auf die Peloponnes konzentrierte Politik zurück, die schon ihre Haltung gegenüber dem Ionischen Aufstand geprägt hatte. Die Athener dagegen, die an einer Kontrolle der ägäischen Seewege interessiert waren, blieben ihrer ostwärts gerichteten Außenpolitik treu und konnten die Aufnahme von Samos, Lesbos und Chios in den Hellenenbund durchsetzen. Ihr Engagement war für die kleinasiatischen Poleis ein deutliches Zeichen dafür, dass sich Athen auch in Zukunft um ihre Belange kümmern würde.

Tatsächlich dauerte es nur ein Jahr, bis die Athener Außenpolitik sich von der spartanischen Defensivstrategie gelöst hatte. Im Frühjahr 478 stieß zum letzten Mal die Flotte des Hellenenbundes unter dem Kommando des Regenten Pausanias weit in das östliche Mittelmeer vor und brachte einen Großteil Zyperns unter Kontrolle. Wenig später eroberten die Griechen im Norden der Ägäis Byzanz am Marmarameer. Damit war die Ägäis vor einer persischen Revanche geschützt und die wichtige Handelsroute aus dem Schwarzmeergebiet gesichert.

6. Syrakus und die Abwehr der Karthager

Wie die Griechen der Kolonialgebiete so war auch Karthago über den Verlauf der Kämpfe bestens unterrichtet.[177] Deshalb haben die Karthager vielleicht auch versucht – soweit es ihren Möglichkeiten entsprach –, ihre Pläne mit denen der Perser zu koordinieren, also erst dann anzugreifen, wenn die Perser ihre Invasion des griechischen Mutterlands starteten. Man braucht bei diesen Bemühungen nicht an ein formelles Bündnis zu denken, wie es eine nachherodoteische Tradition für das Jahr 481/480 glauben machen will.[178] Die Kontakte (über Tyros und phönikische Händler) zwischen beiden Seiten waren auch so intensiv genug, um Informationen auszutauschen, wie auch umgekehrt die Griechen des Mutterlands mit Gelon stets in Verbindung standen.[179]

So landeten denn im gleichen Jahr, als die Flotte des Xerxes Kurs auf Athen nahm, die Karthager unter Hamilkar mit angeblich 300 000 Mann und 200 Schlachtschiffen sowie 3000 Transportern in Panormos an der Westküste Siziliens. Syrakus hatte sich unter Gelon inzwischen zur stärksten Macht auf Sizilien entwickelt. Ein Angriff auf den Machtbereich dieses Gegners lag damit auf der Linie der karthagischen Außenpolitik.[180] Nach der Landung der Karthager bei Himera schien zunächst alles nach Plan zu verlaufen; das Aufgebot der Himeraier wurde ebenso zurückgeworfen wie ein Entsatzkommando des Tyrannen Theron von Akragas. Doch mit dem Erscheinen der syrakusanischen Truppen Gelons wendete sich das Blatt. In einer der größten Schlachten auf dem Boden Siziliens gelang ihm ein vernichtender Sieg. Sechs Jahre später (474) errang

177 Vgl. Schenk von Stauffenberg (1963), 195.
178 Vgl. Diodor 11,1,4; Bengtson (1975), 28ff.; Zahrnt (1993), 356 Anm. 10.
179 Vgl. Mafodda (1996).
180 Vgl. Huß (1985), 97f., dort auch eine Diskussion des angeblichen Offensivbündnisses mit den Persern.

Hieron, Gelons ältester Bruder und sein Nachfolger in Syrakus, einen weiteren spektakulären Erfolg zur See über die Etrusker und die verbündeten Einheiten der Karthager bei Kyme (Mittelitalien).[181] Hieron forcierte damit den etruskischen Machtrückgang in Italien und verschaffte einer Stadt namens Rom den nötigen Rückhalt, um ihre Freiheit gegen alle Revanchegelüste der Etrusker zu verteidigen. Syrakus hatte in einem Zeitraum von nur sechs Jahren den karthagisch-etruskischen Machtaufstieg gestoppt und war (wie Athen im Osten) zur mächtigsten Stadt des griechischen Westens aufgestiegen. Und wie Athen das östliche Mittelmeer zu seinem Aktionsfeld erklärte, so zeigte Hieron mit der Gründung der Apoikie Aitna (bei Katane) 476, dass er seinerseits die *Magna Graecia* inklusive des tyrrhenischen Meeres zum Objekt seines Machtstrebens erheben wollte.[182]

7. Die Verarbeitung und Deutung des Krieges

476 versammelte sich die griechische Welt zum ersten Mal nach der Abwehr gegen die Perser und dem Sieg über die Karthager in Olympia. Voller Spannung wartete man auf Themistokles und Hieron, der sich wie Theron von Akragas mit Wagen und Viergespann angemeldet hatte.[183] Unter den Gästen fand sich der thebanische Dichter Pindar. Er sollte in der Folgezeit – neben Simonides – zum großen Verkünder der griechischen Siege avancieren. So feierte er die Erfolge der Syrakusaner als Befreiung von »Hellas aus schwerer Knechtschaft«.[184]

181 Vgl. Diodor 11,51; Pindar, *Pythien* 1,34,137.

182 Vgl. Diodor 11,49,1; Malkin (1987), 96; Schenk von Stauffenberg (1963), 210.

183 Vgl. Plutarch, *Themistokles* 17; Aelian, *Variae Historiae* 13,43; Schenk von Stauffenberg (1963), 221 ff.

184 Vgl. Pindar, *Pythien* 1,75.

Ganz bewusst gliederte Pindar auf diese Weise die Siege Hierons und Gelons in den Gesamtkomplex der Perserkriege ein. Wie die Athener das Mutterland gegen die Perser schützten, so errangen Gelon und Hieron ihre Siege gegen Karthager und Etrusker für die Freiheit der Griechen Siziliens.[185] Diese propagandistisch wohlinszenierte Interpretation entsprach der Realität im Westen allenfalls ansatzweise; die syrakusanischen Tyrannen kämpften in erster Linie für sich selbst und die Glorifizierung ihrer militärischen Erfolge diente vor allem ihrer Legitimation. Immerhin lässt der Erfolg dieser Deutung vermuten, dass viele Griechen mit ihr einverstanden waren. Offensichtlich verfestigte sich in den Jahren nach den Siegen das Gefühl, in letzter Sekunde und unter Einsatz des eigenen Lebens die Freiheit und Unversehrtheit der Poleis gerettet zu haben. »Freiheit« wurde so zum großen politischen Integrationsbegriff der Nachkriegszeit. Nicht ohne Grund weihte der spartanische Oberbefehlshaber Pausanias nach dem Sieg von 479 auf der Agora von Plataiai dem Zeus Eleutherios (Zeus der Freiheit) einen großen Altar.[186] »Dieser Männer Tugend« – so heißt es auf einer Athener Grabstele – »erschuf unsterblichen Ruhm für alle Zeiten. / Denn sie bewahrten – ob zu Lande oder auf schnell segelnden Schiffen – das ganze griechische Volk vor eines Tages drohender Sklaverei.«[187] Auch die Megarer ehrten ihre im Perserkrieg gefallenen Soldaten mit dem Epigramm (des Simonides): »Hellas und den Megarern den Tag zu mehren / bemüht, haben wir des Todes Anteil empfangen.«[188] Die Kategorie der Freiheit (von Knechtschaft) war so attraktiv, dass sich fast alle Griechen auf sie beriefen – auch diejenigen, die gar nicht mitgekämpft hatten. Jeder wollte sich sonnen im Ruhm, die Heimat gegen

185 Vgl. Pindar, *Isthmien* 9–15; Raaflaub (1985), 76.
186 Vgl. Raaflaub (1985), 74.
187 Übers. nach Balcer (1995), 33.
188 Vgl. Brodersen/Günther/Schmitt (1992), 25.

den Aggressor verteidigt zu haben. Jetzt entdeckte man an sich selbst Eigenschaften, die vorher kaum zur Reflexion angeregt hatten. »Freiheit« meinte nicht mehr nur die Unversehrtheit der Heimatpolis gegenüber äußerer Bedrohung, sondern auch ein Ideal des Zusammenlebens, eine herausragende Eigenschaft, die auch in Zukunft geschützt werden sollte.

Diese »Entdeckung der Freiheit« als Kriterium ethnischer Zugehörigkeit in Verbindung mit dem Anspruch, für *ganz* Griechenland die Freiheit gesichert zu haben, ist ein originäres Ergebnis der Perserkriege. Wie alle gedanklichen Konstrukte verallgemeinern sie, um Kontur zu gewinnen; leicht ist man deshalb geneigt, in ihr nur ein ideologisch aufgeladenes Produkt *ex eventu* zu erblicken. Dieser Verdacht wird durch die Neigung der jüngeren Forschung bestärkt, die persische Bedrohung herunterzuspielen und ein Leben der Griechen unter persischer Herrschaft als tolerabel einzustufen. Für die Griechen selbst speiste sich dagegen die Entdeckung der Freiheit aus konkreter Erfahrung. Der Verlauf des Ionischen Aufstands hatte gezeigt, dass sich die Perser nicht scheuten, ganze Städte (wie Milet) und ihre Tempel dem Erdboden gleichzumachen, wenn man sich nicht ihren Befehlen beugte. Dieses Vorgehen widersprach der im griechischen Mutterland geübten Kriegspraxis; die Totalvernichtung einer Polis und die Versklavung aller Einwohner waren Phänomene, die man nur aus den westlichen Kolonialgebieten (Sybaris durch Kroton 511) und in Kleinasien (Pellana durch Kleisthenes von Sikyon 600–570) kannte – vermutlich war deshalb in den Randgebieten das Bewusstsein vom Wert außenpolitischer Freiheit viel früher präsent.[189] Erst als die Perser auch den mutterländischen Poleis mit Zerstörung und Versklavung drohten und ihrer Drohung mit der Zerstörung von Naxos und Eretria Nachdruck

189 Vgl. Raaflaub (1985), 79 f.

verliehen, wurde den Bürgern bewusst, welchen Wert die »staatliche Freiheit« nach außen besaß.[190]

Welchen Eindruck die Bedrohung hinterließ, lässt sich auch am Beispiel der für Athen wohl typischsten Kunstform, der Tragödie, ermessen. Der Blüte der Tragödie fällt in die Zeit nach den Perserkriegen. Formales Charakteristikum bildete die Zweiteilung der Akteure in Schauspieler und Chor. Während der Chor tanzte und in Vers- und Strophenformen sang, sprachen Schauspieler Dialoge nach bestimmten Rhythmen. Als Stoffe wählten die Dichter meist bekannte Themen des Mythos, deren Handlungsablauf und Charaktere neu akzentuiert wurden. Im Zentrum stand immer die Frage, wie sich der Mensch in schweren Konflikten und Entscheidungssituationen verhielt und welche Folgen sein Verhalten zeitigte.

Auffälligerweise wurden nur während des Perserkrieges und kurz danach aktuelle Ereignisse behandelt – im Zentrum stand der große Krieg. 492 brachte Phrynichos seine Tragödie *Die Eroberung Milets* auf die Bühne und wurde zu einer Geldstrafe verurteilt, weil er seine Mitbürger in ungebührlicher Weise an das große Unglück erinnert habe.[191] 16 Jahre später schilderte er deshalb in den *Phoinissen* die Schlacht von Salamis aus der Sicht der Perser. Weitere vier Jahre später (472) nahm Aischylos, der in Salamis und Marathon mitgekämpft hatte, das Thema in den *Persern* erneut auf. Ort der Handlung ist die persische Residenzstadt Susa. Hier warten zwölf greise Ratgeber des Königs und die Königsmutter Atossa auf Nachrichten vom Kriegsschauplatz. Unmissverständlich wird die Absicht des Xerxes ausgesprochen, Griechenland zu unterwerfen; mehrfach verwendet Aischylos den Ausdruck des »Joches der Knechtschaft«, das die Perser den Griechen auferlegen wollen. Was auf dem Spiel steht, fasst der

190 Vgl. Raaflaub (1985), 85–107; Herodot 6,94,2; 69; 101,3.
191 Vgl. Latacz (2003), 84; Seeck (2000), 19.

Schlachtruf der Griechen prägnant zusammen: »Söhne der Hellenen, auf, befreit das Vaterland, befreit auch die Kinder, Frauen und der Heimatgötter Sitz, der Ahnen Gräber. Jetzt um alles geht der Kampf.«[192] Wenn man bedenkt, dass die Zuschauer im Dionysostheater die rauchgeschwärzten Trümmer der Akropolis vor Augen hatten, kann man ermessen, wie unmittelbar die Szenerie auf der Bühne die Gefühle der Athener erregt haben muss.

Die Reflexion der Gefahr führte zur Frage, wie man den eigentlich schon verlorenen Kampf doch noch gewinnen konnte. Für viele Griechen war der Sieg der kleinen Koalition abwehrbereiter Poleis gegen die persische Supermacht genauso wunderbar, wie er noch manchen Griechenfreunden der Moderne erschien. Heute verweist man auf strategische Fehler der Perser, unzureichende Kenntnis der geographischen Besonderheiten Griechenlands sowie uneffektive Kommandostrukturen; der gesamte Perserkrieg rückt so in die lange Reihe historischer Kriegsszenarien, bei denen sich ein überlegener Aggressor in den Wirren eines Guerillakriegs verfängt und am Ende die Kosten einer weiteren Eroberung nüchtern gegen die Sicherung der Ausgangsposition abwägt.

Den Griechen waren solche Analysen nicht unbekannt – auch Aischylos deutet sie an –, doch zählten sie in der Stunde des Erfolgs zunächst wenig. Für sie kam es darauf an, die Abwehrkriege in einen Erklärungszusammenhang zu integrieren, der einerseits die individuelle Erfahrung der Bedrohung aufnahm und andererseits den Krieg in die alte Suche nach einer harmonischen Weltordnung einordnete (s. S. 100ff.). Aischylos entsprach beiden Bedürfnissen. Die erste Erklärung ergab sich aus der Erfahrung, im Kampf gegen die Perser eine Form von Freiheit verteidigt zu haben, deren Wert man vorher nicht zu schätzen wusste. Wenn man um einen solchen Wert gerungen hatte,

192 Aischylos, *Perser* 402ff.; vgl. Raaflaub (1985), 75.

dann musste der Kampf Kräfte freigesetzt haben, die den Persern überlegen waren: Der Sieg der Griechen – so die Folgerung – war nur möglich, weil sie im Gegensatz zu den Persern beseelt waren vom Freiheitsdrang des Polisbürgers, der niemanden über sich duldete als das Gesetz und die von ihm gewählten Amtsträger.

Diese Disposition des Polisbürgers war eine Voraussetzung, aber kein Garant des Erfolgs. Die Götter – so die allgemeine Auffassung – hatten die Griechen tatkräftig unterstützt, sei es durch günstige Winde bei Artemision und Salamis, indem sie Mut einflößten oder sogar unsichtbar mitkämpften. In einem später in Athen aufgestellten Gemälde steht Athene den Griechen bei Marathon gegen die Perser bei. Warum aber halfen die Götter den Athenern und versagten ihre Unterstützung den kleinasiatischen Griechen? Aischylos wusste auch hierauf eine Antwort: Zunächst hatten die Perser mit der Zerstörung der Tempel in Griechenland den Zorn der Götter heraufbeschworen. Schlimmer aber war es, dass Xerxes mit der Überquerung des Hellespont in blinder Eroberungssucht und Übermut die von den Göttern gesetzten Grenzen zwischen Asien und Europa missachtet hatte.[193] Für diesen Frevel war er von den Göttern durch die Athener bestraft worden. »Nicht wir haben das gewollt«, soll Themistokles gesagt haben, »sondern Götter und Heroen, die nicht zugeben wollten, dass Asien und Europa einen einzigen Herrscher haben, dazu noch einen so gottlosen Frevler, der Heiligtümer behandelt wie Menschenbesitz.«[194]

Aischylos und Herodot stehen mit ihrer These von der göttlich sanktionierten Grenzziehung zwischen Orient (Perser) und Okzident (Griechen) am Beginn einer Weltinterpretation, welche die europäische Geistesgeschichte

193 Vgl. Aischylos, *Perser* 744–751, 345, 362, 454f., 472f., 495f., 513f., 515f. mit Hutzfeld (1999), 79.

194 Vgl. Herodot 8,109.

tief prägen sollte. Schon die Dichter des 6. Jahrhunderts hatten das Vordringen des Kyros an die Ägäis metonymisch mit dem Begriff »Hybris« gekennzeichnet. Hybris ist eine Eigenschaft, welche die Ordnung der Dinge mutwillig durchbricht und Chaos schafft. Die Suche nach Mitteln zur Wiederherstellung der Ordnung reiht sich ein in die Suche der ionischen Gelehrten nach der Ordnung der Welt. Nach den Perserkriegen wurde diese Suche auf die Erklärung eines globalen militärischen Ereignisses ausgeweitet. Aischylos konnte zwar nicht einen Anspruch der Griechen auf Weltherrschaft erheben – dies sollte erst 150 Jahre später Alexander wagen. Doch immerhin versicherte er erstmals, dass die Götter den Griechen Europa und den Persern Asien zugewiesen hätten. Dies war ein Prestigegewinn, der auch im Westen aufgegriffen wurde: Aischylos brachte auf Einladung Hierons zwei Jahre nach der Uraufführung die *Perser* in Syrakus auf die Bühne.[195] Phrynichos starb in Sizilien und dürfte hier ebenfalls seine Werke aufgeführt haben. Die Tragödie bot eine universale Interpretation, die auch im Westen verstanden wurde.

In den Folgejahren wurde diese Interpretation durch eine überall einsetzende Bautätigkeit konkretisiert. In Athen, Sparta und anderen Städten schossen Prachtbauten, Grabmäler und Ehrenhallen als Monumente zu Ehren der Perserkämpfer und zum Dank an die Götter aus dem Boden. In Athen errichtete man neue Heiligtümer für Pan, der den Athenern vor Marathon seine Hilfe versprochen haben soll, sowie für den Nordwind Boreas, dessen Sturm die persische Flotte bei Artemision zerstörte. Überall füllten sich die Tempel mit persischen Rüstungen, Waffen und den Resten erbeuteter Kriegsschiffe. Auch im Westen hatte Gelon den Karthagern die Errichtung zweier Heiligtümer (in Syrakus und Karthago) auferlegt. In Himera selbst baute man anlässlich der Siegesfeiern einen ge-

195 Vgl. Schenk von Stauffenberg (1963), 271; Herington (1967), 74ff.

waltigen Tempel, und ebenso setzte in Akragas nach Himera eine monumentale Bautätigkeit ein.

Erneut versuchten also die syrakusanischen Herrscher, sich in die Erinnerungskultur des Mutterlands zu integrieren und diese sogar zu übertreffen. Kulminationspunkte des Wettstreits waren die großen »panhellenischen« Heiligtümer. In Delphi bewahrte man die Taue der Hellespont-Brücken auf, über die Xerxes nach Europa eingefallen war. Und schließlich konnte man auf der sog. Schlangensäule die Namen derjenigen Poleis registrieren, die sich zur Abwehr der Perser durchgerungen hatten. Auf der Spitze der Säule stand ein goldener Dreifuß, der aus dem Zehnten der Beute von Plataiai erstellt wurde.[196] Aber auch Gelon stiftete nach dem Sieg bei Himera eine Nike und einen kostbaren Dreifuß.

Alle diese Erinnerungsstücke, Weihegaben und Siegesdokumente schufen zusammen mit den Tempelbauten Raumbilder, welche die militärischen Erfolge in einen großen mythischen Rahmen griechischer Selbstbehauptung (z. B. gegen die Amazonen) integrierten und die Perserkriege im kollektiven Gedächtnis verewigten. Ob auf diese Weise langfristig so etwas wie eine griechische Identität geschaffen wurde,[197] ist aber zweifelhaft. Denn alle Gemeinsamkeiten scheinen erst vor dem Hintergrund eines Angriffs von außen in das Bewusstsein der Griechen gerückt zu sein.[198] Sicherlich kamen diese Gemeinsamkeiten in vergleichbaren religiösen Vorstellungen, in den vielfach zitierten Epen und den kultischen Bräuchen zum Ausdruck, aber im Ernstfall berief man sich lieber auf das Recht jeder Polis zum eigenständigen Handeln. Als die Athener von Sparta Jahrzehnte nach den Perserkriegen verdächtigt wurden, auf die Seite des Großkönigs zu

196 Vgl. Herodot 8,121; 9,80f.; Thukydides 1,132f.; Pausanias 10,14,5; 10,13,9.

197 Vgl. Hölscher (1998b), 90–98.

198 Vgl. Hall (1997), 44f.

wechseln, antworteten diese: »Vieles und Großes verbietet uns das, selbst wenn wir es tun wollten; erstens und hauptsächlich die niedergebrannten und zerstörten Götterbilder und Tempel, für die wir blutigste Rache üben müssen [...], ferner die Bluts- und Speisegemeinschaft mit den anderen Hellenen, die Gemeinsamkeit der Heiligtümer, der Opferfeste und Lebensweise.«[199] Der Anspruch auf Rache der Einzelpolis rangiert vor dem »kulturellen« Gemeinschaftsgefühl der Griechen.

8. Das Bild der Perser und das neue Interesse an den Völkern am Rande der Oikumene

Erst allmählich entdeckten die Griechen und allen voran die Athener ihre spezifische (freiheitliche) Verfassung als wesentliches Distinktionskriterium gegenüber der Monarchie des Kriegsgegners. Auch dieser Unterschied wird zunächst als ein von den Göttern bestimmtes Schicksal gedeutet, dem sich die Perser fügen mussten. Schon früh kamen zwar bei der Einschätzung des Gegners stereotype Vorstellungen wie luxuriöser Reichtum, Emotionalität und Weichlichkeit zum Tragen, die in der Folgezeit auf fast alle östlichen Völker angewandt wurden.[200] Doch verhinderten diese Topoi keineswegs, dass man diejenigen militärischen Leistungen der Großkönige, die den Poleis selbst verwehrt blieben – vor allem die Eroberung großer territorialer Räume –, respektierte und sogar bewunderte. Aischylos zeigt deshalb nicht nur Respekt gegenüber Kyros, sondern auch Hochachtung vor dem Mut der persischen Offiziere und ihrer Würde angesichts der drohenden Niederlage.[201] Das Schicksal der Perser soll nicht das

199 Herodot 8,144.
200 Vgl. Hutzfeld (1999), 44ff.
201 Vgl. Aischylos 321, 326ff., 441–444.

eigene Leid verdrängen, sondern auf die Folgen eines typisch menschlichen Fehlverhaltens aufmerksam machen: Auch die Athener – so die Botschaft – kann ein ähnliches Schicksal treffen, wenn sie in ihrer Hybris die Weltordnung durch allzu gewagte militärische Operationen missachten.

Die Überzeugung von der »anthropologischen« Gleichartigkeit des Gegners war den Griechen durch die Charakterisierung der Trojaner bei Homer vertraut; sie bildete eine wichtige Voraussetzung, um sich intensiver mit den Persern zu beschäftigen, von denen Mythen und Epen nichts zu berichten wussten. Schon die Darstellung der Trauerszenen in den *Persern* geht auf reales Wissen zurück.[202] Zentrum der Aufarbeitung dieses Wissens war erneut Milet. Hier verfasste ein gewisser Dionysios ein Werk mit dem Titel *Persika*; Hekataios widmete den Persern ein Kapitel, das die Städte und die in Persien lebenden Völker katalogisierte. Herodot integrierte in sein Werk umfangreiche Beschreibungen der mit den Persern in Kontakt getretenen Völker. Besonders interessierte er sich für Religion, Sitten sowie Wohn- und Ernährungsweise. Dieser Themenkatalog ließ sich wie ein Raster auf neue Völker übertragen und ermöglichte Vergleiche. Herodot gilt deshalb als Vater jener Wissenschaft, die wir seit dem 18. Jahrhundert Ethnographie nennen.

Die Einheit des Perserreiches und seine Infrastruktur eröffneten Erkundungsmöglichkeiten wie niemals zuvor. Kurz vor dem Ionischen Aufstand war bereits der Karier Skylax aus Karyanda im Auftrag Dareios' I. vom Kabultal aus den Indus hinabgefahren und danach in das Rote Meer zurückgesegelt.[203] Im Zuge dieser Fahrten gelangten erstmals halbwegs sichere Informationen über Indien in die griechische Welt. Auch wenn sich das Wissen auf das

202 Vgl. Hutzfeld (1999), 79.
203 Vgl. Hennig (1944), 116; Schulz (2016), 177–182.

Indusgebiet beschränkte, so bedeuteten doch die Perserkriege damit auch den Beginn der abendländischen Indienrezeption.[204]

Was für den fernen Osten gilt, traf – wenn auch unter anderen Vorzeichen und Bedingungen – ähnlich für den Westen zu. Die Etrusker hatten schon vor den Kriegen der Griechen gegen Perser und Karthager zahllose Elemente der griechischen Kultur von der Schrift, über städtische Zivilisation, die Kunst, das Kriegswesen (Hoplitentaktik) bis hin zu religiösen Vorstellungen (Apollon, Herakles) adaptiert. Sie gehörten somit zum vertrauten Erfahrungshorizont der Griechen. Dies galt jedoch zunächst nicht für die Römer, die sich am Ende des 6. Jahrhunderts von der Herrschaft etruskischer Regenten lossagten und damit einer vergleichbaren Entwicklung der Befreiung griechischer Bürgerschaften von den Tyrannisherrschaften (s. S. 106) folgten. Manches spricht dafür, dass die hieraus erwachsene gemeinsame Gegnerschaft gegen die Etrusker ein wichtiger Grund dafür war, dass die griechische Tradition erstmals zu Beginn des 5. Jahrhunderts Rom mit der Trojalegende in Verbindung brachte.[205] Nach Hellanikos von Lesbos hätten Aeneas und Odysseus Rom gegründet. Eine Generation später glaubte der sizilische Historiker Alkimos (4. Jahrhundert v. Chr.), ein Urenkel des Aeneas sei der Gründer Roms gewesen. Im 3. Jahrhundert schrieb Xenagoras über Antias, Ardeas und Rhomaios als Gründer der Städte Antium, Ardea und Rom.[206] Die Griechen folgten damit einem Prinzip, das sie auch auf andere Völker anwandten: Der Ursprung jedes mit ihnen in Kontakt tretenden Volkes wird mit den Taten mythischer bzw. epischer Gestalten verbunden: wie Indien durch Herakles und Dionysos kolonisiert wurde und die Perser angeblich

204 Vgl. Sedlar (1980), 10–12.
205 Vgl. Forte (1972), 5.
206 Vgl. Dionysios von Halikarnass 1,72,3–5; Forte (1972), 5; Gruen (1986), 317.

von Perseus abstammten, so wurde auch die Entstehung Roms auf mythische Helden zurückgeführt, die zum trojanischen Sagenkreis gehörten. Die Römer selbst pilgerten seit dem 6. Jahrhundert jährlich nach Lavinium, wo Aeneas als lokaler Gott verehrt wurde und ein Kult der Penaten bestand, religiöse Kultobjekte, welche Aeneas aus Troja mitgebracht haben soll. Gegen Ende des 6. Jahrhunderts verbanden die Römer die Aeneas-Legende mit der Romulus-Geschichte zu einem Gründungsmythos, der ihrer Stadt eine von den Griechen akzeptierte Identität gab.

IV.
Der Aufstieg Athens zur Seemacht und die Entwicklung zur Demokratie

1. Der Seebund der Athener in der kimonischen Ära

Wie konsequent die Athener ihre Erfolge gegen die Perser auszunutzen gedachten, zeigte sich bereits im Winter 478/477, als der Oberbefehl des Hellenenbundes von Pausanias auf Aristeides, den Feldherrn der Athener, überging. Er schloss mit den kleinasiatischen Griechen unbefristete Einzelverträge, die den Grundstock eines neuen Kampfbundes bildeten. Die durchweg maritim ausgerichteten Poleis mussten Schiffe, Soldaten oder die entsprechenden Geldsummen (*phoroi*) bereitstellen.[207] Die Schiffe sammelten sich im Piräus, die Gelder gelangten (bis 454 v. Chr.) in eine Bundeskasse auf Delos. Hier tagte auch die Bundesversammlung (*synhedrion*), in der jedes Mitglied unabhängig von seiner Größe eine Stimme hatte.[208] Dennoch hatten die Athener ein Übergewicht: Ihre Admirale befehligten die Bundesflotte, aus ihren Reihen kamen die Beamten, welche die Mitgliedsbeiträge verwalteten, und sie bestimmten die Einsatzziele der Flotte. Damit besaß Athen die politische und militärische Führung (Hegemonie).[209] Und deshalb bezeichneten die Athener die Gesamtheit des Bundes als »Die Athener und ihre Bundesgenossen«, d. h.,

207 Vgl. Plutarch, *Aristeides* 24.
208 Vgl. Thukydides 3,10; 11,4.
209 Vgl. Plutarch, *Aristeides* 25,1.

die Athener standen der Masse der nicht genannten Bündnispartner gegenüber.

Offizielles Ziel des Bundes war die Fortsetzung des Kampfes gegen die Perser. Damit sollte eine Revanche des Gegners verhindert und Rache für die Zerstörungen in Athen und Attika genommen werden.[210] Admiral der vereinten Flotte war zunächst der Athener Kimon (um 510–449), der Sohn des Miltiades. Er wurde einer der erfolgreichsten Strategen, die Athen je hervorbrachte, und hat die Zeit von 478/477–462/461 so geprägt, dass man von einer »kimonischen Ära« spricht. Viele seiner Operationen wie die Eroberung von Eion an der thrakischen Küste sowie die Vernichtung des persischen Schiffslagers und der Flotte an der Mündung des Eurymedon (in Pamphylien) folgten dem offiziellen Ziel des Bundes. Daneben – dies fiel schon den Zeitgenossen auf – vergrößerte er sukzessive den Einflussbereich Athens in der Ägäis. Bereits 475 war die Insel Skyros östlich von Euböa erobert worden. In den nächsten Jahren wurden Karystos, Naxos und das rebellierende Thasos in den Seebund eingegliedert.[211]

Aus athenischer Sicht waren die Aktionen legitim. Sie sollten die für den Erhalt der Flotte notwendigen Ressourcen sowie die Getreidehandelswege aus dem Schwarzmeergebiet sichern. Nur so konnte man einer möglichen persischen Gegenoffensive Paroli bieten. Viele Bündnispartner dürften dieser Logik zumindest in den Anfangsjahren gefolgt sein, zumal ihnen die Athener den gefahrvollen Kampf abnahmen und durch die Zurückdrängung der Piraterie für einen gefahrlosen Schiffsverkehr sorgten. Dagegen fühlten sich viele Spartaner in ihren Befürchtungen bestätigt: Athens Hegemonie im Seebund hatte sich in den 460er Jahren endgültig zu einer bedrohlichen Kon-

210 Vgl. Thukydides 1,96,1; 3,10,2.
211 Vgl. Thukydides 1,98,4; 1,100.

kurrenz entwickelt. Auch die Besonnenen waren nicht mehr bereit, den Machtaufstieg Athens einfach hinzunehmen; doch bevorzugte man zunächst noch subtilere diplomatische und außenpolitische Methoden statt einer direkten militärischen Konfrontation. So versprach man den Thasiern, sie bei ihren Abfallbemühungen durch einen Einmarsch in Attika zu entlasten. Dieses Angebot wurde aus unvorhersehbaren Gründen (s. S. 147f.) nicht eingelöst, doch allein die Bereitschaft, rebellierende Bündnispartner Athens mit einer parallelen Offensive zu Land zu unterstützen, hat die Beziehungen zu Athen belastet: Misstrauen und Missverständnisse prägten fortan das Verhältnis der beiden Mächte.

2. Die Entmachtung Kimons und die Reformen des Ephialtes

Dass die Beziehungen Athens zu Sparta dennoch bis in die Mitte der 460er Jahre stabil blieben, war auch ein Verdienst Kimons. Ein erfolgreicher Seekrieg gegen Persien setzte – so seine Überzeugung – ein gutes Einvernehmen mit Sparta voraus. Die Erfolge gegen die Perser gaben ihm recht. Sie verschafften ihm die Zustimmung des Volkes, das er durch großzügige Gesten öffentlicher Wohltätigkeit auf seine Seite zu ziehen wusste.

Die adligen Familien unterstützten Kimons Politik. Denn sie stellten in der Regel die Feldherren (Strategen) und sahen in der Ausweitung der maritimen Operationen die Chance, Ruhm zu ernten sowie ihr Amt zur Bereicherung und innenpolitischen Machtpositionierung zu nutzen. Ferner verlangte die neue außenpolitische Lage schnelle Entscheidungen, die ohne die zeitaufwendige Mitwirkung des Volkes im Kreis der adligen Familien und ehemaliger Beamter im Areopag getroffen wurden. Der Areopag gewann so im Zuge der maritimen Erfolge offenbar eine Machtstellung, die im Widerspruch zur isonomen, d. h. die politische und rechtliche Gleichheit aller Bürger betonenden Entwicklung stand.[212] Da der Areopag die Beamten kontrollierte, konnte sich ein einflussreicher Mann wie Kimon im Areopag eine Interessenvertretung schaffen, die seine Politik und etwaige Verfehlungen deckte.

Spätestens seit der Mitte der 460er Jahre änderten sich jedoch die Rahmenbedingungen der kimonischen Außenpolitik. Die persische Gefahr schien nach dem Sieg am Eurymedon gebannt, und die von Kimon propagierte Partnerschaft mit Sparta hatte erste Risse erhalten, als das Hilfsangebot für Thasos bekannt wurde. Selbst die Theten, die unter Kimon als Ruderer auf den Schiffen das Meer erobert hatten, zweifelten an der Richtigkeit der Politik ihres Feldherrn und sahen nicht mehr ein, weshalb allein die hohen Herren im Areopag über ihre Einsätze bestimmen sollten.

Wie in Sparta opponierte in Athen eine junge Politikergeneration gegen die Alten und nahm die Kritik auf: Sie war zu keinerlei Konzessionen gegenüber Sparta bereit und versuchte die »Interessenkumpanei von Areopag und Strategen« (Michael Stahl) aufzuheben. Ihre Wortführer waren ein Mann namens Ephialtes und der 25-jährige Perikles, ein Großneffe des Kleisthenes, der aus der Familie der Alkmaioniden stammte. Beide befürworteten zwar wie Kimon eine Ausweitung des Seebundes, aber – wenn nötig – auch gegen den Willen und auf Kosten Spartas.

Lange Zeit konnte Kimon aufkommende Kritik unterdrücken. Die Wende brachte ein unvorhersehbares Ereignis: Im Jahre 464 rief das von einem schweren Erdbeben und einem Aufstand der messenischen Heloten erschütterte Sparta die Mitglieder des alten Hellenenbundes zur Hilfe. Unter ihnen waren auch die Athener, die Erfahrung im Kampf gegen rebellierende Bündnispartner hat-

212 Vgl. Aristoteles, *Athenaion politeia* 23.

ten. Kimon konnte zwei Jahre später (462) die Entsendung von 4000 Hopliten nach Lakonien durchsetzen. Dort leisteten sich die Spartaner jedoch einen schweren diplomatischen Fauxpas: Aus der Sorge, die Athener könnten sich den Aufständischen anschließen und die Not Spartas nutzen – die Spartaner hatten das Gleiche gegenüber Athen im Fall von Thasos erwogen –, schickten sie Kimon und seine Hopliten wieder nach Hause mit der Begründung, sie nicht länger zu benötigen.

Die öffentliche Meinung in Athen reagierte mit Empörung auf diese Brüskierung und erblickte in Kimon den Schuldigen. Für Ephialtes bot sich nun die Chance, die spartafreundliche Politik des Strategen und deren Basis im Areopag zu stürzen. Schon während der Abwesenheit Kimons und seiner Hopliten hatte er verschiedene Anträge vor die Volksversammlung gebracht, die sich gegen den Areopag richteten. Ein Scherbengericht führte jedoch zum Sturz Kimons und schickte den Sieger vom Eurymedon in die Verbannung; Ephialtes wurde wenige Tage später Opfer eines Anschlags. Seine Reformen waren zu diesem Zeitpunkt längst Gesetz: Zwar ist sich die Forschung über deren Ziele und genauen Inhalt nicht einig;[213] dass jedoch der Areopag wichtige Kontroll- und Aufsichtsrechte über die Exekutive an die Volksversammlung und die neu eingerichteten Gerichtshöfe (Dikasterien) abgeben musste, scheint sehr wahrscheinlich. In den Gerichten fungierten erloste Laien als Richter. Sie erhielten kurz nach 462 hierfür Sold, so dass nun auch die ärmsten Bürger über die Beamten zu Gericht saßen.

Ob man jedoch diese Maßnahmen wirklich als entscheidenden Durchbruch zur »radikalen Demokratie« zu interpretieren hat, ist inzwischen zweifelhaft geworden; vermutlich muss man die mit Ephialtes und Kimon verbundenen Ereignisse eher als Schlaglichter eines längeren

213 Vgl. zuletzt Mann (2007), 45–74; Schubert (2006), 48 ff.

Prozesses sehen,[214] der durch besondere außenpolitische Ereignisse immer neue Impulse erhielt. Vieles hängt von der notorisch schwierigen Deutung der zeitgenössischen Tragödie ab. Ein Jahr vor den Reformen des Ephialtes hatte Aischylos in den *Hiketiden* geschildert, wie der König von Argos das Aufnahmegesuch ägyptischer Frauen vor der heimischen Volksversammlung vertreten musste und diese in isonomer Manier den endgültigen Beschluss fasste. Erstmals wird hier der Begriff *demos* (Volk) mit dem Verb *kratein* (herrschen) verbunden. Aus all dem ist zu schließen, dass in Athen eine Stimmung herrschte, die darauf abzielte, dem Volk noch größeren Einfluss zu verleihen und es so ins Zentrum des politischen Entscheidungsprozesses zu rücken.

All dies fiel nicht vom Himmel oder war das Ergebnis eines genialen Plans. Ephialtes folgte vielmehr einer Entwicklung, die seit Ende des 6. Jahrhunderts durch Kleisthenes angelegt war. Fast immer war es eine Mischung äußerer und innerer Herausforderungen, deren Lösung zu einer stärkeren Beteiligung des Volkes am politischen Geschäft führte: Kleisthenes hatte die Mithilfe des Demos gegen adlige Konkurrenten gesucht und auch auf militärische Bedrohungen durch Sparta und die Böoter reagiert. Themistokles setzte gegen die Perser den Bau der Trierenflotte durch und wies durch den Bedarf an Ruderern den Theten eine militärische Verantwortung zu, die über alles hinausging, was man der ärmeren Bevölkerung anderer Poleis zumuten wollte. Als sie bei Salamis der Supermacht Paroli boten und ihre Heimat vor der Kapitulation retteten, hatten sie sich als eine existentiell wichtige Bevölkerungsgruppe erwiesen, der man eine stärkere Beteiligung an der Politik langfristig nicht versagen konnte. Natürlich wurden die Theten nicht über Nacht zu Politikern, und auch Themistokles wird kaum die langfristigen innenpoli-

214 Vgl. Mann (2007), 73 ff.

tischen Dimensionen seiner Entscheidung mitbedacht haben; doch die Voraussetzungen waren gegeben, dass die Besitzlosen die soziale Schranke durchbrachen, die sie von der politischen Gleichberechtigung getrennt hatte.

Allerdings mussten sie sich weiterhin als Ruderer bewähren, um ihren Wert zu manifestieren. Männer wie Aristeides oder Kimon erkannten die Chance, Ruhm, Reichtum und Anhängerschaften zu erwerben, doch waren sie dabei auf die Ruderer angewiesen; die Erfolge der Adligen waren Erfolge der Theten und damit weitere Schritte hin zur politischen Aufwertung der Besitzlosen. Der maritime Machtaufstieg bildete den notwendigen Rahmen. Denn nur in Athen ergaben sich durch Seekrieg und Seebund eine Vielzahl hochkomplexer Sachverhalte, die im Rat, den Gerichten und der Volksversammlung behandelt werden mussten. Die Gewinne aus dem Seereich ermöglichten es, diese Institutionen zu unterhalten und größere Bevölkerungskreise mit den neuen Aufgaben zu betrauen.

Auch wenn die Ermordung des Ephialtes auf innere Konflikte bei der Umsetzung seiner Reformen deutet, hat sich die Kooperation zwischen Adel und Demos erstaunlich reibungslos eingespielt, und dies, obwohl Ephialtes die Bedingungen des außenpolitischen Entscheidungsprozesses änderte: War die Außenpolitik unter Kimon in den Kreisen der aristokratischen Familien formuliert worden, so verlagerte sie sich nun in die Volksversammlung. Die Strategen mussten bei der Planung und Durchsetzung ihrer Kriegspolitik Rücksicht nehmen auf das Volk, weil sie sich nicht mehr nur vor ihresgleichen, sondern vor dem Demos und dessen Gerichten zu verantworten hatten.

Die Theten als eine einflussreiche Gruppe des Demos befürworteten in der Regel eine aggressive maritime Politik, um ihren Anspruch auf politische Gleichberechtigung weiter manifestieren zu können, doch verlor sie ihre einseitige, gegen Persien gerichtete Tendenz. Die Sorge vor spartanischen Angriffen sowie das brüskierende Verhalten Spartas während des Helotenaufstands waren Grund genug, den gesamten maritimen Raum der Ägäis und die westlichen Gewässer um die Peloponnes ins Visier zu nehmen. Ein besonderes Interesse richtete sich auf das wirtschaftliche Kraftzentrum am Saronischen und Korinthischen Golf. Um sich die Vorherrschaft in diesem Raum zu sichern, galt es, maritime Konkurrenten auszuschalten oder in den Seebund zu integrieren. Es kam so in den nächsten Jahren zu militärischen Konflikten, die als Erster Peloponnesischer Krieg bezeichnet werden.

3. Athens vergeblicher Griff nach Mittelgriechenland und Ägypten

Ephialtes hatte vor seinem Tod das Hellenenbündnis kündigen und Verträge mit dem spartanischen Erbfeind Argos und den Thessalern schließen lassen. Kurze Zeit später gelang es den Athenern, das nahe Megara nach deren Bitte um militärische Unterstützung gegen Korinth auf ihre Seite zu ziehen. Athen schloss ein Bündnis, sandte Garnisonstruppen und half den Megarern, ihre Häfen Pagai (am Korinthischen Golf) und Nisaia (am Saronischen Golf) durch lange Mauern mit der Stadt zu verbinden. Nimmt man Athens Bündnis mit Argos hinzu, schien Korinth von allen Seiten eingeschlossen. 459 gingen die Athener daran, auch ihre Häfen Piräus und Phaleron durch die 7200 bzw. 6300 Meter »Langen Mauern« mit der Stadt zu verbinden und das gesamte Areal zu einer uneinnehmbaren Festung auszubauen. Danach wandte man sich gegen Ägina, der letzten unabhängigen Polis am Saronischen Golf, die traditionell über starke maritime Kräfte verfügte (s. S. 126). Nach längerer Belagerung wurde Ägina 457/456 unter harten Bedingungen in den Seebund eingegliedert.

Eine zweite Stoßrichtung zielte auf den Korinthischen Golf. 460/459 hatten die aufständischen Heloten in Messene unter der Gewährung freien Abzugs kapituliert. Athen bot ihnen Siedlungsplätze in Naupaktos am Ausgang des Golfes an. Von Naupaktos aus kontrollierten fortan athenische Kriegsschiffe die Einfahrt in den Korinthischen Golf und die Kornzufuhr nach Korinth. Zusätzlich waren athenische Schiffe in Megaras Hafen Pagai am Ostende des Golfes stationiert. Damit hatte man den gesamten maritimen Raum nördlich der Peloponnes in der Hand. Gekrönt wurden die Erfolge im Jahre 456/455 durch die Flottenfahrt des Tolmides um die Peloponnes nach Nordwestgriechenland. Während dieser Umsegelung zerstörte er das spartanische Flottenarsenal in Gytheion, konnte Chalkis am Nordufer des Korinthischen Golfes gewinnen und sich mit einem Sieg über das Aufgebot der Sikyoner Respekt verschaffen. Vielleicht integrierte er sogar die vorgelagerten Inseln Kephallenia und Zakynthos in den Seebund. Es ging auch hier um die Sicherung des maritimen Einflussgebiets auf Kosten Korinths, der einstigen Beherrscherin des Golfes und der Straße von Otranto.

Die Spartaner vermieden jede direkte Konfrontation in diesem Bereich und versuchten stattdessen im Norden Attikas ein Gegengewicht gegen die athenische Machtentfaltung aufzubauen. 457 marschierte ein Heer des Peloponnesischen Bundes nach Böotien und konnte bei Tanagra einen Sieg über die vereinten Truppen der Athener und des Seebundes, der Thessaler und Argiver erringen. Zwei Monate später schlugen die Athener jedoch das böotische Heer bei Oinophyta und stellten ihre Hegemonie in Böotien (mit Ausnahme Thebens) wieder her. 454 kontrollierte Athen den gesamten maritimen Raum der westlichen Ägäis, vom Saronischen Golf, dem Isthmos von Korinth bis zum Malischen Golf bei den Thermopylen; Thessalien und Böotien waren von Athen abhängig und die Hafen- und Handelsstädte Ägina, Megara und

Troizen als Bündnispartner gewonnen oder in den Seebund eingegliedert.

In dieser Situation kam Sparta und seinen Bundesgenossen ein unerwartetes Ereignis zu Hilfe. Ägypten hatte sich Anfang der 460er Jahre von Persien befreien können und Athen um Hilfe gegen eine persische Revanche gebeten. Athen entsandte daraufhin eine große Flotte, wohl auch um sich den Zugriff auf die ägyptischen Getreideexporte zu sichern. Der persische Gegenschlag führte jedoch im Jahre 454 zum Verlust von über 100 Trieren und 10 000 Mann Besatzung im Nildelta.

Diese Niederlage beendete die Erfolgsserie Athens. Aus Sicherheitsgründen wurde 454/453 die Seebundskasse von Delos nach Athen verlegt. Erst 449 lief eine Flotte unter dem aus dem Exil zurückgekehrten Kimon zur Wiedergewinnung Zyperns aus und konnte bei Kition eine vereinigte phönikisch-zypriotisch-kilikische Armada versenken. Kimon war allerdings vorher bei der Belagerung von Kition gestorben. Damit endete die Offensive gegen Persien. Seit 448 herrschte ein Status quo in der außenpolitischen Szenerie. Man einigte sich ohne formellen Friedensschluss darauf, dass Athen auf Expeditionen an die persischen Küstengebiete (Ägypten und Zypern) verzichtete und die Perser sich von der Ägäis fernhielten sowie den Beitritt der kleinasiatischen Städte in den Seebund akzeptierten (sog. Kalliasfriede). Der Großkönig hatte damit Athen als ostmediterrane Großmacht anerkannt.

Sparta hatte in der Zwischenzeit seine Position auf der Peloponnes stärken und das mittelgriechische Phokis der athenischen Suprematie entreißen können. Wenige Jahre später erklärte auch in Böotien eine oligarchische Adelsgruppe Athen den Krieg und schlug ein attisches Heer 447/446 bei Koroneia vernichtend. Die Herrschaft Athens in Mittelgriechenland brach zusammen und zeigte auch im Bund Erosionserscheinungen: 446/445 fielen Megara und Euböa vom Seebund ab. Im gleichen Jahr rückte ein spartanisches Heer nach Attika. Nach langen Verhandlungen gelang es Perikles, den spartanischen König zur Rückkehr zu bewegen und 446/445 mit Sparta einen Frieden zu schließen.

Der Vertrag legte auf dreißig Jahre den zum Zeitpunkt des Vertragsschlusses bestehenden Besitzstand fest. Die Athener mussten lediglich Nisaia, Pagai, Troizen und Achaia auf der Peloponnes herausgeben, konnten aber die Kontrolle über Naupaktos und Ägina behalten und sich mit Argos verständigen. Eine Auflistung der jeweils mit Athen und Sparta verbündeten Poleis fixierte die Machtbereiche. Es war beiden Parteien verboten, abtrünnige Partner der Gegenseite aufzunehmen oder zu unterstützen. Die bündnisfreien Poleis konnten sich nach freier Wahl einem der Bündnisse anschließen.[215]

Beide Seiten konnten den Vertrag als Erfolg verbuchen, Sparta hatte die Machtausdehnung Athens auf Mittelgriechenland gestoppt, Athen die Anerkennung seines Seebundes durchgesetzt. Der Vertrag teilte sämtliche griechischen Poleis in drei Kategorien ein: 1. Athen und seine Verbündeten; 2. Sparta und seine Verbündeten; 3. die neutralen Poleis, die freiwillig in eines der beiden Bündnissysteme eintreten durften. Damit wurde zwar die Machtausdehnung der Hegemonialmächte außerhalb ihrer Bündnisse erschwert und die Bundesmitglieder vor Übergriffen der Gegenseite geschützt; im Gegenzug erhielten jedoch Sparta und Athen größeren Spielraum, um ihren Willen innerhalb der Bündnissysteme zur Geltung zu bringen: Bündnispartner, die abfallen wollten, hatten keine Hilfe mehr von außen zu erwarten, sondern mussten mit völkerrechtlich sanktionierten Gegenmaßnahmen ihrer Hegemonialmächte rechnen, die sich ganz auf den Ausbau ihrer Stellung innerhalb der Bünde konzentrieren konnten.

215 Vgl. Thukydides 1,35,2; 40,2; 7,18,2; 1,115; 140,2.

4. Das athenische Seereich in der Zeit des Perikles

Die Athener begannen als Erste, auf diese Politik der inneren Konsolidierung einzuschwenken. Wohl wissend, dass man die eigenen Kräfte mit auswärtigen Operationen überstrapaziert hatte, festigte Perikles die Hegemonie seiner Heimatstadt innerhalb des Bundes. Noch vor Kriegsende zwang er die rebellierenden Städte Chalkis und Eretria auf Euböa zur Aufgabe. 454/453 wurde die Bundeskasse von Delos nach Athen verlegt und die Bundesversammlung aufgelöst. Fortan entschied allein die athenische Volksversammlung über alle Seebundsangelegenheiten. Die Athener gewannen damit auch eine direktere Zugriffsmöglichkeit auf die Beitragszahlungen. Deren sechzigster Teil wurde an die Kasse der Athena als sogenannte Erstlingsabgabe (*aparché*) abgeführt und dem Schutz der Athena Polias unterstellt. Dies war ein Akt von nicht geringer ideologischer Bedeutung: An die Stelle des Apollon von Delos trat die Stadtgöttin der Hegemonialmacht, die allmählich die Funktion einer Bundesgöttin übernahm.

Die Bundesgenossen sandten ihre Beiträge jährlich im Frühling zur Zeit der Dionysien nach Athen. Hier wurden die eingehenden Beiträge auf der Bühne des Dionysostheaters dem Volk von Athen gezeigt.[216] Im Zuge der seit Ephialtes verstärkten Kontrollen ging man nun auch dazu über, die Liste mit den Namen der Bündnispartner und der Höhe ihrer *aparché* auf Marmorstelen zu veröffentlichen und auf der Akropolis auszustellen. Seit 430/429 wurde für jede Liste eine einzelne Stele erstellt. Die Reihenfolge der Namen in der ersten Liste orientierte sich an den zeitlichen Eingängen, wesentlich später einlaufende *aparchai* wurden ans Ende der Liste oder – wenn die Jahresliste bereits veröffentlicht war – an den Anfang der folgenden Jahresliste platziert.

216 Vgl. Isokrates 8,82.

Insgesamt zeigen die Eintragungen keine inflationären Steigerungen. Offensichtlich ging es den Athenern nicht um die Ausbeutung der Bündnispartner, sondern darum, die Finanzorganisation des Bundes effektiver zu gestalten. Zu diesem Zweck überwachten wohl spätestens seit 443[217] athenische Beamte die Einziehung der *phoroi* in den Bundesstädten und sandten sie nach Athen, wo der Rat die Eingänge kontrollierte und die Volksversammlung das Ergebnis verkündete. Auch die wohl seit der Jahrhundertmitte durchgesetzte Vereinheitlichung der Maße, Gewichte und Münzen nach der attischen Silberwährung weist auf das Bemühen hin, intensivere fiskalische Kontrollen auszuüben.

Parallel mit der Effizienzsteigerung der Beitragsleistungen begannen die Athener ihre politischen Kontrollen zu verstärken. Zumal gegenüber ehemaligen Rebellen ersetzte ein Beschluss der Athener Volksversammlung den zweiseitigen Bündnisvertrag.[218] Die neuen Dekrete sicherten den eingegliederten Bündnispartnern formal die politische, rechtliche und finanzielle Autonomie zu, doch nur dann, wenn sie sich keine Rechtsverletzungen zu Schulden kommen ließen, regelmäßig ihre *phoroi* entrichteten und den Athenern Heeresfolge leisteten sowie sich jeglicher Rebellion enthielten. Kam nur der leiseste Verdacht des Zuwiderhandelns auf, behielten sich die Athener das Recht vor, militärisch einzugreifen, während sie selbst zu keinerlei Hilfen verpflichtet waren. Außerdem sicherten sie sich wichtige Kontrollmöglichkeiten. Nicht selten hat man die oligarchische Verfassung von rebellischen oder unzuverlässigen Städten in eine Demokratie umgewandelt, um die Macht der lokalen Freunde Athens zu stärken. Zudem haben die Athener bereits vor 446 die Verhandlungen schwerer Straftaten, die im Gebiet des Bundes verübt

217 Vgl. HGIÜ Nr. 74.
218 Vgl. Eretria: HGIÜ Nr. 78; Chalkis: HGIÜ Nr. 79.

wurden, an sich gezogen und durch ihre Volksgerichte aburteilen lassen. Damit bewahrte man Freunde Athens vor einer ungerechten Hinrichtung und wirkte umgekehrt der laxen Behandlung von athenfeindlichen Gruppen entgegen. In ihrer Gesamtheit dokumentieren so diese und andere Maßnahmen die Entwicklung des Bundes von einer Vereinigung gleichberechtigter Partner hin zu einer Herrschaft der Athener.

Einen unverkennbar herrschaftlicheren Charakter besaß auch die seit der Mitte des Jahrhunderts verstärkt einsetzende Kolonisationspolitik der Athener. In den etwa zwanzig Jahren seit dem Kalliasfrieden zogen rund 10 000 Bürger Attikas in neue überseeische Siedlungen (Kleruchien oder Kolonien). Hatten die Athener früher meist siedlungsfreies Land in Besitz genommen, so wählten sie jetzt vornehmlich Gebiete der Seebundsmitglieder des Ägäisraums, die als unzuverlässig galten oder bereits abtrünnig geworden waren. Einen zweiten Schwerpunkt bildeten die nördliche Ägäis und die Hellespontregion. Perikles selbst führte 447 eine Kleruchie zur thrakischen Chersonnes. Zwei Jahre später zogen attische Siedler nach Brea an der thrakischen Küste, 437/436 wurde am Mündungsgebiet des Strymon Amphipolis gegründet, zwei Jahre später folgten Astakos an der Propontis sowie Sinope.

Anders als die Apoikien der archaischen Zeit verfolgten fast alle überseeischen Ansiedlungen Athens machtpolitische und strategische Ziele: Eine erste Gruppe sollte unzuverlässige Bundesgenossen einschüchtern und kontrollieren. Die zweite Gruppe sicherte die Kornzufuhr sowie den Zugriff auf andere, für die Wahrung der Seeherrschaft zentrale Ressourcen; eine besondere Bedeutung kam dabei Amphipolis zu. Diese Kolonie kontrollierte den einzigen Landweg von Makedonien zum Hellespont und eröffnete den Zugang zu den Goldminen des Pangaiongebirges. Vom nahe gelegenen Hafen Eion aus gelangte man zu den für den Bau der athenischen Kriegsschiffe so wichtigen Holzvorkommen Makedoniens und der Chalkidike. Die dritte Gruppe umfasste die während der Pontosexpedition angelegten Kolonien, die Kleruchien an den Meerengen, den thrakischen Küsten und der Chersones. Sie dienten der militärischen Absicherung des Herrschaftsraums gegen thrakische Invasoren sowie der Machtdemonstration in einem strategisch bedeutsamen Gebiet. Perikles präsentierte sich während der Pontosexpedition als Schutzherr der Griechen vor barbarischen Stämmen und als Befreier von Tyrannen. Er verlieh damit der Ausweitung athenischer Macht eine ideologische Grundlage und seinem Tatendrang eine Rechtfertigung, die an frühere Expeditionen adliger Herren anknüpfte.

Die militärische Absicherung nach außen verband sich mit der Kontrolle der Bündnispartner. So werden im Volksbeschluss für die Kolonie Brea die benachbarten Poleis Thrakiens verpflichtet, der Kolonie im Konfliktfall militärisch beizustehen. Jenseits dieser außen- bzw. machtpolitischen Zielsetzung versorgten die Kolonien die Athener mit Land, wobei es im Prinzip jedem offenstand, sich an dem Kolonistenzug zu beteiligen. Das Ziel bestand darin, der Kolonie eine kampfwillige Bevölkerung zu sichern. Die Theten erhielten als Kleruchen vom Staat eine Hoplitenrüstung gestellt und waren auch in der Fremde zum Heeresdienst (im Notfall auch in der Flotte) verpflichtet.

Diese partielle Verlagerung des Wehrpotentials vom Zentrum in die Kolonien an der Peripherie verfolgte ein nach innen und außen gerichtetes Ziel: Athen schuf sich einerseits Militärstützpunkte, um bei günstiger Gelegenheit über das Gebiet des Seebundes vorzustoßen und andererseits der Flotte zusätzliche Anlaufpunkte zu verschaffen, von denen aus sie Nachschub, Ruderer und Materialien aufnehmen und in der Ägäis aktiv werden konnte. In beiden Fällen bildete die Flotte die Grundlage der athenischen Herrschaft: Die Athener verfügten mit bis zu dreihundert Schlachtschiffen über die mächtigste Kriegsmaschinerie der griechischen Welt, und sie haben sie konsequent zum Machterhalt und zur Machterweiterung eingesetzt. Jedes Jahr wurden zwanzig Trieren gebaut, Perikles ließ jedes Jahr für acht Monate sechzig Schiffe in der Ägäis kreuzen,[219] hinzu kamen die Flottillen der Strategen, die von Bündnispartnern Tribut einzogen. Dieses Verfahren lässt sich erstmals aus der Liste des Jahres 453/452 erschließen, später hat man es insbesondere während des Peloponnesischen Krieges angewandt.

Die Athener konnten somit schneller als jede Landmacht an jedem Ort des Bundes aktiv werden und viel effektiver Städte blockieren oder erobern. Voraussetzung war die Unterdrückung konkurrierender Seestreitkräfte. Seit der Gründung des Seebundes ist der Kreis der Schiffe stellenden Bundesgenossen nicht erweitert worden, jedem neuen Mitglied wurde der Unterhalt einer Flotte verboten, wiedereingegliederte Poleis mussten ihre Schiffe abgeben. Als Perikles im Jahre 440 nach neunmonatiger Belagerung Samos einnehmen konnte, war eine der letzten konkurrenzfähigen Seemächte in die Knie gezwungen.

Der Sieg über rebellierende Seemächte verschaffte den Athenern auch die Kontrolle über deren Häfen. Zusammen mit den Kleruchien bekamen sie so die wichtigsten Anlaufpunkte und Seewege der Ägäis in die Hand. Am Hellespont überwachten *hellespontophylakes* (»Wächter des Hellespont«) den Schiffsverkehr aus den Getreide produzierenden Ländern der Schwarzmeerregion. Bestimmten Poleis wurde sogar verboten, durch den Hellespont Getreide einzuführen und weiterzuhandeln.[220] Derartige Verkehrs- und Handelsbeschränkungen sollten rebellierende Bundesgenossen von der Zufuhr wichtiger

219 Vgl. Plutarch, *Perikles* 11,4.
220 Vgl. HGIÜ Nr. 104: Dekret für Methone; HGIÜ Nr. 107 für Aphytis 427/426.

Importgüter abschneiden sowie die Handelsströme über See in den Piräus konzentrieren. Der Piräus wurde so zum nahezu einzigen Absatzmarkt für Schiffbauholz, Eisen, Kupfer, Flachs und Wachs.[221]

5. Wirtschaft und Gesellschaft Athens im 5. Jahrhundert

30 Jahre nach der Abwehr der Perser war Athen zur mächtigsten und wohlhabendsten Stadt Griechenlands aufgestiegen. Reichtum und Macht entsprachen einer politischen Aktivität der Bürger, die seit den Tagen des Ephialtes noch einmal an Intensität gewann. In den 450er Jahren erreichte die Demokratie diejenige Form, die schon von den Athenern als die für sie typische Form des politischen Zusammenlebens begriffen wurde. Traditionell verbindet man diese Entwicklung mit dem Wirken des Perikles, der dem Demos in den 450er Jahren weitere Beteiligungsmöglichkeiten an der Politik eröffnete und alles tat, um die Demokratie im öffentlichen Bewusstsein der Stadt zu verankern. Dabei konnte er sich selbst eine herausragende Machtstellung sichern. Man hat deshalb diese Zeit als »Ära des Perikles« bezeichnet.

Die jüngere Forschung tendiert jedoch dazu, den angeblichen Einschnitt, den Athens Innen- und Außenpolitik mit Perikles erfahren habe, zu relativieren.[222] Vielfach dürfte er tatsächlich Entwicklungen aufgenommen und weitergeführt haben, die bereits in der Zeit des wirtschaftlichen und machtpolitischen Aufschwungs unmittelbar nach den Perserkriegen entstanden. Immerhin bietet die etwas breitere Quellenbasis der Zeit des Perikles die Möglichkeit, grundsätzlichere Probleme der Demokratie unter

221 Ps.-Xenophon, *Vom Staat der Athener* 2,11–12.
222 Vgl. Mann (2007), 140 ff.

strukturgeschichtlichen Aspekten zu eruieren. Wie gelang es z. B., die unterschiedlichen Bevölkerungsschichten und ihre Ansprüche in die Demokratie zu integrieren, ohne dass es zu sozialen Verwerfungen und politischen Zerreißproben kam? Eine wichtige Rolle dürfte neben der Form der öffentlichen Kommunikation der Aufschwung von Kunst und Kultur gespielt haben. Sie erlebten in der Mitte des Jahrhunderts einen Höhepunkt, der seit dem 19. Jahrhundert mit dem Begriff der »Klassik« verbunden wird. Die Berechtigung auch dieser Wertschätzung ist heute umstritten. Erklärungsbedürftig bleibt in jedem Fall der Zusammenhang zwischen kultureller Blüte und dem Ausbau der Verfassung, der sich markant von der spartanischen Entwicklung unterscheidet.

Im Zuge des maritimen Machtaufstiegs vollzogen sich in Athen folgenreiche soziale und wirtschaftliche Veränderungen. Die Zahl der Theten war seit den Perserkriegen ständig gestiegen. Athen und der Piräus boten Söhnen kleinerer Bauern lukrativere Verdienstmöglichkeiten als das väterliche Landgut. Viele suchten Arbeit in den Docks, mieteten einen Laden und heuerten als Ruderer in der Flotte an. Langjähriger Ruderdienst ermöglichte den Aufstieg in die Zeugitenklasse, und nach einer gewissen Zeit konnte man sich als Landbesitzer in den Kleruchien (s. S. 158) niederlassen. Im Zuge der Wanderung vom Land in die Stadt und durch den Dienst in der Flotte nahmen die Theten eine urbane und selbstbewusste Lebenseinstellung an, die durch die Partizipation an der Demokratie stetig verstärkt wurde.

Oberhalb der Thetenschicht rangierte die rund 7000 bis 8000 Bürger umfassende Gruppe der Kleinbauern und Handwerker aus der Zeugitenklasse; sie besaßen ein Vermögen von jeweils etwa 200 Drachmen Jahreseinkommen, betrieben mit ihrer Familie und ein oder zwei Tagelöhnern Höfe von kaum mehr als 20 Hektar Größe und bauten in Mischwirtschaft Getreide und Oliven an. Die Erträge reichten zur Ernährung gerade aus, selten brachten sie Überschüsse auf den Markt. Bei dieser Gelegenheit besuchten sie auch die Volksversammlung und nahmen an den politischen Entscheidungen ihrer Polis teil.

Aus der Masse der Bauern ragte eine kaum mehr als 1200 bis 2000 Bürger (rund 1,5 Prozent der Bevölkerung) zählende Schicht von Grundbesitzern heraus, die ein Vermögen von mindestens einem Talent besaßen. Besitz und Reichtum erlaubten dieser adligen Elite ein Leben in Müßiggang, sie wird deshalb auch als »leisure-class« bezeichnet. Innerhalb dieser Schicht gab es etwa 300 bis 400 Großgrundbesitzer, die mit einem Vermögen von mehr als drei oder vier Talenten die mit Abstand reichsten Athener waren. Ihre Güter lagen über die fruchtbaren Ebenen von Attika verstreut und wurden zunehmend von Pächtern verwaltet. Der adlige Herr konnte so zwischen seinem Landsitz und der Stadtvilla pendeln und permanent Einfluss auf die Politik nehmen.

Aus den Reihen der grundbesitzenden Elite kamen fast alle bedeutenden Redner und Feldherren; allerdings ermöglichte der wirtschaftliche und machtpolitische Aufschwung der Stadt seit den Perserkriegen auch Männern aus vorher unbedeutenden Familien innenpolitische Aufstiegsmöglichkeiten, die andere Poleis nicht kannten;[223] der Krieg mit Sparta seit den 430er Jahren verstärkte diesen Trend, da Neureiche von der Rüstung und der Abwesenheit der Adligen im Feld profitierten. Jeder von ihnen hatte ab einem bestimmten Vermögen für ein Jahr die Kosten für die Ausrüstung und Instandsetzung einer Triere sowie die Ausbildung der Mannschaft zu übernehmen (Trierarchie), ein Drama zu finanzieren und aufführen zu lassen (Choregie) oder sonstige öffentliche Aufgaben sowie deren Organisation zu übernehmen. Diese Leistungen hießen Leiturgien. In Kriegs- und Krisenzeiten kamen au-

223 Vgl. Mann (2007), 163 ff.

ßerordentliche Zahlungen (*eisphora*) hinzu. Nur durch diese Beiträge und die Einnahmen des Seebundes konnte die Stadt die Masse der Bürger steuerfrei und politikfähig halten, sich den Luxus einer stehenden Flotte und einer ausgreifenden Außenpolitik sowie großer Bauten und Feste (s. S. 184 ff.) leisten.

Parallel mit den Veränderungen der Gesellschaft erlebten die Stadt und der Piräus einen rasanten wirtschaftlichen Aufschwung. Die Entlohnung der Theten und die Einführung der Richterdiäten ließen erhebliche Kapitalmengen in die städtische Wirtschaft fließen. Der Piräus entwickelte sich binnen fünfzig Jahren von einem mittleren Dorf zu einer planmäßig vergrößerten Stadt. Eine regelrechte »entertainment-industry« im Hafenviertel zog Touristen, Seeleute und Händler von überall an und füllte den Staatssäckel. Die Flottenrüstung und der Aufbau maritimer Infrastrukturen ließen eine »Handwerksindustrie« entstehen, die importierte Materialien wie Holz (für Rümpfe und Masten der Schiffe), Flachs (für die Taue) sowie Eisen und Kupfer (für Rammsporne und Ruderhalterungen) weiterverarbeitete.

Die Ausweitung des Seebundes verschaffte zudem neue Handelspartner, machte die Ägäis zu einem vor Piraten sicheren »attischen Binnenmeer« und ließ den Überseehandel erblühen. Im Sog des Getreidehandels importierten Händler makedonisches Bauholz, Tierhäute für die Lederwarenherstellung sowie Lebensmittel, die in Athen nicht verfügbar waren. Im Gegenzug exportierte die Stadt athenische Keramik, Waffen, Brustpanzer, Möbel sowie aus importierten Tierhäuten gegerbte Lederwaren wie Schuhe, Ruderriemen und die Polsterungen der Hoplitenrüstungen.

Der Aufschwung von Handel und Wirtschaft zog eine große Zahl fremder Handwerker und Kaufleute an. Sie ließen sich häufig als Metöken (Mitbewohner) im Hafenviertel oder in der Stadt nieder. Ihre beruflichen Tätigkeiten unterlagen keinen Beschränkungen, doch hatten sie für das Wohnrecht eine Steuer zu zahlen, sie mussten bei der Verteidigung der Stadt mitwirken und sich durch einen Athener vor Gericht vertreten lassen. Ihre Zahl belief sich mit ihren Familien wohl auf bis zu 40 000, das war fast die Hälfte der bürgerlichen Bevölkerung Athens. Um ihre Waren über See zu vertreiben, mussten sie Schiffe mieten und Geld bei wohlhabenden Kollegen oder Bürgern borgen. Auf diese Weise entwickelte sich eine Wirtschaft auf monetärer Basis, die allen Bevölkerungsschichten zugute kam, den Adligen, die durch Seedarlehen satte Gewinne einstrichen, den Bauern, die Überschüsse auf den Markt brachten, den Mittellosen, die als Ruderer dienten oder sich als Lohnarbeiter verdingten, und den Metöken, die im Handel, als Handwerker, Schankwirte, Zuhälter, Fremdenführer oder Sklavenhändler ihr Brot verdienten.

Auch die Zahl der Sklaven war nach den Perserkriegen enorm gestiegen. In der Mitte des Jahrhunderts gab es nach modernen Schätzungen mindestens doppelt so viele Sklaven und Sklavinnen wie wehrfähige Bürger in Athen. Sie kamen meist aus den entfernteren Küstengebieten der Ägäis und des Schwarzmeerraums. Besonders in der Stadt gehörten Sklaven zu den Grundlagen der Demokratie, weil sie ihren Herren den nötigen Freiraum für politisches Engagement verschafften. Sklaven dienten als Hausgehilfen, arbeiteten in den Werkstätten der Handwerker, halfen in den Markthallen oder als Dockarbeiter am Piräus oder schufteten in großer Zahl (bis zu 20 000) in den Silberminen von Laureion.

Die soziale Stellung der Sklaven war ihren Arbeitsgebieten entsprechend unterschiedlich: Den Minenarbeitern ging es schlecht, während Haussklaven oder Handwerksgehilfen Berufe ausüben konnten, deren Gewinne allerdings dem Herrn zum großen Teil abzuliefern waren. Wegen dieser Unterschiede haben die Sklaven keine Solidarität untereinander entwickelt und niemals Aufstände gewagt. Ihr Ziel war der soziale Aufstieg und die Freilassung. Anders als in Rom haben dies allerdings nur wenige erreicht, doch diejenigen, die es schafften, konnten als Freigelassene zu beträchtlichem Reichtum und Ansehen gelangen. Die Freigelassenen wurden jedoch niemals automatisch Bürger, sondern blieben Fremde. Die Demokratie war ein exklusives Gut und verschaffte Mitspracherechte, die der Athener einem ehemaligen Sklaven aus der Fremde nicht anvertrauen mochte.

Anders als der männliche Bürger war die athenische Frau von jeder politischen Beteiligung ausgeschlossen. Dennoch haben die Frauen weitaus intensiver am Leben der Stadt teilgenommen, als man lange glaubte. Die Arbeitsteilung zwischen den Geschlechtern brachte es zwar mit sich, dass sich die Frauen um das Haus und die Erziehung kümmerten, während die Männer Politik und Handel trieben oder in den Krieg zogen. Doch vielfach und zumal auf dem Land dürften sich die Arbeitswelten der Geschlechter schon aus existentiellen Zwängen vermischt haben. Die lange tradierte Meinung, die Frauen hätten abgeschottet von der Außenwelt ihr Leben an Webstuhl und Herd verbracht, ist wenig mehr als ein aristokratisches Klischee: Eine reiche Athenerin wurde nicht gezwungen, zu Hause zu bleiben, sondern hatte es nicht nötig, Besorgungen in der Stadt zu erledigen oder Produkte auf dem Markt zu verkaufen, weil ihr dies ihre Sklavinnen abnahmen. Frauen aus den mittleren und niederen Schichten sah man dagegen sehr wohl an den öffentlichen Brunnen Wasser holen oder in kleineren Läden arbeiten.

Es gab neben dem Politischen drei Bereiche, von denen die Frauen ausgeschlossen waren: Keine Frau durfte vor Gericht auftreten, sondern musste sich in allen Rechtsfragen von einem Vormund vertreten lassen, entweder vom Vater, bei dessen Tod vom älteren Bruder und nach der Heirat vom Ehemann. Dementsprechend konnte die Frau ein Erbe nur stellvertretend (als Erbtochter) übernehmen, solange ein männlicher Erbe fehlte. Weiterhin waren die Sportstätten eine exklusive Welt der Männer. Und schließlich blieben die Frauen den Gastmählern der höheren Gesellschaft fern; der Gastgeber bestellte stattdessen Schauspielerinnen und Prostituierte (Hetären), die sich außerhalb des Standardverhaltens einer bürgerlichen, d. h. heiratsfähigen oder verheirateten, Frau bewegten.

Trotz dieser Beschränkungen waren sich die Athener wohl bewusst, dass die Stabilität ihres Gemeinwesens auf die Arbeit der Frauen und das gedeihliche Miteinander der Geschlechter angewiesen war. Dies zeigen Vasenbilder, Grabreliefs und die Frauenfiguren der Tragödien (s. S. 186). Frauen gestalteten ferner die Feste als Mitglieder ihrer Polis. Sie blieben dem Mann rechtlich untergeordnet, waren aber nicht ehrlos und fanden ihren unverzichtbaren Platz innerhalb des Gemeinwesens.

6. Institutionen, Praxis und Ideale der Demokratie

Wie der Wandel von Gesellschaft und Wirtschaft, so war auch die Entwicklung zur Demokratie ein langer Prozess, der im Zuge der maritimen Erfolge an Dynamik gewann. Nachdem Ephialtes und seine Freunde politische Rechte des Areopag dem Rat, der Volksversammlung und den Volksgerichten übertragen hatten (s. S. 148), mussten sich die Feldherren und Admirale vor dem gesamten Demos verantworten. Da die Theten eine gewichtige Gruppe in der Volksversammlung bildeten, konnten sie stärker als zuvor ihre Ansprüche geltend machen. Allerdings benötigten sie nach wie vor die Unterstützung von Politikern, die anstelle der adligen Freundschaften in der Kooperation mit den Besitzlosen eine Chance für ihr eigenes Weiterkommen sahen.

Man nannte diese Politiker Demagogen, »Führer des

Volkes«. Perikles war der bekannteste, wenn auch keinesfalls der erste von ihnen (s. S. 160). Er konnte in der Volksversammlung den Demos als Partner gewinnen, sich als Stratege auszeichnen und sich so gegenüber seinen Konkurrenten einen Machtvorsprung sichern. 457 verschaffte er den Zeugiten Zugang zu den Beamtenstellen, führte wohl in der gleichen Zeit ein staatliches Entgelt (Diäten) für die Richtertätigkeit ein und setzte durch, dass nur noch die Söhne athenischer Eltern das Bürgerrecht erhielten. Damit schwächte er die überregionalen Kontakte der Adligen und zentrierte ihr politisches Bewusstsein auf die Tätigkeit in und für Athen. Vermutlich sollte auch der Zustrom von Fremden in die Stadt und ihr Griff nach dem Bürgerrecht gestoppt werden. Die athenische Bürgerschaft wurde zu einer politisch freien, aber nach außen geschlossenen Gesellschaft.

Im Zentrum des demokratischen Entscheidungsprozesses stand die Volksversammlung. Zu ihr hatten alle männlichen Bürger nach Vollendung des 18. Lebensjahres Zutritt; man versammelte sich auf der Pnyx, einem halbkreisförmigen Platz, der bis zu 6000 Menschen Raum bot und meist gut gefüllt war. Jeder konnte sich als Redner melden, Anträge oder Fragen stellen und abstimmen. Die Themen umfassten alle Bereiche der Politik, an erster Stelle Krieg und Frieden, die finanzielle und materielle Ausstattung des Heeres sowie der Beschluss von Feldzügen und Kriegszielen, ferner Maßnahmen zur Sicherung der Kornzufuhr. Auch ausländische Gesandte mussten der Volksversammlung Rede und Antwort stehen. Selbst die heikelsten politischen Fragen wurden vor aller Augen unter freiem Himmel diskutiert und entschieden.

Nur die Wenigsten verfügten freilich über das Redetalent und Selbstbewusstsein, um vor Tausenden von Menschen zu sprechen. Meist führten nur einige Adlige das große Wort. Sie hatten das Reden gelernt und waren daran gewöhnt, vor dem Volk aufzutreten. Allerdings mussten auch sie damit rechnen, dass sich aus dem Volk Initiativen entwickelten, die einen Redner in eine schwierige Lage brachten. Jede Diskussion blieb so abhängig von der Stimmung des Volkes und wurde durch die Stimmen der Bürger entschieden. Nun ist es aber in einer Versammlung von 5000 bis 6000 Menschen sehr schwer, komplexe Materien zu diskutieren und zu tragfähigen Lösungen zu kommen, wenn die Sachfragen nicht in einer verständlichen und auf die Kernprobleme reduzierten Form vorgestellt werden. Was heute Sachausschüsse leisten, war in Athen Aufgabe des von Kleisthenes geschaffenen Rates der 500. Er tagte anders als die Volksversammlung ständig in einem Rathaus (*bouleuterion*) und erloste für jeweils ein Zehntel des Jahres (36 bzw. 38 Tage) einen geschäftsführenden Ausschuss (Prytanie). Dieser bestand aus 50 Mitgliedern (Prytanen) und stand jedem Bürger jederzeit zur Verfügung. Der Ausschuss sichtete die wichtigen Themen, fasste einen vorläufigen Beschluss und legte ihn der Volksversammlung als *probouleuma* vor. Ohne ein *probouleuma* fand keine Volksversammlung statt. Ferner empfing der Rat Gesandtschaften, beeidigte die vom Volk beschlossenen Verträge, beaufsichtigte das gesamte Finanz- und Marinewesen und prüfte Amtskandidaten und Beamte. Der Rat wurde so parallel mit dem Ausbau der athenischen Hegemonie zur zentralen Koordinierungs- und Verwaltungsbehörde mit regierungsähnlichen Aufgaben.

Dennoch blieb die Entscheidungsgewalt des Volkes weithin unbestritten: Die Volksversammlung konnte zwar den Ablauf einer Sitzung nicht selbst bestimmen und war insofern abhängig von der probuleutischen Initiative des Rates; sie konnte aber jeden Vorbeschluss abändern, einen neuen Antrag einbringen bzw. einzelne Punkte auf die Tagesordnung der nächsten Sitzung bringen. Ferner hatte jeder Bürger das Recht, vor der Einberufung der Volksversammlung Anträge an die Prytanen zu stellen, die dann vom Ausschuss diskutiert wurden und – falls sie sachlich gerechtfertigt schienen – als *probouleuma* wieder vor die Volksversammlung gelangten. In der Praxis griff so die Initiative des einzelnen Bürgers (in oder außerhalb der Volksversammlung) eng in die laufende Arbeit des Rates ein und garantierte in jedem Fall, dass die Volksversammlung die letzte Entscheidungsinstanz blieb. Dies zeigt sich auch daran, dass – soweit wir wissen – vor der Volksversammlung, nicht vor dem Rat alle größeren politischen Reden gehalten wurden. Schließlich wurden die Ratsmitglieder selbst aus den über-dreißigjährigen Demenmitgliedern des Volkes erlost. Der Rat war so ein Abbild der Bürgerschaft und eine nicht minder demokratische Institution als die Volksversammlung, als ständig tagende Behörde jedoch diejenige Instanz, an die alle Probleme und Fragen öffentlichen Interesses zunächst herangetragen wurden. Um der Gefahr eines unkontrollierbaren Eigengewichts entgegenzuwirken, wurde der Vorsitzende des Rates, der auch die Volksversammlung leitete, täglich ausgewechselt. Der Rat, sein Ausschuss und sein Vorsitzender standen im Zentrum politischer Geschäftigkeit, bildeten aber kein Zentrum der Macht.

Die Beamten hatten seit den Perserkriegen an Zahl gewonnen, aber an Macht verloren. Ihre Bestellung erfolgte zumeist durch Auslosung, sie amtierten nur ein Jahr und unterlagen permanenter Kontrolle und einer strengen Rechenschaftspflicht. Ferner konnte man sich nur einmal als Kandidat um das gleiche Amt bewerben. Die Chance, über ein Amt Macht auszuüben, war damit auf ein Minimum beschränkt.

Eine Ausnahme bildeten die hohen Finanzämter (*tamiai*) und das Feldherrenamt (Strategie). Beide erforderten Fachkenntnisse und spezielle Erfahrung. Ihre Besetzung erfolgte deshalb durch Wahl. Gerade das Amt des Strategen bildete so weitgehend ein Reservat des Adels, denn nur er hatte das Befehlen gelernt und wusste, welche Taktik in der Schlacht anzuwenden war. Damit ergab sich ein

Problem, das die Demokratie nie ganz hat lösen können: Einerseits musste sie den Feldherren genügend Freiräume verschaffen, um erfolgreich zu sein, andererseits galt es, diese Freiräume strenger Kontrolle zu unterwerfen.

Deshalb haben die Athener Gerichtsverfahren eingerichtet, die wie ein Damoklesschwert über den Strategen hingen und sie beim geringsten Verdacht auf Ungehorsam mit Verbannung oder Tod bestrafen konnten. Denunzianten und Neidern waren damit Tür und Tor geöffnet. Nicht selten kam es zu fragwürdigen Prozessen. Das Gerichtswesen bildete so für Kritiker einen entscheidenden Schwachpunkt der Demokratie. Wie in allen griechischen Poleis gab es keine Berufsrichter oder ausgebildete Juristen. Stattdessen wurden jährlich 6000 Laienrichter als Geschworene über ein kompliziertes Lossystem aus der Mitte des Volkes bestellt. Jeder Bürger, der das 30. Lebensjahr erreicht hatte, konnte sich bewerben und vereidigen lassen (Heliasteneid). Die Richter (Heliasten) wurden dann durch tägliche Zulosung auf die einzelnen Gerichtshöfe (Dikasterien) verteilt. Je nach Delikt saßen einem Prozess zwischen 200 und 1500 Richter vor. Als Perikles die Besoldung des Richteramts eingeführt hatte, bewarben sich vornehmlich Kleinbauern, Handwerker, Arbeits- und Besitzlose sowie ältere Bürger, die keiner geregelten Arbeit mehr nachgingen. Sie beschränkten sich darauf, den Reden der Streitenden zuzuhören und am Ende durch ihre Stimmabgabe zu entscheiden. Grundlage ihrer Entscheidung bildeten die von den Parteien vorgetragenen Argumente, die von ihnen zitierten Gesetze und vorgelassenen Zeugen; niemals griffen die Richter in den Prozess ein. Sie durften sich nicht einmal vor ihrem Urteilsschluss beraten oder fachliche Hilfen in Anspruch nehmen. Jeder Athener sollte über jeden Athener richten können, dazu bedurfte es keiner Ausbildung oder fachlichen Qualifikation. Insofern waren die erlosten Richter klassische Demokraten: Sie galten als genauso kompetent wie die Beamten oder

Antragsteller in der Ekklesie. Denn es gab – mit den genannten Ausnahmen von Finanz- und Militärwesen – keinen Bereich, der dem Bürger aufgrund fehlender Bildung, Herkunft oder Armut in seinem Dienst für die Polis verschlossen sein sollte.

Die praktischen Auswirkungen dieser Grundidee sind von den Athenern stolz hervorgehoben, von zeitgenössischen Beobachtern aber auch spöttisch karikiert worden. Keine andere Polis kannte eine so intensive Beteiligung *ihrer* Bürger am Gerichtswesen und an der Politik: Von den rund 40 000 Bürgern besuchten im Durchschnitt etwa 4000 bis 5000 die mehr als vierzigmal im Jahr tagenden Volksversammlungen. 6000 wurden als Richter für die rund 200 Gerichtstage des Jahres erlost. Demnach nahm fast ein Fünftel der Bürgerschaft weit mehr als die Hälfte des Jahres am politischen Leben der Polis direkt teil – ein in der Geschichte nie mehr erreichtes Ausmaß politischer Aktivität. Nicht ohne Grund sahen die Zeitgenossen in den Athenern ein Volk von Richtern und »politischen Aktivisten« (*polypragmones*). Jedes Jahr wurde die Beamtenschaft ausgewechselt, viele Athener konnten also damit rechnen, mehrere Male ein Amt zu bekleiden, zweimal in den Rat der 500 zu gelangen sowie mindestens einmal als Vorsitzender von Rat und Volksversammlung für einen Tag die technische Leitung des Staatswesens in den Händen zu halten. Dies war eines der Grundprinzipien der Demokratie: Der Demos regierte sich selbst, indem er sämtliche Posten reihum vergab.

7. Elite und Masse innerhalb der Demokratie

Nirgendwo wurde die Forderung nach der Identität von Herrschen und Beherrschtwerden auf der Basis politischer Gleichberechtigung mit einer solchen Konsequenz umgesetzt wie in Athen. Naturgemäß haben nicht alle diese

Prinzipien akzeptiert; besonders in der adligen Elite gab es Widerstände. Ihre Kritik war zunächst ein Produkt der exklusiven Lebensform und ihrer traditionellen Ansprüche. Die Adligen trafen sich in Klubs (Hetairien), diskutierten in den Gymnasien und grenzten sich durch sportliches Training als *hoi kaloi k'agathoi* (»die Schönen und die Tüchtigen«) vom Demos ab. Herausragende Eigenschaften und individuelle Leistung prädestinierten den Adel nach eigener Überzeugung für eine beständige politische Führung. Die Demokratie setzte diesem Streben enge Grenzen, und sie war damit – dies war einer der Hauptkritikpunkte – in hohem Maße ungerecht. Denn sie missachtete aus der Sicht der Adligen nicht nur aristokratische Ansprüche, sondern verschaffte im Gegenzug den Ungebildeten, die sich weder durch Leistung noch durch Sachverstand auszeichneten, die Macht und die Möglichkeit unkontrollierbarer Bereicherung. Nicht wenige Adlige mussten sich um die Früchte betrogen fühlen, die ihnen ihre soziale Stellung versprach. Umgekehrt wollten die Hopliten und Theten spätestens nach ihren Erfolgen gegen die Perser nicht einsehen, weshalb einem Adligen wegen seiner Herkunft und seines Reichtums langfristig besondere Führungsrollen zugewiesen werden sollten. Dieser Widerspruch zwischen adligen Ansprüchen und den in der Demokratie abgesicherten Rechten der niederen und mittleren Schichten barg ein erhebliches Spannungspotential, das durch die finanzielle Kluft, die den Adligen von der übrigen Bevölkerung trennte, nur noch verstärkt wurde. Dennoch ist es in Athen nie zu sozial begründeten Bürgerkriegen und nur zweimal – nach militärischen Misserfolgen am Ende des Peloponnesischen Krieges – zum kurzlebigen Versuch einer Verfassungsänderung gekommen.

Eine wichtige Vermittlungsfunktion zwischen Adel und Volk übernahmen die öffentlichen Kommunikationsräume. In der Volksversammlung und vor Gericht standen regelmäßig Vertreter der Elite als Redner und Politiker der Masse des Volkes gegenüber, das als politisches oder richterliches Entscheidungsgremium fungierte. Die Redner übernahmen je nach Situation bestimmte Rollen, die für den Augenblick der Rede die Fiktion eines von beiden Seiten akzeptierten »demokratischen« Kommunikationsmodells schufen: So präsentierte sich der reiche Redner als einfacher Mann, der sich für seine mangelnde Redefähigkeit entschuldigen muss, obwohl beide Seiten wussten, dass dies nicht ehrlich gemeint war. Ein anderes Mal attackierte ein Redner den Hochmut der Reichen, wohl wissend, dass er selbst aus ihrer Schicht stammte. Oder man versicherte, seinen Reichtum durch harte Arbeit erworben zu haben, und stöhnte unter den Lasten der Leiturgien, die man aber gern für das Volk zu leisten bereit war. Umgekehrt konnte sich aber auch ein Redner als Aristokrat präsentieren und Richter oder Publikum wie seinesgleichen behandeln. Es bildete sich so ein durch Symbole und Zeichen geprägter Diskurs, der es dem Redner erlaubte, sich in einem halbfiktionalen Rahmen auf die gleiche Stufe wie der Durchschnittsbürger bzw. den Demos auf eine Stufe mit dem Adel zu stellen. Reden vor Gericht und in der Volksversammlung hatten also neben der sachlichen Bewältigung des Falls die Funktion, gesellschaftliche und ideologische Barrieren zu überwinden und den sozialen Frieden zu sichern.

Als Gegenleistung für die Annäherung an den Demos erwartete der adlige Redner bzw. sein Klient zunächst das Wohlwollen des Volkes, das seinen Rechtsfall positiv entschied oder seiner politischen Linie folgte; dann auch Dankbarkeit für die geleisteten Dienste und die Bereitschaft, die Interessen der Polis über die eigenen zu stellen, etwa indem man ihn bei der Wahl zum Strategen unterstützte. Schließlich erhielt der Adlige die Chance, als Redner vor dem Volk, als Feldherr des Bürgerheeres oder bei der Übernahme einer Leiturgie seine Bildung, seinen

Reichtum und Mut, mithin seine aristokratischen Vorzüge offen zur Schau zu stellen. Nichts konnte der Ehrliebe (*philotimia*) eines Aristokraten mehr schmeicheln, als wenn er auf der Pnyx Augen und Ohren aller auf sich zog und den Argumenten seines Konkurrenten den Garaus machte, wenn er als Chorege mit dem tosenden Applaus der Zuschauer rechnen oder als Trierarch der staunenden Volksmenge am Hafen sein prächtig geschmücktes Kriegsschiff präsentieren konnte. Dies waren Augenblicke, in der das Volk zum Publikum und die Demokratie zur Bühne für aristokratische Selbstdarstellung wurde, und dies erklärt auch, weshalb so viele verurteilte Adlige immer wieder in ihre Heimat zurückkehrten: Nur hier, nicht im barbarischen Thrakien oder als Vasall des Perserkönigs konnten sie den Zauber freiwillig geschuldeter Ehrerbietung genießen, nur im Angesicht der Stadt und ihrer Bauten und der begeisterten Masse fanden sie die Bestätigung ihrer Ehre, auf die jeder Adlige angewiesen war.

Um die soziale Balance zu wahren, musste freilich der Adlige regelmäßig von der Höhe aristokratischer Sphären wieder in die Wirklichkeit politischen Miteinanders heruntergeholt werden. Deshalb hat die Demokratie alle Aktivitäten, die Raum für die Entfaltung aristokratischer Vorzüge eröffneten, in den Rahmen institutioneller Kontrollen eingepasst: Als Chorege musste man sich einer Bürgerjury stellen, die über die Qualität des Stückes urteilte und die Auswahl vornahm. Als Stratege hatte man Rechenschaft über seine Feldzüge abzulegen und mit Prozessen zu rechnen, als Redner wurde man an der Entscheidung der Richter oder des Volkes gemessen.

Es pendelte sich so ein Gleichgewicht zwischen adliger Zurschaustellung und demokratischer Kontrolle ein, das die Eingliederung aristokratischer Ideale in die Ideologie der Demokratie ermöglichte: Der Redner scheute sich nicht, die Richter auf die Stufe der Adligen zu heben, er übertrug aristokratische Eigenschaften auf die Masse des

Volkes und beschrieb Größe, Macht und Ansehen der Polis mit den gleichen Kriterien wie Größe, Macht und Ansehen des Aristokraten. In den großen Reden wird jeder Gefallene gleich welcher sozialen Herkunft als tüchtig und tugendhaft und damit mit typisch adligen Eigenschaften geehrt. Schließlich erhob die gesamte Bürgerschaft auch gegenüber Nichtbürgern einen elitären Führungsanspruch, sie pries ihre Stadt als die erste unter den Poleis Griechenlands und versuchte durch Bauten und Kulturentfaltung den gleichen Glanz zu verbreiten wie die einzelnen Häuser der Aristokraten. Die Korinther beschrieben die Athener mit den Idealen, die auch ein Aristokrat für sich beanspruchte: Sie sind tüchtig, weil sie die Herausforderung von Gefahren suchen, in die Ferne schweifen und dort Macht zu gewinnen hoffen, wie dies Miltiades oder andere fürstliche Herren der archaischen Zeit taten. Athen wird zu einem »Superaristokraten«, der adlige und demokratische Ideale vereinigt. In einer solchen Stadt konnten sich die Adligen wiederfinden, auf diese Stadt war aber auch das Volk stolz, selbst wenn es dem Adel Führungspositionen einräumte.

Dieser ideologische Kompromiss zwischen traditionellem adligen Führungsanspruch und der aktuellen politischen Gleichheitsforderung des Demos hat Spannungen nie gänzlich aufheben können, doch erheblich dazu beigetragen, dass sie sich nicht – wie in anderen Poleis – in Bürgerkriegen entluden. Sie war die Basis für die viel zitierte Harmonie (*homonoia*) in der Stadt. Siege der Flotte und die Hegemonie über den Seebund lenkten zusätzlich Spannungen nach außen und verschafften den Adligen Handlungsspielräume, die sie im Innern vermissten: Alle großen maritimen Expeditionen der spätarchaischen Zeit sind das Werk von Aristokraten, die an fernen Küsten ihre Tüchtigkeit zu beweisen suchten. Die Demokratie hat hieran wenig geändert: Perikles konnte sich auf seiner Expedition ins Schwarze Meer als Kämpfer gegen die Barbaren profilieren (s. S. 158), und wir werden sehen, dass andere Adlige im fernen Westen ihren Traum von Ruhm und aristokratischer, nicht demokratischer Freiheit zu verwirklichen suchten. Das Volk glaubte hiervon zu profitieren und war stolz auf die Leistungen der Flotte und ihrer Admirale. Deshalb entstand kein schichtenspezifischer Dissens über den Wert der Flotte und die Ziele maritimer Außenpolitik. Die innere Stabilität hing freilich von der äußeren Machtentfaltung ab, und diese basierte auf der Harmonie der Bürgerschaft und dem Ausgleich aristokratischer und demokratischer Interessen.

Es bleibt die Frage, wie unter diesen Umständen praktische Politik entwickelt und umgesetzt wurde. Lange Zeit meinte man, der Gegensatz zwischen Aristokratie und Demos habe in der Mitte des Jahrhunderts zu einer Spaltung der Bürgerschaft in zwei politische Gruppierungen geführt, nämlich einer von einem gewissen Thukydides Melesiou (Sohn des Melesias) vertretenen aristokratischen »Oligarchenpartei«, die den Hopliten nahe stand und eine Kooperation mit Sparta anstrebte, und der von Perikles angeführten Gruppe der »Volkspartei«, welche in der Tradition des Kleisthenes, Themistokles und Ephialtes die Theten vertraten und auf einen Konfrontationskurs mit Sparta setzten.[224] Tatsächlich verliefen jedoch die Frontlinien in der Praxis nie so sauber, wie es diese Konstruktion voraussetzt. Nach Aussage zeitgenössischer Quellen (Thukydides) waren es wechselnde Gruppen, die in bestimmten Bürgerkriegssituationen um die Macht rangen, dabei jedoch keine langfristigen verfassungspolitischen Positionen vertraten. Auch die Gegner Thukydides Melesiou und Perikles waren sich darin einig, dass Athens Hegemonialstellung sowie der Ausbau der Macht oberste Priorität haben mussten. Die Differenzen bezogen sich auf die Methoden, mit denen dieses Ziel zu erreichen war. Thukydi-

224 Vgl. Plutarch, *Perikles* 11,2.

des meinte, die Verwendung der *phoroi* für das Bauprogramm (s. S. 187f.) hätte einen negativen Effekt auf die Bündnispartner und könnte ein Eingreifen Spartas provozieren. Perikles vertrat demgegenüber die Auffassung, Athen habe, solange es als Hegemon seinen militärischen und außenpolitischen Pflichten nachkam, das Recht, mit den überschüssigen Geldern so zu verfahren, wie es wolle. Die Gruppe um Thukydides kritisierte Perikles ferner dafür, dass er mit Hilfe der Seebundsgelder seine eigene Position in den Vordergrund zu stellen und seine Beliebtheit beim Volk zu steigern versuchte. Ob sie hiermit aber eine grundsätzliche Ablehnung des demokratischen Systems verbanden, scheint sehr fraglich. Politische Gruppen bildeten sich zwar auch aufgrund bestimmter Sachfragen und grundsätzlicher politischer Einstellungen, wie eben die Beziehung zu den Bündnispartnern, dem Verhältnis zu Sparta oder der Frage, ob man das isonome Prinzip zugunsten der Theten weiter ausbauen sollte. Diese Sachthemen hatten aber eine lange Tradition und waren somit berechenbar. In den 460er Jahren waren sie das letzte Mal aufeinandergeprallt (s. S. 148). Seitdem trieb man die Konfrontation nie so weit, dass die Demokratie selbst zur Disposition gestellt wurde (erst die Endphase des Peloponnesischen Krieges hat dies geändert, s. S. 203ff.). Denn die Demokratie war offenbar bereits zu stark im Bewusstsein aller Athener als die ihnen angemessene Verfassung verankert und mit der Aura des maritimen Erfolgs verbunden.

Alternativen hatten aber auch verfahrenstechnisch nur geringe Chancen. Jedes politische Ziel musste gerechtfertigt und vom Volk abgesegnet werden. Die Präsenz des Demos innerhalb des Entscheidungsprozesses schränkte die Spielräume ein, innerhalb derer eine gegen die Demokratie gerichtete Politik hätte formuliert und durchgesetzt werden können. Sie verringerte aber auch für jeden Politiker die Chance, um sich eine stabile Anhängerschaft zu bilden. Wer Erfolg suchte, musste sich als volksliebend profilieren. Stabile Gruppenbildungen mit programmatischen Zielen widersprachen dagegen den Spielregeln des politischen Miteinanders.

Der Erfolg des Perikles beruhte darauf, dass er diese Spielregeln wie niemand vor ihm verinnerlichte. Er war Demagoge, Führer des Volkes, im wörtlichen Sinn, er bezog seine Erfolge durch die Interaktion mit dem Volk als Redner und Antragsteller und dadurch, dass er als gewählter Stratege für das Volk militärische bzw. außenpolitische Erfolge verbuchen konnte. Er formte sich ein »politisches« Image nach den Vorgaben der Demokratie, indem er politischen Freundschaften demonstrativ entsagte und nur für die Politik in der Öffentlichkeit lebte; so sagte man, dass er sich immer auf einem bestimmten Weg der Stadt zeigte, nämlich dem von seinem Haus zur Pnyx und zum Ratsgebäude.[225] Diese Selbstinszenierung, eine ausgefeilte rhetorische Begabung und eine glückliche Hand bei der Ausübung öffentlicher Ämter haben ihm nach 443 eine herausragende Machtstellung gesichert.[226]

Auch Perikles musste sich freilich regelmäßig vor dem Volk rechtfertigen. Seine führende Rolle wurde vom Demos akzeptiert, solange die Mehrheit es für vorteihalft hielt; schwand diese Überzeugung durch Misserfolge, änderte sich die Meinung des Volkes und der Demagoge verlor seine Basis. Dennoch offenbart die Demagogie ein Grundproblem der Demokratie, nämlich das der politischen Führung: Einerseits mussten die Entfaltungsmöglichkeiten politischer (oder militärischer) Führungspositionen begrenzt werden, um den Gleichheitsanspruch der Demokratie zu wahren, andererseits benötigte die Demokratie gerade in der Außenpolitik eine Führung mit weitreichender Entscheidungsbefugnis. Die Demagogie bot ehrgeizigen Männern die Möglichkeit, längerfristig auf die

225 Vgl. Plutarch, *Perikles* 7; *Moralia* 800 C.
226 Thukydides 2,65.

Politik einzuwirken, doch blieben die Demagogen stärker als normale Amtsträger abhängig von der Zustimmung des Demos. Ein Demagoge musste stetig Erfolge aufweisen, doch gerade dies konnte zumal in Kriegszeiten – wie wir sehen werden – auch zu unüberlegten Entscheidungen führen.

8. Sophisten und Historiker in Athen

Perikles und andere Athener aus der höheren Schicht pflegten Kontakt zu den Sophisten. Es handelt sich um Wanderphilosophen aus verschiedenen Teilen der griechischen Welt, die gegen Honorar Schüler meist adliger Herkunft in allen Wissensgebieten, von den Naturwissenschaften über Geschichte bis zur praktischen Politik, unterrichteten. Die bekanntesten Sophisten waren Protagoras aus Abdera (Thrakien), Gorgias aus Leontinoi (Sizilien), Prodikos aus Keos, Thrasymachos aus Chalkedon und Hippias aus Elis.

Um die Lehren der Sophisten zu verstehen, muss man den Blick zurück auf die Perserkriege lenken. Sie hatten den Griechen bewusst gemacht, zu welchen Leistungen der Mensch selbst angesichts eines schier unlösbaren Problems (wie der persischen Invasion) imstande ist, wenn seine Fähigkeiten auf richtige Weise geweckt, geschult und fachgerecht gebündelt werden. Die Auslegung des delphischen Orakels, der Aufbau einer Kriegsflotte, die Schulung der Ruderer, der fachgerechte Umgang mit den Meeresströmungen und Winden (vor Salamis) waren »Künste« (*technai*) im besten sophistischen Sinn. Ihr Erfolg bewies die Überlegenheit der auf die Bewältigung praktischer Probleme gerichteten Kenntnisse gegenüber theoretischem Philosophieren. Am meisten profitierten hiervon die Athener. Der Seekrieg gegen die Perser und die Herrschaft über das Meer führten zu einem grenzenlosen Leistungsoptimismus, der durch die Rückschläge des Ersten Peloponnesischen Krieges kaum beeinträchtigt wurde.

An dieses »Könnens-Bewusstsein« (Christian Meier) konnten die Sophisten anknüpfen. Sie alle stellten den Menschen und seine Bedürfnisse in den Mittelpunkt ihres Interesses und fragten nach der praktischen Anwendbarkeit, der Technik und Nützlichkeit des von ihnen vermittelten Stoffes. Der *homo-mensura*-Satz, wonach der Mensch das Maß aller Dinge sei, stammte von Protagoras, könnte aber als Richtschnur über den Lehren fast aller Sophisten stehen: Das einzige sichere Kriterium sophistischer Erkenntnis war konkrete menschliche Erfahrung. Dabei stellten sie alte Normen in Frage und formulierten Antworten, die viele als Angriff auf jahrhundertealte Werte im Bereich der Religion oder der Ethik empfanden. Doch sie beließen es nicht dabei, sondern wiesen auch praktische Alternativen auf.

Athen bot den Sophisten hervorragende Arbeits- und Diskussionsmöglichkeiten. Das pulsierende Leben der Großstadt, ihre ungewöhnliche Staatsform, der rasante Aufstieg zur Großmacht und deren Anforderungen warfen Fragen auf und verlangten Antworten praktischer Art. Man wollte mehr wissen über die Natur der Macht und prognostizieren können, wie sich das Machtgefüge in Griechenland weiterentwickeln würde. Im Innern waren Techniken gefragt, wie man die Institutionen der Demokratie am besten nutzen könne, um Erfolge zu erringen und den Demos auf die eigenen Ziele einzuschwören.

Es wundert daher nicht, dass Dialektik und Rhetorik zu den verbreitetsten sophistischen Lehrgegenständen gehörten. Mit ihrer Hilfe hoffte man, in der Volksversammlung auf Gegenargumente schneller zu reagieren und der eigenen Sache zum Erfolg zu verhelfen. Das Ziel rhetorischer Ausbildung bestand nach Gorgias, dem bedeutendsten Rhetoriklehrer, darin, »dass man imstande ist, mit Worten zu überreden, vor Gericht die Richter, im Rat die Ratsherren, in der Volksversammlung die versammelten Bürger und so bei jeder anderen Zusammenkunft, wo nur immer es eine politische Versammlung geben mag«.[227] Die richtige Technik wird wichtiger als der Inhalt, wenn es darauf ankommt, »die schwächere Rede zur stärkeren zu machen« (Protagoras), also das eigentlich schwächere Argument stärker erscheinen zu lassen. Der Redner darf sich dabei nicht scheuen, alle Mittel einzusetzen, die ihm die Hörer gefügig machten; er muss ihre Gefühle studieren und ihre Reaktionen kennen. Welche Erfolge hiermit zu erzielen waren, zeigte Perikles, der Umgang mit den Philosophen Anaxagoras und Protagoras pflegte. Als sein Gegner Thukydides gefragt wurde, wer von ihnen der bessere Ringer sei, soll er geantwortet haben: »Wenn ich ihn im Ringkampf zu Boden werfe, bestreitet er es so geschickt, überhaupt gefallen zu sein, dass ihm schließlich sogar jene glauben, die ihn gerade erst mit eigenen Augen haben fallen sehen.«[228]

Schwierig einzuschätzen ist dagegen die Wirkung der von einigen Sophisten vorgenommenen Relativierung des von Menschen gesetzten (positiven) Rechtes (*nomos*): Gorgias vertrat die Auffassung, in der realen Welt werde sich das Stärkere gegenüber dem Schwächeren durchsetzen, auch Gesetze spiegelten in jeder Staatsform das Recht des Stärkeren und dessen Gewalt. Wo Machtverhältnisse durch die Stärke (*physis*) der Handelnden bestimmt werden, spiele demnach das positive Recht keine Rolle. Dieser Lehre wohnte eine große politische Sprengkraft inne, und einige Forscher haben gemeint, dass die These vom »Naturrecht des Stärkeren« und der Relativierung staatlicher Gesetze nicht wenige Athener Adlige in ihrem Drang bestärkt hat, ihren Superioritätsanspruch durchzusetzen und ihrem von der Demokratie nur mühsam gezähmten Tatendrang freien Lauf zu lassen.

227 Platon, *Gorgias* 462d–453a.
228 Plutarch, *Perikles* 8,5; *Moralia* 802 C.

Allerdings ist es sehr schwer, einen direkten Einfluss der Sophistik auf die praktische Gestaltung der Politik in Athen oder auf die Formierung antidemokratischer Kreise nachzuweisen. Die Sophisten favorisierten keine bestimmte Politik, sondern boten intellektuelle Hilfen zur Erreichung bestehender Ziele. Jeder Athener, ob er eine strikt demokratische Linie verfolgte oder aristokratische Traditionen betonte, konnte von ihrer Art der Problemfindung und -lösung profitieren. Nirgends hat jedoch die Lehre vom Primat der Gewalt gegenüber dem Gesetz eine breite öffentliche Reaktion erfahren oder Eingang in die Reden der Demagogen gefunden. Was die Sophisten mit ihrer Art, politische Phänomene und Probleme zu analysieren, bewirkten, war eine Änderung des geistigen Klimas, die sich auch auf die Kultur der Stadt auswirkte.

Der Sieg über die Perser, der maritime Machtaufstieg und der einmalige Wandel der Verfassung verlangten nicht nur aktuelle Analysen und praktische Antworten; sie weckten auch ein neues Bedürfnis nach Orientierung und Sinngebung komplexer Geschehenszusammenhänge. Dieses Bedürfnis wurde durch eine neue Form der intellektuellen Rekonstruktion von Vergangenheit befriedigt, die das Geschehen nicht auf religiöse Sinndeutungen, kurze Zeitabläufe oder die Taten von Königen, Dynastien oder Helden reduzierte, sondern über einen längeren Zeitraum in seinen verschiedenen Ereignissträngen und seiner politischen, ethnographischen und geographischen Totalität zu erfassen suchte. So entstand fast gleichzeitig mit der direkten Demokratie in der Mitte des Jahrhunderts die griechische Geschichtsschreibung.

Ihr Vater war Herodot aus Halikarnassos. Er hielt seit den 440er Jahren öffentliche Vorlesungen aus seiner *Darlegung der Erkundung* (*histories apodexis*), die rund 15 Jahre später vollständig veröffentlicht wurde. Dieses Werk, in dessen Zentrum die Perserkriege standen (s. S. 118), ist in vielerlei Hinsicht auch ein Kind des geistigen Klimas der Sophistik: Es geht Herodot nämlich ausschließlich um Menschheitsgeschichte, und zwar um die großen Taten der Griechen und Barbaren, die im Konflikt der Griechen mit den Persern kulminierten und dessen Ursachen es zu erforschen gilt. Um diese Ursachen zu erkennen, bedurfte es ausgedehnter Forschungsreisen, der Kenntnis der geographischen und ethnographischen Rahmenbedingungen, der Befragung von Zeitzeugen sowie der kritischen Bewertung von Quellen – methodische Prämissen, die in unterschiedlicher Akzentuierung zu den Anforderungen auch der modernen Historiographie gehören. Herodot distanzierte sich ferner durch die Wahl der Prosa schon formal von den Epen und Dichtungen über die Vergangenheit. Und auch inhaltlich sollten alte Mythen und Geschichten keinen eigenständigen historischen Erkenntniswert mehr besitzen. Die Rekonstruktion konzentrierte sich vielmehr auf Personen und Völker in einer historisch fassbaren Zeit.

Die Konzentration auf die Geschichte realer Menschen entsprach der Hinwendung der Sophisten zur Lösung menschlicher Probleme, und sie spiegelte das Diskussionsbedürfnis der Athener über die Vorzüge und Schwächen ihrer so ungewöhnlichen Verfassung: In der berühmten Verfassungsdebatte des dritten Buches (80–83) lässt Herodot zeitversetzt die persischen Großen die Vor- und Nachteile der Staatsformen Demokratie, Oligarchie und Monarchie gegeneinander abwägen. Es ist der erste Versuch einer theoretischen Verfassungstypologie auf dem Hintergrund realer Erfahrungen: So förderte die Umwandlung der Verfassung rebellierender Bündnispartner in eine Demokratie (vgl. S. 156) die Vorstellung von der Austauschbarkeit bzw. Verfügbarkeit politischer Ordnungen. Sparta hatte sich als einziges Gegengewicht zu Athen behauptet. Daraufhin konstruierte man parallel zum außenpolitisch-militärischen Antagonismus einen verfassungspolitischen Gegensatz zwischen der Demokratie Athens und einer Oligarchie Spartas, der freilich im Falle Spartas recht unscharf und künstlich wirkt. Zur außenpolitischen Konfrontation traten der seit den 460er Jahren intensivierte Streit um die Vorzüge der Demokratie und das Bemühen ihrer Verfechter, sie von älteren Regierungsformen abzusetzen. Binnen weniger Jahrzehnte lernte man so, über Verfassungen und Regierungsformen modellhaft nachzudenken und die Frucht der Überlegungen in der politischen Diskussion einzusetzen.

9. Das Selbstverständnis der Demokratie in Kunst und Festkultur

Der bei Herodot und in den 450er Jahren spürbare politische Gegensatz zu Sparta hat zunehmend auch das Selbstverständnis der Athener im kulturellen Bereich geprägt. Ein im wahrsten Sinne des Wortes plastisches Beispiel ist die Statue des Speerträgers (Doryphoros) des Bildhauers Polyklet von Argos, einer mit Athen freundschaftlich verbundenen Polis. Sie gilt als Meisterwerk der sog. Hochklassik, weil sie das Prinzip des Kontrapost – d.h. des Zusammenspiels von Stand- und Spielbein – auf ihren Höhepunkt führte und ein bis heute prägendes Ideal harmonischer Schönheit begründete. Der Speerträger zeichnet sich aus durch eine ausgewogene Verbindung »schwerer« Bewegungen und betonter Leichtigkeit, die auf einem komplizierten System sorgfältig ausbalancierter Gegensätze beruht. In dem spielerisch leichten Zusammenwirken von Anstrengungsbereitschaft und intensivem Tatendrang innerhalb einer rational strukturierten Ordnung sehen manche Forscher genau die Verhaltensideale verkörpert, die auch die Demokratie Athens nach eigener Auffassung gegenüber dem »schwerfälligen«, einseitig auf Mühen und physische Anstrengung gerichteten Lebensideal der Spartaner auszeichnet: Der Athener ist jederzeit bereit zu Mühen und Aufopferung, aber er ist in der Lage, beides mit dem Schönen und der Leichtigkeit des menschlichen Seins zu verbinden.[229]

Zu dem Schönen der menschlichen Gemeinschaft gehörten nach antiker Auffassung auch die Feste. Die Athener feierten – so die anonyme Schrift über den *Staat der Athener* (2,9) – so viele Feste wie keine andere Polis. Das größte Fest galt der Stadtgöttin Athena. Es wurde alle vier Jahre als »Große Panathenäen« begangen. Im Zentrum stand eine große Prozession, über die uns der Fries des Parthenontempels ein hoch stilisiertes Bild vermittelt. Sie führte vom Dipylon-Tor durch die Stadtmitte auf die Akropolis und endete vor dem Altar des alten Athena-Tempels. Hier opferte man vier Rinder und vier Schafe und übergab der Athena Polias ein neues Gewand (*peplos*), das junge Athenerinnen neun Monate lang gewoben hatten. Teilnehmer an der Prozession waren nach der Darstellung auf dem Fries neben den Priestern, Musikern und Beamten junge Reiter, also Vertreter der städtischen Elite. Diese bildeten das Ende des Zuges. Dessen Spitze wurde von adligen Frauen eingenommen, die mit den Sakralhandlungen beschäftigt waren und das Gewand gefertigt hatten. Beginn und Ende der Prozession repräsentierten die für das Wohl der Stadt notwendigen weiblichen und männlichen Sphären: Fruchtbarkeit und Wehrhaftigkeit. Zwischen diesen Achsen marschierte die Bürgerschaft in Hoplitenrüstung und geordnet nach Demen. Sogar Metöken und ihre Frauen nahmen teil, es fehlt jedoch jeglicher Hinweis auf die Theten.

Das glanzvollste Fest neben den Panathenäen waren die städtischen Dionysien zu Ehren des Dionysos. Besondere Bedeutung erlangten sie durch die Aufführungen dramatischer Schauspiele. Seit der Mitte des 5. Jahrhunderts konnten die Athener am zweiten Festtag fünf Komödien

229 Vgl. Fehr (1979), 31 ff.; Borbein (1995), 266 ff.

und am dritten bis fünften Tag je drei Tragödien sehen. Die Auswahl der Stücke erfolgte im Wettbewerb. Jeder Dichter musste beim obersten Beamten seine Texte einreichen. Dieser wählte aus den Vorschlägen drei Dichter mit je drei Tragödien aus, die an je einem Tag gespielt wurden. Jeder ausgewählte Dichter erhielt einen Chor und einen Chorleiter (Choregen), der die Mitglieder des Chors anwarb, einkleidete und finanzierte. Kurz vor den Aufführungen erhielten Dichter und Chorführer Gelegenheit, ihre Stücke einer erlosten Bürgerjury vorzustellen. Danach wurden die siegreichen Werke im Dionysostheater am Südhang der Akropolis aufgeführt.

Dionysien und Panathenäen sind die herausragendsten Beispiele einer Festkultur, die typisch war für das demokratische Athen. Niemand kann jedoch heute genau erklären, weshalb gerade in der Zeit der direkten Demokratie die Zahl und Intensität der Feste eine solch auffällige Steigerung erfuhren, worin also der Zusammenhang zwischen demokratischer Verfassung und Festkultur bestand. Wie immer dürften außenpolitische und innenpolitische Faktoren gleichermaßen eine Rolle gespielt haben. Der Ausbau der Feste begann nach dem Abbruch des Offensivkrieges gegen Persien (449) und dem Abschluss des Dreißigjährigen Friedens mit Sparta (446/445). Vielleicht wollte Perikles seine Mitbürger von den Enttäuschungen des Krieges ablenken und ihnen einen neuen integrierenden Mittelpunkt schaffen. Vielleicht benötigten die Athener aber auch eine besondere Form der Erholung von ihrer intensiven politischen Tätigkeit; so sagt es jedenfalls Perikles in der Gefallenenrede, die ihm der Historiker Thukydides in den Mund legte. Darüber hinaus waren die Feste aber auch eine geeignete Form, um jenseits aktueller politischer Streitigkeiten bürgerliche Solidarität zu erleben und das Leben in der Demokratie an traditionelle aristokratische Normen anzubinden. Die Prozession der Panathenäen unterschied nämlich zwischen aristokratischer

Elite und Demos, ließ aber die Theten unberücksichtigt. Sie schuf damit die Vision einer Gemeinschaft, in der politische Teilnahme kein Kriterium für Mitgliedschaft war.

Das politische Leben erhielt so seine Verschränkung durch die Kultgemeinschaft. Gerade die Aristokratie benötigte einen solchen Gegenpol, um einen Ausgleich zwischen »revolutionärem« Neuen und bewährtem Alten zu schaffen. Indem sich die Adligen in herausragender Weise beteiligten, zeigten sie sich einerseits als treue Bürger. Auf der anderen Seite ließen der Zug und die Feste mit ihren typisch aristokratischen Wettbewerben dem Adel genügend Raum, ihre Bildung, ihren Reichtum und ihre Vornehmheit, ihre *philotimia* (Streben nach Ehre) zu präsentieren, ohne dass sie sich vor dem Demos rechtfertigen mussten. Junge Frauen wetteiferten untereinander mit den schönsten Gewändern und zeigten damit ihren Wohlstand und ihre Heiratsfähigkeit, die Männer präsentierten ihre Rosse und Gespanne und selbst die Metöken gaben viel Geld für teure Kleidung aus. Konkurrenz und Integration bildeten so – wie oft in Griechenland – auch hier die beiden Pole, innerhalb derer sich ein glanzvolles Festerlebnis entfalten konnte, das auch den Demos miteinbezog. Alle einten der Stolz auf die Stadt und die Verehrung ihrer Schutzgöttin, der man die bisherigen Erfolge zu verdanken hatte.

Eine ähnliche Verbindung außenpolitischer und innenpolitischer Motive bestimmte das Bauprogramm, das die Volksversammlung in der Mitte des Jahrhunderts beschloss. Den Mittelpunkt der Bautätigkeit bildete die Akropolis, der heilige Bezirk der Athena. Zunächst ließ man das Areal mit den Resten der von den Persern zerstörten Gebäude anfüllen, erweitern und durch Stützmauern stabilisieren. Im Zentrum entstand unter Leitung der Baumeister Iktinos und Kallikrates ein riesiger Tempel zu Ehren der Athena Parthenos (»jungfräuliche Athena«); er wurde deshalb Parthenon (»Jungfrauengemach«) genannt.

Das Innere bestand zunächst aus einer von Säulen gesäumten Vorhalle auf der Ostseite. An die Vorhalle schloss sich der Hauptraum (Cella) an. Hier erblickte der Besucher das von Phidias geschaffene, zwölf Meter hohe Kolossalbild der Athena. Ihr hölzener Kern war mit Elfenbein sowie Goldplatten im Wert von 626 Silbertalenten belegt. Hinter der Cella befand sich ein Raum mit dem Tempelschatz. Das originellste bildhauerische Element war der Fries, der um den oberen äußeren Rand der Cella verlief. Er zeigte zum ersten Mal sterbliche Menschen, nämlich die Athener Bürger auf dem Festzug zu Ehren der Athena (s. S. 186).

Nach der Fertigstellung des Parthenon leitete Mnesikles den Bau der Propyläen, eines Festtors mit fünf Eingängen und weit ausladenden Flügeln. Etwas später fügte man rechts vor den Propyläen einen kleinen Tempel der »siegbringenden Athena« (Niketempel) hinzu. Um die gleiche Zeit wurde der alte Tempel der Athena abgerissen und während des Peloponnesischen Krieges durch das Erechtheion (421–408) ersetzt. Dieser Tempel, der das alte Kultbild der Athena sowie die anderer Götter und Heroen beherbergte, vereinte mehrere Baustile und unterschied sich damit markant von den anderen Bauten: Am eindrucksvollsten ist die von Frauenstatuen getragene Südhalle (Korenhalle), die in dieser Form einzig ist in der griechischen Welt.

»Die Athener wollten mit ihren Bauten protzen«, so hat ein Kenner der Geschichte Athens (Jochen Bleicken) den Eindruck der Anlagen zusammengefasst. Tatsächlich ging es Perikles darum, den Erfolgen der Vergangenheit und den Ansprüchen der Gegenwart ein architektonisches Abbild zu verschaffen. Athen hatte in den 440er Jahren seine Kontrollen über den Seebund nicht zuletzt deshalb verschärft, weil nach dem Ausgleich mit den Persern einige Bundesgenossen den Kampfbund als nicht mehr zeitgemäß erachteten. Das Bauprogramm sollte dem Seebund auch eine neue, auf Athen zentrierte Legitimationsgrundlage geben. Die Bauten demonstrierten die Überlegenheit der Hegemonialmacht und waren Mittel religiöser Integration, die sich in der Etablierung Athenas als Schutzgöttin der Stadt *und* des Bundes manifestierte. Nicht ohne Grund mussten die Bündnispartner an den Festen teilnehmen und ihre Tribute zu den Dionysien schicken: Die Athener verbanden den Empfang vertraglich festgesetzter Leistungen mit der Demonstration finanzieller, kultureller und technischer Überlegenheit sowie dem Bemühen, die Bundesgenossen an der Herrlichkeit der Hegemonialmacht teilhaben zu lassen.

Herausragender Bestandteil der Dionysien war die Aufführung von Tragödien. Was die Tragödie ausmachte, ist – wie wir gesehen haben (s. S. 135f.) – die Darbietung intensiver Gefühle und Ängste, die Menschen in außergewöhnlichen Situationen erleben und vor, während und nach ihren Entscheidungen zu durchleben haben. Alle Dichter teilen die Überzeugung, dass der Mensch von Schicksalswendungen getroffen wird, die sein Leben und das der Gemeinschaft radikal ändern bzw. bedrohen. Anders als im Epos ist der Mensch mitverantwortlich für sein Handeln, auch wenn es durch Orakel oder Götterbeschluss vorgezeichnet ist. Das Schicksal des Einzelnen ist eingebunden in einen sozialen und religiösen Kosmos, dessen Bestandteile (Rituale, Tempel, Städte) von den Zuschauern als Codes ihrer eigenen aktuellen Welt unschwer dechiffriert und verstanden wurden.

Diese Verschränkung von mythischer Vergangenheit und realer Aktualität erlaubte es den Dichtern, Konstellationen durchzuspielen, die den alltäglichen Normen widersprachen: In allen Tragödien werden die Weltordnung und deren Regeln außer Kraft gesetzt: In den *Persern* hatte der Perserkönig sich über die von Göttern gesetzten Grenzen erhoben (s. S. 137), im *Ödipus* erschlägt der Held seinen Vater und zeugt mit seiner Mutter Kinder. Diese

»irrealen« Ausnahmesituationen lassen Gegensätze hervorbrechen, die unter normalen Umständen in die Gesellschaftsordnung der Polis eingebunden und damit gebändigt waren: Zu diesen Gegensätzen gehört der zwischen animalischer Wildheit und Rationalität, zwischen Mann und Frau bzw. männlichem und weiblichem Prinzip, zwischen Oikos und Polis, zwischen Freiheit (Demokratie) und Knechtschaft (Tyrannis), zwischen arroganter Intelligenz (Ödipus) sowie Machtgier (Perser) und Maßhalten.

Das Auseinanderfallen dieser Polaritäten stellt die Ordnung der Polis auf den Kopf, doch am Ende kommt es durch göttliches Eingreifen oder menschliche Größe zur Auflösung des Konflikts und zur Wiederherstellung der Ordnung: Die anmaßenden Perser beschränken ihre Herrschaft auf Asien, der umherirrende Ödipus wird von Theseus in Athen aufgenommen und Orest wird durch Athenas Stimme entsühnt. Die Tragödie hat den Zuschauer vertraut gemacht mit der dunklen Seite des menschlichen Wesens und ihren Gefahren, er ist reifer geworden, weil er diese Gefährdungen und ihre Folgen miterlebt hat, und er ist erfahrener geworden, weil er auf Lösungen hoffen kann. Aber er ist sich auch bewusst geworden, wie zerbrechlich seine Welt ist, wie vergänglich der Erfolg und wie abhängig sein Wohl von dem Wohlwollen der Götter und der Harmonie der Gemeinschaft ist.

»Durch Leiden lernen« heißt deshalb einer der berühmtesten Aussprüche des Aischylos. Lernen soll aber nicht nur der einzelne Zuschauer, sondern die gesamte Polis; das Theater war in etwa für die gleiche Teilnehmerzahl konzipiert wie die Volksversammlung. Indem sich die Athener der Instabilität menschlicher Ordnung und der zerstörerischen Kraft menschlichen Handelns bewusst werden, wappnen sie sich für kommende Krisen und werden sensibel für alle Gefahren, die ihrer Polis durch Hybris oder die Unfähigkeit zum Kompromiss erwachsen können.

Unverkennbar hatte die Tragödie damit einen politischen Bezug, der sowohl innen- wie außenpolitische Problembereiche reflektierte. Schon Aischylos hatte seinen Mitbürgern warnend erklärt: Der Sieg über die Perser war das Ergebnis göttlichen Ratschlusses und athenischer Freiheitsliebe, doch er barg die Gefahr der Überheblichkeit, der nur durch Maßhalten zu begegnen sei. Ähnliche Erklärungen verlangte der Wandel der inneren Verhältnisse. Welche Risiken barg der Machtanspruch des Demos und wie konnte man ihn mit den alten Ansprüchen des Adels versöhnen? Diese Fragen müssen in den 460er Jahren viele Athener bedrängt haben, und die Tragödie gab Antworten: Aischylos schildert in den *Hiketiden* den Entscheidungsprozess in Argos als ein isonomes Verfahren, dem sich der König unterordnen muss. Der Areopag erhält in den *Eumeniden* durch Athena eine legitimatorische Aufwertung als Ausgleich für den realen Einflussverlust. Nur durch Kompromissbereitschaft und Verzicht auf die Absolutierung *eines* Prinzips – so die Botschaft – könne die Harmonie der Polis wiedergefunden und gesichert werden.

Dieses politische Aktualisierungspotential der Tragödie half den Athenern, die unvergleichbare Entwicklung ihrer Stadt in einem feierlichen Ambiente zu verarbeiten; Tragödien waren ein solidarisierendes Großereignis der Polisgemeinschaft, das schichtenspezifische Spannungen abbauen und auf einen erregenden Fixpunkt zentrieren konnte. Die Tragödien waren aber auch ein eindrucksvoller Beweis überragender Kunstfertigkeit und Zeugnis rationaler Selbstreflexion, die man voller Stolz der Welt präsentierte. Nicht ohne Grund kamen Abgesandte der Bündnispartner zu den Dionysien, und nicht ohne Grund hatte man vor der Aufführung deren Abgaben auf der Bühne des Dionysostheaters zur Schau gestellt. Die Tragödie war Teil einer kulturellen Inszenierung, die die selbstbewusste Überzeugung einer Stadt bewies, zur »Lehrmeisterin von Hellas« geworden zu sein.

V.
Die griechische Welt im Zeichen des Peloponnesischen Krieges

1. Athen und der Westen

Leicht ist man geneigt, den Machtaufstieg Athens als ein Phänomen des ägäisch-ostmediterranen Raums zu betrachten. Eine solche Perspektive unterschlägt jedoch Wesentliches. Dass die Athener seit den Perserkriegen den Westen nie aus den Augen verloren und die Ausweitungen des maritimen Einflussgebiets auf die Verhältnisse in der Magna Graecia berücksichtigten, zeigen viele Schlaglichter der Überlieferung. Themistokles soll vor Salamis das süditalische Siris als alten Besitz der Athener bezeichnet haben. Um 457 schloss Athen ein Bündnis mit Segesta im Innern Siziliens und pflegte freundschaftliche Beziehungen zu dem Sikelerkönig Archonides.[230] Mitte der 440er Jahre folgten Verträge mit Leontinoi auf Sizilien und Rhegion an der Straße von Messina sowie wahrscheinlich mit Metapont,[231] Kleruchien wurden in Unteritalien angelegt sowie Kolonisten nach Neapolis in Kampanien geschickt. 444/443 rief Perikles Siedler auf zur Teilnahme an der Gründung der panhellenischen Apoikie Thurioi an der Stelle des zerstörten Sybaris.

Über die Motive dieser »Westpolitik« schweigen die Quellen; dass Athen seine Kontrolle auf die Ressourcen der Magna Graecia ausdehnen wollte, liegt jedoch nahe.

230 Vgl. Hornblower (2002), 42; Wentker (1956), 65 ff.
231 Vgl. Thukydides 7,33,4; zur Rückdatierung Hornblower (2002), 41.

Sizilien war für seinen Getreidereichtum bekannt. Unteritalien verfügte mit dem Silawald über hervorragende Schiffsbauhölzer; Bauholz aus Thurioi wird in einer attischen Inventarliste des 5. Jahrhunderts erwähnt.[232] Eine Handelsroute, welche den Osten mit Kupfer und Zinn versorgte, lief durch die Straße von Messina. Nicht überraschend schloss der Athener Stratege Phormion fast zeitgleich mit den Verträgen mit Leontinoi, dem ertragreichsten Getreideanbaugebiet Siziliens, und Rhegion, dem Knotenpunkt des Handels zwischen Sizilien und Unteritalien, Bündnisse mit den Gemeinden Akarnaniens.

Die engen Verbindungen zwischen Athen und dem Westen waren aber nicht nur Handelskanäle, sondern auch Kommunikationsbrücken, auf denen mittelbar Erfahrungen ausgetauscht wurden. Das nicht minder machtpolitisch ambitionierte Syrakus erlebte fast zeitgleich mit der Schwächung des Areopag in Athen eine Verfassungsänderung. Im Frühjahr 465 wurde die Militärmonarchie der Deinomeniden gestürzt und, wie die Quellen behaupten, durch eine Demokratie ersetzt.[233] Ähnlich wie in den 450er Jahren das Bürgerrechtsgesetz des Perikles die Rechte der Athener gegenüber den Metöken und adligen Mischehen bekräftigte, so sicherte in Syrakus ein Gesetz den Altbürgern das volle Bürgerrecht gegenüber den von Gelon eingebürgerten Söldnern. 454 richtete man ein dem Athener Scherbengericht vergleichbares Verfahren ein, das per Abstimmung mit Ölblättern (*petalismos*) Politiker, die einer Tyrannis verdächtig waren, für fünf Jahre in die Verbannung schicken konnte.[234]

Auch wenn sich die syrakusanische Demokratie in manchem (besonders der ungeschmälerten Macht der Großgrundbesitzer) von der athenischen Demokratie unter-

232 Vgl. *Inscriptiones Graecae* I (3) 386; Hornblower (2002), 55.
233 Vgl. Diodor 11,72,1; Aristoteles, *Politik* 5,1312b; Hüttl (1929), 65 ff.; Berger (1989), 305 ff.
234 Vgl. Diodor 11,72,3; 88 f.; Hüttl (1929), 68 f.

schied,[235] so wird man Beeinflussungen im Rahmen eines größeren Trends nicht ausschließen. Nicht von ungefähr konnte der Sophist Gorgias von Leontinoi mit seiner rhetorischen Kunst großen Eindruck im demokratischen Athen machen. Offensichtlich hatte er sein Handwerk in einem Milieu gelernt, das der freien Meinungsäußerung in politisch aktiven Volksversammlungen eine große Bedeutung zumaß.[236] Sizilische Städte wie Leontinoi und Syrakus repräsentierten eine Entwicklung, die bis in den ostgriechischen und nordafrikanischen Raum reichte, Poleis wie Argos, Milet, Megara und Kyrene erfasste, aber in Athen seine konsequenteste Ausprägung erfuhr.[237]

Auch im Bereich der völkerrechtlichen Organisationsformen lassen sich möglicherweise transmediterrane Entwicklungstendenzen verfolgen. Als Athen sein Bündnissystem über die Ägäis ausweitete, bildeten Rom und die latinischen Städte Mittelitaliens eine Defensivallianz gegen die oskischen Bergstämme (den sog. latinischen Bund), die sich wie der athenische Seebund im Verlauf mehrerer Generationen zu einer Herrschaft der Hegemonialmacht Rom ausweitete.[238] Wie Athen seine Herrschaft durch Militär- und Siedlungskolonien (Apoikien) festigte, so legte Rom zu Lande Kolonien als Bollwerk gegen äußere Feinde und zur Kontrolle des Bundes im Innern an.[239] Dem gleichen Trend zu hegemonialen Bündnissystemen folgte Syrakus. In den 460er Jahren wurden mehrere sizilische Städte in ein von Syrakus dominiertes Bündnis integriert; ferner sollen die Syrakusaner Truppen und Ressourcen zur Eroberung ganz Siziliens gesammelt haben.[240] Diese Bedrohung trieb nicht wenige sizilische Poleis in die Arme der Athener.

235 Vgl. Rutter, »Syracusan Democracy«, in: Brock/Hodkinson (2000), 147 ff.
236 Vgl. Hornblower (2002), 49.
237 Zu Kyrene vgl. Applebaum (1979), 33 ff.
238 Vgl. Livius 1,52,6.
239 Vgl. Justin 43,5,10.
240 Vgl. Diodor 12,30,1. Zum Kontext vgl. Hornblower (2002), 54.

2. Der Weg in den Krieg

Aber auch an den Küsten des griechischen Mutterlands begannen die Poleis aufzurüsten. In den 440er Jahren hatte das strategisch so günstig gelegene Kerkyra (das heutige Korfu) mit einer neuen Flotte von 100 Trieren erfolgreich alle Versuche der Korinther vereiteln können, ihren im Westen schwindenden Einfluss durch stärkere Präsenz im Golf von Ambrakia auszugleichen. Als zwei Bürgerkriegsparteien aus dem nördlicher gelegenen Epidamnos (Durrazzo) sich jeweils an Kerkyra und Korinth mit der Bitte um militärische Unterstützung wandten, griffen die Korinther erneut zu und hofften auf einen Vorwand zur Schwächung Kerkyras. Nach einigen Fehlschlägen wurde ein Flottenprogramm von mindestens 100 Trieren aufgelegt, Schiffbauholz aus dem Ägäisraum herantransportiert sowie Baumeister und Ruderer angeworben.

Die Kerkyräer baten daraufhin Athen in richtiger Einschätzung der Lage um militärische Unterstützung. Die Herrin der Ägäis konnte einen Machtzuwachs Korinths in einer für sie bedeutenden strategischen Position nicht hinnehmen und empfand die Abwerbung der Ruderer durch die Korinther als Bedrohung. So ratifizierte die Athener Bürgerschaft eine Defensivallianz mit Kerkyra. Ein zweiter Schlag richtete sich gegen die nur wenige Kilometer von Korinth entfernte Hafenstadt Megara am Saronischen Golf. Megara unterstützte die Korinther mit Kriegsschiffen und erleichterte über ihre Apoikien in der Nordägäis die Anwerbung von Ruderern. Um diese Eingriffe in die Ressourcen des Seebundes und den weiteren Ausbau der korinthischen Kriegsflotte zu unterbinden, erließ die Athener Volksversammlung auf Antrag des Perikles ein Gesetz, das die Megarer von allen Häfen des Seebundes ausschloss (megarisches Psephisma). Fortan durften die Megarer ihre Kolonien weder zur Anwerbung von Ruderern noch zur Einfuhr von Getreide und Bauholz nutzen.[241]

Ein drittes Exempel wurde gegenüber der korinthischen Apoikie Poteidaia (auf der Chalkidike) statuiert. Poteidaia war ebenfalls Mitglied des delisch-attischen Seebundes und Ausgangspunkt für den Zugriff auf die thrakischen Wald- und Mineralreichtümer. Konsequent verlangten die Athener von den Poteidaiern, korinthische Beamte auszuweisen, die Mauern auf der Seeseite zu schleifen und Geiseln zu stellen. Die Poteidaier weigerten sich und erklärten nach entsprechender Rückendeckung durch Korinth und Sparta ihren Austritt aus dem Seebund. Daraufhin schloss eine athenische Expeditionsarmee die Stadt und ihr korinthisches Hilfskorps ein. Diesmal waren die Athener jedoch zu weit gegangen. 432 v. Chr. setzten Gesandte aus Korinth, Megara und Ägina vor der spartanischen Volksversammlung einen Beschluss durch, der Athen beschuldigte, den Dreißigjährigen Frieden (s. S. 154) gebrochen zu haben. Der Peloponnesische Bund erklärte wenig später Athen den Krieg.

Ein Jahr lang versuchten spartanische Unterhändler, die Athener zu einer Revision ihrer Beschlüsse gegen Megara und Poteidaia zu veranlassen, doch vergeblich. Die Athener Volksversammlung wies unter dem Einfluss des Perikles alle Minimalforderungen zurück: Vielleicht war der Krieg für Perikles eine Flucht vor einer sich verstärkenden innenpolitischen Opposition. Vielleicht benötigte seine Außenpolitik auch neue Perspektiven. Manche Poleis dürften in den hohen finanziellen Abgaben eine Beschneidung ihrer Freiheit gesehen haben. Um diese Zweifler angesichts korinthischer Verlockungen bei der Stange zu halten, musste ihnen Perikles ein neues Feindbild bieten und die Notwendigkeit eines Krieges glaubhaft machen.

241 Vgl. Thukydides, 1,67,4; 144,2; 139,1–2; Schulz (2015), 77 ff.

Die Athener selbst waren wohl in der Mehrzahl von der Berechtigung des Krieges überzeugt. Die korinthische Flottenrüstung bedrohte ihre Vormachtstellung im Seebund und gefährdete die gewohnten Einkünfte. Nicht geringer als die materiellen Einbußen wog der Prestigeverlust, der mit einer passiven Haltung verbunden gewesen wäre. Die Eroberung des Meeres hatte ihre Stadt groß gemacht. Deshalb musste man gerade gegenüber Korinth und Megara Stärke zeigen. »Wenn ihr hierin nachgebt«, so drohte Perikles seinen Mitbürgern, »dann wird man euch bald Größeres zumuten in dem Glauben, ihr werdet aus Furcht auch darin gehorchen. Durch feste Zurückweisung aber werdet ihr sie belehren, euch künftig mehr wie ihresgleichen zu behandeln.«[242]

Der nun einsetzende Krieg dauerte über dreißig Jahre; er hat fast sämtliche Staaten auch außerhalb Griechenlands zumindest mittelbar in seinen Bann gezogen. Zu Recht hat man ihn deshalb als einen antiken Weltkrieg bezeichnet. Der Verlauf war und ist für viele ein Lehrbeispiel für den Konflikt zwischen einer großen Landmacht – Sparta – und der größten Seemacht – Athen. Diese Einschätzung geht auf den Historiker Thukydides zurück, der die Auseinandersetzung zum Gegenstand der wohl bedeutendsten Geschichtsdarstellung der Antike gemacht hat. Thukydides folgt damit dem für die griechische Kultur typischen Bemühen, die Strukturen der menschlichen Gesellschaft, ihrer Kultur und Politik in duale Gegensätze (Mann – Frau, Leben – Tod, Grieche – Barbar) aufzulösen. Derartige Denkkonstrukte lassen sich aber mit der Realität selten gänzlich in Deckung bringen.

Spartas Hauptmacht beruhte zwar auf den kampferprobten Hopliten; doch verfügte man daneben über rund 100 Kriegsschiffe; hinzu kam die neu gebaute Flotte der Korinther. Allerdings benutzten Korinther und Spartaner

242 Thukydides, 1,139.

einen robuster gebauten Schiffstyp, der vornehmlich für den Nahkampf und den einmaligen Rammstoß konzipiert war. Eine solche Taktik war nur dort erfolgreich, wo sich die überlegene Manövrierkunst der Athener nicht entfalten konnte. Eines der wichtigsten Ziele der Athener bestand demnach darin, die Seeherrschaft über den Saronischen und Korinthischen Golf zu sichern und eine Vereinigung der gegnerischen Flotten zu verhindern. Zu Lande setzte man dagegen auf Defensive. Das Festungsdreieck zwischen der Stadt und dem Piräus bot genügend Platz, wohin sich im Angriffsfall die Bevölkerung zurückziehen konnte. Die Flotte sorgte für den Nachschub an Getreide und sollte die Küsten der Peloponnes mit Krieg überziehen sowie den Gegner von Getreidezufuhren abschneiden.

3. Die Etappen des Krieges und die Belastung der Demokratie

Tatsächlich hat diese Strategie die Stadt vor einer frühen Niederlage bewahrt, als eine im Sommer 430 v. Chr. aus dem Osten eingeschleppte Seuche einem Drittel der athenischen Bevölkerung – unter ihnen auch Perikles – das Leben kostete. Die Seekriegspolitik der Athener wahrte gleichwohl ihre globale Ausrichtung. Im Herbst 429 v. Chr. besiegte der Stratege Phormion an der Einfahrt in den Golf von Korinth eine peloponnesische Flotte und konnte die Kornzufuhr von Sizilien nach Korinth und auf die Peloponnes weitgehend unterbinden. Vier Jahre später wagte man einen spektakulären Angriff auf die Westküste der Peloponnes bei Pylos. Pylos lag nur wenige Kilometer vom Berg Ithome entfernt, auf dem sich seinerzeit die rebellierenden messenischen Heloten verschanzt hatten. Als die Athener ein spartanisches Entsatzheer auf der Insel Sphakteria einschließen, eine Flotte des Bundes besiegen und im folgenden Jahr mit dem neuen Strategen Kleon die

Spartaner zur Kapitulation zwingen und als Gefangene nach Athen bringen konnten, stand Athen kurz davor, den Krieg endgültig zu gewinnen.

In Sparta sahen nun die jüngeren Mitglieder der führenden Familien ihre Chance gekommen, die traditionell auf die Peloponnes und Mittelgriechenland beschränkte Kriegspolitik zu korrigieren. 424 marschierte der neu gewählte Feldherr Brasidas mit einem aus Söldnern, Heloten und Spartiaten gebildeten Expeditionsheer quer durch Böotien und Thessalien nach Norden. Dort schloss er ein Bündnis mit dem Makedonenkönig Perdikkas, eroberte das für den Holzexport wichtige Amphipolis und gewann Zugriff auf die Goldminen des Pangaiongebirges: Mit diesen Ressourcen baute er eine Flotte, die die nordägäische Thalassokratie Athens ins Wanken bringen sollte. In diesem Augenblick verweigerten jedoch die spartanischen Behörden ihre Unterstützung. Vermutlich fürchteten viele der angesehenen Familien, dass der allzu erfolgreiche Offizier ihren Ruhm schmälerte und die Gleichheit der Spartiaten bedrohte. Der Tod des Brasidas in einer Feldschlacht gegen den Athener Kleon, der ebenfalls fiel, hob diese Sorgen auf. 421 wurde auf Initiative des Nikias ein Friedensvertrag geschlossen, der den Status quo vor Ausbruch des Krieges als gültig anerkannte.

Lange hielt der Friede nicht. Zu groß war auf beiden Seiten die Unzufriedenheit über den Ertrag des zehnjährigen Kampfes. Wieder ging die Initiative von einem ehrgeizigen Adligen aus, dem Athener Alkibiades. Sein Blick richtete sich jedoch nicht direkt gegen Sparta, sondern erneut auf den fernen Westen, den die Athener niemals aus den Augen verloren hatten. Der willkommene Anlass war die Bitte der sizilischen Stadt Segesta um militärische Unterstützung gegen Selinous, Leontinoi und Syrakus. Es gelang Alkibiades in langwierigen Verhandlungen gegen die Argumentation des Nikias, die Volksversammlung zu dem Beschluss zu bewegen, 134 Trieren sowie zahlreiche Transportschiffe mit über 25 000 Ruderern und 6400 Mann Landungstruppen gen Westen zu schicken. Es war die größte Invasionsflotte, die jemals eine griechische Polis über diese Entfernung ausgesandt hatte – der Höhepunkt der globalen Seestrategie Athens im 5. Jahrhundert v. Chr.

Alkibiades konnte die Athener mit zwei Argumenten überzeugen: Nur ein Präventivschlag könne die Seemacht der Syrakusaner so weit dezimieren, dass sie als potentielle Verbündete der Spartaner ausfielen. Ferner würden es viele Bundesgenossen als Schwäche auslegen, wenn die stärkste Seemacht des griechischen Raumes einem ihrer Bündnispartner in Sizilien nicht zu Hilfe kommen würde. Hinzu kamen handfeste materielle Motive: Sizilien galt als ›Goldener Westen‹. Viele Athener hofften auf schnelle Gewinne und leichte Beute, aber auch den Ruderern aus den Kreisen der Metöken und den Bundesstädten sollte die Chance geboten werden, sich unter Athens Führung zu bereichern. Hinter all dem stand schließlich auch das alte Streben nach Ruhm, Anerkennung und Machtgewinn. Alkibiades war Vertreter einer Adelsschicht, die in der Sizilienexpedition eine Chance erblickte, fern von der Heimat und den Kontrollen der Demokratie rühmenswerte Großtaten zu vollbringen. Ein Angriff ließ auf große Eroberungen hoffen in einer Welt, die den Reiz der Ferne besaß: Die jungen Athener lauschten den Erzählungen der Älteren, die »viel Merkwürdiges von dem Kriegsschauplatz zu berichten wussten« und danach »den Umriss der Insel und wie Libyen und Karthago dazu gelegen sei, in den Sand gezeichnet haben«.[243] Eine Eroberung dieser Welt wurde zur Probe männlicher Tapferkeit und aristokratischer Tugenden.

Gerade dieser aristokratische Wettstreit hat jedoch das Gesamtunternehmen nicht unerheblich belastet. Seit der Ausfahrt der Flotte 415 v. Chr. überschatteten Auseinan-

243 Plutarch, *Alkibiades* 17,4.

dersetzungen der Kommandeure über Strategie und Ziele die Expedition. Alkibiades ging sogar mit einem anhängigen Gerichtsverfahren (Hermokopidenfrevel) an Bord, das wohl inneraristokratische Neider kurz vor der Abfahrt angestrengt hatten. Als er wenige Zeit später zurückbeordert wurde, flüchtete er nach Sparta und verriet wesentliche Details des Feldzugplans. Ein weiteres Problem war die mangelhafte militärische Ausrüstung, die nur bedingt dem Einsatzort angepasst war: Viele Trieren mussten zu Transportern umgebaut werden und verloren ihre militärische Schlagkraft. Ferner fehlten den Athenern eine gut geschulte Reiterei, Leichtbewaffnete und Belagerungsmaschinen. So gelang es zwar, die syrakusanische Flotte in einem ersten Gefecht im Hafen zu schlagen, doch die Eroberung der Stadt scheiterte.

Die endgültige Wende zugunsten der Syrakusaner brachte das Eingreifen einer Entsatzarmee unter Führung des Spartaners Gylippos, eines Mannes, der aus demselben Holz geschnitzt war wie Brasidas und sich in den sizilischen Verhältnissen auskannte. Gylippos reorganisierte die Verteidigung der Syrakusaner und veranlasste sie, die von den Korinthern bevorzugte robustere Bauart der Kriegsschiffe zu übernehmen. Damit gewannen die Syrakusaner in der Enge des eigenen Hafenbeckens die Oberhand. Nach mehreren fehlgeschlagenen Durchbruchsversuchen ließen die athenischen Generale alle restlichen Schiffe verbrennen. Die zusammengeschmolzene Expeditionsarmee wählte den beschwerlichen Rückzug über Land. Hier waren die ausgemergelten Hopliten und Ruderer ständigen Angriffen ausgesetzt und mussten schließlich kapitulieren. Athen erlebte im Jahr 413 v. Chr. die größte Niederlage seit dem Verlust seiner Flotte im Nildelta gegen die Perser um die Jahrhundertmitte.

Der Ausgang der sizilischen Expedition führte zur ersten großen innenpolitischen Belastungsprobe der Demokratie. Die Initiative ging erneut von Alkibiades aus. Seine

Stellung in Sparta war nach dem Erfolg des Gylippos in Sizilien unsicher geworden, zumal er eine Verbindung mit der Frau des Königs Agis eingegangen war. Als er mit der spartanischen Flotte in den ionischen Gewässern operierte, nahm er Kontakt zu den athenischen Flottenbefehlshabern in Samos auf und eröffnete ihnen, dass er den persischen Großkönig zu einem Vertrag mit Athen überreden könne – allerdings unter einer Bedingung, nämlich der Abschaffung der Demokratie. Offene Ohren fand das Angebot bei seinen oligarchisch gesinnten Gesprächspartnern. Ihr Unmut richtete sich schon lange gegen die Dominanz der Neureichen in der Volksversammlung sowie gegen die Alimentierung der Massen in den Gerichten: Der Demos wurde – so der Vorwurf – ungerechtfertigt belohnt und mit Macht ausgestattet, während sie selbst immer höhere Kriegskosten tragen mussten, ohne politischen Einfluss zu gewinnen (vgl. S. 172).

So bildete sich eine Verschwörung, die im Mai 411 den Umsturz unter massivem Terror gegen Andersdenkende einleitete. Zunächst wählte die Volksversammlung eine Kommission, die Vorschläge ausarbeiten sollte, wie man die Stadt am besten regieren könne. Daraufhin stellten Peisandros, einer der mit Alkibiades konspirierenden Flottenbefehlshaber, und seine Mitgesandten den Antrag, Diäten und Richterbesoldungen abzuschaffen und die Volksversammlung auf 5000 Mitglieder zu beschränken. Diese sollte nur auf Beschluss des neuen Rates der 400 einberufen werden. Die Ratsmitglieder hatten unumschränkte Vollmachten – man spricht deshalb von der Diktatur der 400: Sie allein konnten die Listen der Kandidaten erstellen, die in die Versammlung der 5000 aufgenommen werden sollten, und sie führten die Regierungsgeschäfte. Unter den 400 fanden sich alle Verschwörer mit ihren Freunden. Es gelang ihnen, unter Anwendung von Terror und Gewalt die Herrschaft in Athen an sich zu reißen.

Dass der Verfassungsumsturz dennoch scheiterte und die Demokratie obsiegte, lag nicht zuletzt an dem Widerstand der Flottenmannschaften vor Samos. Ihr Eintreten für die Demokratie gegen ihre Befehlshaber beweist die enge Verbindung der Theten mit der demokratischen Ordnung; sie hatten am meisten bei einem Verfassungswechsel zu verlieren. Die Oligarchen verspielten zudem viele Sympathien durch außenpolitische Misserfolge (Abfall Euböas und Verlust von Byzanz). Die Rückkehr zur Demokratie erfolgte schrittweise: Zunächst ging die Regierungsgewalt von den abgesetzten 400 auf die 5000 über, die turnusmäßig die Regierungsgeschäfte führten. Acht Monate später (im Juli 410) übernahmen die alten demokratischen Institutionen wieder vollständig die Geschäfte.

Alkibiades, der sich im Hintergrund gehalten hatte, brachte nach dem Scheitern des Umsturzes das Kunststück fertig, die innenpolitischen Fronten erneut zu wechseln. 411 wählten die Flottenmannschaften in Samos den charismatischen Mann zu ihrem Strategen, und sofort setzten die Erfolge wieder ein. Binnen zwei Jahren hatte Athen den drohenden Verlust der Seeherrschaft im Norden der Ägäis und an den Dardanellen abgewendet sowie den Aufstieg Spartas zur Seemacht zunichte gemacht. Die Spartaner waren so demoralisiert, dass sie um Frieden baten. Die Volksversammlung lehnte jedoch ab. Vermutlich hatte man zu viele Opfer gebracht, als dass man sich mit einem Frieden ohne nennenswerte Zugewinne zufrieden geben konnte, und vermutlich blendeten die Seesiege und die Persönlichkeit des Alkibiades so sehr, dass man auf weitere Erfolge hoffte.

Der Optimismus schien zunächst gerechtfertigt. 409 konnte Alkibiades Kalchedon, Selymbria und Byzanz wiedergewinnen und mit dem Satrapen von Phrygien einen Waffenstillstand schließen. 408 bereitete ihm seine Heimatstadt, die er noch sechs Jahre zuvor an die Spartaner verraten hatte, einen triumphalen Empfang und wählte ihn zum unumschränkten Oberkommandierenden zu Wasser und zu Lande.

Was man allerdings nicht ins Kalkül zog, war eine Macht, die bisher geschickt im Hintergrund gewirkt hatte und schließlich das fast dreißigjährige Ringen entscheiden sollte: Die Perser waren die einzigen, die noch in der Lage waren, den ungeheuer kostspieligen Krieg in Gang zu halten. Bislang hatten sie stets diejenige Seite unterstützt, die zu unterliegen drohte, und so tat man es auch jetzt. Die jüngsten Erfolge der Athener veranlassten die persischen Satrapen, Sparta finanzielle Hilfen zukommen zu lassen, zumal man von einem maritim starken Athen mehr zu fürchten hatte als von den traditionell auf das griechische Festland fixierten Spartanern.

Zu Beginn des Jahres 407 sandten die Spartaner den Nauarchen Lysander in die östliche Ägäis, um diese Wendung der persischen Politik aufzugreifen. Er sicherte durch seine Freundschaft mit Kyros, dem Oberbefehlshaber der persischen Truppen in Kleinasien, den Geldzufluss und verlegte das Operationsgebiet der Flotte in die nordöstliche Ägäis, um Athen von der Getreideversorgung abzuschneiden. Trotz einiger spektakulärer Erfolge der Athener ging sein Plan auf. 405 verlor die letzte athenische Flotte ein entscheidendes Gefecht bei Aigospotamoi. Ein Jahr später schlossen spartanische Schiffe und Landtruppen Athen ein. Nach einem halben Jahr kapitulierte die Stadt. Sparta setzte gegen den Protest Korinths, Thebens und anderer Poleis (welche die Stadt zerstören wollten) durch, dass Athen seine Schiffe bis auf zwölf ausliefern, die Stadtmauern schleifen, alle auswärtigen Besitzungen freigeben und sich in den Peloponnesischen Bund eingliedern lassen müsse. In der Stadt wurde wenig später ein oligarchisches Regiment installiert und mit einer spartanischen Besatzung verstärkt.

4. Bürgerkrieg und Reorganisation der Demokratie in Athen

Athens Zukunft schien unter diesen Vorzeichen ungewiss. Hohe Kriegskontributionen blieben der Stadt erspart, doch kehrten im Gefolge Lysanders oligarchisch gesinnte Exilanten zurück, die bereits an der Verfassungsänderung des Jahres 411 beteiligt waren (s. S. 202). In einer eilig einberufenen Volksversammlung wurde ein Beschluss gefasst, wonach »dreißig Männer zu wählen und mit der Neufassung der von den Vätern überkommenen Gesetze zu betrauen [seien], und dieser Verfassung gemäß sollten sie dann den Staat verwalten«.[244] Daraufhin bildeten die Oligarchen eine Kommission von »30 Bürgern« und schalteten die Volksversammlung als Entscheidungsorgan zugunsten des Rates aus. Dieser hatte allerdings nur Beschlüsse der »Dreißig« abzusegnen. Ohne sich um die Ausarbeitung einer Verfassung zu kümmern, errichteten die »Dreißig« unter Führung des Theramenes ein Schreckensregiment: 1500 Athener sollen umgebracht worden sein, andere suchten ihr Heil in der Flucht. Am Ende wurde selbst Theramenes, der Führer der gemäßigten Oligarchen, hingerichtet.

Das Blatt wendete sich, als es einer Gruppe von Emigranten unter Führung des Thrasyboulos gelang, den Piräus zu besetzen. Mit Unterstützung des spartanischen Königs Pausanias rechnend, der ein Gegengewicht gegen die lysandrische Machtentfaltung suchte, konnten sie die »Diktatur der Dreißig« stürzen. Pausanias war an einer Stabilisierung der Verhältnisse interessiert; deshalb zwang er die Parteien zum Frieden. Den Oligarchen wurde eine Amnestie gewährt, von der nur die engeren Anhänger der »Dreißig« ausgeschlossen waren. Im September 403 zogen die Demokraten auf die Akropolis und feierten die Wiederherstellung der Demokratie.

244 Xenophon, *Hellenika* 2,3,2; vgl. 2,3,11.

Zur Sicherung der demokratischen Ordnung richtete man zunächst ein Gremium von 500 gewählten »Gesetzgebern« (Nomotheten) ein, die alle Gesetze einer Revision unterziehen und Vorschläge für neue Gesetze erarbeiten sollten. Aus dieser Kommission entwickelte sich ein neues Gesetzgebungsverfahren, die *Nomothesie*: Fortan unterschied man zwischen generellen, auf Dauer geltenden Gesetzen (*nomoi*) und den übrigen Beschlüssen sowie situationsbedingten Dekreten (*psephismata*). Die Nomoi wurden nicht mehr von der Volksversammlung ratifiziert, sondern von Nomothetengremien zu 501, 1001 oder mehr Mitgliedern, die aus den 6000 Richtern erlost wurden. Eine Änderung oder Kassation eines Gesetzes war nur noch einem Dikasterion möglich (Psephismata konnten dagegen von den Nomoi aufgehoben werden). Das Gesetzgebungsverfahren war damit einer Instanz unterworfen, die das Risiko überraschender Beschlüsse minimierte. Da die Teilnahme an der Volksversammlung vergütet wurde, hoffte man, auch indirekt die Staatsfinanzen zu entlasten.

Das gleiche Ziel der inneren Stabilisierung stand hinter der Reform des Vorstands von Rat und Volksversammlung. In der Zeit zwischen 403/402 und 379 übertrug man für jede Sitzung von Volk und Rat den Vorsitz von den Prytanen auf neun Prohedroi (»Vorsitzende«), die aus den 450 Ratsherren, die nicht als Prytanen tätig waren, erlost wurden. Die Prytanen beschränkten sich auf die Geschäftsführung des Rates. Aus dem Gremium der Prohedroi wurde der neue Vorsitzende (*epistates*) täglich erlost. Damit war eine personelle Konzentration von Rats- und Volksversammlungsvorsitz nur an einem Tag möglich. Der Epistates wurde zu einem Funktionär der Demokratie ohne die Chance persönlicher Machtentfaltung.

Unter dem Eindruck der gesicherten Demokratie scheint sich die athenische Gesellschaft vergleichsweise rasch von den Schrecken der Kriege erholt zu haben. Zwar gab es nach wie vor Spannungen zwischen den Bürgerkriegsparteien, ferner waren die Athener insgesamt ärmer geworden, doch blieben die Boden- und Besitzverhältnisse weitgehend stabil: Zu Beginn des 4. Jahrhunderts waren lediglich 5000 von 30 000 Athenern ohne Landbesitz. Dementsprechend gibt es auch keine Hinweise auf tiefgreifende Spannungen zwischen Reich und Arm oder Stadt und Land. Natürlich hatten die Bauern Einbußen erlitten; viele Felder waren verwüstet oder verkommen, und nicht wenige Kriegsheimkehrer mussten sich Geld borgen, um Zugtiere und Ackergerät zu kaufen. Doch dürften die Verwüstungen des Krieges bei weitem nicht so drastisch gewesen sein, wie man lange annahm. Die spartanischen Hopliten hatten gar nicht die Mittel, die widerstandsfähigen Öl- und Feigenbäume sowie Weinreben in Attika vollständig mit ihren Wurzeln abzuschlagen. Das Niederbrennen der Felder führte mitunter sogar zur Erholung des Bodens. Weiterhin waren während des Krieges keineswegs alle landwirtschaftlich genutzten Gebiete Attikas evakuiert worden. Die zu Beginn des Krieges nach Euböa geschafften Viehherden wurden zurückgeführt und bildeten einen soliden Grundstock für die Weiterzucht, kurzum: Die agrarischen und wirtschaftlichen Schäden des Krieges waren einschneidend, aber relativ schnell zu beheben.

Zur inneren Stabilität kam der Konsens über die Ziele der Außenpolitik. Die Athener waren von den Vorteilen des Seebundes und der Seeherrschaft so überzeugt, dass sie sich durch die Niederlage nicht beirren ließen. Fast alle Redner vertraten die Meinung, Athen sei verraten worden. Im Zentrum der Verdächtigungen stand der nach Sparta geflüchtete Alkibiades. Doch auch die bei Aigospotamoi unterlegenen Feldherren hielt man für korrupt.[245] Vor diesem Hintergrund konnte man sich leicht zu der Ansicht versteigen, Athens Flotte sei eigentlich unbesiegbar gewesen und

245 Vgl. Pausanias 10,9,11; Schulz (2008), 134 f.

nur durch menschlichen Verrat oder den Zorn der Götter in die Niederlage getrieben worden. Warum die Götter den Athenern ihre Gunst entzogen, war nicht schwer zu erklären: Die Sophisten hatten die adlige Jugend dazu verführt, die Götter zu leugnen, ihrer Verehrung zu entsagen und althergebrachte Werte zu missachten. Nur der Redner Isokrates verwies nüchtern auf ein außenpolitisches Phänomen, nämlich das Eingreifen der Perser: Hätten sich die Spartaner an die Spielregeln des griechischen Kräftemessens gehalten und die Perser nicht zur Unterstützung aufgefordert, hätte Athen nicht verloren.

Indem man auf diese Weise die Gründe für die Niederlage in dem Fehlverhalten staatlicher Funktionsträger, dem Einfluss einer destabilisierenden Philosophie, dem Eingreifen übermenschlicher Kräfte oder der Beteiligung einer fremden Macht suchte, gelang es den Athenern, die Niederlage als irregulär zu interpretieren. Die Demokratie entledigte sich des Makels militärischen Versagens, maritimes Machtstreben blieb politisch unangreifbar. Vorher war jedoch eine moralische Kurskorrektur ebenso geboten wie ein hartes Vorgehen gegen diejenigen, die den Zorn der Götter erregt und mangelnden Bürgersinn gezeigt hatten. Man besann sich auf die Werte der Alten, erinnerte an die Verfassung der Vorväter und erzählte die Geschichte Athens in patriotisch gefärbten Farben, um den Bürgern Halt zu geben.

Der Zorn gegen die Sophisten und ihre Lehren mündete in zahllose Anklagen wegen Gottlosigkeit (*asebeia*). Eine traf Sokrates, den berühmtesten Philosophen der Stadt, obwohl er sich durch seine Lebens- und Lehrweise von der Sophistik deutlich distanzierte. Sokrates suchte den sophistischen Lehren eine klare ethische Handlungsnorm entgegenzustellen: Der Mensch solle sich nicht von kurzfristigen Erfolgen blenden lassen, sondern müsse sich darüber klar werden, was gut und schlecht sei, um sichere Entscheidungen zu treffen. Deshalb müsse man jenseits der alltäglichen und materiellen Güter sowie religiöser Zwänge den Kern der Dinge und die entscheidenden Werte (wie Gerechtigkeit, Tapferkeit oder Schönheit) erkennen. Sokrates demonstrierte diesen Erkenntnisweg durch eine besondere Art des Dialogs, der zunächst das Scheinwissen des Gesprächspartners offenlegte, um ihn dann zur wahren Erkenntnis zu führen.

Eigentlich entsprach diese entschiedene Relativierung vordergründiger Wünsche und Erfolge den (schlechten) Erfahrungen des Krieges. Doch für viele Athener waren die ungewöhnliche Lebensführung, die entwaffnende Fragetechnik und der ethische und moralische Rigorismus nach der Niederlage gegen Sparta zu radikal, und Sokrates tat wenig, um das provozierende Potential seiner Thesen zu mildern. Viele Richter haben den Vorwurf der Gottlosigkeit (Asebie) zwar als Skandal empfunden, doch am Ende ließ ihnen das Auftreten des greisen Philosophen keine andere Wahl, als ihn zum Tod durch den Schierlingsbecher zu verurteilen.

Verstanden hatten sein Anliegen ohnehin nur wenige. Zu ihnen gehörte sein Schüler Platon. Platons Philosophie bezog ebenso eindeutig Stellung gegen die Sophisten wie sein Lehrer Sokrates; doch Platon misstraute auch der Demokratie, die nach seiner Auffassung den sophistischen Lehrsatz vom Recht des Stärkeren für sich reklamierte. Das Misstrauen beruhte auf familiären Traditionen – Platons Onkel zweiten Grades, Kritias, war Haupt der dreißig Tyrannen gewesen, und auch sein Onkel ersten Grades gehörte zur Gruppe der radikalen Oligarchen. Von noch größerer Bedeutung dürfte jedoch das Todesurteil gewesen sein, das die Richter im Namen der Demokratie gegen seinen Lehrer gefällt hatten – für Platon ein Justizskandal, der die strukturellen Schwächen der Verfassung offenlegte: Die Demokratie war für den Aristokratensohn Platon zutiefst ungerecht, weil sie die Macht in die Hände Unwissender legte, die sich nicht durch Herkunft oder

Leistung, sondern durch ihre Zahl legitimierten. Als Gegenmodell entwarf Platon einen Staat (*politeia*), in dem Gerechtigkeit dadurch hergestellt wurde, dass jeder entsprechend seiner Natur in ein hierarchisches Gesellschaftssystem mit festen Arbeitsbereichen eingeordnet wurde. Vier Stände entsprachen den vier Kardinaltugenden. Hüter und Garant der Ordnung waren weise Philosophen, welche die Gesetze kontrollierten und anwandten. In einem zweiten Entwurf (mit dem Titel *Gesetze*), der den Realitäten näherkommen sollte, wurden die Gesetze selbst zum Souverän politischer Macht erhoben.

Aber auch dieser »zweitbeste Staat« war gekennzeichnet durch ein unerhört hohes Maß an Kontrolle und Reglementierung eines totalen (aber nicht notwendigerweise »totalitären«) Staates.[246] Verständlich wird diese Konsequenz erst als Gegenentwurf zur Demokratie, und allein in diesem Zusammenhang ist sie historisch einzuordnen. Weniger radikal spiegelt sie zudem einen Trend, der für die Zeit nach den verheerenden Kriegen nicht untypisch ist (s. S. 234 f.). Dass Platon gerade in Syrakus Anerkennung suchte, also dort, wo die athenische Demokratie eine ihrer bittersten militärischen Niederlagen erlebt und sich ein hochgebildeter Tyrann etabliert hatte, erscheint so durchaus folgerichtig. Richtig ernst genommen hat ihn allerdings auch hier wohl keiner. Als Platon 389 oder 387 enttäuscht nach Athen zurückkehrte und im Park des Heros Akademos seine philosophische Schule gründete (von der unser Begriff Akademie abgeleitet ist), musste er zudem erleben, dass die ungeliebte Demokratie inzwischen auch außenpolitische Handlungsspielräume zurückgewonnen hatte. Den Hintergrund für diese überraschende Entwicklung bildete die Macht- und Kriegspolitik Spartas nach dem Krieg.

246 Vgl. Graeser (1993), 176; Dahlheim (2002), 273.

5. Spartas Machtpolitik und Krieg mit Persien

Spartas wichtigste und schwierigste Aufgabe nach dem Friedensschluss von 404 bestand zunächst darin, das riesige Gebiet des athenischen Seebundes zu sichern. Grundlage der Beziehungen zu den ehemaligen Bündnispartnern Athens bildeten neue Verträge, welche die Vormachtstellung Spartas festschrieben. Sämtliche Bundesgenossen leisteten Tribute und waren zur Heeresfolge verpflichtet, obwohl sie nicht Mitglieder des »Bundesrates« waren. Zusätzlich ließ Lysander in den Poleis Kleinasiens und der Meerengen Garnisonen unter spartanischen Offizieren (Harmosten) einziehen. Ihre Besoldung übernahmen die Städte. Zehnerkommissionen (Dekarchien) richteten meist zusätzlich – wie in Athen – oligarchische Verfassungen ein.

All diese Maßnahmen ließen auf eine konsequente Erweiterung der spartanischen Herrschaft über die Ägäis schließen. Voller Misstrauen registrierten die spartanischen Könige, wie sich Lysander auf diese Weise auch eine persönliche Machtbasis schuf. Schon bald wurde deshalb das Dekarchiensystem wieder schrittweise aufgehoben. Nur die Harmosten und ihre Truppen blieben stationiert. Längst hatten sich jedoch die Spartaner, die einst mit dem Versprechen auf Befreiung der athenischen Bundesgenossen in den Krieg gezogen waren, viele Sympathien verscherzt. Als dann noch bekannt wurde, dass die Spartaner die kleinasiatischen Poleis seinerzeit den Persern als Gegenleistung für die Finanzierung der Flotte preisgegeben hatten, drohte sich eine gefährliche Widerstandswelle gegen den Sieger des großen Krieges aufzubauen. Nur mit einem klaren antipersischen Kurs ließ sich der verspielte Kredit zurückgewinnen. Aus diesem Grund unterstützten die spartanischen Behörden zunächst Kyros bei dessen Versuch im Jahre 402, mit einem Söldnerheer von über 10 000 Mann seinem Bruder die persische Königswürde zu entreißen. Vermutlich erhofften sie sich von einem Sieg des Kyros Zugeständnisse in Bezug auf die kleinasiatischen Poleis. Als jedoch Kyros 401 fiel und der Satrap Tissaphernes die ionischen Städte daraufhin zur Unterwerfung aufforderte, gab es kein Taktieren mehr. Ohne Zögern kam Sparta der Bitte der Poleis nach, sie als »Vorsteher« der griechischen Welt gegen Persien zu unterstützen.[247]

Sparta stürzte sich daraufhin in einen 10-jährigen Krieg in Kleinasien, der mit vielen Traditionen brach und einen tief greifenden Mentalitätswandel bezeugt. Die Professionalisierung des Krieges und seine Verlockungen hatten die engen Bande, mit denen Sparta seine Heerführer an den eigenen Kosmos zu binden trachtete, gelockert. Der in Kleinasien operierende Agesilaos fühlte sich in der Nachfolge der trojanischen Helden und träumte von Reichtum und Ruhm im Kampf gegen die Barbaren. Er nahm damit manches vorweg, auf das später Alexander zurückgreifen sollte (s. S. 245 f.). Fast folgerichtig kehrte Agesilaos auch wieder zur Dekarchienpolitik Lysanders zurück. Hier agierte ein Mann, der unverhohlene Machtpolitik betrieb, zum Ruhme Spartas, aber nicht weniger aus aristokratischem Ehrgeiz.

Für die Stellung Spartas in Griechenland selbst war diese Entwicklung wenig zuträglich, zumal die Perser erneut ihre diplomatischen Kontakte und ihre konkurrenzlosen materiellen Ressourcen spielen ließen. 396 ernannte der persische König den Athener Ex-Strategen Konon neben dem kleinasiatischen Satrapen Pharnabazos zum Admiral einer neuen Flotte von angeblich bis zu 300 Kriegsschiffen. Die Athener erkannten hierin sofort die gesuchte Chance, sich aus der außenpolitischen Gängelung zu lösen. Selbstbewusst verweigerten sie zusammen mit Argos, Korinth und Theben im folgenden Jahr dem Agesilaos

247 Vgl. Xenophon, *Hellenika* 3,1,3.

Truppen für den Perserkrieg. 395 beschloss die Volksversammlung mit persischer Rückendeckung ein Defensivbündnis mit Böotien. Im Herbst des Jahres siegte die thebanische Armee gegen spartanische Truppen. Danach traten Korinth, Argos und andere Poleis dem athenisch-böotischen Bündnis bei, um dem Hegemonialanspruch Spartas in Griechenland entgegenzutreten. Der neue Bund hieß »korinthische Allianz«. Der Krieg, der sich zwischen den Alliierten und Sparta entwickelte, wird nach seinem Hauptschauplatz Korinthischer Krieg genannt.

6. Der Wiederaufstieg Persiens bis zum Königsfrieden

Auch wenn die Spartaner in den Folgejahren die korinthische Allianz im Feld (bei Haliartos) mehrmals besiegen konnten – der Krieg band spartanische Kräfte und verschaffte den Persern die gewünschte Entlastung auf dem kleinasiatischen Kriegsschauplatz. 395 wechselte die wichtige spartanische Marinebasis Rhodos die Fronten. Im August 394 gelang es Konon und Pharnabazos, bei Knidos die spartanische Armada zu vernichten. Jetzt holten die Spartaner die Fehler ihrer ägäischen Herrschaftspolitik ein. Die Einsetzung oligarchischer Regime und der Zwang zu Tributzahlung und Truppenstellung hatten die Ressentiments der kleinasiatischen Küstenstädte gegenüber Sparta stetig erhöht. Binnen weniger Monate wechselten fast alle Poleis auf die persische Seite. Die wichtigsten schlossen sich mit Persien sogar zu einer antispartanischen Allianz zusammen – eine noch vor Jahrzehnten undenkbare Entwicklung. Kurze Zeit später stieß die persische Flotte in die Ägäis, gewann die Kykladen und schloss ein weiteres Bündnis mit der korinthischen Allianz.

Um ein weiteres Gegengewicht gegen Sparta zu schaffen, ließ der Satrap Pharnabazos im Sommer 393 Konon mit 80 Schiffen nach Athen zurückkehren. Er übergab der Stadt 50 Talente zum Wiederaufbau der Piräusbefestigungen sowie zur Verstärkung der athenischen Truppen. Persien wurde so zum Geburtshelfer der neuen athenischen Seemacht – eine Ironie der Geschichte, die eine Generation zuvor niemand für möglich gehalten hatte. Nach der Rückkehr Konons ratifizierte die Volksversammlung Bündnisse mit mehreren alten Mitgliedern des Seebundes, u. a. Chios, Mytilene, Kos, Knidos, und reorganisierte die Kleruchien Lemnos, Imbros und Skyros. 392 fühlte man sich stark genug, ein Friedensangebot Spartas, welches den Vertrag von 404 komplett revidiert hätte, auszuschlagen. Wenig später bot der spartanische Gesandte Antalkidas dem Satrapen Tiribazos den Verzicht auf alle Ansprüche in Kleinasien an. Athen protestierte als Haupt einer griechischen Gegengesandtschaft jedoch erfolgreich, da man die einstigen kleinasiatischen Bundesgenossen nicht preisgeben wollte.

Das Selbstbewusstsein der Athener erschien gerechtfertigt. Sparta musste den Krieg in Kleinasien binnen weniger Monate verloren geben und auch in Griechenland eine bittere Niederlage gegen die hochtrainierte Kampftruppe thrakischer Peltasten unter dem athenischen General Iphikrates hinnehmen. Die Athener weiteten derweil ihre Machtpolitik zügig aus und in Dimensionen, die an den alten Seebund erinnerten: 389/388 gelang der Abschluss eines Dreierbündnisses mit Euagoras von Zypern und dem ägyptischen König Akoris. Bereits 380/389 war Thrasyboulos mit vierzig Trieren – der größten Flotte seit 404 – in die Nordägäis gesegelt und hatte unbehindert von spartanischen oder persischen Schiffen Verträge mit den thrakischen Königen, Thasos, Samothrake, der thrakischen Chersonnes, Byzanz und Kalchedon zustande gebracht. Die Einrichtung einer Zollstation am Hellespont garantierte zusätzliche Einnahmen und die Kontrolle der Getreidezufuhr.

Noch waren die Athener allerdings nicht in der Lage, größere maritime Kräfte zu mobilisieren. Dies ist der Grund, weshalb sich Sparta dem athenischen Ausgreifen noch einmal erfolgreich widersetzen konnte. Getreu den Maximen der persischen Schaukelpolitik (s. S. 204) stellten die kleinasiatischen Satrapen auf die Nachricht von den Erfolgen des Thrasyboulos den Spartanern achtzig Schiffe zur Verfügung, mit denen Antalkidas am Hellespont die Getreidezufuhr aus dem Schwarzmeergebiet zu blockieren begann. Da der Spartaner Teleutias von Ägina aus den Piräus bedrohte, geriet Athen in eine ernste Versorgungskrise. Erneut zwang der Verlust der Kontrolle über die Seewege die Athener zur Aufgabe. Auch auf Seiten des korinthischen Bundes machten sich Zeichen der Erschöpfung breit.

Die Zeit war reif für das Eingreifen der persischen Zentralmacht. Bereits im Jahre 388 war Antalkidas an den Hof des Großkönigs in Susa gereist. Ein Jahr später ließ der Perserkönig alle Teilnehmer des Korinthischen Krieges nach Sardeis kommen und durch Tiribazos ein Schreiben verlesen, in dem er den Frieden sowie die Besitzverhältnisse festschrieb und jedem mit Krieg drohte, der sich widersetzte.[248] Damit beendete ein Diktat des Perserkönigs den Krieg. Dieser »Königsfriede« oder »Friede des Antalkidas« ist eine neue Form des Friedensschlusses, den man *koine eirene* (»allgemeiner Friede«) nennt. Er sah keine bilateralen Verpflichtungen vor, sondern erstreckte sich einseitig auf alle griechischen Poleis. Während der Perserkönig die Griechenstädte Kleinasiens, dazu Klazomenai und Zypern zurückgewann und gegen die Rebellen auf Zypern und in Ägypten vorgehen konnte, erklärte er alle Poleis des Mutterlands mit Ausnahme von Lemnos, Imbros und Skyros, die an Athen fielen, für autonom. Konkret bedeutete dies, dass sie nicht mehr Mitglied eines

248 Vgl. Xenophon, *Hellenika* 5,1,31.

Bundes werden sollten. Damit war allen Machtbildungen im griechisch-ägäischen Raum ein Riegel vorgeschoben: Die Bündnisse Athens wurden ebenso aufgelöst wie die thebanische Hegemonie und die Union von Korinth und Argos; vermutlich enthielt der Friede auch eine Klausel, die maritime Aufrüstung untersagte. Die Ausführung des Autonomieprogramms übertrug der König den Spartanern als der nach wie vor nominell stärksten Macht in Griechenland.

Jeder halbwegs intelligente Beobachter wusste freilich, wer der eigentliche Sieger nicht nur des Korinthischen, sondern auch des Peloponnesischen Krieges war: Unverhohlen drohte der Großkönig all denjenigen mit Krieg, die sich seinen Vorstellungen nicht beugen wollten. Persien hatte mit dem Gewinn der kleinasiatischen Poleis und der Schwächung aller griechischen Seemächte eine Machtposition erreicht, die es letztmals vor dem Ionischen Aufstand besessen hatte!

7. Bürgerkriege und militärische Revolution – Die Veränderung der griechischen Welt nach dem Königsfrieden

»Wer wird sich eine Lage wünschen«, so fasste Isokrates[249] sieben Jahre nach Ende des Korinthischen Krieges die Lage in Griechenland zusammen, »in der Piraten das Meer unter ihrer Kontrolle haben und leichtbewaffnete Söldnertruppen die Städte besetzen? Anstatt für ihr Land gegen andere zu kämpfen, kämpfen die Bürger innerhalb der Stadtmauer gegeneinander. Mehr Städte sind Gefangene geworden als vor dem Frieden. Umstürze sind so häufig, dass diejenigen, die in ihren Städten leben, viel verzagter sind als die mit Verbannung Bestraften.« Isokrates über-

249 Vgl. Isokrates, *Panegyrikos* 4,115 f.

zeichnet, doch im Kern spiegeln seine Aussagen Realitäten: Die generationenlangen Kämpfe hatten in vielen Poleis zu Konflikten zwischen den Adligen und ihren Anhängern geführt. Je nach Kriegsverlauf und außenpolitischer Ausrichtung neigten die einen den Spartanern und ihrem Bund, die anderen den Athenern zu. Gewann eine Kriegspartei die Oberhand, so kamen deren Anhänger ans Ruder und mit ihnen wurde auch die Verfassung in der Regel der der siegreichen Macht angepasst. Die Unterlegenen gaben sich jedoch ebenso wenig geschlagen wie die finanziell und wirtschaftlich Gebeutelten.[250] Nicht selten kam es zu Bürgerkriegen (*staseis*), deren Brutalität vielen als Symptom eines Verfalls tradierter Normen erschien.[251] Die angespannte finanzielle Lage tat ihr Übriges und schuf Unsicherheit, Armut und ein Heer von Vertriebenen. Die einen verdingten sich als Gelegenheitsarbeiter in den Hafenstädten, andere traten als Söldner in den Dienst persischer Satrapen oder thrakischer Könige. Wieder andere suchten ihr Glück in der Piraterie, die nach dem Ausfall der athenischen Flotte aufblühte. Dies alles verstärkte die weit verbreitete Auffassung, dass die Griechen aufgrund ihrer notorischen Unfähigkeit zur Einigkeit in einer Zeit tiefer außenpolitischer Ohnmacht lebten.

Auf der anderen Seite – und dies ist eine der historisch bedeutendsten Paradoxien des 4. Jahrhunderts – hatten die kriegführenden Poleis während ihrer Auseinandersetzungen eine Fülle von organisatorischen und militärtechnischen Innovationen entwickelt. Sparta und Athen setzten im Laufe des Krieges zumal in den Randgebieten neben den Bürgersoldaten bzw. Periöken immer häufiger Söldner ein, die den Kommandeuren überhaupt erst die Möglichkeit verschafften, raumgreifende Feldzüge zu Lande durchzuführen, bei denen ein Bürgerheer aufgrund seiner

250 Zu den wirtschaftlichen und finanziellen Aspekten vgl. Eich (2006), 558ff.

251 Vgl. Thukydides 3,81–83.

engen Bindung an die Heimatpolis scheitern musste. Welche Erfolge hiermit zu erzielen waren, zeigte das Heer der 10 000 griechischen Söldner des Kyros, die sich nach dem Tod ihres Soldherrn durch feindliches Gebiet vom Euphrat bis zum Schwarzen Meer durchschlugen und von dort nach Griechenland zurückkehrten. Sie bewiesen, dass man auch zu Lande großräumige Strategien planen und durchführen konnte, die man bisher nur im Bereich der Seekriegführung kannte.

Mit der wachsenden Zahl von Berufssoldaten veränderte sich die Bedeutung der Truppengattungen. Nach wie vor lag zwar das Hauptgewicht der Landschlacht auf den Schwerbewaffneten (Hopliten), doch gewannen spätestens seit den erfolgreichen Kämpfen der Athener auf Sphakteria (vgl. S. 198f.) die Leichtbewaffneten an Bedeutung. Sie waren durchweg Söldner aus Thrakien und wurden wegen ihres Schildes (*pelte*) Peltasten genannt. Sie wurden zu Beginn des 4. Jahrhunderts von dem Athener Iphikrates zu einer Kampftruppe ausgebildet, die sogar den spartanischen Hopliten gefährlich werden konnte (s. S. 214).

Die zweite Neuerung betraf die Reiterei. Traditionell hatten Sparta, Athen oder Korinth dieser (aristokratischen) Truppengattung geringe Bedeutung beigemessen. Dies änderte sich spätestens nach der Niederlage Athens gegen Syrakus, die zu einem nicht geringen Teil auf die Qualität der syrakusanischen Reitertruppen zurückging. Gerade in den Randgebieten zeigte sich, dass die unbewegliche Hoplitenphalanx wendigen und flexibel agierenden Verbänden unterlegen sein konnte, die sich nicht an die über Jahrhunderte verfestigte Schlachtentaktik der mutterländischen Poleis hielten.

Eine dritte wichtige Neuerung vollzog sich im Bereich des Festungsbaus und der Artillerie. Ingenieure aus Syrakus entwickelten nach der Abwehr der Athener Katapulte, die ihre Geschosse mit viel größerer Treffsicherheit und Wucht schleudern konnten als einfache Bogenschützen; zusammen mit dem Einsatz der Leichtbewaffneten erhöhte sich damit die Chance einer Eroberung befestigter Orte beträchtlich. Manche Poleis begannen im Gegenzug den Festungsbau voranzutreiben, doch blieb dies auf Gemeinden beschränkt, die wie die Syrakusaner selbst über ausreichende Finanzkraft verfügten, nämlich die kleinasiatischen Poleis und persischen Residenzen und in geringerem Umfang die Athener. Die persischen Festungen trugen entscheidend dazu bei, einen Erfolg der Spartaner in Kleinasien zu verhindern.

Auch im Bereich des Seekriegs brachten die Entwicklungen in den Randgebieten bedeutende technische Neuerungen. Wenige Jahre nach dem Sieg über die athenischen Trieren erhöhten die Syrakusaner – vermutlich nach phönikischem Vorbild – die Zahl der Ruderreihen von drei auf vier und bestückten die Schiffe mit den neuen Katapulten. Der Bau und die Besoldung ihrer Ruderer verursachten allerdings Kosten, die sich nur der Perserkönig als Auftraggeber der phönikischen Hafenstädte sowie ein reicher Tyrann wie Dionysios von Syrakus leisten konnten. Die Poleis reduzierten dagegen ihre Flotten drastisch. Eine Umstellung der Militärstruktur auf neue Truppengattungen unterwanderte zudem das Hoplitenethos, auf dem die politische Identität fast aller Poleis beruhte. Die Hopliten wehrten sich gegen die Aufwertung von Leichtbewaffneten und Reiterei, weil diese ihre politische Vorrangstellung gefährdet hätten.

8. Spartas Unfähigkeit zum strukturellen Wandel

Sparta hatte mit diesen Problemen in besonderem Maße zu kämpfen. Denn gerade die staatstragende Schicht der Spartiaten bezog einen Großteil ihrer Legitimation aus dem Erfolg ihrer Hoplitentaktik. Die Sorge vor dem Verlust althergebrachter Privilegien tat ein Übriges: Seit der Wende vom 5. ins 4. Jahrhundert waren zwar große Reichtümer in Form von Beute, Tributen und (persischen) Subsidien in das Eurotastal geflossen, doch weigerte sich die Führungsschicht – anders als in Athen – beharrlich, eine moderne Finanzorganisation aufzubauen, um die Gewinne auf zufriedenstellende Weise zu verteilen. Denn sie fürchtete, dass die neuen Reichtümer in einer Zeit, in der die Gleichheitsideologie zu einer Stütze der staatlichen Stabilität geworden war, den auf Bedürfnislosigkeit ausgerichteten Kosmos aushöhlten. Tatsächlich hatten die persischen Geschenke, reiche Kriegsbeute und nicht zuletzt die prachtvollen Ehrungen, die Männer wie Brasidas oder Lysander in Griechenland, Thrakien oder Kleinasien erhielten, viele Kommandeure der Enge ihrer Heimat entfremdet. Es häuften sich Vorwürfe von Bestechung und Untreue, und es wurde für erfolgreiche Offiziere immer schwerer, sich nach militärischen Erfolgen wieder in das spartanische System einzufügen. Das Misstrauen der führenden Familien wurde noch dadurch gestärkt, dass viele erfolgreiche Feldherren wie Gylippos oder Lysander wohl nicht der engeren Adelsriege entstammten, sondern Söhne aus Mischehen mit Periöken waren. Erfolge dieser Aufsteiger bedeuteten für die Könige und Adligen eine bedrohliche Konkurrenz.

Die konservativen Hardliner reagierten auf skurrile Weise konsequent und verboten jeglichen privaten Besitz und Import von Silber und Gold.[252] Jeder Feldherr, der auch nur den Verdacht von Bestechlichkeit oder Illoyalität erregte, wurde mit strengen Rechenschaftsprozessen belegt. Die Begehrlichkeit der Feldherren fand freilich genügend Wege, die Edelmetallbeschränkung zu umgehen, etwa durch Diebstahl oder Deponierung der Beutegelder in einer Tempelbank. Ferner verstärkte sich der Trend zur Konzentration des Bodenbesitzes und der Verarmung von

252 Vgl. Plutarch, *Lysander* 17.

Vollbürgern. Da die Spartaner seit Beginn des 4. Jahrhunderts über ihr Erbgut frei verfügen konnten, verkauften ärmere Spartaner ihr Land, um an den Syssitien teilnehmen zu können. Die Höhe der Beiträge war jedoch unabhängig vom persönlichen Besitz, so dass sie bald erneut in Zahlungsschwierigkeiten gerieten und als Hypomeiones (»Mindere«) ihre politischen Rechte sowie vermutlich auch den ehrenvollen Platz in der Phalanx der Vollbürger verloren. All dies verstärkte den durch Geburtenrückgang, Kriegsverluste und Naturkatastrophen ohnehin forcierten Rückgang der Spartiaten – von Aristoteles (*Politik* 1270a 29–32) als *oliganthropia* bezeichnet: Belief sich die Zahl der Hopliten im Jahre 480 noch auf rund 8000, so wurden in den 70er Jahren des 4. Jahrhunderts nur noch 1000 bis 1500 gezählt.

Dennoch haben sich die Spartaner nie zu einer durchgreifenden Änderung der Verfassung oder einer Reform von Armee und Gesellschaft durchringen können: Zwar hat man in den späten 70er Jahren die Schlagkraft der Armee durch die Einrichtung von zehn neuen Heeresbezirken kurzfristig erhöhen können. Die Ausweitung des Bürgerrechts scheiterte jedoch an der Furcht vor Helotenaufständen; nur zum Krieg eingezogene Heloten wurden mit der Freilassung belohnt und den Periöken zugeordnet, sie haben aber – meist in den Randgebieten eingesetzt – die rechtliche und gesellschaftliche Ordnung nicht ändern können. Dieses Verharren in alten Strukturen sollte sich als fatal erweisen in einer Zeit, in der eine flexible Anpassung an die militärischen Innovationen überlebenswichtig schien.

Das beste Beispiel für eine gelungene Anpassung lieferte Theben: Das Land war von den Kämpfen der Vergangenheit verschont geblieben. Die führenden Feldherren nutzten die Zeit, um ihre traditionell gut trainierte Reiterei zur erfolgreichsten Waffe auch im Kampf gegen Hopliten zu schmieden. 379 vertrieben thebanische Exilanten die spartanische Besatzung. Acht Jahre später konnte der thebanische Feldherr Epameinondas in der Ebene bei Leuktra mit Hilfe der vorzüglich ausgebildeten Reiterei und einer neuen Schlachtentaktik (der sog. schiefen Schlachtordnung) die spartanische Hoplitenarmee vernichtend schlagen. Damit hatte Sparta den Nimbus der Unbesiegbarkeit und 400 seiner besten Kämpfer verloren – ein Aderlass, der nicht mehr wettzumachen war. Epameinondas nutzte die Schwäche und führte das böotische Heer mehrmals bis vor das lakonische Polisgebiet. Als sich der innere Kern des Peloponnesischen Bundes mit Mantineia lossagte und sich Messenien nach 250 Jahren von Sparta befreite, brach die spartanische Herrschaft zusammen.

9. Wirtschaft und Gesellschaft Athens

Wie verzweifelt die Lage der Spartaner war, zeigt die Tatsache, dass man in dieser Situation just bei der Macht Rückhalt suchte, die man fast ein Jahrhundert lang bekämpft hatte. Athen hatte sich von den Kriegen besser erholt, als viele erwartet hätten: Die Gesamtbevölkerung Athens und Attikas war zwar um etwa die Hälfte und die Zahl der Wehrfähigen vielleicht sogar um zwei Drittel dezimiert. Zehn Jahre nach Kriegsende sprechen jedoch Platon[253] und Aristophanes[254] wieder von 30 000 wehrfähigen Bürgern. Dem Bevölkerungsanstieg entsprach eine vergleichsweise stabile wirtschaftliche und soziale Gesamtsituation. Sicherlich waren viele als Hopliten kämpfende Bauern von den Auswirkungen des Krieges schwer getroffen und mussten sich verschulden, um ihre Höfe wiederherzurichten und ihre Familien über die Runden zu bringen. Und sicherlich litten – wenn man den Aussagen der zeitgenössischen Komödien glauben will – die ärmeren

253 Platon, *Symposion* 175e.
254 Aristophanes, *Ekklesiazusen* V,1132.

Schichten unter Nahrungsmangel und Krankheiten. Doch lassen archäologische Funde darauf schließen, dass die Athener ihre Häuser durchweg solider bauten als in der Zeit davor. Unbestritten ist ferner, dass die Wirtschaft sich binnen weniger Jahrzehnte erholte und neue Produktionszweige entstehen ließ. Der Redenschreiber Lysias übernahm von seinem Vater eine Schildfabrik, die gegen Ende des Peloponnesischen Krieges über 100 Sklaven beschäftigte und deren Lager 700 verkaufsfertige Schilde aufwies. Der Vater des Demosthenes besaß eine Schwertfabrik mit 32 Arbeitern. Andere spekulierten mit Grundbesitz, kauften Brachland oder verwüstete Ländereien billig auf, ließen sie unbearbeitet oder verpachteten sie, bis die Erholung die Preise in die Höhe trieb und sie mit Profit verkauft werden konnten.

Ein weiteres einträgliches Geschäft war der Import von Getreide über See, der häufig mit dem Handel anderer wichtiger Produkte – insbesondere Bauholz – verbunden war.[255] Da die Keramikproduktion nie erlahmte und das begehrte attische Öl bald nach Kriegsende wieder exportiert werden konnte, begann der Überseehandel schon rund zehn Jahre nach der Kapitulation wieder zu florieren. Bereits in den ersten Nachkriegsjahren belief sich der im Piräus gehandelte Warenwert auf 2000 Talente, die doppelte Summe der Einnahmen, die Sparta über Tribute erzielte. Hiervon profitierte die Staatskasse, die auf alle eingeführten Waren eine Abgabe von zwei Prozent erhob. Der Handel hatte im 5. Jahrhundert eine sich selbst tragende Eigendynamik auf so hohem Niveau entwickelt, dass er sich nach dem Verlust der Seeherrschaft schnell wieder erholen konnte und relativ unabhängig von machtpolitischen Erfolgen blieb. Der Ausfall der Flotte und des Seebundes wurde dadurch kompensiert, dass man nun Einzelverträge mit Getreide und Holz exportierenden

255 Vgl. Lysias 16,4; 17,5; 22,14–16; Isokrates 17,4–5.

Mächten wie den odrysischen Regenten und der chalkidischen Konföderation schloss, an fremde Fürsten das Bürgerrecht verlieh und sich so einen Kreis von befreundeten Mächten schuf, welche die stete Zirkulation von lebensnotwendigen Gütern wie Getreide aus der Nordägäis in den Piräus sicherten.[256] Im Piräus selbst wurde das Löschen von Getreideladungen streng überwacht. Handelsgerichtshöfe schützten Bürger und Fremde gleichermaßen und arbeiteten so schnell, dass die Händler wenig Zeit verloren und relativ sicher vor Übervorteilung waren.

Diese Maßnahmen machten den Piräus in den 380er Jahren wieder zum zentralen Warenumschlagplatz der Ägäis. Parallel zum Aufblühen des Handels gewann das Geld- und Minengeschäft (in den Laureionminen) an Bedeutung.[257] Viele Bauern mussten sich Geld leihen, um ihre Höfe wieder aufzubauen. Händler und Reeder benötigten Geld, um Schiffe zu mieten oder zu kaufen, die schon bald wieder alle Seehandelsrouten des Mittelmeers befuhren.[258] In fast allen Wirtschaftsbereichen begann man die Quantität und Qualität der Waren zu steigern, rationellere Ausbeutungsmethoden zu entwickeln oder sich auf Geschäftszweige zu konzentrieren, um in kürzerer Zeit Gewinne zu erzielen. Das 4. Jahrhundert wurde die große Zeit professioneller Experten und technischer Spezialisten, die mit berechnender Ratio die Möglichkeiten der Natur und menschlicher Fähigkeiten auszuschöpfen suchten.

Dieser Trend wurde im Bereich des Handels und Geldgeschäfts auch von der Athener Oberschicht getragen. Manche Adlige zogen sich aus Verärgerung über den Aufstieg der neureichen Demagogen und über das Scheitern der oligarchischen Umsturzversuche aus der Politik zurück und entwickelten die Mentalität einer unpolitischen Großbourgeoisie. Ihr Land wurde zunehmend Objekt finanzieller Ge-

256 Vgl. Demosthenes 8,29,40; 34,36.
257 Vgl. Eich (2006), 402 ff., 449 ff.
258 Vgl. Lysias 32,5; 6;15;25.

schäfte und das Leben als städtischer Rentier ein Ideal, das mit dem politischen Kampf um die Volksgunst konkurrierte.

Die Mehrheit des Adels vermochte sich aber mit der Demokratie zu arrangieren. Sie musste sich allerdings starker Konkurrenz erwehren. Spätestens seit Kleon war es Mitgliedern der gewerbe- und handeltreibenden Schichten gelungen, in die Phalanx der Politiker aus den Kreisen der grundbesitzenden Aristokratie einzubrechen. Die »neuen« Politiker und Feldherren ersetzten fehlende aristokratische Herkunft durch Geld, Beharrlichkeit und die Bereitschaft, sich den veränderten Anforderungen auf professionellem Niveau zu stellen. Waren Perikles und Alkibiades Strategen und Redner in einer Person, so kam es nun immer häufiger zu einer Arbeitsteilung zwischen Offizier und Politiker bzw. Redner. Während der professionelle Söldnerführer zum neuen Sozialtypus des Krieges avancierte, besetzten umgekehrt Männer die höchsten politischen Ämter, die so reich waren, dass sie sich der Politik vollends verschreiben konnten. Ihr Reichtum veränderte eingespielte Verhaltensnormen gegenüber dem Demos. Während es im 5. Jahrhundert noch ausgeschlossen war, dass ein Athener als Wohltäter (*euergetes*) der Stadt geehrt wurde (dies war eine Ehrung für Ausländer), setzt sich in den Quellen des 4. Jahrhunderts die Überzeugung durch, dass ein guter Bürger aus Privatinitiative seiner Stadt einen guten (finanziellen) Dienst erweisen sollte. Man nennt diese Haltung Euergetismus. Sie basiert weniger auf dem Wunsch, Ruhm zu erlangen oder sein Prestige zu erhöhen, sondern vielmehr auf der Überlegung, die Stadt wie einen Freund zu behandeln, dem man einen Dienst erweist, um sich im Gegenzug dessen Dankbarkeit (*charis*) zu sichern. Die Beziehung zwischen reichem Wohltäter und Stadt drohte auf diese Weise aus dem staatlichen Regulationsrahmen herauszufallen und sich in ein Privatverhältnis zu wandeln.

Solange jedoch die Polis als politisch autonomer Verband und die Demokratie in Athen funktionierten, war diese Entwicklung nicht so prägend, dass sie das demokratische System substantiell veränderte. Der Reichtum der Elite nahm zwar zu, doch die Regeln des politischen Miteinanders blieben in Kraft, die Leiturgie wahrte ihren Charakter als Ausgleichsinstrument zwischen adligem Machtanspruch und demokratischer Gleichheit, auch wenn sie aufgrund der angespannten Finanzlage in eine regelmäßige Steuer umgewandelt wurde. Sie verlor damit zwar ihren Nimbus als außergewöhnliche Leistung, doch hatte der Adlige genügend Gelegenheit, seinen Einsatz für die Stadt hervorzuheben. Auch die Ehrungen athenischer Feldherren zeigen, dass im Prinzip die gleichen Werte das Leben bestimmten wie im 5. Jahrhundert.

Die zunehmende Bedeutung des finanziellen Einsatzes für die Stadt minderte auch keineswegs – wie man lange glaubte – die Kriegsbereitschaft der Athener. Regelmäßig rückten sie auch im 4. Jahrhundert zur Verteidigung ihrer Stadt ins Feld. Ebenso wenig kann man von einem nachlassenden politischen Engagement sprechen. Immerhin wurde der Volksversammlungsplatz im Laufe des 4. Jahrhunderts erst auf eine Menge von 8000 und dann sogar von 15 000 Bürgern ausgebaut. Eine solche Erweiterung ist mit einer abnehmenden politischen Beteiligung schwer in Einklang zu bringen.

Was die Beteiligung an der Politik allerdings erschwerte, waren die sozialen und wirtschaftlichen Umstände nach dem Krieg. Die Bevölkerungszahl war gesunken; Bauern mussten ihre Gehöfte wieder herrichten, Theten suchten auf dem Land nach Verdienst. Um die Demokratie in Gang zu halten, musste man diesen Schichten Anreize für ihre politische Teilnahme bieten. Deshalb führte man den Ekklesiastensold ein, eine finanzielle Zuwendung von drei Obolen für die ersten 1000 Teilnehmer an den Volksversammlungen ab dem Jahr 392.[259] Als sich die Verhältnisse

259 Vgl. Aristophanes, *Ekklesiazusen* 183–188, 289–310, 383–395.

stabilisierten und Hoffnungen auf außenpolitische Erfolge keimten, stiegen auch wieder die Teilnehmerzahlen – wie der Ausbau der Pnyx beweist.

10. Der Zweite Attische Seebund und sein Scheitern

Wie eng die politische Aktivität im Innern mit dem Drang nach äußerer Machtentfaltung zusammenhing, zeigt nichts besser als die Tatsache, dass die Athener entgegen den Bestimmungen des Königsfriedens und gegen den Rat Platons, der glaubte, das Meer und die Seeherrschaft übten einen schlechten Einfluss auf die Moral der Menschen aus, erneut darangingen, ein hegemoniales maritimes Bündnissystem zu schmieden. Als Reaktion auf die spartanische Hegemonialpolitik gelang es zunächst im Jahre 378 – genau hundert Jahre nach der Gründung des ersten Seebundes –, mehrere Bündnisse zu dem Zweiten Attischen Seebund zu formen, »damit die Lakedaimonier die Griechen frei, autonom und in Ruhe leben und ihr Land in Sicherheit besitzen lassen«.[260] Im Frühjahr 377 erließ die athenische Volksversammlung ein Psephisma, das alle Griechen und Barbaren (die nicht Untertanen des Großkönigs waren) zum Beitritt in den neuen Bund aufforderte. Neben den Poleis der Ägäis trat als einzige Landmacht Theben dem Bündnis bei.

Die Organisation des Bundes verzichtete auf diejenigen Einrichtungen des delisch-attischen Seebundes, die den Athenern den Ruf herrschaftlicher Arroganz eingebracht hatten. Im Bundesrat (Synhedrion) besaßen alle Mitglieder unabhängig von ihrer Größe eine Stimme, der Gastgeber Athen war jedoch nicht vertreten. Die Beschlüsse des Synhedrions mussten in der athenischen Volksversammlung

260 Bengtson (1975), *Staatsverträge*, Bd. 2, Nr. 257, Z. 9–15.

zusätzlich beraten und bestätigt werden. Es entstand so ein organisatorischer Dualismus, der den Bundesgenossen ein von jeglicher Dominanz Athens unabhängiges Gremium sichern sollte, den Athenern aber die Freiheit ließ, die militärischen Ziele durchzusetzen. Erneut stellte Athen die Bundesflotte, doch anstelle der Phoroi zahlten die Bündnispartner nun feste Matrikularbeiträge (*syntaxeis*), deren Höhe vom Synhedrion festgelegt wurde. Die Beiträge standen athenischen Beratern (*synhedroi*) direkt zur Verfügung, doch die Athener sicherten den Bündnispartnern zu, ihre Autonomie und Freiheit zu wahren. Fortan durften keine athenischen Beamten, Kleruchen und Besatzungen in die Bundesstädte ausgesandt werden; ferner wurde den Athenern untersagt, Grundbesitz im Bundesgebiet zu erwerben.

Auf der Grundlage dieser Vereinbarungen gelang es den Athenern, sich binnen weniger Jahre wieder zur führenden Seemacht Griechenlands aufzuschwingen. Im Jahr 369 war man deshalb auch so generös, das Bündnisangebot der verzweifelten Spartaner anzunehmen, zumal die Thebaner inzwischen eine eigene Kriegsflotte auf Kiel gelegt hatten. 362 standen Spartaner und Athener ein letztes Mal bei Mantineia Seite an Seite, um dem thebanischen Heer entgegenzutreten. Die Schlacht ging verloren, doch mit dem Tod des Epameinondas verlor der thebanische Aufstieg seine Zugkraft. Aber auch Sparta nahm Abschied von der großen Politik. 360 war der Peloponnesische Bund faktisch aufgelöst und Sparta auf den Rang einer mittleren Polis reduziert.

Ähnlich wie seinerzeit die Siege über die Perser viele athenische Bundesgenossen an einem weiteren Engagement hatten zweifeln lassen, so begann nach dem Tod des Epameinondas die Zustimmung der Bündnispartner zu einer weiteren Machtausdehnung Athens zu schwinden, zumal die Stadt längst wieder auf die Bahnen des alten Seebundes eingeschwenkt war, Tribute eintrieb und Kleruchien einrichtete. Chios, Rhodos, Byzantion und Kos traten daraufhin mit Unterstützung des karischen Dynasten Mausolos aus dem Seebund aus. Obwohl die Athener die Zahl ihrer Schiffe erhöhten und alle Ressourcen mobilisierten, gelang es ihnen nicht, die Abgefallenen wieder in den Seebund einzugliedern. Dass Athen gerade gegen seine ehemaligen Partner aus der östlichen Ägäis unterlag, kam nicht von ungefähr. Befreit von der Last der Seebundstribute und der Abgaben an die spartanischen Harmosten fanden sie nach dem Königsfrieden Anschluss an den prosperierenden persischen Wirtschaftsraum, begannen ihre Städte und Festungen auszubauen und die Agrarproduktion zu steigern. Maussolos von Karien schuf einen prachtvollen Grabbau, in dem sich griechische Architektur mit nahöstlichem Geschmack vereinte.

Umgekehrt hat Athen die Niederlage im Bundesgenossenkrieg an den Rand des Staatsbankrotts getrieben. Wie gravierend die finanziellen Probleme waren, zeigt die Tatsache, dass Xenophon nach Kriegsende eine Spezialschrift mit dem Titel *Vorschläge zur Beschaffung von Geldmitteln oder Über die Staatseinkünfte* (*Poroi*) veröffentlichte. Erst dem Athener Eubulos gelang es, die Staatsfinanzen zu sanieren, indem er die Ausbeutung der Minen forcierte und eine betont maßvolle Außenpolitik betrieb. Auch der große Redner Isokrates riet seinen Mitbürgern, einen Frieden weiteren militärischen Kraftanstrengungen vorzuziehen. Nur dieser würde die Athener von den drückenden Kriegskosten befreien, ihren Lebensstandard sichern und Schutz gewähren.

11. Der dritte Weg: das Beispiel Korinth und Megara

Einen noch konsequenteren, aber durchaus vergleichbaren Weg waren die alten Rivalen Korinth und Megara Jahrzehnte vor dem Bundesgenossenkrieg gegangen. Das Territorium von Korinth war von den Kriegen des 4. Jahrhunderts schwer getroffen. Die Zahl der Hopliten blieb zwar stabil, doch von der über 100 Einheiten umfassenden Flotte, die man zu Beginn des Peloponnesischen Krieges aufbieten konnte, war kaum etwas übrig geblieben. Dennoch erlebte die Wirtschaft der Stadt ähnlich wie in Athen einen erstaunlichen Aufschwung: Die Archäologen haben Fundamente von Terrakottawerkstätten sowie Färbereien ausgegraben, die im 4. Jahrhundert erweitert wurden. Die Stadt baute ihre führende Position in der Zinnproduktion aus sowie beim Export von Zinn, Dachdekorationen und Ziegeln für öffentliche Gebäude und Tempel, und sie blieb Umschlagplatz des westlichen Kornhandels. Korinthische Händler und Handwerker waren in Athen, Delphi und Epidauros aktiv, Transportamphoren wurden bis nach Mallorca verschifft.

Noch eindrucksvoller ist die Entwicklung von Megara. Die Stadt hatte durch das megarische Psephisma (s. S. 195) und die Einfälle der Athener erheblich zu leiden: Die Bevölkerungszahlen gingen zurück, und es kam sogar zu einem kurzzeitigen Bürgerkrieg. Die Wende zum Besseren setzte jedoch bereits während des Korinthischen Krieges ein. Binnen weniger Jahrzehnte konnte sich Megara erholen, genoss im 4. Jahrhundert eine vielgerühmte Stabilität und erlebte eine wirtschaftliche Blütezeit.

Deren Grundlagen bildete die mit zahlreichen Sklaven betriebene Schafzucht und Wollverarbeitung. Gleichzeitig begann der Handel wieder zu florieren. Einheimische Kaufleute verkauften ihre Produkte für Getreide, Holz, Silber und andere Waren, die man in Megara benötigte. Der Aufschwung von Wirtschaft und Handel veranlasste die Stadt, zum ersten Mal Silbermünzen zu prägen. Kapitalinvestitionen in Sklaven, Produktion und Export ließen eine reiche Kaufmannsschicht entstehen, die ihre Gewinne zur Errichtung von Bauten verwendete, die in ganz Griechenland gerühmt wurden. Die Größe der Stadt übertraf bald ihren Umfang im 5. Jahrhundert.

Die Ursachen für den Aufschwung liegen in einem außenpolitischen Kurswechsel. Nach Ende des Krieges wahrte man Neutralität und Frieden und reduzierte die Ausgaben für die Streitkräfte: 379 verfügte die Stadt nur noch über die Hälfte ihres Aufgebots aus den Anfangsjahren des 5. Jahrhunderts; auch Söldner standen nie in megarischen Diensten, stattdessen verdingten sich megarische Bürger selbst als Söldner. So blieben die Bevölkerungszahlen wie in Korinth auf einem stabilen Niveau. Dies verringerte die Abhängigkeit von Getreideimporten, entlastete die Staatskasse und schuf günstige Rahmenbedingungen für den wirtschaftlichen Aufschwung.

Die Entwicklung in Korinth und Megara lässt einen möglichen Zusammenhang zwischen Krieg, Wirtschaft und Gesellschaft erkennen, der für die griechische Geschichte des 4. Jahrhunderts typisch ist: Nicht wenige Poleis des Mutterlands, die am großen Krieg beteiligt waren, reduzierten ihre Ausgaben für Heer und Flotte, um die freiwerdenden Ressourcen für den wirtschaftlichen Aufschwung zu verwenden. Der kriegsbedingte Rückgang der Bevölkerungszahlen erwies sich dabei als Vorteil, standen doch nun genügend Land und Arbeit zur Verfügung. Ehrgeizige Männer konnten in den Söldnerdienst gehen, ohne die Stadt zu belasten.

12. Die Ausbildung von Bundesstaaten in den nördlichen Randgebieten

Eine andere Antwort auf das Versagen der alten Bündnissysteme entwickelte sich erneut in den Randgebieten. Hier schlossen sich zunehmend Poleis und Landschaften wie Thessalien oder Theben zu Bundesstaaten (Koina) zusammen. Die Zusammenschlüsse erfolgten auf der Basis einer gemeinsamen Verfassung, die dem föderalstaatlichen Prinzip oberste Priorität einräumte. Die Mitgliedstaaten übertrugen Teile ihrer Gesetzgebung und Rechtsprechung der Bundesorganisation, die vor allem für die Formulierung und Umsetzung der gemeinsamen Außen- und Verteidigungspolitik zuständig war. Der Bürger eines Koinon besaß das Bürgerrecht eines Mitgliedstaates und das Bundesbürgerrecht. Er konnte insofern auf die Entscheidungen auf Bundesebene direkt Einfluss nehmen. Die Entscheidungen wurden in der Bundesversammlung gefällt, beteiligt war ein probuleutisch tätiger Rat, in den alle Mitgliedstaaten Vertreter entsandten.

Die Koina gehörten zu den erstaunlichsten Erfindungen der Griechen; der in ihnen praktizierte Repräsentativgedanke folgt Prinzipien, auf denen der moderne Parlamentarismus beruht. Diesem »modernen« Zug stand jedoch eine feudalistisch-aristokratisch geprägte Gesellschaftsstruktur gegenüber, die es zwar erlaubte, die militärischen Neuentwicklungen viel konsequenter als die Poleis zu nutzen. Doch versäumten es die meisten Koina, ihrer Rüstung eine solide finanzielle Basis zu verschaffen, so dass nach dem Ausbleiben militärischen Erfolgs und entsprechender Beute ihre Macht zu schwinden begann. Ein weiterer Schwachpunkt der Koina lag in einem ihrer modernsten Elemente, dem föderalistischen Repräsentativsystem. Der Trend zum Spezialistentum forderte schnelle Entscheidungsprozesse, mithin eine starke Exekutive, die sich unbehindert von langwierigen Prozeduren, juristischen Kontrollen und finanziellen Beschränkungen den komplizierten Problemen von Krieg und Politik widmen konnte.

13. Die Macht des Geldes und der militärischen Innovation: Syrakus

Genau diese Voraussetzungen erfüllte Syrakus im Westen. Die Stadt gehörte zu den großen Gewinnern des Peloponnesischen Krieges. Weitere Impulse verlieh, wie schon ein

Jahrhundert zuvor, die erfolgreiche Abwehr eines erneuten Angriffs der Karthager. Um 406 ernannte die syrakusanische Volksversammlung Dionysios zum bevollmächtigten Oberbefehlshaber (*strategos autokrator*). Er konnte sich zum Tyrannen aufschwingen und begann in den Folgejahren, die See- und Landstreitkräfte von Syrakus zur modernsten Militärmaschinerie der griechischen Welt aufzubauen (s. S. 219): Am Ende verfügte er über eine Flotte von 200 Vier- und Fünfruderern sowie ein schlagkräftiges Söldnerheer. Seine Baumeister befestigten die Königsburg, erweiterten die Mauern des Euryalos und errichteten ein großes Arsenal.

Diese Kraftanstrengungen waren der Garant dafür, dass Dionysios in der Folgezeit seine Herrschaft bis in die Adria und Norditalien ausdehnen und damit zumindest zeitweise eine hegemoniale Seeherrschaft errichten konnte, die dem Athenischen Seebund wenig nachstand. Auch der wirtschaftliche Effekt dieser Entwicklung war ähnlich wie der in Athen nach der Gründung des Seebundes: Syrakus entwickelte sich zum führenden Wirtschafts- und Handelszentrum des westlichen Mittelmeerraums und stieg mit rund 100 000 Einwohnern zur größten griechischen Stadt auf. Die Konzentration der Handwerks- und Ingenieurskunst, der Aufbau riesiger Waffenmanufakturen sowie der große Metall- und Münzbedarf (für die Entlohnung der Söldner) beschleunigten die Entwicklung der Metallverarbeitung und intensivierten den Handel mit Kupfer, Eisen und Zinn. Den Gewinn, der sich durch die Prägung von Bronzegeld anstelle von Silbermünzen ergab, investierte Dionysios wieder in die Rüstung. Der Tyrann vereinte alle Eigenschaften des klugen Finanziers, des Söldnerführers und des Machtpolitikers und entsprach damit den aktuellen Anforderungen erfolgreicher Politik. Der Aufstieg des monarchischen Prinzips stand unmittelbar bevor.

VI.
Die Expansion Makedoniens unter Philipp und Alexander

1. Die Reaktionen der Intellektuellen auf die Probleme der Zeit

Die Intellektuellen haben diese sich seit der Mitte des 4. Jahrhunderts abzeichnende Stärke des monarchischen Prinzips gegenüber der relativen Machtlosigkeit der Poleis registriert und miteinander zu kombinieren versucht. Xenophon verfasste eine Schrift über die Jugend des persischen Königs Kyros, die als Fürstenspiegel künftiger Monarchen dienen sollte. Andere Werke wie der *Hieron* oder *Agesilaos* beschreiben, wie man ein guter Tyrann bzw. ein edler griechischer Erbkönig werden solle. Isokrates wendet sich mit seinen Schriften *Euagoras* und *Nikokles* an zwei zyprische Dynasten, um sie zur richtigen Staatsführung zu erziehen, und Platon machte die Philosophen-Könige zu den Leitern seines Staatskonzepts (s. S. 210). Allenthalben ist die Bereitschaft athenischer Intellektueller zu erkennen, dem Alleinherrscher Eigenschaften eines tugendhaften und weisen Regenten zuzuerkennen, der nach entsprechender Erziehung und Bildung seine Untertanen durch die Wirren der Zeit führt.[261]

Der zu erwartende Erfolg des monarchischen Prinzips bei der Lösung der großen Probleme ließ sich mit der Überzeugung vereinbaren, dass die Polis nach wie vor das

261 Vgl. Shipley (2000), 63. Diotogenes und Ekphantos führten diese Konzepte in der Folgezeit weiter.

optimale Modell politischer Gemeinschaft war. Isokrates pries die Vorzüge Athens, Platon riet lediglich, die ideale Polis weit entfernt vom Meer anzulegen, und für Aristoteles bleibt die Polis Grundlage des politischen Lebens, auch wenn er gegenüber der athenischen Demokratie wie sein Lehrer erhebliche Vorbehalte hatte. Da aber das kriegerische Kräftemessen unter den Poleis nach allgemeiner Auffassung zum Wesen der Griechen gehörte, sollte man künftig auf Eroberungskriege gegen seinesgleichen verzichten und diese gegen die Barbaren führen. Diese von den Intellektuellen geforderte Solidarität fand ihre ideologische Basis in der Idee des Panhellenismus, d. h. einer alle Griechen umfassenden Gemeinschaft gemeinsamer Sprache und Kultur. Politisch aufgeladen wurde die Idee nach dem Königsfrieden, als es darum ging, das Gefühl politischer Ohnmacht angesichts geistiger und kultureller Überlegenheit zu kompensieren. Die beste Kompensation bot erfahrungsgemäß ein gemeinsames Feindbild, und wer war hierfür besser geeignet als die Perser?

Dementsprechend begann man in bestimmten Kreisen, die Perser als Barbaren noch stärker zu diffamieren: als wilde Tiere, nach Aristoteles potentielle Sklaven, die einen Herrn benötigten. Ein Krieg gegen einen solchen Feind erschien als Lösung aller Probleme. Er würde – so Isokrates – den zu Hause gebliebenen Griechen Frieden bringen, die kleinasiatischen Brüder von der Sklaverei befreien und den Vagabunden neue Lebensperspektiven bieten. Wer aber sollte die Führung übernehmen? Lysias setzte auf Sparta oder Athen, Isokrates sprach sich für Athen aus, doch beide hatten dazu längst nicht mehr die Kraft und Autorität. So konnten es nur die Monarchen sein, die nicht nur im Innern ein kluges Regiment führten, sondern auch die Stärke besaßen, die Ohnmacht der Griechen zu beenden. Am Ende war es ein König aus Makedonien, den Isokrates als Einzigen für der großen Aufgabe gewachsen hielt.

2. Der Aufstieg Makedoniens unter Philipp II.

Makedonien gehörte bis zum Ende des Peloponnesischen Krieges zu den Gebieten des griechischen Mutterlands, welche wie Thrakien oder Thessalien über vergleichsweise reiche Rohstoffreserven (besonders Bauholz, daneben Eisenerz, Silber- und Goldvorkommen) sowie fruchtbare Acker- und Weideflächen verfügten, aber im Spiel der großen Mächte keine bestimmende Rolle spielten. Diese Schwäche hatte strukturelle Gründe: Zum einen zerfiel Makedonien in unterschiedliche geographisch-ökologische Regionen, die von der königlichen Zentralmacht schwer zur kontrollieren waren. Ähnlich wie in Thessalien entzog sich die selbstbewusste regionale Aristokratie dem Zugriff des Königs. Hinzu kamen die gefährdeten Grenzen im Nordosten und Nordwesten. Makedonien bildete eine Art Pufferzone Griechenlands gegen die Einfälle der Illyrer, Thraker und Kelten; nicht ohne Grund war es den Persern immer wieder gelungen, Makedonien als Aufmarschgebiet für ihre Angriffe auf Zentralgriechenland zu gewinnen.[262]

Jeder König stand somit vor der schwierigen Aufgabe, einerseits die Landesgrenzen zu verteidigen, anderseits die Partikularinteressen des grundbesitzenden Reiteradels in übergeordnete politische Zielvorgaben einzubinden. Traditionell versuchte der König dies zu erreichen, indem er die Adligen in seinen Gefolgschaftsverband der *hetairoi* integrierte und sie durch ausschweifende Gelage, aber auch durch erfolgreiche Plünderungszüge bei der Stange hielt. Im Gegenzug konnte er mit der Anerkennung seines Königtums durch die *hetairoi* rechnen, neben der Zustimmung des Heeresaufgebots eine wesentliche Legitimationsgrundlage seiner Herrschaft. Die Polisgriechen haben die Makedonen besonders wegen dieser recht archaisch anmu-

262 Vgl. Engels (2006), 20ff.

tenden Herrschaft und wegen des Fehlens stadtstaatlich-bürgerlicher Strukturen zur »barbarischen« Randzone gezählt, obwohl die Makedonen einen verbreiteten nordwestgriechischen Dialekt sprachen. Die Makedonenkönige ihrerseits taten alles, um die Vorurteile abzubauen. Der erste Weg zur Anerkennung war eine Anpassung an hellenische Kulturformen, der zweite militärische Erfolge. In der Endphase des Peloponnesischen Krieges hatte König Archelaos auf beiden Gebieten beachtenswerte Erfolge aufzuweisen, wie Thukydides bestätigt.[263] So machte er – ähnlich wie die syrakusanischen Tyrannen im Westen – den neuen Königshof in Pella zu einem Anziehungspunkt der bedeutendsten griechischen Intellektuellen und reorganisierte Armee und Festungsanlagen des Landes. Nach dem Ende des Peloponnesischen Krieges waren die Zeichen für weitere Erfolge so günstig wie nie zuvor. Makedonien profitierte wie fast alle griechischen Randgebiete von der machtpolitischen Erschöpfung der alten Bündnisse und der Veränderung des Kriegswesens in besonderem Maße.

Am Ende der 50er Jahre des 4. Jahrhunderts hatte sich der Regent Philipp als König durchgesetzt (um 356/355 v. Chr.) und in einem ersten spektakulären Erfolg die Westgrenze gegen die Illyrer gesichert. Danach nutzte er die Schwäche Athens während des Bundesgenossenkriegs und besetzte mit Hilfe des olynthischen Städtebundes die dem Machtbereich Athens zugehörenden Küstenregionen Makedoniens mit ihren Poleis Amphipolis, Pydna und Apollonia. Ein Jahr vor dem Einmarsch in Amphipolis hatte der Makedonenkönig das westliche Thrakien zwischen dem Strymon und Nestos erobert und die restlichen thrakischen Fürstentümer in seine Abhängigkeit gebracht. Im Süden verbuchte Philipp einen weiteren Erfolg, als er sich – lokale Adelsrivalitäten nutzend – seit 352 als Archon in den thessalischen Bund wählen ließ und damit ei-

263 Vgl. Thukydides 2,100,2; Lehmann (2004), 102 f.

nes der agrarisch reichsten Gebiete Griechenlands kontrollierte.

Diese Kette von Erfolgen beruhte nicht nur auf der außenpolitischen Kaltblütigkeit Philipps, sondern auch auf der planmäßig vorangetriebenen Modernisierung der Armee.[264] Als König des Landes und Anführer des makedonischen Heerbannes hatte er ganz andere Möglichkeiten als die Strategen der Bündnisse und der Poleis, um sich die Erfahrungen der militärischen Revolution zunutze zu machen und das neu gewonnene militärische Potential – frei von institutionellen Kontrollen – effektiv einzusetzen. Der große Athener Redner Demosthenes hat vor diesen Fähigkeiten – meist vergeblich – gewarnt.[265] Konsequent und lernfähig wie später die Römer übernahm Philipp die Innovationen, welche die Söldnerführer und Tyrannen der Randgebiete erprobt hatten. Der unter Jason von Pherai tätige Ingenieur Poleidos baute in Makedonien das für Belagerungen so wichtige Torsionsgeschütz. Ebenso integrierte Philipp einen Großteil der thessalischen Adelskavallerie in die Hetairenreiterei.

Des Weiteren bildete er wohl auch nach dem Vorbild der unter dem Athener Iphikrates formierten Leichtbewaffneten (Peltasten) eine Phalanx schwer bewaffneter Fußsoldaten und rüstete sie mit einer fünf Meter langen Lanze (Sarissa) aus. Die Reichweite der Lanzen als Angriffswaffe machte die makedonische Phalanx allen Schlachtreihen der Zeit überlegen. Die Teile des Heeres wurden – ebenfalls nach dem Vorbild der Tyrannen Thessaliens – einem eisenharten Drill unterworfen und bildeten eine professionelle Armee, die wegen ihres großen Aktionsradius, ihrer operativen Flexibilität sowie saisonal unbeschränkten Einsatzmöglichkeit konkurrenzlos war. Perfektioniert wurde schließlich die Militärmaschinerie

264 Vgl. Schulz (1999), 304–309; Engels (2006), 23–24.
265 Vgl. Demosthenes 1,4.

Philipps dadurch, dass er die planmäßige Professionalisierung neuer Waffengattungen mit den beiden anderen Elementen der militärischen Revolution des 4. Jahrhunderts verband, nämlich dem Söldnerheer und dem Kaperkrieg. Mit den Erträgen der Goldminen des thrakischen Pangaiongebirges finanzierte Philipp zusätzlich zum makedonischen Aufgebot eine stehende Söldnerarmee von bis zu 3000 Mann. Die Athen entrissenen Küstenstädte erlaubten ihm ferner den Aufbau einer Flotte von leichten 50- und 30-Ruderern, mit welchen er einen Kaperkrieg gegen die athenischen Versorgungsschiffe führte und seine eigene Armee über See mit Nahrung versorgen konnte.

Trotz dieser Erfolge musste sich freilich auch Philipp den Gesetzen des Krieges beugen. Der Aufbau einer schlagkräftigen Armee und großflächige Eroberungen waren das eine, die politische Absicherung der neu gewonnenen Stärke die notwendige Ergänzung. Auch hier orientierte sich Philipp nicht an den Poleis, sondern zum einen an den erfolgreichen Tyrannen Siziliens und zum anderen an der nach wie vor Achtung gebietenden Supermacht Persien. Wie die großen sizilischen Herrscher, so ließ es sich auch Philipp nicht nehmen, am prestigeträchtigen Wagenrennen in Olympia teilzunehmen und sogar 356 den Sieg zu erringen. Ferner machte er wie diese seinen Königshof durch reiche finanzielle Vergünstigungen zu einem Anziehungspunkt für Dichter und Intellektuelle. Der große Philosoph Aristoteles wurde sogar zum Erzieher seines Sohnes Alexander. Und wie alle griechischen Großen gründete Philipp viele Städte innerhalb seines Machtbereichs, sicherte durch eine planmäßige Heiratspolitik seinen Einfluss auch über die Grenzen hinaus und drängte so Schritt für Schritt den widerstandsbereiten einheimischen Adel zurück.

Bei der Integration unterworfener Gebiete orientierte er sich dagegen offenbar an persischen Vorbildern[266] – denn

266 Vgl. Kienast (1973), 250–273; Schulz (1999), 308.

wo gab es längere Erfahrung bei der Beherrschung großer territorialer Räume? Thrakien wurde zumindest anfänglich wie eine persische Satrapie organisiert. Um die adligen Eliten besiegter Völker mit der makedonischen Oberhoheit auszusöhnen, öffnete ihnen Philipp den Kreis seiner Hetairenreiterei und verschaffte ihnen – nach persischem Vorbild – neues bzw. zusätzliches Land in den eroberten Gebieten. Sie bildeten so in Philipps Kalkül ein zusätzliches Gegengewicht gegen den makedonischen Adel, der sich den außenpolitischen Zielen des Königs unterordnen musste. Die Söhne des Reiteradels wurden – wie die persischen Aristokratensöhne in Persepolis – als *basilikoi paides* (»königliche Burschen«) am Hofe von Pella erzogen und später mit lukrativen Offiziersposten betraut.[267] Persische Vorbilder dürften ferner den Aufbau der makedonischen Reichskanzlei beeinflusst haben, ohne die weder der Vielvölkerstaat Philipps zu regieren noch die Armee mit ihren zahlreichen Spezialgattungen versorgt und bezahlt werden konnte.

All dies – das gewaltige stehende Heer mit seinen teuren Waffengattungen (Reiterei, Belagerungstrain), die luxuriöse Ausgestaltung des Hofes sowie die äußerst kostenintensive Außenpolitik – verschlang Unsummen, die die eroberten Gebiete nicht allein aufbringen konnten. Aus diesem Problem erklärt sich die ungeheure Expansionsdynamik, welche Philipp seit den 40er Jahren antrieb:[268] Das Heer musste beschäftigt, die Adligen belohnt und der gesamte Herrschaftsaufbau mit immer neuen Ressourcen versorgt werden. Dass sich unter diesen Umständen der Blick Philipps schon früh auf das Perserreich richtete, war nicht überraschend, zumal die Kriegszüge des spartanischen Königs Agesilaos in Kleinasien sowie der Marsch der 10 000 Söldner unter Xenophon (s. S. 218) ge-

267 Vgl. Lehmann (2004), 105.
268 Vgl. Lehmann (2004), 107.

zeigt hatten, dass hier nicht nur reiche Beute, sondern auch relativ sichere Erfolge mit einer professionellen Armee errungen werden konnten.

3. Chaironeia und Philipps Hegemonie über Griechenland

Die einzige Polis, die sich dem wohlorganisierten und über schier unerschöpfliche militärische Energien verfügenden Gegner entgegenstellte, war Athen. Zwischen 343 und 338 versuchte eine Politikergruppe um Demosthenes alles, um die makedonische Expansion zu stoppen. Die durch Eubulos eingeleitete finanzielle Erholungsphase (s. S. 229) schien ihnen recht zu geben; Athen legte neue Kriegsschiffe auf Kiel und modernisierte die maritime Infrastruktur. Im Herbst 343 fühlte sich die Volksversammlung unter Einfluss des Demosthenes so stark, die Rückgabe bedeutender Poleis wie Amphipolis und Poteidaia aus dem makedonischen Machtbereich zu fordern. Ein Bündnis mit Theben sollte zusätzlichen Rückhalt im Norden bieten.[269]

Der Makedonenkönig ließ sich indes durch diese Initiativen nicht beirren. In dem Maße, wie die Athener den Widerstand diplomatisch und militärtechnisch organisierten, weitete Philipp seinen außenpolitischen Einfluss räumlich aus: Auf der Peloponnes, in Megara und sogar in Westgriechenland gelang es, zumindest zeitweise athenfeindliche Politiker zu unterstützen; gleichzeitig richtete sich sein Augenmerk nach Osten, wo Verhandlungen mit dem kleinasiatischen Dynasten Hermeias von Atarneus die Landung makedonischer Truppen vorbereiten sollten.

In Athen gelang derweil dem unermüdlichen Demosthenes die Gründung eines neuen Hellenenbundes, wel-

269 Vgl. Engels (2006), 34 f.

cher zahlreiche griechische Städte in einer Militärallianz vereinte. Das Glück schien dem neuen Bündnis hold, als Philipp noch im gleichen Jahr empfindliche Schlappen bei der Belagerung von Perinthos und Byzanz im Norden hinnehmen musste. Als Philipp im Herbst des Jahres einen athenischen Getreidekonvoi kaperte, erklärte die athenische Volksversammlung dem Makedonenkönig den Krieg. Und noch einmal bewiesen die Athener ihre Überlegenheit zur See. Ihr Sieg über die makedonische Flotte war ein weiterer herber Prestigeverlust für Philipp und begünstigte wesentlich auch das Bündnis Athens mit dem ebenfalls stark bedrohten Theben. Am 2. August 338 ließen sich die Verbündeten gegen die Warnungen des Demosthenes auf eine offene Feldschlacht beim böotischen Chaironeia ein – ein Glücksfall für Philipp, der unbedingt einen durchschlagenden Erfolg brauchte. Und erneut bewies die militärische Revolution des 4. Jahrhunderts ihre historische Bedeutung. Nach zunächst unentschiedenem Schlachtverlauf setzten sich schließlich die Kampferfahrung der professionell trainierten makedonischen Phalanx sowie die Hetairenreiterei gegen die Bürgeraufgebote der griechischen Poleis durch.

4. Der Korinthische Bund und der Tod Philipps

Die auf die Schlacht folgenden Friedensverhandlungen zeigten erneut Philipps außenpolitisches Geschick. Während Theben mit einer Besatzung belegt wurde und seine alte Hegemonie über Böotien aufgeben musste, beließ er Athen – dem eigentlichen langjährigen Initiator und Organisator des Widerstands – völlige Autonomie und bestätigte den Athenern sogar den Besitz der Klerucheninseln Lemnos, Imbros und Skyros sowie der Kleruchie auf Samos. Dass demgegenüber der Hellenenbund sowie der ohnehin stark dezimierte Zweite Attische Seebund aufgelöst werden mussten, verstand sich fast von selbst. Offensichtlich ging es Philipp bei der auffälligen Ungleichbehandlung der Gegner darum, Zwist zwischen Athen und Theben zu schüren sowie sich die athenischen Seestreitkräfte bei seinem nun schon länger geplanten Vorstoß gegen das Perserreich zunutze zu machen.

Dass dies nach wie vor das vorrangige Ziel Philipps war, zeigen die weiteren völkerrechtlichen Maßnahmen, mit denen Philipp seine Hegemonie über Griechenland sicherte. Mit Ausnahme Spartas ließ der Makedonenkönig die Griechen in Korinth zunächst einen »allgemeinen Frieden« schließen. Zentraler Bestandteil dieser *Koine Eirene* war neben der üblichen Zusicherung der Autonomie jedes Teilnehmers ein unbefristetes Militärbündnis mit den griechischen Einzelstaaten. Hegemon, d. h. militärischer Führer des Bundes, war Philipp selbst. Bereits auf der ersten konstituierenden Sitzung des Bundes erhielt Philipp auf eigenen Antrag die Weisung, als bevollmächtigter Feldherr (*strategos autokrator*) den Krieg gegen die Perser zu führen, um Rache für die Zerstörung der Heiligtümer Griechenlands zu üben. Damit hatte er den Wunsch des Isokrates nach einem panhellenischen Rachekrieg verwirklicht, den er schon länger vorbereitet hatte. Besonders die Athener – so hoffte Philipp – konnten sich einer solchen Begründung kaum entziehen, hatte doch ihre Stadt am stärksten unter der Invasion der Perser gelitten. Die wahren Motive Philipps lagen freilich auf einer anderen Ebene. Die makedonische Militärmaschinerie benötigte ein neues Angriffsziel und der König selbst Einnahmequellen, um Armee, Staat und Herrschaft zu finanzieren. Nicht zuletzt musste der einheimische Adel beschäftigt und mit Beute versorgt werden, um Neid auf den überragenden Feldherrn gar nicht erst aufkommen zu lassen, der sich bereits als Beauftragter der Götter verstand.[270]

270 Vgl. Schumacher (1990), 426–443.

Alles schien so auf eine Fortsetzung der makedonischen Expansion – nun mit offizieller Billigung eines Hellenenbundes – nach Osten hinauszulaufen, doch dann wurde der Tatendrang des Makedonenkönigs durch ein unvorhersehbares Ereignis jäh gestoppt, das in vielerlei Hinsicht an die Situation Caesars vor seinem Aufbruch zum Partherkrieg erinnert. Während der Hochzeit seiner Tochter Kleopatra mit Alexander, dem König von Epirus, erstach ein Mitglied der Leibwache den König. Über die Hintergründe und Motive der Tat rätselt man bis heute. Vielleicht steckt hinter dem damals verbreiteten Gerücht, der Mörder habe wegen einer persönlichen Kränkung Philipps gehandelt, mehr als individueller Groll. Viele makedonische Aristokraten mochten zu Recht darüber verärgert sein, dass durch die stetig wachsende Machtposition des Königs ihre Handlungsspielräume im Innern eingeschränkt und ihre althergebrachte Sonderstellung durch die zunehmende Zahl ausländischer Konkurrenten bedroht war. Nicht von der Hand zu weisen ist nach wie vor zumindest eine Mitwisserschaft von Olympias, einer der Frauen Philipps, die sich selbst durch die Heirat ihres Mannes mit einer viel jüngeren makedonischen Aristokratin zurückgesetzt fühlte und um die Thronansprüche ihres Sohnes Alexander fürchtete. Dies würde immerhin erklären, weshalb dieser Alexander unmittelbar nach der Ermordung als einzig erwachsener legitimer Sohn Philipps sofort seinen Anspruch auf den Königsthron geltend machte und tatsächlich von der makedonischen Heeresversammlung ohne Zögern zum Nachfolger akklamiert wurde. Letzte Zweifel an seinem Herrscherwillen beseitigten kaltblütig ausgeführte Attentate auf Thronrivalen und aristokratische Opponenten. Die hohen Offiziere seines Vaters wusste der neue König ohnehin auf seiner Seite.

Genauso zielgerichtet, wie sich Alexander die Thronnachfolge gesicherte hatte, übernahm er die außenpolitische und militärische Führungsrolle seines Vaters. Vom korinthischen Bund wurde er als Hegemon und neuer Feldherr des Rachekriegs bestätigt; dann demonstrierte er in der Tradition der makedonischen Könige Stärke durch einen erfolgreichen Feldzug gegen die Stämme jenseits der Donau. Ein Aufstand der von Philipp gedemütigten Thebaner endete mit der Zerstörung ihrer Stadt – eine deutliche Warnung an alle, die geglaubt hatten, aus dem Thronwechsel Kapital schlagen zu können.

Damit hatte Alexander den Status der Verhältnisse in Griechenland mehr als wiederhergestellt, den sein Vater zur Absicherung des Perserfeldzugs erreicht hatte. 334 sammelte er eine Armee von rund 37 000 Mann, um die Pläne Philipps zu verwirklichen. In Makedonien übernahm der bewährte Antipater offiziell als Stratege Europas die Aufgabe, Alexander den Rücken frei und die Griechen unter Kontrolle zu halten.

5. Alexanders Griff nach der Weltherrschaft und die Suche nach dem Ende der Welt

Im Frühjahr 334 überquerte Alexander an der Spitze seiner Invasionsarmee den Hellespont. In seiner Begleitung befand sich ein großer Tross von Ingenieuren, Geographen, Künstlern und Priestern, was zeigt: Es ging nicht nur um Eroberung, sondern auch um Erkundung des Ostens, der für die Griechen nach wie vor eine Welt voller Wunder war. Unmittelbar vor der Küste schleuderte er seinen Speer in den Boden und nahm damit Kleinasien als »speergewonnenes« Land in Besitz.[271]

Von Beginn an sah sich der Makedonenkönig als Teil eines göttlich sanktionierten und episch verklärten Weltgeschehens. Deshalb wählte er Ilion, die Stätte des alten Troja, als erstes Marschziel. Hier ehrte er sein mythisches

271 Vgl. Diodor 17,17,2; Engels (2006), 49.

Vorbild Achilleus, der ihm seit der Erziehung durch Aristoteles als lebendiges Ideal vor Augen schwebte. Doch auch Priamos, der einstige Herrscher der Trojaner, erhielt ein Opfer zur Versöhnung. Homers Erzählungen hatten aber noch in anderer Hinsicht eine grundlegende Bedeutung für Alexander: Troja war von den Griechen vernichtet worden, so wie die Perser zu Beginn des 5. Jahrhunderts Milet dem Erdboden gleichgemacht und wenig später die Tempel auf der Akropolis zerstört hatten. Alexander knüpfte an diese »Ereignisse« an und verschmolz damit mythische und historische Vergangenheit.[272] Xerxes hatte ferner dem Sonnengott Helios vor dem Übergang nach Europa geopfert. Alexander hatte noch während der Überfahrt nach Kleinasien Poseidon ein Opfer gebracht, um sich vor dem Zorn der Götter zu schützen, die einst Xerxes zum Verhängnis geworden waren. Ferner opferte er – wie einst Xerxes – der Athena Ilias. Indem er auf diese Weise die Maßnahmen des Xerxes imitierend verbesserte, machte er von Beginn an klar, dass er den gleichen Anspruch wie der Perserkönig erhob, nämlich nichts weniger als die Erringung der Weltherrschaft. Im Unterschied zu damals sollten nun aber die Götter mit diesem Ziel einverstanden sein, weil Alexander in ihrem Auftrag den Rachefeldzug gegen die frevelnden Perser, den einst die Athener begonnen hatten, zu Ende führte.

Tatsächlich lief zunächst alles nach Plan. Ein erstes Aufeinandertreffen mit den Aufgeboten der persischen Satrapen am Fluss Granikos (heute Biga Cay) im Mai/Juni 334 entschied Alexander für sich. Erneut achtete er peinlich genau darauf, den Sieg in den Kontext seines offiziellen Auftrags einzuordnen: 300 persische Rüstungen wurden nach Athen geschickt und der Stadtgöttin geweiht – ein deutliches Zeichen für die Sühnung der Schmach, welche die Perser einst der Athena angetan hatten.

272 Vgl. Gehrke (2005), 34 f.

Der Sieg am Granikos erbrachte freilich noch nicht die Herrschaft über Kleinasien. Zum einen musste Alexander befürchten, dass er durch die überlegenen persischen Seestreitkräfte von seinen rückwärtigen Verbindungen abgeschnitten würde; zum anderen lagen in den bedeutenden griechischen Küstenstädten wie Milet und Ephesos persische Besatzungen unter mutigen Kommandeuren, die nicht bereit waren, ihre wohlbefestigten Städte kampflos zu übergeben. Jetzt aber kam Alexander der unter seinem Vater so hervorragend entwickelte mobile Belagerungstrain zunutze. Nachdem sich bereits Sardeis ergeben hatte, konnten auch Ephesos, Milet und Halikarnassos eingenommen werden. Wenig später (Mai 333) fiel Memnon von Rhodos, der Befehlshaber der persischen Ägäisflotte, unerwartet bei der Belagerung von Mytilene – der größte Glücksfall im Leben Alexanders.[273] Der Perserkönig ordnete daraufhin den Rückzug der Truppen aus der Ägäis an; erst jetzt konnte sich Alexander als Herr Kleinasiens wähnen.

Mythische Geschichten wie die vom Aufenthalt Alexanders in Gordion, der Hauptstadt des Phrygerreiches, unterstützten diesen Nimbus: Hier stand ein uralter Streitwagen, dessen Joch und Deichsel durch einen unauflösbaren Knoten verbunden waren. Wer ihn lösen könne, dem sei die Herrschaft über Asien verheißen. Alexander soll die Aufgabe gemeistert haben – nach einer schlechteren, aber populären Überlieferung, indem er den Knoten kurzerhand mit dem Schwert durchschlug.[274] Daraufhin habe ihm die Priesterschaft von Phrygien die Herrschaft über (Klein-)Asien prophezeit. Wieder zeigt sich an dieser Geschichte, welche Mühen Alexander und seine Berater aufwandten, um die Eroberungen mit einheimischen Traditionen zu verknüpfen und die Kluft zwischen Eroberer

273 Vgl. Wilcken (1931), 87f.
274 Vgl. Engels (2006), 51f.

und Einheimischen zu überbrücken. Gleichzeitig war die Geschichte um den Gordischen Knoten populär genug, um den Willen des Makedonenkönigs zu demonstrieren, alle Hindernisse auf dem Weg zur Eroberung der Länder jenseits des Bosporus beiseite zu räumen, wenn es sein musste, mit Gewalt.[275]

Der weitere Vormarsch über Kappadokien und Kilikien verlief reibungslos. Erst in Syrien stellte sich ihm der Großkönig Dareios III. mit seiner Reichsarmee nahe der Küste bei Issos entgegen. Diesmal wäre es fast zu einer Niederlage gekommen, hätte nicht Alexander an der Spitze der makedonischen Reiterei für die persischen Strategen unerwartet den auf dem königlichen Streitwagen postierten Dareios selbst angegriffen. Nach persischer Ideologie verspielte Dareios mit seiner defensiven Reaktion auf den ungestümen Angriff Alexanders bereits einen wesentlichen Teil seines Anspruchs auf die Königsherrschaft. Anstatt sich nämlich im Zweikampf zu messen, floh er im Schutz seiner Garde und ließ es damit an der Tugend der Tapferkeit fehlen, die für den Herrscher Persiens konstitutiv war. Als er dann noch nach der Schlacht dem Sieger neben der Hand seiner Tochter die Hälfte seines Reiches in der Position eines gleichberechtigten Großkönigs anbot, dürfte er in den Augen der persischen Großen weiter an Prestige und Legitimation verloren haben. Niemals zuvor hatte sich ein persischer Großkönig zu einem solchen Angebot durchgerungen.[276]

Alexander lehnte nach längeren Beratungen im Kronrat ab. Eine Reichsteilung vertrug sich nicht mit den von Beginn an propagierten Zielen der Gesamtherrschaft. Zudem – so kalkulierte Alexander richtig – war der Ansehensverlust des Perserkönigs schon so groß, dass eine Verteidigung der Restgebiete für Dareios wenig aussichtsreich

275 Vgl. Gehrke (2005), 34 f.
276 Vgl. Gropp (1984), 37 ff.

schien, es sei denn, ein neuer Herrscher würde dessen Rolle einnehmen. Doch ein solcher Kronprätendent war nirgends zu sehen. Und so eröffnete der Sieg bei Issos den Makedonen zunächst die großen Gebiete des persischen Reiches an der ostmediterranen Küste bis Ägypten fast kampflos. Besonders wichtig war es, dass auch die phönikischen Küstenstädte den Widerstand aufgaben – mit einer Ausnahme: Tyros vertraute auf seine Position auf einer der Küste vorgelagerten Insel, geschützt durch mächtige Mauern und eine kampfbewährte Flotte. Erneut bewiesen jedoch die unter Philipp ausgebildeten Ingenieure ihr Können. Nach achtmonatiger Belagerung und der Errichtung eines gewaltigen Dammes wurde die Stadt erobert. Die Bestrafung Alexanders war fürchterlich und demonstrierte erneut, wie sehr sich die Regeln des Krieges seit Beginn des 5. Jahrhunderts zumal in den Randgebieten gewandelt hatten (vgl. S. 134): 8000 Bürger wurden getötet, 30 000 in die Sklaverei verkauft und 2000 Männer entlang der Küste gekreuzigt.

Anstatt sich nun jedoch nach Osten direkt gegen das Herz des Perserreiches zu wenden, zog Alexander weiter an der Küste in Richtung Süden nach Ägypten. Nicht, dass er von hier aus eine ernsthafte militärische Bedrohung erwartet hätte; Ägypten galt aber wie die Küstengebiete der Levante als eines der reichsten Gebiete des persischen Reiches. Zwar hatte Parmenion bereits in Damaskus einen großen Kriegsschatz gewonnen, doch da nichts so teuer wie ein von Alexander geführter kombinierter See- und Landkrieg war, wäre es geradezu fahrlässig gewesen, die »Schatz- und Kornkammer« am Nil nicht unter Kontrolle zu bringen.[277]

Ägypten erschien aber auch – ähnlich wie die großen mythischen Städte Kleinasiens – wegen seiner uralten Zivilisation viel zu bedeutend, um es unbeachtet zu lassen.

277 Vgl. Engels (2006), 52 f.

Eine sehr wichtige Rolle spielte zudem der enge Kontakt zwischen Ägypten und Griechenland seit der Archaik. Mehrfach hatten die Athener den einheimischen Dynasten im 5. und 4. Jahrhundert in ihren Kämpfen gegen die persische Fremdherrschaft tatkräftig zur Seite gestanden. Hinzu kam der enge wirtschaftliche Konnex, der sich durch die Gründung von Naukratis im Nildelta spiegelte. Und schließlich erhielt Ägypten steten Besuch von griechischen Gelehrten, die in dem alten Kulturland ihre Kenntnisse erweitern wollten und immer wieder bedeutende Anregungen erhielten.

All dies war Grund genug dafür, dass auch Alexander persönlich das Land besuchte, zumal die Makedonen bisher aus der alten griechisch-ägyptischen Interaktion ausgeschlossen waren. Wenn Alexander bereits jetzt die Weltherrschaft anstrebte und im Auftrag der Götter Rache für die persische Invasion nahm, dann musste er sich auch den Ägyptern präsentieren. Er lernte dabei aus den Fehlern, die der Perserkönig Artaxerxes zehn Jahre zuvor begangen hatte. Wie einst gegenüber den aufständischen Griechen der kleinasiatischen Küste, so ließ es dieser gegenüber den Ägyptern an diplomatischem Feingefühl fehlen. Umso freudiger begrüßten die Priester Alexander als Befreier. Dieser nutzte die Sympathien, opferte in der unterägyptischen Hauptstadt Memphis und ordnete die Wiederherstellung der von den Persern verbotenen Heiligtümer in Karnak und Luxor an. Die Priesterschaften dankten es ihm, indem sie Alexander als neuen Pharao akzeptierten und wohl auch nach altägyptischem Ritus inthronisierten.[278]

Dies war eine neue Stufe auf der beispiellosen Erfolgsleiter des Makedonenkönigs. Sie rückte Alexander noch näher an die Welt der Götter. Denn mit der Inthronisation als Pharao war er nach ägyptischer Auffassung Sohn des

278 Vgl. Engels (2006), 53.

höchsten Gottes Amun-Re und genoss kultische Ehren. Doch wie war dieser Status den Griechen und Makedonen zu erklären? Eine Antwort liefert der schon in der Antike von Legenden umrankte Zug Alexanders von Ägypten westwärts an der Küste bis Paraitonion (heute Marsa Matruk) und von dort aus 300 Kilometer quer durch die wasserlose Wüste zum berühmten Orakel der Oase Siwah.[279] Das Orakel besaß seit der späten Archaik durch seine Verbindung zur griechischen Kolonie von Kyrene auch in der griechischen Welt einen ähnlich guten Ruf wie die Orakel von Delphi und Dodona. Angeblich sollen sogar die mythischen Helden Herakles und Perseus Siwah besucht haben. Dagegen hatte Kambyses, der persische Eroberer Ägyptens, geplant, die Orakelstätte zu verbrennen; er scheiterte, weil ein Großteil seines Heeres auf dem Wüstenmarsch umkam.[280]

Indem nun Alexander nach seiner Inthronisation zum Pharao in Memphis den Wunsch äußerte, ohne sein Heer in friedlicher Absicht das Orakel aufzusuchen, setzte er sich ganz bewusst von dem Bild des aggressiven Eroberers ab und konnte zusätzlich mit der Anerkennung des Orakels rechnen – ein Gewinn von nicht zu unterschätzender politischer Breitenwirkung. Denn der in Siwah verehrte Gott genoss internationale Anerkennung, weil er von Griechen und Ägyptern mit ihrem einheimischen Gott identifiziert wurde und so zu einer Einheit verschmolz: Für die Ägypter war es Amun, für die Griechen Zeus Ammon, erkennbar durch Widderhörner über den Ohren. Alexander konnte deshalb nach seinem Empfang in Memphis sicher damit rechnen, dass ihn auch die Priester von Siwah als Sohn des Amun-Re anerkannten. Damit war er aus griechischer Sicht Sohn des Zeus Ammon und wie

279 Vgl. Arrian 3,3,1–4,5; Curtius Rufus 4,7,5–32; Plutarch, *Alexander* 26,11–27,9.

280 Vgl. Herodot 3,25.

Herakles ein Halbgott. Das musste auch in Griechenland Eindruck machen.[281]

Doch es war nicht nur die griechische Bestätigung der ägyptisch verstandenen Gottessohnschaft, die Alexander bewog, die beschwerliche Reise durch die Wüste zu unternehmen. Höchstwahrscheinlich hat ihm das Orakel auch die Aussicht auf die Eroberung der Welt prophezeit und damit das bestätigt, was schon beim Übergang über den Bosporus zu den noch vagen Zielvorstellungen Alexanders gehörte. Damit gaben die Priester von Siwah dem hellenischen Rachefeldzug eine religiöse Dimension, die über die Eroberung Persiens hinausging. Was die Götter einst Xerxes verwehrt hatten, nämlich die Vereinigung Europas und Asiens, war nun zum göttlich sanktionierten Auftrag geworden. Traditionelle Grenzen spielten ab sofort keine Rolle mehr.

Dass ein strategisch und politisch häufig so kühl kalkulierender Eroberer sich solchen mythisch verbrämten Gedanken und religiös legitimierten Zielsetzungen hingab, mag zunächst verwirren. Es ist aber eine Seite in der Persönlichkeit des Makedonen, die von der des militärischen Planers und Taktikers nicht zu trennen ist. Die Zeitgenossen sahen hierin ohnehin keinen Widerspruch. Schon immer hatten mythische Erklärungen und göttliche Zeichen militärische Erfolge und politische Entscheidungen umrahmt. Selbst die Demokratie zur Zeit der Sophistik verzichtete hierauf nicht gänzlich. Für die Menschen um Alexander war sie eine notwendige Erklärung der Erfolgsbilanz, die alles bisher Dagewesene in den Schatten stellte.

Zu dieser Erfolgsbilanz gehörten aber nicht nur militärische Siege, sondern auch die Fähigkeit, Gemeinwesen zu gründen; und so wollte sich auch Alexander in Ägypten als Städtegründer profilieren. Seine Wahl fiel auf das westliche Mündungsgebiet des Nildeltas gegenüber einer be-

281 Vgl. Gehrke (2005), 50.

reits von Homer erwähnten Insel namens Pharos. Die Neugründung erhielt wie eine griechische Polis Autonomie und trug den Namen ihres Gründers: Alexandria. Vermutlich sollte die Stadt nach der Zerstörung von Tyros den Seehandelsverkehr nach Griechenland erleichtern[282] und Ägypten unabhängiger von den phönizischen Metropolen machen – erneut ein Zeichen für die Ressentiments gegenüber den Phönikern, die Alexander nicht erst seit der Belagerung von Tyros zeigte.

Voller Selbstbewusstsein brach Alexander im April 331 von Ägypten auf, um die persischen Zentrallande zu erobern. Dareios hatte sich in der Zwischenzeit in der Ebene von Gaugamela mit einer neuen Reichsarmee postiert. Doch obwohl der Perserkönig und seine Planer alle nur erdenklichen Vorsichtsmaßnahmen und taktischen Verbesserungen getroffen hatten, konnte auch diesmal Alexander durch einen massierten Angriff der Reiterei auf den Großkönig die Schlacht zu seinen Gunsten entscheiden. Dareios flüchtete mit seinen engsten Gefolgsleuten weiter in den Osten des Reiches, und Alexander wurde zum »König von Asien« ausgerufen. Damit war klar, dass dieser militärische Erfolg ihm endgültig die Herrschaft über das Perserreich verschafft hatte.

Der weitere Marsch des Heeres in die Persis gestaltete sich denn auch wie ein Triumphzug. In Babylon wurde Alexander wie in Ägypten als Befreier empfangen und ähnlich wie in Memphis vergalt der Makedonenkönig die Sympathien der Priester damit, dass er die unter den letzten Perserkönigen verfallenen Tempel wiederherstellen ließ. In Susa bekam Alexander widerstandslos den persischen Thronschatz in seine Hände – auch ein Indiz dafür, dass die Mehrheit der Perser Alexander bereits als militärisch legitimierten neuen Herrscher akzeptierte. Lediglich auf dem Weitermarsch nach Persepolis musste er gegen

282 Vgl. Lauffer (1981), 88.

einheimische Bergvölker kämpfen, bis ihm schließlich zu Beginn des Jahres 330 der Kommandant der persischen Zentrale die Tore öffnete. Gleich zu Beginn ging der gewaltige Palast in Flammen auf. Bis heute ist ungeklärt, ob dies eine spontane Reaktion Alexanders unter erheblichem Alkoholeinfluss während des Siegergelages mit seinen Kampfgefährten[283] oder ein geplanter Akt war.[284] In jedem Fall symbolisierte der Brand den Endpunkt des Rachekriegs für die Zerstörungen der Perser in Griechenland.

Damit hatte Alexander den Auftrag des Korinthischen Bundes von 330 offiziell erfüllt. Dass er dennoch anders als die Truppen des Bundes nicht zurückkehrte, sondern weiter nach Norden Richtung Ekbatana vorstieß, erklärt sich zum einen aus seinem Selbstverständnis, die Nachfolge des persischen Königs anzutreten. Um diesen Anspruch durchzusetzen, musste er sich der Person des Dareios versichern und die Loyalität der nördlichen und östlichen Reichsteile prüfen. Hinzu kam ein drittes Element, nämlich die im Zuge der militärischen Eroberungen angestrebte geographische Horizonterweiterung. Wenn ihm das Orakel von Siwah nicht nur die Gottessohnschaft bestätigt, sondern die Weltherrschaft prophezeit hatte, dann musste er wie Dionysos und Herakles zu den geographischen Grenzen der Welt vordringen.

Im Norden war dies das Kaspische Meer, das viele für eine Ausbuchtung des Weltmeeres (Okeanos) hielten, sowie die durch den Oxos und Iaxartes markierten Übergänge zu den Steppengebieten. Alexanders Soldaten marschierten dabei durch Gegenden, die niemals zuvor ein Grieche gesehen hatte; je weiter sie in die nordöstlichen Satrapien vordrangen, desto stärker mussten sie sich auf Widerstand einstellen, der mehr einem Guerillakampf als einem offenen Abwehrkrieg glich. Alexander hat auch

283 Vgl. Gehrke (2005), 60.
284 Vgl. Engels (2006), 56.

diese Herausforderungen durch taktische Veränderungen des Heerkörpers gemeistert. Dareios selbst war während des makedonischen Vormarschs von seinen Satrapen ermordet worden; als sein Nachfolger schwang sich der Satrap Bessos auf, der als neuer Großkönig Artaxerxes von den Iranern anerkannt wurde. Erst als auch dieser, von seinen eigenen Leuten im Stich gelassen, in die Hände Alexanders fiel, war der letzte Widerstand gebrochen.

Alexander krönte seinen Zug in die nördlichen Satrapien mit einer Heirat: Im Frühjahr 327 ehelichte er die Tochter eines vornehmen Prinzen der Sogdiane namens Roxane nach einheimischem Ritus. Eheliche Zuneigung verband sich wohl auch mit dem Ziel, seine Nachfolge zu sichern und diese den einheimischen Eliten akzeptabel zu machen. Sein Schwiegervater Oxyartes wurde in den Beraterkreis des Makedonenkönigs aufgenommen, dessen Söhne in die königliche Reiterformation eingegliedert. Diese und andere Maßnahmen, die darauf zielten, einheimische Würdenträger in die makedonische Heeres- und Herrschaftsstruktur zu integrieren, wurden von dem Bemühen Alexanders begleitet, sich auch äußerlich durch die Anlegung des Diadems und die Einführung der Proskynese in die persische Königszeremonie einzufügen. Dass diese Bemühungen Misstrauen und Verbitterung auf Seiten der makedonischen Offiziere hervorriefen, liegt auf der Hand. Und so häuften sich seit dem Abmarsch von Persepolis und dem Tod des Dareios die Nachrichten von offener Kritik bis hin zu geheimen Verschwörungen, denen Alexander mit unerbittlicher Härte selbst gegenüber loyalsten Offizieren und Freunden (Philotas, Parmenion) entgegentrat.[285]

In dem Maße, wie sich Alexander von seinem offiziellen Auftrag löste und seine Eroberungsträume ohne Rücksicht auf makedonische Empfindlichkeiten zu verwirkli-

285 Vgl. Engels (2006), 58ff.

chen suchte, verbreiterte sich die Kluft. Das harte Durchgreifen wurde von den antiken Quellen mit dem Jähzorn Alexanders erklärt und später gern als die schwarze Seite seiner Seele gedeutet. Tatsächlich wusste Alexander, dass nur der leiseste Verdacht der Insubordination aus dem Kreis seiner Vertrauten das ganze Unternehmen gefährdete. Zur Herrschaftsdelegierung an iranische Eliten gab es angesichts der geringen Zahl erfahrener Makedonen keine Alternative; und so musste er seine Linie konsequent durchsetzen, um im Rücken seines Feldzugs Stabilität zu wahren.

Ergänzt wurde die Beibehaltung alter Herrschaftsstrukturen durch Maßnahmen, die dem Welteroberer mehr als angemessen waren. Alexander begann seit seinem Zug nach Norden vor allem im Bereich der Sogdiane an strategisch bedeutsamen Stellen Kolonien zu gründen. Unter ihnen waren Städte wie Alexandreia Areia (heute Herat) sowie Alexandreia in Arachosien, das spätere Kandahar. Am äußersten nördlichen Ende der Sogdiane, wo nach Auffassung der Alten die Kulturwelt endete, legte er 327 am Iaxartes Alexandreia Eschate an (das »äußerste« Alexandria), das heutige Chodschent (Leninabad).[286] Besiedelt wurden die Kolonien von makedonischen Veteranen, nicht mehr kampffähigen Soldaten, griechischen Söldnern sowie freigelassenen Gefangenen. Sie haben sich zwar in der unmittelbar auf Alexander folgenden Zeit nur wenig über ihren faktischen Status als befestigte Militärlager hinaus entwickelt, doch gelang es zumindest einigen von ihnen, die Satrapie gegen nomadische Angriffe zu schützen.[287]

Nachdem Alexander die nördliche Grenze der Oikumene erreicht hatte, lag es nahe, auch im Osten das Ende der Welt zu suchen und so den Anspruch auf Weltherrschaft

286 Vgl. Arrian 4,4,1; Curtius Rufus 7,6,25–26; Lauffer (1981), 126.
287 Vgl. Wiemer (2005); Engels (2006), 58.

durchzusetzen. Als östlichstes Land galt das sagenumwobene und goldreiche Indien. Genauer bekannt waren allerdings nur die Gebiete des Indus und seiner Nebenflüsse (das heutige Pandschab). Alexander und seine geographischen Experten mussten nach dem Stand der damaligen Kenntnis davon ausgehen, dass weiter östlich der Okeanos lag; von den weiten Landmassen bis nach China wusste man nichts. Da man zudem annahm, dass der Indus mit dem Nil verbunden war, bot sich die Aussicht, das Vordringen an das östliche Weltende mit der Rückfahrt auf dem Indus bzw. dem Nil nach Ägypten abzuschließen. Die Rückkehr nach Ägypten hätte den Kreis der in Siwah prophezeiten Weltherrschaft geschlossen und harmonisch zu einem triumphalen »Weltumritt« verbunden.

Im Frühsommer 327 brach das Heer von Baktra, der Hauptstadt Baktriens, auf und überschritt in zehn Tagen den Hindukusch. Südlich gründete Alexander Alexandreia am Kaukasus. Die meisten indischen Fürsten (Radschas) hatten bereits signalisiert, dass sie die Oberherrschaft Alexanders anerkennen würden, unter ihnen Taxiles, der bedeutendste Radja im westlichen Pandschab.[288] Nur dessen östlicher Nachbar Poros, König der Pauravas (Nachkommen des im Rig-veda erwähnten Puru-Stammes), musste in einer großen Schlacht niedergerungen werden. Nach dem Sieg bestätigte Alexander die Herrschaft des Poros in der Form eines Vasallentums. Denn nur mit Hilfe einheimischer Fürsten war das Gebiet zu kontrollieren. Am Ort der Schlacht legte er zusätzlich eine Stadt mit dem Namen Nikaia (»Siegesstadt«) an.

Mit der Unterwerfung des Poros war der Weg nach Indien frei, doch nun setzte der Monsunregen ein. Der Weitermarsch wurde zu einer Strapaze. Als das erschöpfte Expeditionsheer schließlich den Hyphasis (heute: Beas, östlich von Lahore), den östlichsten oberen Nebenfluss des

288 Vgl. Arrian 4,22,3–4; Alexandreia am Kaukasus: Arrian 4,22,4–5.

Indus, erreichte, verweigerte es den Weitermarsch – zum ersten Mal in der Geschichte des Alexanderzuges. Alexander zog sich daraufhin drei Tage lang in sein Zelt zurück. Schließlich gab er nach und ließ zwölf gewaltige Altäre zum Dank an die Götter errichten. Damit markierte er das definitive Ende des Vormarschs nach Osten.

Doch ganz gab er seine Träume nicht auf. Nach der Rückkehr an den Hydaspes wurde eine Flotte von angeblich 2000 Schiffen gebaut, um den Indus hinabzufahren. Ende Juni 325 erreichten die Makedonen Pattala (Haiderabad im Indusdelta). Das Gezeitenphänomen bewies, dass der Indus in ein großes Meer mündete. Dieses Meer musste der Okeanos sein. Damit hatte Alexander *ein* Ende der Welt erreicht. Er ließ es sich nicht nehmen, auf die hohe See zu fahren, »um nachzusehen, ob in der Nähe ein anderes Land über dem Meere aufsteige, hauptsächlich aber, [...] um sich zu rühmen, [als Erster] auf dem großen Meer hinter Indien gefahren zu sein«.[289] Dann segelte er bis zu einer Insel vor der Indusmündung, die er Skillustis nannte.[290] Hier ging er an Land, opferte den Göttern, studierte Land und Leute und soll nach Plutarch schließlich ein Gebet gesprochen haben, wonach »kein Mensch nach ihm [...] je über die Endpunkte seines Marsches hinauskommen [möge]«.[291]

Der Okeanos war aber nur ein Objekt dieses imaginären Wettkampfs, den Alexander nur noch mit sich selbst (und den Göttern) führte. Wie der Okeanos eine gewaltige Wasserwüste darstellte, so bot das Land unwirtliche Wüsten. Eine hatte angeblich die Armee des Perserkönigs Kambyses während seines Angriffs auf die Oase Siwah verschlungen (s. S. 251). Alexander selbst befand sich am Indusdelta am Rand der Gedrosischen Wüste (Makran), »eine[r] der unwirtlichsten und undurchdringlichsten Einöden der Erde« (Hans-Joachim Gehrke). Angeblich sollen

289 Arrian, *Indike* 20,1.
290 Eine sichere Lokalisierung ist nicht möglich.
291 Plutarch, *Alexander* 66,2.

Kyros der Große und die babylonische Königin Semiramis bei dem Versuch der Durchquerung gescheitert sein. Wenn Alexander bisher alle Beschränkungen aufgehoben hatte, dann musste ein Marsch durch die Wüste eine letzte Probe seiner Göttlichkeit sein. Nur so konnte er beweisen, dass die Natur sich vor ihm beugte.[292]

Zunächst teilte Alexander das Heer. Nearchos, der Befehlshaber der Indusflotte, sollte mit den Schiffen entlang der Küste den Seeweg vom Indusdelta zurück in den Persischen Golf zum Zweistromland finden. Der größere Teil des Heeres (inklusive Frauen und Kinder) brach dagegen im Herbst 325 auf, um den Rückmarsch durch die Wüste zu wagen. Der Weg wurde zu einem wahren Höllenmarsch. Alexander verlor rund drei Viertel seines Heeres,[293] mehr als ihn alle Schlachten gekostet hatten. Von einer erneuten Meuterei hören wir jedoch nichts. Als der Rest der stolzen Armee im Dezember 325 an einer vereinbarten Position mit Nearchos zusammentraf und wenige Zeit später auf das Heer des Krateros stieß, inszenierte Alexander den Rest des Marsches wie eine dionysische Prozession, thronend auf einem Prunkwagen mit seinen Freunden und begleitet von Frauen und Musikanten. Wie ein neuer Dionysos – der angeblich aus Indien in den Westen gezogen war – wollte Alexander erscheinen, für seine Soldaten zweifellos ein makabres Schauspiel angesichts der im Wüstensand zurückgebliebenen Kameraden, aber für Alexander wohl das geeignete Mittel, seinen Sieg über die Natur zu feiern.[294]

Als Alexander über Pasargadai und Persepolis 324 in Susa anlangte, hatte er seinen Eroberungszug durch die

292 Engels (2006), 61 erwägt dagegen die Möglichkeit, dass Alexander den Zug durch die Gedrosische Wüste als Strafexpedition für die Meuterei am Hyphasis konzipiert habe.

293 Vgl. Plutarch, *Alexander* 66,5.

294 Vgl. Arrian 6,28,1–2; Curtius Rufus 9,10,24–28; Plutarch, *Alexander* 67,1–6.

Weite des Perserreichs vollendet. Noch war jedoch die in Siwah prophezeite Weltherrschaft nicht realisiert. Alexander musste die Gebiete der südlichen Oikumene seinem Herrschaftsbereich anfügen. Schon während seines Rückmarschs hatte er deshalb die Statthalter von Mesopotamien und dem Libanon angewiesen, Holz für den Bau einer Flotte zu schlagen. In Babylon wurden ein neuer Hafen aus dem Boden gestampft sowie Matrosen und Kolonisten angeworben. Das Ziel der Expedition war Arabien. Das Land der südlichen Oikumene galt als *terra incognita*, bewohnt von Nomaden, welche die Levante und Mesopotamien unsicher machten. Als Herrscher des Perserreichs musste Alexander diese Raubzüge unterbinden; gleichzeitig schloss der Zug nach Arabien an die Perspektive der Welteroberung an, die Alexander am Unterlauf des Indus eröffnet hatte. Eine Fahrt um Arabien verlängerte die Expedition des Nearchos nach Westen, so dass Alexander sich erneut als Herrscher über den Okeanos hätte feiern lassen können.

Kurz vor dem Aufbruch von Flotte und Heer im Juni 323 wurde Alexander jedoch von heftigen Fieberanfällen geschüttelt. Vermutlich hatte die Malaria ihn befallen oder eine am Indus erlittene Pfeilwunde war nicht ausgeheilt. Die regelmäßigen Zechgelage dürften seine Widerstandskraft zusätzlich geschwächt haben. Am 10. Juni starb Alexander 33-jährig in Babylon.[295]

295 Vgl. Mossé (2004), 49, zu Spekulationen über den nicht natürlichen Tod Alexanders.

VII.
Die Herrschaft der hellenistischen Könige

1. Die politische Ordnung und das Erbe des Alexanderreiches

Die drängendste Frage nach dem Tod Alexanders lautete: Wie und von wem sollte das Riesenreich künftig regiert werden? Unbestritten war die Akzeptanz des monarchischen Systems, weil es sich militärisch glänzend bewährt hatte und es zu ihr keine praktikable Alternative gab. Wer aber sollte die Nachfolge Alexanders antreten? Die Fortsetzung der verwandtschaftlichen Linie erwies sich als problematisch. Denn Alexanders Halbbruder war geistig behindert, und Roxane gebar erst Monate nach dem Tod Alexanders dessen leiblichen Sohn. Deshalb fiel die Macht in die Hände der einflussreichen Offiziere und Satrapen. Ptolemaios übernahm Ägypten, das er schon seit 332 als Satrap regierte, Lysimachos Thrakien und Eumenes Kappadokien und Paphlagonien. Perdikkas wurde als »Sachwalter der Königsherrschaft« und Oberkommandierender anerkannt.

Es standen zwar mit Philipp III. Arridaios und Alexander IV. formell zwei Könige aus der Argeadendynastie bereit, doch erwiesen sich beide aus unterschiedlichen Gründen als nicht regimentsfähig. Dies öffnete den Offizieren neue und größere Handlungsspielräume und ließ weitere Herrschaftskriterien neben der vor allem von den Soldaten bevorzugten dynastischen Abfolge zu. Alexander selbst hatte den verwandtschaftlichen Aspekt nie betont, er soll vielmehr – nach einer allerdings unsicheren Überlieferung

– sein Reich »dem Besten« vermacht haben.[296] Tatsächlich waren es klassische (aristokratische) Qualitäten wie militärische Tüchtigkeit, persönliche Tapferkeit und die Aura des Erfolgreichen, die den Kandidaten auszeichnete. Die Eroberungen Alexanders verstärkten diese militärische Komponente. Der Ruhm des Königs beruhte nicht mehr nur auf der Fähigkeit, Krieg zu führen und das makedonische Stammland vor Angriffen zu schützen, sondern auch darauf, große Räume zu erobern. Dieses Selbstverständnis verband sich mit dem Weltherrschaftsanspruch des persischen Großkönigs. Dieses Kriterium gab Alexander als Hypothek an seine Nachfolger weiter: Sie mussten beweisen, dass auch sie Land erobert hatten, jederzeit in der Lage waren, neue militärische Erfolge zu feiern und idealiter als Herrscher über die Oikumene aufzutreten.[297]

Doch schon in den ersten Jahren nach der Regelung von Babylon zeigte sich, dass alle Versuche Einzelner, eine größere Machtstellung als die anderen zu erwerben oder gar die Herrschaft im Gesamtreich zu gewinnen, durch Interventionen oder Koalitionen der Übrigen vereitelt wurden. Im syrischen Triparadeisos zog man 321/320 hieraus die Lehren und legte die Kompetenzen fest, aus denen sich in den nächsten Jahrzehnten fest umrissene Machtblöcke mit eigenstaatlicher Souveränität entwickelten. Ptolemaios hatte Ägypten in eine persönliche Herrschaft verwandelt und ließ sich aus dem Land nicht mehr verdrängen. Babylonien und Nordsyrien standen unter der Kontrolle des Seleukos, Nordanatolien gelangte in die Hand des Lysimachos; nach seiner Niederlage gegen Seleukos 282 fiel sein Herrschaftsbereich an den Sieger. Antigonos Monophthalmos behielt seine Strategie in Asien.

Kompliziert gestaltete sich dagegen die Lage in Makedonien. In Triparadeisos hatte der neue Reichsverweser

296 Vgl. Diodor 18,1,4.

297 Vgl. Polybios 31,34,15–16; Diodor 18,43; Walbank (1984), 66; Thonemann (2016), 51 ff.

Antipatros seinen Sohn Kassandros zum Chiliarchen der Reiterei neben Antigonos (Monophthalmos) ernannt. Kassandros stärkte nach dem Tod seines Vaters (319) mit Unterstützung von Antigonos, Ptolemaios und Lysimachos seinen Einfluss in Griechenland und Makedonien; als ihm seine Verbündeten 311 jedoch die Regentschaft nur bis zur Volljährigkeit des jungen Alexander IV. zusicherten, ließ er den letzten Spross des Königshauses der Argeaden mit dessen Mutter Roxane ermorden. 305 ernannte er sich wahrscheinlich selbst zum König. Ein Jahr vorher (306) hatten jedoch auch Antigonos Monophthalmos und sein Sohn Demetrios nach dem Sieg über die Flotte des Ptolemaios ihrerseits in aller Form den Königstitel angenommen; ein Jahr später folgte Ptolemaios deren Beispiel, indem er sich von seinem Heer in Ägypten zum König ausrufen ließ und die Propagandaparole vom speererworbenen Land hinzufügte.[298] Nach dem Tod des Antigonos in der Schlacht von Ipsos 301 gegen die Koalition des Ptolemaios, Lysimachos, Kassandros und Seleukos beanspruchten auch die übrigen Diadochen den gleichen Rang.[299] Dem Titel *basileus* fehlte jegliche dynastische, ethnische oder territoriale Anbindung, er überließ aber den Trägern gerade deshalb die Möglichkeit, weiterhin nach dem Vorbild Alexanders ihren Anspruch auf die Gesamtherrschaft wach zu halten. Allerdings konnten weder Antigonos und Demetrios noch ihre Gegner auf reale Gebietsgewinne verweisen, sondern »nur« auf militärische Erfolge. Diese Erfolge waren zudem nicht gegen Barbaren, sondern gegen makedonische Mitkonkurrenten errungen. Deshalb behaupteten Antigonos und Demetrios, Krieg für die Freiheit der griechischen Städte und gegen die Herrschaft Makedoniens geführt zu haben. Der Einsatz für die Freiheit der Poleis galt fortan neben den militärischen Siegen

298 Vgl. Hölbl (1994), 22; Haake (2012), 299–302; Thonemann (2016), 24 f., 50 ff.

299 Vgl. Appian, *Syriake* 54 (275–277); Meißner (2007), 12 f.

und dem Reichtum der Herrscher als wesentliche legitimatorische Grundlage der Königsherrschaft.

Anders als z. B. Ptolemaios fehlte jedoch Demetrios ein klares territoriales und politisches Zentrum seiner Herrschaft. Erst als ihn nach dem Tod des Kassandros die Heeresversammlung 294 zum König von Makedonien und Thessalien ausrief, war dieses Manko beseitigt.[300] Antigonos nannte sich zwar selbst ohne ethnische oder territoriale Beifügung *basileus*, um den Anspruch auf das gesamte Alexanderreich nicht aufzugeben – er trug nicht ohne Grund einen Mantel, auf dem der Kosmos dargestellt war[301] –, faktisch konzentrierte sich jedoch seine Herrschaft auf den Machtbereich Philipps II. In Inschriften erscheint deshalb bald neben dem Namen des Königs der Zusatz »der Makedonen«.[302] Demetrios (nach seinem Vater Antigonos Monophthalmos) und Antigonos II. Donatas begründeten so die Dynastie der Antigoniden.

2. Die religiöse Einbindung der hellenistischen Monarchien in einheimische Traditionen

Erfahrungsgemäß benötigt eine so stark auf den militärischen Erfolg angewiesene Herrschaft zusätzliche Legitimationsformeln. Dies gilt für die Herrscherdynastien nach Alexander umso mehr, als sie nicht auf verwandtschaftliche Bande zu ihrem Vorbild verweisen konnten. Für die Diadochen bildete deshalb die Religion ein zentrales Element, das nicht nur die Kluft zur griechischen und einheimischen Bevölkerung überwinden, sondern auch den militärischen Charakter ihrer Herrschaft mit der Aura göttlicher Zustimmung umgeben sollte.

300 Vgl. Errington (1986), 138; Diefenbach (2014).
301 Vgl. Gehrke (2003), 39; Diefenbach (2014), 41.
302 Vgl. Mossé (2004), 165.

So hielten zwar die Ptolemäer bei der Einrichtung ihres dynastischen Ahnenkultes an griechisch-makedonischen Traditionen fest, doch ließ sich bereits Ptolemaios nach der Inbesitznahme Ägyptens auf den Wänden der ägyptischen Tempel als Pharao abbilden und erklärte, er habe die von den Persern geraubten Tempelbilder zurückgeführt. Ferner unterstützten Ptolemaios und seine Nachfolger die Königskulte und ihre Priester finanziell großzügig und ließen sakrale Bauwerke (wie den Horustempel von Edfu) errichten. Die antipersisch eingestellten Priester dankten es dem neuen König und wurden zu den wichtigsten spirituellen Helfern seiner Herrschaft. Der Hohepriester von Ptah führte regelmäßig beim Tod des Herrschers dessen Vergöttlichung durch. Seit Ptolemaios II. wurde jeder Ptolemäer bereits zu Lebzeiten als Gott verehrt; Ptolemaios II. ließ diese Ehre erstmals auch seiner Gattin und Schwester zuteil werden. Sie wurde zur Göttin Arsinoë; beide waren *theoi adelphoi*.[303]

Während die Ptolemäer neben ihrem makedonischen Selbstverständnis als siegreiche Könige auf die ägyptische Königsideologie und deren relativ einheitliches Herrschaftsgebiet zurückgreifen konnten (ohne freilich weitergehende Territorialansprüche aufzugeben), vereinte das Reich der Seleukiden unterschiedliche Traditionen und Ethnien: im Zentrum der Persis das persisch-medische Königtum, im fernen Osten die Grenzgebiete zu Indien, Baktrien sowie im Vorderen Orient Babylonien und die Stadtstaaten und Fürstentümer an der Levante. Babylon nahm von Beginn an eine Sonderstellung ein. Die alte Hauptstadt bildete schon für die Achaimeniden einen zentralen Angelpunkt ihres Reiches[304] und das babylonische Königtum ein Medium der Herrschaftslegitimation. Alexander knüpfte an diese Tradition an: Die Stadt war zum Zeitpunkt seines

303 Vgl. Hölbl (1994), 81; Huß (2001), 214ff., 325ff.
304 Vgl. Kuhrt/Sherwin-White (1987), 8ff.

Todes Sitz des »Generalintendanten der königlichen Finanzen« der mittleren Provinzen und Hauptstationierungsort von Armee und Flotte.[305]

Als Seleukos in Triparadeisos die Satrapie von Babylonien als Belohnung für seine Hilfe bei der Ermordung des Perdikkas erhielt, stand er demnach vor der schwierigen Aufgabe, sein Herrschaftsverständnis nicht nur mit der persischen Königsideologie, sondern mit dem babylonischen Königtum und seinen Verpflichtungen zu verbinden. Alexander hatte babylonische (und aramäische) Traditionen zwar berücksichtigt, aber den praktischen Erfordernissen seiner Herrschaftspolitik untergeordnet.[306] Die Seleukiden bezeugten dagegen von Beginn an – ähnlich wie die Ptolemäer in Ägypten – den religiösen und historischen Traditionen der einheimischen Monarchie und ihrer Priesterschaft hohen Respekt. Die Priesterschaft dankte es mit der offiziellen Anerkennung des neuen Herrschers: Der Eintritt des Seleukos in die Satrapie (319) wurde in der Babylonischen Chronik (bekannt als Chronik der Diadochen) ausdrücklich als Beginn einer neuen Ära markiert. Der (seleukidische) König erscheint in babylonischen Texten als legitimer Herrscher in Einklang mit den babylonischen Göttern: Seleukos nannte sich »König von Babylon«,[307] sein Sohn Antiochos I. wuchs bereits im Palast der Achaimeniden in Babylon auf.

Auch das babylonische Königtum verpflichtete den Regenten dazu, den Tempelbau voranzutreiben, sich am Kultvollzug zu beteiligen sowie den Frieden zu wahren und die Prosperität des Landes zu fördern. Die Seleukiden sind diesen Verpflichtungen ähnlich gewissenhaft nachgekommen wie die Ptolemäer in Ägypten. Bereits Seleukos ließ das Ritual der Götter von Uruk erneuern. Antiochos I. stellte den unter den Persern vernachlässig-

305 Vgl. Wiemer (2007), 296 f.
306 Vgl. Wiemer (2007), 282–309.
307 Walbank (1984), 73.

ten babylonischen Haupttempel Esagila (zu Ehren des Gottes Marduk) wieder her und stiftete den Nebotempel in Borsippa. Antiochos III. ließ den Tempel des Anu in Uruk restaurieren.[308] Alle Seleukiden nahmen, wenn sie nicht im Feld standen, an den Festen und Opfern des Esagila nach lokaler Tradition teil. All dies verschaffte den Seleukiden die gewünschte religiöse Legitimation.[309]

3. Die neuen Residenzen als Symbol und Zentrum der Herrschaft

Einen weiteren Schritt auf dem Weg zur Stabilisierung der Herrschaft bildeten die Übernahme und/oder Neuanlage großer Residenzen. Die Nachfolger Alexanders ordneten sich damit demonstrativ ein in die monarchische Regierungstradition des östlichen und westlichen Mittelmeerraums und folgten dem Vorbild aller griechischen Großen (und besonders der Tyrannen), den Erfolgen auf dem Schlachtfeld durch Errichtung von Stadtanlagen sowie durch die Förderung von Kunst und Kultur eine göttergleiche Tat an die Seite zu stellen.[310] So entwickelte Antigonos Gonatas Pella zu einer Residenz mit höfischer Entourage, an der sich Philosophen, Künstler, Dichter (Aratos von Soloi), Gelehrte und Historiker (Hieronymos von Kardia) um den Thron des Monarchen versammelten. In Kleinasien übernahm man die Residenzen der Satrapen.[311] Gleichermaßen richteten sich die Seleukiden im Osten und im Gebiet der Persis in den achämenidischen Königsstädten ein – eine zentrale Rolle spielten Susa (zur Kontrolle der zentralasiatischen Satrapien) und Babylon. Zusätzlich

308 Belege bei Tarn (1966), 152; Kuhrt/Sherwin-White (1983), 265 ff.; Mittag (2006), 198 f.
309 Vgl. Sartre (2006), 172 ff.
310 Vgl. Shipley (2000), 83; Chaniotis (2019), 91–99, 103–144.
311 Vgl. Weber (1993), 283–316.

errichtete Seleukos Nikator Seleukia am Tigris sowie im Westen ein weiteres Seleukia (in Pierien) an der Mündung des Orontes. Ein Stück flussaufwärts entstand Antiocheia, schon bald – neben Alexandria – die berühmteste Metropole des hellenistischen Ostens.

Während die Seleukiden zwischen den Hauptstädten »wanderten«, beschränkten sich die Ptolemäer von Beginn an – anders als die altägyptischen Pharaonen – auf die Neugründung Alexandria als Residenz und konkurrenzlosen (weltlichen) Reichsmittelpunkt. Die »magische« Kraft der ersten Gründung Alexanders auf afrikanischem Boden und ihre einmalige strategische und handelspolitische Lage auf der Landzunge zwischen Mittelmeer und dem See Maerotis verdrängten in diesem Fall Rücksichtnahmen auf einheimische Traditionen.[312] Die Planung der Stadt orientierte sich am Prinzip des Schachbrettmusters, das schon im 5. Jahrhundert zum Beispiel im Piräus angewandt worden war. Allerdings waren die Straßen Alexandrias weitaus großzügiger angelegt. Über dreißig Meter breite, mit Granitsäulen geschmückte Prachtalleen führten vom West- zum Osttor (Kanopische Straße) sowie von Süden nach Norden zum Palast und kreuzten sich an einem zentralen Punkt.[313] Eine der beiden Straßen führte zum Palastviertel an der Einfahrt des großen Hafens. Es machte fast zwei Drittel des gesamten Stadtgebiets aus. Ursprünglich als befestigte Zitadelle konzipiert, wuchs die Innenfläche mit den Räumlichkeiten der Könige, kleinen Schreinen, Tempeln und sogar einem Zoo zu einem echten herrschaftlichen Bezirk heran. Eine politisch zentrale Rolle spielten das innerhalb des Palastbezirks errichtete Grab Alexanders und die Grablege der ptolemäischen Könige.

Mit dem Königspalast verbunden war das Museion. Als Museion bezeichnete man ursprünglich ein Heiligtum der

312 Vgl. Clauss (2004); Fraser (1972).
313 Vgl. Gehrke (2006), 70.

Musen. In Athen standen Musenaltäre im Zentrum der platonischen Akademie und des aristotelischen Lykeion. Als Demetrios von Phaleron – ein Schüler des Aristoteles – wegen seiner promakedonischen Haltung aus Athen vertrieben wurde und sich nach Alexandria wandte, richtete auch Ptolemaios I. Soter oder sein Nachfolger einen solchen, den Künsten geweihten Bereich ein, allerdings in weitaus größeren Dimensionen. Das von Säulen- und Wandelhallen umrahmte Heiligtum wurde überragt durch die königliche Bibliothek. Bibliotheken unter monarchischer Patronage waren dem griechischen und nahöstlichen Raum schon vor Alexander vertraut. So sollen bereits die Tyrannen Peisistratos und Polykrates Büchersammlungen besessen haben. Die großen Staatsarchive in den Hauptstädten der nahöstlichen Königreiche (Hattusa, Ninive) dienten nicht nur administrativen Zwecken, sondern waren zugleich Sammelorte von »heiligen« und literarischen Schriften, die abgeschrieben und miteinander verglichen wurden.[314] All dies tat man auch in der Bibliothek von Alexandria, und doch war ihr Anspruch ein weitaus universalerer: Sie sollte mit bis zu 500 000 Schriftrollen das gesamte bekannte Wissen bewahren und der Forschung zugänglich machen: Ursprünglich wohl als Erziehungsstätte für die Prinzen gedacht, wurde sie zum Zentrum einer von dem zweiten Ptolemäer gegründeten Universität. Museion und Universität garantierten unter königlicher Patronage ein Monopol der Erinnerung und professionellen Zukunftsgestaltung von Wissen. Beides repräsentierte den Machtanspruch der Könige und förderte ihr Prestige. Die politische Hauptstadt des Ptolemäerreiches avancierte zur bedeutendsten Forschungs- und Gelehrtenstätte des griechisch-römischen Altertums.

Selbstverständlich verfügte der Palastbereich über ein Theater sowie im Stadtinnern über ein Gymnasium. Tempelanlagen, Heiligtümer und Kultstätten verschiedenster

314 Vgl. Shipley (2000), 241 ff.; Tyrannen: Athenaios 1,4.

Art waren weit über die Stadt verstreut – angesichts einer bunt gemischten Bevölkerung von bis zu 500 000 Einwohnern (im 1. Jahrhundert v. Chr.) nicht verwunderlich. Wohl keine andere Stadt vereinte so unterschiedliche Götter und religiöse Traditionen wie Alexandria. Im Südosten lag das Heiligtum des Sarapis, einer Vereinigung zwischen dem Stiergott Apis und Osiris auf der einen sowie des Zeus und Dionysos auf der anderen Seite. Sarapis wurde so zum griechisch-ägyptischen Schutzpatron einer ethnisch heterogenen Bevölkerung, wie sich schon Alexander in Siwah darum bemüht hatte, griechisch-makedonische und ägyptische Tradition zu kombinieren.

International und monumental war auch das Hafengelände. Seine Kaianlagen erstreckten sich über eine Länge von mehreren Kilometern und boten über 100 Schiffen Anlegeplätze. Der königliche Anspruch, die Natur den Wünschen der Menschen dienstbar zu machen, kommt hier besonders stark zum Ausdruck: Es gelang den Ingenieuren, die natürliche Topographie mit entsprechenden Bauten zu einer verkehrstechnisch optimalen Hafenanlage umzugestalten. Die Pharosinsel lag wie ein schützendes Bollwerk gegenüber der Küste und wurde mit dem Festland durch einen knapp 1,5 Kilometer langen Damm (»Heptastadion«) verbunden. Auf diese Weise ergab sich eine Zweiteilung des Küstenbeckens in einen Westhafen (Eunostos-Hafen) und den »Großen Hafen« im Nordosten. Beide Hafenbecken waren durch schiffbare Durchlässe miteinander verbunden. Der große Handelshafen (Emporion) an der Südwestecke – in gebührender Entfernung vom Palastgelände – bildete den Anziehungspunkt des Überseehandels. Das Ufer war mit einer gewaltigen Zahl von Schiffshäusern, Magazinen und Stapelplätzen versehen, welche die Anlagen des Piräus wohl an Größe und Umfang bei weitem übertraf. Dagegen lag die königliche Kriegsflotte vermutlich im künstlichen Becken am Eunostos-Hafen.

An der Einfahrt zum »Großen Hafen« errichtete der

Architekt Sosikrates aus Knidos im ersten Drittel des 3. Jahrhunderts zur Ehre der Herrscherdynastie den größten Leuchtturm der damaligen Welt.[315] Er zählte zu den Sieben Weltwundern der Antike. Die oberste Plattform des mit Marmor verkleideten (oder gebauten) Turmes ragte 130 Meter über das Meer, hier wurde ein Leuchtfeuer unterhalten, dessen Lichtschein über Kilometer, durch Spiegel verstärkt, den Kapitänen sichere Orientierung hin zum Hafen bot. Auf der Spitze des Turmes bestärkte eine Statue des Zeus Soter die Zuversicht der Seeleute. Der Turm war Teil der Palast- und Hafenanlage, die als Gesamtensemble die alte Botschaft Alexanders in Stein verewigte, dass die Götter dem Menschen in seinem Drang nach Außergewöhnlichem keine Grenzen gesetzt hatten.

Alexandria diente somit der legitimatorischen Verankerung einer Monarchie, die alles tat, um den Staub des Feldlagers und den Schweiß der Offiziere durch eine prachtvolle Förderung von Kunst und Kultur zu überdecken. Gleichzeitig bildete die Stadt den Rahmen für die Demonstration königlichen Reichtums, gewissermaßen die zivile Seite der militärischen Legitimationsbasis der Monarchie. Die breiten Prachtstraßen waren Schauplatz gewaltiger, periodisch abgehaltener Festumzüge zu Ehren der Herrscherdynastie. Der am besten dokumentierte Festzug des Jahres 275/274 umfasste 6000 Teilnehmer, 80 000 Soldaten, Götterbilder und Tiere der eroberten Länder; 2000 Stiere wurden geopfert, die Bevölkerung und Festgesandtschaften kostenlos bewirtet und sportliche Agone veranstaltet. Auch in dieser Hinsicht wurde Alexandria zum Vorbild anderer Residenzen wie etwa Antiochia am Orontes.

Aber es gab auch die Monarchen aus der zweiten Reihe, die im Schatten der Diadochen seit dem 3. Jahrhundert

315 Vgl. M. Clauss, »Der Leuchtturm von Alexandria und die Kultur des Hellenismus«, in: Brodersen (2006), 84–99.

emporwuchsen und ihre Stellung ebenfalls durch originäre Residenzen dokumentierten. Eines der bedeutendsten dieser Königreiche war Pergamon. Es hatte sich in einem fünfzigjährigen Kampf gegen die Herrschaftsansprüche der Seleukiden und die Angriffe der Kelten 282 unter Philhetairos, einem Offizier des Lysimachos, und dann unter Attalos I. als Königtum etabliert. Lysimachos hatte Philhetairos als Befehlshaber der Bergfeste von Pergamon an der Küstenebene gegenüber Lesbos eingesetzt; der Burgberg wurde Sitz der neuen Herrschaft, und wieder zeigt sich hierbei das Bemühen, die Natur den menschlichen Kräften untertan zu machen. Während die Ingenieure von Alexandria Meer, Insel und Küste zu einem wirtschaftlichen und herrschaftlichen Zentrum zusammenfügten, ging es den pergamenischen Baumeistern darum, durch Terrassierungen des Berghangs die Residenzanlagen zu einem harmonischen Gesamtensemble zu kombinieren: Am Fuß des Berghangs lag ein großer Marktplatz, auf der nächsthöheren Ebene wurden Terrassen für drei Gymnasien mit Nebengebäuden angelegt. Darüber entstanden das Hera- und Demeterheiligtum, und auf der höchsten Ebene lagen die Palastanlagen sowie die Terrasse des dorischen Athenatempels – eine der ältesten Anlagen des Gesamtkomplexes. An dessen Nordseite fand die pergamenische Bibliothek mit bis zu 200 000 Schriftrollen ihren Platz.

Das berühmteste aller Bauwerke – in dieser Hinsicht vergleichbar mit dem Pharos von Alexandria – war der unter der Regierungszeit des Eumenes II. (197–159) fertiggestellte große, dem Zeus geweihte Altar, seit seiner Wiederentdeckung und Aufrichtung im Berliner Pergamonmuseum als Pergamonaltar bekannt. Der Anlass für die Errichtung waren die Abwehrkämpfe (um 168–163) gegen den keltischen Stamm der Tolistoagier, die allerdings wohl in Wirklichkeit Söldner der Seleukiden waren. Eumenes und seine Nachfolger störten sich hieran wenig und stilisierten den Sieg über die Kelten zum Gründungsmythos ihres Reiches und ihrer königlichen Herrschaft, um sich so gegenüber den etablierten Monarchen zu behaupten.[316] Die pergamenische Propaganda knüpfte deshalb ganz bewusst an die Tradition der Siege Athens gegen die Perser an: Die Abwehr der Kelten wird mythologisch als Sieg der olympischen Ordnung über das barbarische Chaos stilisiert. Dementsprechend zeigt der 120 Meter lange Fries der Podiumsaußenwand eine Darstellung der Gigantomachie, des Kampfes der olympischen Götter gegen die Giganten. Auch die Darstellung des Lebens des Telephos, des mythischen Ahnherrn der Dynastie, an den Innenwänden betonte die Verbindung zwischen dem Götterkampf und den Abwehrschlachten der Attaliden gegen die Kelten.[317]

Das Selbstverständnis der pergamenischen Residenz unterschied sich damit wesentlich von Alexandria (sowie den seleukidischen Metropolen). Während die Ptolemäer die Erinnerung an Alexander (durch die monumentale Grablege) in das Zentrum der Anlage rückten und in der Monumentalität, Internationalität und Förderung des Handels die raumgreifenden Energien des Eroberers weiterzuführen gedachten, orientierten sich die Erbauer von Pergamon an der militärischen Vergangenheit und intellektuellen Ausstrahlungskraft Athens. Pergamon sollte das Athen des Ostens werden, indem man die Erinnerung an die Erfolge gegen die Kelten auf eine Ebene mit denen der Athener gegen die Perser stellte und in Konkurrenz zu den Ptolemäern die Residenz zu einem Zentrum von Wissenschaft und Kultur erhob.

316 Vgl. Koehn (2007), 111 ff.
317 Vgl. Schalles (1986), 28 ff.

4. Die Hofgesellschaft und die Beziehungen zu den Poleis

Wie unterschiedlich die ideologisch-politischen Funktionen der neuen Residenzen auch waren – als Organisationsmittelpunkt von Herrschaft wiesen sie vergleichbare Strukturen auf, die sich von den einheimischen orientalischen Monarchien unterschieden. Alle hellenistischen Königtümer vereinten in ihrem Zentrum zwei soziale Organisationsmodelle, das Haus (*oikos*) des Aristokraten bzw. des aristokratischen Tyrannen innerhalb der Polis und die Kriegergefolgschaft der makedonischen Könige.[318] Beide Modelle bestimmten die Auswahl, Struktur und Funktionsweise der engeren Hofgesellschaft: Das Haus wandelte sich zum Hof (*aule*) und umfasste neben dem König und seiner Familie sämtliche Diener und Funktionäre des Palastes. Zum Hof im weiteren Sinne gehörten ferner die nur zeitweilig in der Residenz weilenden Gäste, unter ihnen Diplomaten, Künstler und Intellektuelle. Sie trugen dazu bei, die militärischen Grundlagen des Königtums zu überdecken und steigerten das Prestige des Monarchen.[319] Er wurde zum vorbildlichen Herrscher, der Interesse an den Wissenschaften bewies und sich als Patron griechischer Kultur feiern ließ.[320]

Die Gefolgschaft und ihre informellen Beratungsrunden wandelten sich zum Kronrat (*synhedrion*), der in engster Umgebung des Monarchen weilte. Dementsprechend wurden die *hetairoi* (»Gefährten«) zu *philoi* (»Freunden«) des Königs, wobei sich in der Praxis bald ein innerer Kern oder ein »Kabinett« besonders einflussreicher Berater gebildet haben dürfte.[321] Der Kronrat trat mindestens einmal

318 Vgl. Weber (1997), 33 mit Anm. 23.

319 Vgl. Völcker-Janssen (1993), 78–81; Shipley (2000), 76 sowie die einschlägigen Beiträge in Erskine (2005).

320 Vgl. Shipley (2000), 60.

321 Vgl. Hammond (1989), 53ff.; Shipley (2000), 112; Heinen (2003), 76.

am Tag zusammen, war aber auch durch sein Äußeres (purpurne Kleidung) von der übrigen Hofgesellschaft abgegrenzt und in die zeremoniellen Abläufe am Königshof (Audienzen oder Prozessionen) eingebunden. In der Regel wählte der König seine Freunde (*philoi*) selbst aus, aufgrund von persönlicher Bekanntschaft, Empfehlungen oder Bewährung in der Armee oder Verwaltung.[322] Deshalb waren sie in Fortführung der makedonischen Symposien auch jetzt die Mitglieder der regelmäßigen Trinkgelage am Hofe, welche die Fiktion aristokratischer Gleichheit der Freunde bei Weingenuss und mehr oder weniger geistvollen Gesprächen aufrechterhielten.

Meist handelte es sich bei den »Freunden« um gebildete oder militärisch ausgezeichnete Mitglieder städtischer Eliten, die durch Rhetorik und Anpassungsfähigkeit zu gefallen wussten. Die Poleis erhofften sich über einen »Freund« aus ihrer Reihe direkte Kommunikationskanäle zur herrschaftlichen Spitze. Der König konnte seinerseits durch die »Freunde« die Städte beobachten und benötigte welt- und sprachgewandte Vertrauensleute, die Gesandtschaften leiteten und den Kontakt zu den Gemeinden inner- und außerhalb des Reiches wahrten.[323] Der Umgang mit den Griechen verlangte jedoch Fingerspitzengefühl und diplomatische Kunst. Anders als die orientalische Bevölkerung verstanden sie monarchische Herrschaft als Beeinträchtigung innerer Freiheit. Freiheit setzte nach griechischer Auffassung der damaligen Zeit die Wahrung demokratischer Entscheidungsprozesse und ihrer Institutionen voraus.[324]

Die Könige haben an dieser Realität in der Regel selten gerüttelt und durch die Förderung des Städtewesens indirekt auch zur Ausbreitung der Demokratie (in ihrer gemä-

322 Vgl. Weber (1997), 38ff., 42ff.
323 Vgl. Shipley (2000), 60, 77.
324 Vgl. Heuss (1937), 225; Dreyer (2007), 302.

ßigten Form) in den Poleis des Orients beigetragen.[325] Wie aber das Verhältnis zwischen Stadt und Monarch in der Praxis adäquat zu beschreiben ist, darüber streitet die Forschung. Die Ausgestaltung dieses Verhältnisses hing wohl stark von den jeweiligen machtpolitischen Umständen und Zielen des Königs ab, so dass sich schwer eindeutige definitorische Formeln finden lassen. Erklärungen, welche das Verhältnis alternativ völkerrechtlich, staatsrechtlich oder rein machtpolitisch bestimmen,[326] sind schon deshalb wenig hilfreich, weil sich die Bereiche in der Realität überlappten und nur künstlich voneinander zu trennen sind.

Grundsätzlich ließ sich kein Monarch seine machtpolitische Vorrangstellung von irgendeiner Stadt streitig machen. Erfahrungsgemäß suchen Herrschaftssysteme jedoch ein offensichtliches machtpolitisches Gefälle durch Rechtsformen und normierte Verhaltensmuster zu stabilisieren, um langfristige Zustimmung auch jenseits herrschaftlicher Gewalt zu erhalten: Um demnach die Städte als verlässliche Partner zu gewinnen, musste der König das Kunststück fertigbringen, mit ihnen respektvoll zu kommunizieren, ohne seine machtpolitische Überlegenheit zu leugnen. Das Gebot der Gleichheit drückte sich darin aus, dass sich die Beziehungen formell meist auf einer völkerrechtlichen Ebene bewegten, welche die Autonomie der Poleis voraussetzte. Damit kam der König seiner selbst auferlegten Verpflichtung nach, für die Freiheit und das Wohlergehen der Griechen einzustehen. Im Gegenzug versicherten ihm die Städte ihre Loyalität und passten ihre nach außen gerichtete Politik den Wünschen des Königs an, womit dessen herrschaftliche Überlegenheit gewahrt war. Diese Überlegenheit drückte sich selten in militärischer Gewalt oder Truppenpräsenz aus – was zudem einen gewaltigen finanziellen und infrastrukturellen Aufwand bedeutet hätte –,

325 Vgl. Shipley (2000), 35 ff.
326 Vgl. den knappen Überblick bei Koehn (2007), 46 ff., 53 ff.

sondern entfaltete sich auf sozialer, wirtschaftlicher und kulturell-religiöser Ebene.

Demnach zeichnete sich der Mächtige durch ein höheres Maß an Ruhm und Ehre gegenüber den weniger Mächtigen aus, die ihn genau wegen dieser Vorrangstellung als Überlegenen akzeptierten. Gegenüber den griechischen Städten reichten militärische Erfolge allein (wenn sie gegen Barbaren errungen waren) nicht aus, auch wenn sie eine nicht unwichtige Komponente königlichen Ruhms waren. Entscheidender Gradmesser waren vielmehr das Ausmaß, in dem sich der König (wie einst der Adlige gegenüber einer Gemeinde) um das Wohlergehen der Städte und ihrer Bürger kümmerte und ihnen (materielle) »Wohltaten« zukommen ließ. Dieses »Sich-Kümmern« knüpfte an den Euergetismus reicher Bürger an, die seit dem 4. Jahrhundert mit privaten Mitteln Gymnasien ausbesserten, Tempel restaurierten, Ölspenden lieferten und die Kosten für städtische Spiele übernahmen.

An all diesen Leistungen beteiligte sich nun auch der König, er schlüpfte dabei mitunter in die Rolle eines höchsten Beamten oder Priesters der Stadt, was die Finanzierung von Festen oder Kulten miteinschloss.[327] Im Idealfall tat er dies auf so herausragende Weise, dass er für sich den exklusiven Titel »Wohltäter« (*euergetes*) und »Beschützer« (*prostates*) beanspruchen konnte. Wohltaten begründeten eine außerrechtliche Bindung, welche dem Wohltäter Ruhm sowie heroische Ehren verschaffte und den Empfänger moralisch zu Dankbarkeit und Loyalität verpflichtete, ohne dass diese Loyalität mit Zwangsmitteln eingefordert werden musste.[328] Die Modalitäten der Wohltaten und die Rolle der königlichen Wohltäter unterschieden sich dabei wohl nicht unbeträchtlich nach Maßgabe der Machtlage und den außenpolitischen Zielen der Mon-

327 Vgl. Shipley (2000), 85.
328 Vgl. Bringmann (1993), 86ff.; Shipley (2000), 62.

archen. So diente der Euergetismus einer kleinen und erst spät etablierten Monarchie wie die der Pergamener (s. S. 272f.) offensichtlich nur dem Zweck, das Macht-, Prestige- und Identitätsgefälle gegenüber den »großen« Monarchien dadurch auszugleichen, dass sie durch selbstlose und generöse Stiftungen ihr Ansehen in der ganzen griechischen Welt steigerte, keine Herrschaftsbestätigungen verlangte, sondern als »bürgerliche« Wohltäterin auftrat und gerade hieraus – neben ihrer Rolle als Beschützerin der Griechen vor den Kelten – ihr außenpolitisches Selbstverständnis ableitete.

Die großen Monarchien waren flexibler, setzten die Akzeptanz ihrer Oberherrschaft durch die Städte voraus, verfolgten dabei aber auch außenpolitische Ziele, die ihre Kontroll- und Einflussmöglichkeiten sichern sollten: Mit jeder Wohltat wuchs die Abhängigkeit der Städte, aber auch das Vertrauen zueinander. In manchen Fällen konnte der König die Poleis nicht nur mit einem Höchstmaß an innerer Freiheit belohnen, sondern ihnen sogar exklusive Herrschaftsaufgaben wie die Steuereinziehung übertragen, was ihm selbst den Aufbau eines teuren Verwaltungsapparats ersparte. Mit der Dankbarkeit der Städte wuchs das Prestige des Königs. Dieses Prestige war meist so groß, dass es religiöse Verehrung evozierte, die früher nur posthum Reformer oder Städtegründer erfahren hatten.[329] Daneben gab es schon immer die Vorstellung, dass erfolgreiche Feldherren angesichts der notorischen Unwägbarkeit des Krieges besondere göttliche Unterstützung genossen. Ausgehend von dieser Überzeugung waren erstmals während des Peloponnesischen Krieges göttliche Ehren zu Lebzeiten dem spartanischen Feldherrn Lysander zuteilgeworden. Alexander musste sie von den Griechen einfordern und wurde wohl erst unter Ptolemaios als Gott verehrt.[330] Die hellenisti-

329 Vgl. Shipley (2000), 158; Herodot 1,66,1.
330 Vgl. Gauthier (1985), 39–65; Shipley (2000), 159.

schen Könige, deren Selbstverständnis in so hohem Maße von ihren militärischen Erfolgen abhing, erhielten dagegen kultische Ehrungen vielfach von den Poleis selbst: Seleukos I. wurde nicht nur in Ilion, sondern u. a. auch in Kolophon, Priene, Lemnos und Magnesia am Mäander wie ein Gott verehrt.[331] 307 vergöttlichten die Athener Demetrios Poliorketes und Antigonos. Unter Antiochos weiteten sich die Ehrungen auf die Königin aus.[332] Ohne dass die Seleukiden (vor der Regierung Antiochos' III.) oder die Makedonen einen zentralen Reichskult organisieren mussten, gab die kultische Verehrung durch die Städte ihrer Beziehung zum König eine zusätzliche religiöse Klammer. Sie bildete das »griechische« Gegenstück zu den Bemühungen der Könige, ihre Herrschaft in den religiösen Kontext der orientalischen Herrschertraditionen zu integrieren.[333]

5. Die Neugründung von Städten und die Anlage von Kolonien

Die Größe eines Mannes zeigte sich nach griechischer Tradition aber nicht nur in seiner Nähe zu den Göttern und seinen Wohltaten gegenüber den ihm Anempfohlenen, sondern auch darin, dass er menschliches Zusammenleben in rechter Ordnung begründete. Den höchsten Beweis dieser Fähigkeit lieferte die Gründung einer Stadt. Die hellenistischen Könige folgten diesem Gesetz, zumal sie hierin dem Vorbild Alexanders nacheiferten und ihre in der Zeit des Hellenismus so wichtige Fähigkeit beweisen konnten, die Natur nach ihrem Willen zu verändern (s. S. 272).[334] So entstanden viele Städte auf dem Wege eines

331 Vgl. Habicht (1970), 85–93; Thonemann (2016), 56 ff.
332 Vgl. Ma (1999), Nr. 17–19, 26.
333 Vgl. Sartre (2006), bes. 187 ff.; Shipley (2000), 121, 158 f., 162; Thonemann (2016), 56–60.
334 Vgl. Shipley (2000), 96.

formellen Gründungsaktes, was dem König die zusätzliche Verehrung als Gründungsheros einbrachte.[335]

Ruhmsucht, Prestigedenken und herrschaftliches Kalkül gingen erneut Hand in Hand. Städtegründungen und Kolonien waren unverzichtbare Mittel zur Durchsetzung der Herrschaft über die riesigen Territorien, die Alexander seinen Nachfolgern hinterlassen hatte. Deshalb wurden die Neugründungen häufiger auf dem Landweg und nicht infolge maritimer Migration angelegt. Und anders als im Falle der archaischen Apoikien gingen die Städtegründungen nicht mehr auf die Initiative einzelner Adliger und/oder kommunaler Beschlüsse zurück, sondern entsprangen in der Regel macht- und handelspolitischen Erwägungen der Könige.[336]

Im griechisch-makedonischen Raum tat sich bereits Kassander als eifriger Städtegründer hervor. Neben dem wohl als Hauptstadt geplanten Kassandreia (an der Stelle von Poteidaia) ging eine so bedeutende Polis wie Thessalonike auf seine Initiative zurück. Lysimachos errichtete Lysimacheia an der thrakischen Chersones als neue Residenz und zur Kontrolle des Zugangs zum Schwarzen Meer.[337] Die Ptolemäer brauchten zwar keine neue Hauptstadt, und von den wenigen Gründungen in Ägypten (Arsinoë, Berenike, Philotera, Alexandreia Nesos) war lediglich Ptolemaïs Hermion eine echte Polis mit formaler Autonomie und den üblichen Institutionen; außerhalb Ägyptens legten sie jedoch Garnisonen und Stützpunkte an, um ihre wirtschaftlich und strategisch so bedeutsamen Besitzungen in der Ägäis abzusichern.[338] Ähnliche Ziele, allerdings bezogen auf die territoriale Durchdringung ihres Reiches, verfolgten die Seleukiden. Allein Seleukos Nikator soll sechzig Städte gegründet haben, von denen

335 Vgl. Habicht (1970), 105–108.
336 Vgl. Cohen (1978), 88.
337 Vgl. Shipley (2000), 48, 114.
338 Vgl. Shipley (2000), 206ff.

sechzehn den Namen Antiocheia (nach seinem Vater) und neun den Namen Seleukia trugen.[339] Seleukia am Tigris gegenüber Babylon wurde zu einem Knotenpunkt der Landroute nach Asien und sollte wohl auch die Macht der einheimischen Magi brechen.[340] Kolonien am Persischen Golf sicherten die wichtigen See- und Landrouten, Siedlungen in Kleinasien schützten die seleukidische Herrschaft gegen die Kelten (Galater) und Attaliden. Im fernen Osten gründete Antiochos I. das alte Alexandreia Eschate als ein weiteres Antiocheia neu; Seleukos fügte Antiocheia in Skythien hinzu. Weitere Militärsiedlungen konzentrierten sich um Antiocheia in Margiane (Merv). Eine der bekanntesten Stadtanlagen am östlichen Ende der griechischen Welt ist neben Ikaros (heute Failaka im Persischen Golf) die erst in den späten 60er Jahren des 20. Jahrhunderts ausgegrabene Polis bei dem afghanischen Dorf Ai Khanum am Oxos, die wahrscheinlich mit Alexandreia Oxiane zu identifizieren ist. Ai Khanum beherrschte eine der wichtigsten Routen von Zentralbaktrien gen Osten und bildete eine Schlüsselposition für die Kontrolle des Landes.[341] Die erste große Bauphase fiel in die Zeit der seleukidischen Herrschaft – wahrscheinlich war sie eine Gründung Seleukos' I. –, und so darf man vermuten, dass sich die Anlage in eine großräumige Städte- und Kolonisationspolitik einreiht, die mit Hilfe eines ausgeklügelten Straßensystems die Ägäis und die Grenzen des Reiches am Oxos miteinander verbinden sollte.

Die meisten Kolonien der Seleukiden entstanden als Garnisonen aktiver oder ausgedienter Soldaten makedonischer oder griechischer Herkunft, die nach ihrer Dienstzeit oder im Zuge einer Demobilisierung Siedlungsflächen aus dem Königsland meist in der Nähe einheimischer Dörfer sowie natürlicher Verteidigungsmöglichkeiten er-

339 Vgl. Appian, *Syriake* 57 (295–299); Thonemann (2016), 63.
340 Vgl. Cohen (1978), 88; Shipley (2000), 277; Strabon 16,1,5.
341 Vgl. Sedlar (1980), 36; Merkelbach/Stauber (2005), 7.

hielten. Ferner musste die Kolonie über Wasserzufuhr (für den Fall einer Belagerung) sowie über fruchtbares Umland und gute Verkehrsverbindungen verfügen, um den Siedlern Handel zu ermöglichen.[342] Das Land für einen einzelnen Siedler bestand aus einem ackerbaufähigen Gebiet, einem Platz für ein Haus sowie einem Areal für einen Weinberg oder Obstgarten, wobei sich die Größe und Qualität der zugeteilten Gebiete bei reinen Militärkolonisten wohl nach dem Offiziersrang richteten.[343] Zusätzlich wurde den Siedlern Steuerfreiheit für zehn Jahre auf alle Agrarprodukte gewährt. Solange sich die Siedler nicht selbst versorgten, erhielten sie kostenloses Getreide. Wurde die Kolonie auf dem flachen Land angelegt, mussten die Siedler ihr Gebiet mit Unterstützung königlicher Beamter und unter Einsatz ihrer Diener sowie der einheimischen Bevölkerung befestigen.[344]

Anlagen wie die von Ai Khanum zeigen, dass die Seleukiden sich bemühten, das Leben in der Stadt den Kolonisten und Söldnern attraktiv zu machen und auch den Kontakt zu den Einheimischen nicht zu beschränken.[345] Städte wie Ai Khanum und Ikaros vereinten griechische und nichtgriechische Baustile und verzichteten auf eine räumliche Trennung zwischen griechischen und nichtgriechischen Häusern; sicherlich wird es Mischehen zwischen einheimischen Baktriern und Kolonisten gegeben haben. Ferner beließen die Seleukiden den Siedlern ihre religiösen Gebräuche und sozialen Institutionen. Antiochos garantierte z. B. den nach Kleinasien entsandten jüdischen Familien das Recht, nach jüdischem Gesetz zu leben.[346] Was

342 Vgl. Cohen (1978), 19.

343 Vgl. Cohen (1978), 87.

344 Vgl. Flavius Josephus, *Jüdische Altertümer* 17,26; 12, 152; Cohen (1978), 24.

345 Vgl. Holt (1999), 36–45; Thonemann (2016), 91–95.

346 Das Gleiche tat später Herodes gegenüber Kolonisten in Trachonitis: vgl. Flavius Josephus, *Jüdische Altertümer* 17,26–27. Zur räumlichen Aufteilung der Häuser: Shipley (2000), 323.

für die Juden die religiösen Einrichtungen und Gesetze der Thora waren, bildeten für griechisch-makedonische Siedler Gymnasium, Agora und Theater. Im Gymnasium pflegte man nicht nur den Herrscherkult, sondern verwahrte Bibliotheken und veranstaltete Ausstellungen sowie Feste in Form griechischer Sportwettkämpfe. Da in den ersten Jahrhunderten nur Griechen bzw. Makedonen zugelassen waren, bildete das Gymnasium ein wichtiges Medium, um die ethnische und kulturelle Identität der Siedler trotz der unbeschränkten Kommunikation mit Einheimischen zu wahren.

Nicht wenige Militärkolonien wurden durch monarchische Deklarationen in autonome Städte (mit eigenem Bürgerrecht) verwandelt. Sie reihten sich ein in die Kategorie der neu gegründeten oder wieder errichteten Poleis. Alle Neugründungen waren durch turmbewehrte Stadtmauern geschützt. Der Stadtplan folgte dem Prinzip des Schachbrettmusters. Dadurch ließen sich Privathäuser und öffentliche Bauten in ein durchdachtes Verhältnis bringen und Räume für Erweiterungen reservieren, die ohne größere Eingriffe in die Gesamtstruktur angefügt werden konnten. Besonders eindrucksvoll ist in dieser Hinsicht das im letzten Drittel des 4. Jahrhunderts angelegte Priene (am unteren Mäandertal). Die Stadt bot 4000 bis 5000 Einwohnern Platz. Straßen verliefen rechtwinklig entlang einer Hauptachse von Süd nach Nord und von Ost nach West. Innerhalb dieses Straßensystems waren gleichgroße, 47 mal 35 Meter umfassende Areale (*insulae*) mit acht Typenhäusern ausgespart. Gleiche Areale sind für die öffentlichen Gebäude reserviert: Der Tempelbezirk umfasste zweieinhalb solcher Areale, die Agora zwei, das Theater eineinhalb sowie Gymnasium und Palästra am Fuß des Hügels einen. Die Gesamtanlage wurde durch eine Mauer umschlossen. Offensichtlich wollten die Planer den Bewohnern Sicherheit und einen hohen Lebensstandard innerhalb eines vertrauten Ambientes bieten. Jedes Privathaus war zweistöckig angelegt mit einem Hof, der den Blicken der Nachbarn unzugänglich war. Eine kleine Vorhalle gab dem Ensemble einen luxuriösen Anstrich. Auch wenn solche Wohneinheiten wohl für bis zu zehn Personen geplant waren, bedeuteten sie im Vergleich mit den kleinen Häusern Athens im 5. Jahrhundert einen Fortschritt, zumal wenn man bedenkt, dass wohl jede Bürgerfamilie über ein Privatquartier verfügte.

6. Die Kooperation mit einheimischen Eliten: Die Seleukiden

Natürlich waren die Beziehungen zwischen griechischen Poleis und hellenistischen Königen nie spannungsfrei, zumal das Konkurrenzdenken zwischen den Herrschern selbst und zwischen den Poleis konfliktträchtig blieb und ehrgeizige Einzelne die sorgfältig austarierten Spielregeln zu ihren Gunsten zu ändern suchten. Dennoch ließ sich dieser Beziehungsrahmen durch ein System von kulturell identischen Gesten, Zeichen und Verpflichtungen soweit füllen, dass für beide Seiten die jeweiligen Handlungen der Gegenseite berechenbar blieben.

Wesentlich anders gestaltete sich das Verhältnis zu den Einheimischen innerhalb der hellenistischen Herrschaftsgebiete. Die Könige haben zwar vergleichbare Spielregeln auch gegenüber den einheimischen Eliten und ihren Gemeinden durchzusetzen versucht und das Erlernen griechischer Sprache und Umgangsformen indirekt gefördert. Letztlich blieben jedoch viele dieser Maßnahmen ein lockerer Kitt, welchem die Adhäsionskraft gemeinsamer kultureller Traditionen und Überzeugungen fehlte. Im Gegensatz zu der bürgerlichen Gesellschaft der Griechen, die Aufsteigern und Abenteurern Chancen zum Avancement boten, war es nur eine kleine Elite, welche zur Kooperation fähig war, dabei aber königliche Zugeständnisse häufig ganz anders interpretierte, als es die Poleis taten. Denn alle hellenistischen Könige (mit Ausnahme der Antigoniden) betrachteten die Gebiete, welche sie von Alexander übernommen oder selbst hinzugewonnen hatten, als ihr Eigentum. Deshalb mussten die Einheimischen immer mit dem arroganten Dünkel der griechisch-makedonischen Elite rechnen, die sich als überlegene Eroberer in einer Welt der Barbaren sahen, die angeblich zum Beherrschtwerden geboren waren.

Welche Probleme sich hieraus ergeben konnten, hatte schon Alexander bedacht. Während seiner Eroberungen beließ er zwar loyale iranische Satrapen in ihrer Stellung; sie standen allerdings von Beginn an unter der Kontrolle makedonischer oder griechischer Befehlshaber und wurden in den letzten Regierungsjahren bis auf drei Adlige (Oxyartes, Phrataphernes und Atropates) durch Makedonen ersetzt.[347] Um die Kluft zwischen beiden Gruppen zum Wohl der Reichsstabilität zu überbrücken, sollten eheliche Bande geknüpft werden. Alexander selbst ehelichte neben Roxane Stateira, die älteste Tochter des Dareios III., und wahrscheinlich als dritte Frau eine Tochter von Artaxerxes III., dem Vorgänger des Dareios.[348] Die Offiziere folgten seinem Beispiel: In Susa inszenierte der König die Heirat von rund 90 seiner makedonischen Vertrauten mit Töchtern aus der persisch-iranischen Elite (»Massenhochzeit von Susa«).

Vor der Integration iranischer Adliger in das Offizierskorps waren einheimische Verbände in das königliche Heer aufgenommen worden. Wie seinerzeit Philipp die thessalische Reiterei der makedonischen Kavallerie an die Seite stellte, so wurden jetzt persisch-iranische Reiterverbände den königlich-makedonischen Einheiten angegliedert. Iranische Fußsoldaten ergänzten (als »Epigonen«) die im Laufe der Feldzüge zusammengeschmolzene Infan-

347 Vgl. Engels (2006), 64; Bosworth (1988), 229–245.
348 Vgl. Arrian 7,4,4; Shipley (2000), 38.

terie der Pezhetairen. Kurz vor dem Tod Alexanders bestand das mobile Reichsheer nur noch zu zehn Prozent aus Makedonen.[349]

Hinter all diesen Maßnahmen hat die ältere Forschung einen durchdachten Plan vermutet und ihn gern euphorisch als »Verschmelzungspolitik« aller Völker von Ost und West gedeutet. Heute ist man gegenüber solchen Erklärungen skeptisch.[350] Denn sie finden in den Quellen kaum Rückhalt. Alexander mag beabsichtigt haben, eine neue makedonisch-persische Reichselite zu begründen, auf deren Schultern die Herrschaft über die Gebiete des Perserreiches ruhen sollte. Gescheitert sind seine Pläne an dem Ehrgeiz seiner Offiziere, die sich dem Willen ihres Feldherrn nur widerwillig beugten und nicht einsahen, weshalb sie das unter so großen Strapazen Gewonnene mit einheimischen Konkurrenten teilen sollten. Solange Alexander lebte, ließen sich die Spannungen überbrücken oder (wie in Opis) mit Gewalt unterdrücken. Nach dem Tod Alexanders verstießen die in Susa verheirateten Ehemänner fast alle ihre asiatischen Frauen.

Was sich die Offiziere Alexanders leisten konnten, war für die Könige der Nachfolgestaaten in dieser Konsequenz unmöglich. Alexander hatte seine Kriegszüge durch Beute und den Schatz der Perser finanziert. Das kostspielige Hofleben der Könige, ihre Feste und »Wohltaten« gegenüber den Poleis, ihre Städtgründungen und Garnisonen sowie die Söldnerarmeen, die immer wieder zur Bestätigung ihrer monarchischen Legitimation aktiviert werden mussten, verlangten jedoch den steten Zufluss weitaus größerer Ressourcen aus den beherrschten Gebieten selbst; man kann sagen, dass überhaupt eine der zentralen Funktionen der hellenistischen Reichsgebiete darin bestand, »Ressourcen an Menschen und Materialien« für den König bereitzustellen.

349 Vgl. Gehrke (2005), 88.
350 Vgl. Engels (2006), 64 f.

Aus Sicht der Seleukiden lag es schon aus diesem Grund nahe, auf die bewährten und gewachsenen wirtschaftlichen bzw. finanziellen Strukturen der Perserzeit sowie auf die Mitarbeit iranischer Eliten zurückzugreifen. Wie Alexander förderte das Seleukidenhaus Heiraten mit iranischen Geschlechtern. Antiochos I. selbst entstammte der Ehe zwischen Seleukos und Apame, einer Tochter des Baktriers Spitamenes.[351] Auch die Organisations- und Wirtschaftsstrukturen des Reiches orientierten sich an persischen Institutionen. Neben dem König übernahm eine Art Großwesir die geschäftsführende Leitung des Reiches und der königlichen Angelegenheiten (*pragmata*).[352] Als Statthalter der Teilprovinzen fungierte wie zu Zeiten der Perser der Satrap (oder Stratege). Er unterstand direkt dem König. Daneben verlief eine herrschaftliche Kommunikationslinie vom König an den Satrapen vorbei zu den lokalen Verwaltern und seleukidischen Garnisonen, welche wohl dem König und nicht dem Satrapen unterstanden.

Der König war auf diese Weise häufig direkt in verschiedene regionale und militärische Arme der Verwaltung eingeschaltet und hatte zumal im Westen unmittelbare Zugriffsmöglichkeiten auf Verkaufssteuern, Marktabgaben sowie Wälder und Minen, die ihm direkt unterstanden. Dagegen gab es im Osten neben dem Königsland große Landgüter, die der König griechischen bzw. nichtgriechischen Gemeinden zum Nießbrauch überließ. Die einzelnen Abgaben, zu denen die Untertanen verpflichtet waren (Zölle, Abgaben auf Viehhaltung, Kopf- und Bodensteuern), wurden wohl zunächst von den lokalen Vertretern der Gemeinden gesammelt und dann an den Satrapen weitergeleitet, der sie gebündelt an den König abführte.[353]

Vorteilhaft wirkte sich auch hier offenbar der enge Konnex des Königs zur lokalen Verwaltungsebene aus.

351 Vgl. Arrian, *Anabasis* 7,4,6.
352 Vgl. H. J. Gehrke, »Hellenismus«, in: Gehrke/Schneider (2010), 227.
353 Vgl. Mittag (2006), 73–85.

Während die Ptolemäer in Ägypten die oberen Instanzen der Verwaltung (z. B. die Administration der vierzig Gaue des Landes) meist mit eingewanderten Griechen besetzten, beschäftigten die Seleukiden in den lokalen Schlüsselpositionen zumindest in der Frühphase weitaus mehr Nichtgriechen, in erster Linie Perser;[354] einige rückten sogar in den Kreis der »Freunde« auf.[355] Diese Förderung lag nicht zuletzt an der geringen Zahl von Griechen und Makedonen, die für die Lokalverwaltung in Frage kamen. Denn diese setzte die Kenntnis der einheimischen Sprachen voraus; in vielen nichtgriechischen Gemeinden blieben Schreibsprachen wie das Aramäische sowie die aramäische Keilschrift auch für offizielle Dokumente in Gebrauch;[356] in Babylonien war neben dem Griechischen das Aramäische Amtssprache. Das Erlernen fremder Sprachen gehörte aber nicht zum Ausbildungssystem griechischer Poleis.[357] Da zudem die griechische Sprache Grundlage der seleukidischen Hofkultur blieb, gab es für Griechen und Makedonen wenig Anreize, die östlichen Sprachen so intensiv zu erlernen, dass sie Verwaltungsposten übernehmen konnten. In der Praxis verlief deshalb die Verwaltungsarbeit über lokale Sekretäre: Der König und seine Offiziellen diktierten den (einheimischen) Schreibern der Kanzlei auf Griechisch, und diese übersetzten und fixierten es schriftlich auf Aramäisch.

Eine besonders wichtige Stütze der seleukidischen Herrschaft bildeten schließlich die lokalen Priestereliten. Sie waren zumindest im babylonischen Herrschaftsteil die höchsten Vertreter der Städte und rekrutierten sich meist aus Familien, deren Mitglieder wichtige lokale Verwaltungsposten besetzten. Das Engagement der Könige für

354 Vgl. Sherwin-White (1983), 268–269; Kuhrt/Sherwin-White (1993), 42–48; Heinen (2003), 79f.

355 Vgl. Heinen (2003), 76; Mileta (2008), 50–54.

356 Vgl. Austin (2008), 189; Shipley (2000), 189.

357 Vgl. Thukydides 1,138,1–2; Nepos, *Themistokles* 10,1.

die Tempel hatte nicht nur eine legitimatorische Funktion, sondern sollte den Königen auch Zugriffsmöglichkeiten auf die Tempeleinnahmen sichern. Hierzu benötigte man loyale Mittelsmänner, und deshalb entwickelten die Seleukiden ein ausgefeiltes Patronagesystem, das einheimische Priester und Würdenträger bevorzugte und durch Landschenkungen und Steuerimmunität privilegierte.[358] Die Aufsichtsmöglichkeiten, die der König hierdurch erhielt, wurden von den Betroffenen weniger als herrschaftliche Kontrollen, sondern als Teil der monarchischen Verpflichtungen gegenüber den Tempeln verstanden. Sie verschafften umgekehrt dem Herrscher einen recht sicheren Überblick über die Ressourcen der Heiligtümer.[359]

Eine besondere Rolle in diesem Gesamtrahmen königlicher Kontrollen spielten die Juden. Sieht man von den kleineren Diasporagemeinden in den Handelszentren des Mittelmeers (Rhodos, Delos, später Rom) und in Kleinasien ab, so waren sie innerhalb des Seleukidenreiches auf zwei große Siedlungsgruppen aufgeteilt: Eine Gemeinde bestand im Zweistromland um Babylon. Ihre Mitglieder hatten das Rückführungsedikt des Kyros (538 v. Chr.) nach Palästina abgelehnt und zeichneten sich in der Folgezeit durch Loyalität und militärische Einsatzbereitschaft gegenüber dem seleukidischen Königshaus aus; eine Gruppe von 1000 babylonischen Söldnerfamilien folgte der Aufforderung des Seleukos zur Kolonisation in Kleinasien (s. S. 282).

Anders sah die Situation bei den in Palästina/Syrien lebenden Juden aus. Sie waren dem Einfluss griechischer Kultur viel intensiver ausgesetzt, seitdem zahlreiche Poleis an der Küste des Mittelmeers und in der Nähe des Tiberias-Sees gegründet worden waren und griechische und makedonische Einwanderer in das wirtschaftlich florierende Gebiet Palästinas zogen. Andererseits verschaffte der

358 Vgl. Kuhrt/Sherwin-White (1987), 15; Heinen (2003), 80.
359 Vgl. Sartre (2006), 175 f.

Tempel in der heiligen Stadt Jerusalem den Juden in Palästina eine größere Autorität gegenüber den außerhalb Palästinas siedelnden Glaubensgenossen. Schon die Perser hatten diese Autorität zu nutzen gewusst. Die Etablierung eines Tempelstaats in Judäa unter einem Hohenpriester, der auch die Diasporajuden vertrat, erleichterte den persischen Königen die Kooperation.[360]

Nach dem Wechsel der Herrschaft auf die Ptolemäer und dann auf die Seleukiden konnten die Juden ihre Autonomie wahren; anstelle eines makedonischen Statthalters stellte ein »Vorsteher des Heiligtums« auf dem Gebiet der Finanzen die Verbindung zum hellenistischen Herrschaftszentrum her. Die städtische Oberschicht, aus deren Kreisen sich der Hohenpriester und das Synhedrion rekrutierten, arrangierte sich mit der neuen Herrschaft und adaptierte weitgehend den hellenistischen Lebensstil, schickte ihre Söhne in griechische Gymnasien und nahm griechische oder gräzisierte Namen an. Fast täglich erhöhte sich in Jerusalem die Zahl der Menschen, die Griechisch lernten und griechische Umgangsformen annahmen.

Doch es gab Grenzen der Akkulturation. Sie waren nicht nur bei den ländlichen Unterschichten, sondern auch bei den strenggläubigen Städtern zu spüren: Sie warfen der Oberschicht vor, Sitten und Glauben der Vorväter zu verraten. Die Übernahme hellenistischer Lebensweise und die seleukidische Forderung nach göttlichen Ehren waren mit dem Auserwähltheitsanspruch des jüdischen Volkes und ihrem Monotheismus nicht zu vereinbaren. Dieser Konflikt gewann eine gefährliche außenpolitische Dimension, als beide Gruppierungen zur Durchsetzung ihrer Ziele die Auseinandersetzungen zwischen Seleukiden und Ptolemäern um den Besitz von Palästina/Syrien auszunutzen versuchten. Während die strengeren Juden den Ptolemäern zuneigten, orientierte sich die griechen-

360 Vgl. Baltrusch (2002), 26.

freundliche Oberschicht (um den Hohenpriester) an den Seleukiden. Diese Gruppe schien zu triumphieren, als 198 Antiochos III. (223–187) im »fünften syrischen Krieg« Palästina endgültig für das Seleukidenreich gewann und dem Tempelstaat alle Privilegien garantierte. Denn sie waren es, denen in erster Linie die finanziellen und wirtschaftlichen Vergünstigungen zugute kamen, die Antiochos als Siegeslohn versprochen hatte.

Wie zu erwarten haben jedoch diese einseitigen Vergünstigungen die Spannungen innerhalb der jüdischen Gesellschaft verschärft. Die Situation der Unterschichten in Stadt und Land blieb unverändert schlecht, und die Strenggläubigen sahen ihren Verdacht, die neuen Herren würden Volk und Glauben verraten, mehr als bestätigt. Als sich schließlich Antiochos IV. auch noch am Tempelschatz vergriff, wagten sie 169 v. Chr. unter dem abgesetzten Hohenpriester Jason den Aufstand. Antiochos schlug den Aufstand blutig nieder, installierte in Jerusalem eine Militärkolonie und wandelte den Jahwe-Tempel in einen Tempel des Zeus Olympios, den samaritischen Tempel auf dem Berg Garasim in einen des Zeus Xenios um. In Jerusalem feierte man das Fest der Dionysien. Alle jüdischen Religionskulte waren unter Androhung der Todesstrafe verboten. Das Projekt einer Kooperation mit den jüdischen Eliten bei Beibehaltung größtmöglicher religiöser Autonomie war gescheitert und sollte nicht mehr aufgenommen werden.

7. Die Ptolemäer und die Juden

Die Ptolemäer betrieben von Beginn an eine andere Politik gegenüber den in ihrem Herrschaftsbereich lebenden Juden. Dies lag zum einen daran, dass sie in Ägypten nicht mit dem Problem des Autoritätsanspruchs der Juden von Jerusalem konfrontiert waren. Die zweite Erklärung liefert die besondere Situation Ägyptens selbst. Hier gab es im

Gegensatz zu den anderen makedonischen Reichen einerseits nur wenige Poleis, an die die Ptolemäer wichtige herrschaftliche Funktionen wie den lokalen Steuereinzug hätten delegieren können. Auf der anderen Seite versuchte die neue Dynastie wie die früheren Herrscher den Umfang des kultivierbaren Landes zu erhöhen, um größere Steuereinnahmen zu erzielen und hiermit den kostspieligen Militärapparat (Heer und Flotte), Tempelbauten und Hofleben zu finanzieren.[361] Die Ptolemäer haben hierbei große Erfolge erzielt. Ihre Einnahmen überstiegen bei weitem die der anderen Länder des östlichen Mittelmeerraums.

Ein Geheimnis ihres Erfolgs bestand darin, dass sie auf ein Verwaltungssystem in einem weitgehend ethnisch homogenen Raum zurückgreifen konnten und dieses mit bewährten griechischen Elementen anreicherten. Das Land war in etwa vierzig Gaue (*nomoi*) eingeteilt und wurde von meist griechischen Strategen und einheimischen Beamten verwaltet, deren Energien sich vor allem auf die Steigerung ländlicher Erträge und entsprechender Zoll- und Steuereinnahmen richteten. Grundlage der Ausbeutung des Landes bildete ein (griechisches) Steuerpachtsystem sowie die Ausgrenzung ertragreicher Wirtschafts- und Produktbereiche (wie Öl) als königliches Monopol.

Obwohl dieses System im Vergleich zu anderen antiken Ordnungen engmaschig und kontrollintensiv war, hat man von der lange Zeit gängigen Vorstellung einer geplanten »Staatsökonomie« inzwischen Abstand genommen. In der Praxis waren die Kontrollen und Bestimmungen weniger effizient als die offiziellen Verlautbarungen vermuten lassen; zwar berichten die Quellen der Spätzeit von Revolten und Widerständen gegen die königliche Herrschaft (und ihre Finanzforderungen), doch fehlen für die ersten Jahrhunderte Hinweise darauf, dass ein erhöhter Druck auf die Bauern zu einer Erschöpfung des Bodens führte.

361 Vgl. Shipley (2000), 223–228.

Dementsprechend gab es (z. B. in Theben) eheliche Verbindungen sowie effiziente professionelle Kontakte zwischen griechischer und einheimischer Elite auf ziviler und militärischer Ebene. Das Gesellschafts- und Wirtschaftssystem war offener, als man lange glaubte.[362]

Dies gilt auch für die Juden, für die Ägypten von alters her ein nahe liegendes Auswanderungsland war. Viele machten als Polizisten, Söldner oder Steuereintreiber im Dienst des Königs Karriere, und zwar nicht nur in Ägypten, sondern auch in Palästina, das von 230–198 unter ptolemäischer Herrschaft stand. Ein berühmtes Beispiel ist das altjüdische Geschlecht der Tobiaden, das bereits vor der Rückkehr des Volkes Israel aus dem babylonischen Exil mit der Verwaltung des Westjordanlandes betraut war. Ihr Stammsitz lag in einer recht fruchtbaren Gegend im heutigen Irak. Bereits zu der Zeit des zweiten Ptolemäers bekleidete ein Tobias als hoher Offizier eine bedeutende Stellung im Westjordanland. Als eponymer Offizier zählte er zur obersten sozialen Schicht des Ptolemäerreiches und besaß engste Kontakte zum Königshof. Seine Ehe mit der Schwester des Hohenpriesters Onias II. machte ihn neben seinem Schwager zum »mächtigste[n] Mann in der jüdischen Volksgemeinschaft«.[363]

Als Gegenleistung musste Tobias offenbar Teile seines Landbesitzes dem König abtreten, der die Gebiete an Militärsiedler des Heeres vergab. Die Verluste glich Tobias vermutlich durch Beteiligungen am Sklaven- und Tierhandel aus. Sein Sohn Joseph verwaltete die Generalsteuerpacht für das gesamte Syrien und Phönikien. Schon sein Vater könnte deshalb unter den ersten beiden Ptolemäern intensiv am Geschäft der Steuereinziehung beteiligt gewesen sein. Dieses Geschäft war so einträglich, dass im 2. Jahrhundert v. Chr., als das jüdische Gebiet unter die

362 Vgl. Shipley (2000), 231 zur Wirtschaft, 223 zu Heiraten und zur Durchlässigkeit der Gesellschaft.

363 Vgl. Hengel (1973), 487; Flavius Josephus, *Jüdische Altertümer* 12, 160.

Herrschaft der Seleukiden geriet, einer der Nachfahren des Tobias namens Hyrkan am Stammsitz der Familie eine hellenistische Palastanlage errichtete.

Die Geschichte der Tobiaden zeigt die Chancen auf, die sich Mitgliedern der einheimischen Eliten boten, wenn sie sich in die neuen Herrschaftsstrukturen integrierten und den Königen ihre Kompetenzen zur Verfügung stellten. Männer wie Tobias passten sich den hellenistischen Umgangsformen und Lebensweisen wie selbstverständlich an. So unterschieden sich seine Briefe an den ptolemäischen Verwalter Apollonios nicht von den Schreiben anderer Untertanen griechischer oder nichtgriechischer Herkunft. Auf diese Weise konnten auch in der Folgezeit immer wieder Juden Karriere machen und hohe Positionen am Hof der Könige erlangen, wie etwa die Söhne des jüdischen Hohenpriesters Onias IV., die hohe Generale unter Kleopatra III. (116–101 v. Chr.) wurden.

Die Ptolemäer belohnten diese Loyalität. Sie räumten der jüdischen Religion einen bedeutenden Platz unter den städtischen Kultstätten ein und ließen eine große Synagoge errichten. Ptolemaios II. (Philadelphos) ordnete die Übersetzung der Thora (der fünf Bücher Mose des Alten Testaments) ins Griechische für die Bibliothek an, die dann angeblich von 72 Übersetzern in 72 Tagen bewerkstelligt wurde; von der populären Tradition wurde die Zahl auf 70 abgerundet, woher die geläufige Bezeichnung »Septuaginta« für die griechische Textversion stammt. Wahrscheinlich erfolgte die Übersetzung auf Anregung von Diasporajuden, die nicht mehr das Hebräische beherrschten – was erneut zeigt, wie weit sich die Juden im Ptolemäerreich auch kulturell von ihren Jerusalemer Glaubensgenossen entfernt hatten.

VIII.
Die griechische Kultur und ihre Begegnung mit fremden Völkern in der Zeit nach Alexander

1. Zeichen einer neuen Epoche

Die militärische Öffnung des vorderasiatischen Raumes durch Alexander und seine Nachfolger veränderte die Koordinaten von Politik, Kultur und Wirtschaft so grundlegend, dass man die rund 300 Jahre bis zum Ende des letzten makedonischen Teilreiches als einheitliche Epoche (»Hellenismus«) versteht. Viele Veränderungen gingen zwar auf Trends zurück, die sich in der Zeit vor Alexander entwickelten (wie die Migration nach Osten);[364] doch ihre Ausprägung erhielten sie erst in den Jahrhunderten danach. Drei Aspekte erscheinen hierbei wesentlich.

Zum einen ist die Zeit durch die rasante Ausweitung des geographischen und ethnographischen Erfahrungsraumes geprägt. Hatten bis dahin Händler, Forscher, Ärzte und Söldner punktuell die Gebiete des Perserreiches durchmessen, so siedelten sich jetzt griechisch-makedonische Gemeinden in den Weiten des Vorderen Orients an. Im Zuge dieser Siedlungsdynamik wurden die Griechen noch intensiver als zuvor mit fremden Kulturen und Religionen konfrontiert. Nicht ohne Grund setzte sich in dieser Zeit die Auffassung durch, sämtliche kulturellen und historischen Veränderungen seien das Ergebnis von Migrationen.

364 Vgl. Shipley (2000), 39.

Mit dem Eroberungszug Alexanders vollzog sich zweitens eine gravierende Veränderung der Machtpolitik. Wohl kein Grieche hätte es sich in der Mitte des 4. Jahrhunderts träumen lassen, dass nur eine Generation später Griechisch sprechende Offiziere auf den Thronsesseln der Ägypter, Perser und Babylonier Platz nehmen und eigene Dynastien begründen würden. Der Aufstieg der Makedonen zu den Nachlassverwaltern des Vorderen Orients muss für die Griechen mindestens so ungeheuerlich gewesen sein wie der Eroberungszug Alexanders.

Ihr Staunen wuchs in dem Maße, in dem die Erfolge Alexanders – drittens – mit einer Durchbrechung althergebrachter Normen der Naturbeherrschung einhergingen (s. S. 272, 279). Alexander bewies mit seinem Zug nach Indien, der »Okeanosfahrt« und der Durchquerung der Gedrosischen Wüste, dass der von Göttern geliebte Mensch göttergleiche Taten vollbringen konnte und keinen irdischen Grenzen mehr unterworfen war.

Wie tief dieses Gefühl, alles zu können und alles zu beherrschen, verankert war, zeigt der Plan des Architekten Deinokrates von Rhodos, aus dem Berg Athos in Makedonien eine Kolossalstatue Alexanders herauszumeißeln. Sie sollte in ihrer Linken eine Stadt von 10 000 Einwohnern umfassen und in ihrer Rechten eine Schale halten, in der sich die Gebirgsflüsse sammelten, bevor sie sich ins Meer ergossen.[365] Für die Griechen musste ein solcher Anspruch, die Naturkräfte in diesem Ausmaß zu beherrschen, anstößig sein. Schon Alexanders Suche nach den Grenzen der Welt hatte aus Sicht des Polisbürgers etwas Irrationales an sich. Seine leicht erregbare und unberechenbare Persönlichkeit, die selbst engste Freunde in den Tod riss, bestätigte den Verdacht, dass die Missachtung des Maßhaltens – wie es die delphischen Weisen predigten

365 Vgl. J. Pieper, »Der Berg Athos in Riesengestalt«, in: Ozols/Thewalt (1984), 57–65.

– Zeichen menschlicher Hybris und der Unfähigkeit seien, Leidenschaften und Affekte zu beherrschen. Als Alexander nach dem Tod des Dareios persische Sitten annahm, erinnerte man sich wohl an Aischylos, der in den *Persern* Xerxes ob seiner Hybris scheitern ließ. Und war nicht der frühe Tod Alexanders in Babylon ein Beleg dafür, dass die Götter die Zerstörung althergebrachter Grenzen bestraften?

Diese und ähnliche Erwägungen forderten einen Ausgleich zwischen der alten Philosophie des harmonischen Maßhaltens und des Logos auf der einen und der Sprengung vertrauter Dimensionen, Eroberungssucht und Herrscherwahn auf der anderen Seite. Der Konflikt zwischen den Extremen erklärt viele kulturelle Entwicklungen, etwa den Hang zur Monumentalität im Bereich der Architektur, Plastik (»Koloss von Rhodos«) und Militärtechnik sowie das Interesse am Alltäglichen und »Primitiven« in der Kleinkunst.

2. Die neue Mobilität

Die Königshöfe in Alexandria, Pergamon und im Seleukidenreich zogen ganze Scharen von Verbannten, Dichtern, Bildhauern, Ingenieuren, Ärzten und Intellektuellen an, die an den Palästen Verdienst- und Aufstiegsmöglichkeiten erhofften. Aber auch die Poleis im fernen Osten versuchten ihre Verbindungen zur griechischen Welt zu intensivieren. So nahm der Philosoph Klearchos von Soloi einen Landweg von fast 5000 Kilometern auf sich, um die Sprüche Weiser Männer aus Delphi nach Ai Khanum zu bringen und dort an einer Säule des Gymnasiums zu verewigen.[366] Intellektuelle und religiöse Zentren wie Delphi,

366 Vgl. Austin (1981), Nr. 192; Burstein (1985), 49; Übers. bei Walbank (1983), 61 sowie Merkelbach/Stauber (2005).

Didyma oder die Ärzteschule von Kos erlangten so wieder die überregionale Bedeutung, die sie während des Peloponnesischen Krieges verloren hatten.

Mit dem griechischen Wissen wanderte die griechische Sprache in der leicht verständlichen Form der *koine*, die auch die Einheimischen in den östlichen Gebieten lernten. Gefördert wurde der Austausch durch das Straßennetz, das die Seleukiden von den Persern übernahmen. Ganze Berufsgruppen waren auf den Handelsrouten Vorderasiens unterwegs: Schauspieler, welche die Abwicklung der städtischen Feste garantierten, Händler auf dem Weg in die Residenzen und Neugründungen. Sie bescherten dem Vorderen Orient einen rasanten Wirtschaftsaufschwung und Zuwachsraten im Seehandel.[367]

Von den Händlern nur schwer zu unterscheiden waren die Seher oder Priester religiöser Vereinigungen (*thiasoi*), die allein oder mit Anhängern die Kunst der »seelischen Reinigung« anboten und ihr Ansehen durch spektakuläre Wunder steigerten;[368] solche »Charismatiker« hatte es immer gegeben (s. S. 106 ff.). Im Zuge des intensivierten Kontakts zwischen dem mediterranen und vorderasiatischen Raum nahm ihre Zahl zu. Und schließlich bewegten sich große Söldnerströme zu den Rekrutierungsplätzen der königlichen Armeen. Denn mit der Etablierung finanzkräftiger Monarchien, deren Selbstverständnis sich auf eine stets zu beweisende militärische Schlagkraft gründete, wuchs der Bedarf nach mobilen Berufssoldaten, die sich in mehreren Kampagnen bewährt hatten.

Neben dieser berufsbedingten Mobilität gewann eine zweite Form der Bewegung über große Räume an Bedeutung, die früher eher auf die aristokratische Elite beschränkt war, nämlich das aus wissenschaftlicher oder touristischer Neugier unternommene Reisen. Das bekann-

367 Vgl. Austin (1981), 113; Shipley (2000), 98 ff.
368 Vgl. Burkert (1994), 35–40.

teste Dokument eines solchen Bildungshungers ist die *Perihegese Griechenlands* aus der Feder des Pausanias (2. Jahrhundert n. Chr.). Das Werk beschreibt literarisch anspruchsvoll die Städte und Sehenswürdigkeiten Griechenlands. Eingeflochten sind Exkurse über Geschichte, Kunstgeschichte und Mythologie. Ähnliche »Führer« gab es schon zu Beginn des Hellenismus: Diodor der Periheget verfasste am Ende des 4. Jahrhunderts v. Chr. ein Buch über die Demen von Attika mit einem Überblick über Siedlungen, Schreine und Kuriositäten sowie eine Arbeit über Grabdenkmäler desselben Gebiets. Von Heliodor dem Perihegeten stammen ein Führer zur Akropolis sowie ein Büchlein über Votivgaben in Athen. Einen weiteren Blick besaß Herakleides in seinem Werk *Über die Städte Griechenlands.*[369] Die auf das griechische Mutterland und Athen konzentrierten Handbücher ergänzten die Arbeiten hellenistischer Ethnographen (s. S. 328). Eines der bedeutendsten Werke bildete die *Beschreibung der Erythräischen See* (des Roten Meeres) einschließlich des Indischen Ozeans und des Persischen Golfes durch Agatharchides von Knidos. Er verband touristische Neugier mit wissenschaftlichem Interesse an den Gebieten zu einem Führer, an dem sich zahlreiche Generationen der Antike orientieren sollten.

3. Gymnasium und Theater als Inbegriff bürgerlicher Kultur

Die Ausbreitung der Polis im Osten war aus griechischer Sicht eine Erfolgsgeschichte: Viele Städte profitierten wirtschaftlich von dem Handel innerhalb der großen Königreiche und der Fürsorge der Monarchen: Heiligtümer, öffentliche Plätze und Anlagen wurden großzügiger sowie

369 Vgl. Chamoux (2003), 315 ff.; Pfister (1951).

luxuriöser gebaut und häufig (in Anlehnung an die Palastanlagen) nach einem vergleichsweise monumentalen Plan angelegt, bei dem große Wandelhallen eine wichtige Strukturierungsfunktion besaßen. Ein geplantes urbanes Zentrum war der Stolz jeder neuen Stadt; Geographen meinten sogar einen Zusammenhang zwischen gelungener städtischer Form und politischer Gesundheit zu erkennen.[370]

Die große Bedeutung, die man der öffentlichen Stadtplanung zumaß, kam nicht von ungefähr. Die Polis war im Vorderen Orient eigentlich ein Fremdkörper.[371] Deshalb suchten die dort siedelnden Griechen diese für die ursprüngliche Bevölkerung ungewohnte Lebensform attraktiv zu gestalten und für sich Identifikationsmittelpunkte zu schaffen, deren Qualität häufig die ihrer alten städtischen Zentren übertraf. Ein zentrales Medium griechischen Selbstverständnisses bildete die *paideia*, die Erziehung zu und die Beibehaltung von griechischer Lebensweise; sie wurde gepflegt im städtischen Gymnasium. Es war nun nicht mehr nur Sportstätte, sondern auch intellektueller Treffpunkt. Gymnasien waren die bevorzugten Orte, an denen die höhere Schicht der Stadtbürger ihre Bildung zeigte und frei von politischen oder wirtschaftlichen Zwängen in einem gediegenen Ambiente miteinander kommunizierte. Die intellektuelle Kommunikation war ferner mit der Pflege und Bildung des Körpers verbunden: Jedes Gymnasium verfügte über Baderäume, manche hatten ein Schwimmbecken. An den Nischen der Baderäume waren Einzelkabinen mit Behältern für Seife eingelassen – alles Ausdruck eines verfeinerten Lebensstils, wie man ihn im Osten nur in den abgeschirmten Residenzen der Herrscher kannte.[372]

Jede noch so kleine Polis am Rande des griechischen Einflussgebiets verfügte ferner über ein (meist) steinernes

370 Vgl. Strabon 14,2,5; Austin (2008), 92; Shipley (2000), 89.
371 Vgl. Shipley (2000), 59.
372 Vgl. Chamoux (2003), 294 f.

Theater an prominenter Stelle. Die dennoch weit verbreitete Meinung von einem Niedergang des Theaterwesens in der Zeit nach Alexander[373] stützt sich auf die Tatsache, dass die Inszenierungen auf die Klassiker Aischylos, Sophokles und Euripides zurückgriffen. Die dramatische Intention der drei Klassiker war mit ihrer Heimatstadt Athen verknüpft, und dementsprechend – so die These – habe mit der außenpolitischen Entmachtung Athens sowie der (zeitweiligen) Schwächung der Demokratie der befruchtende Impuls gefehlt, aus dem sich neue kreative Kräfte hätten entwickeln können.

Nun ist sich allerdings die Forschung heute weitgehend einig, dass in den Poleis des Hellenismus weiterhin ein intensives politisches Leben geführt wurde und auch Athen erfolgreich demokratische Verfahren bewahrte.[374] Nach wie vor identifizierte sich die Gemeinschaft der Bürger durch »politische« Aktivität im Interesse der Heimatstadt; nur wurde diese Aktivität stärker als früher von den reichen Adligen wahrgenommen, wobei allerdings zu bedenken ist, dass auch der Einfluss des kleinen Mannes in der Demokratie Athens seine Grenzen hatte. Davon abgesehen kann man der hellenistischen Tragödie auch deshalb nicht jegliche politische Tiefenwirkung absprechen und sie auf ein Formengefäß für beliebige Inhalte reduzieren, weil wir über ihren Inhalt viel zu wenig wissen. Immerhin sprechen ihre Verbreitung und Produktion sowie die Tatsache, dass alle Poleis neben den Klassikern neue Stücke aufführten, dafür, dass sich die Bürger in der Tragödie und den Theateraufführungen ein ihnen vertrautes Identifikations- und Distinktionsmedium gegenüber der fremden Umwelt bewahrten – und weiterentwickelten.

Viele der neuen Tragödienschreiber besaßen großen Ruhm unter den Zeitgenossen; sieben Tragödiendichter

373 Vgl. z. B. Latacz (2003), 388f.
374 Vgl. Dreyer (2001), 43.

des 3. Jahrhunderts wurden ehrfurchtsvoll »Plejaden« genannt. Umgekehrt beweist die Tradierung der »Klassiker«, dass ihre politischen Aussagen auch in der hellenistischen Zeit verstanden wurden. Die formalen und inhaltlichen Transformationsprozesse, welche die Tragödie durchlief – das Zurücktreten des Mythos sowie die prononciertere Rolle der Schauspieler –, deuten auf eine vitale Wandlungs- und Anpassungsfähigkeit; sie ist aber kaum als ein Zeichen mangelnder literarischer Kreativität zu deuten.[375]

Was für die Tragödie gilt, trifft in noch stärkerem Maße für die Komödie zu. Die Alte Komödie des Aristophanes konzentrierte sich auf die politischen und gesellschaftlichen Verhältnisse Athens und richtete ihren Spott auf einheimische Politiker. Die sog. Neue Komödie griff dagegen Themen aus dem »privaten« Bereich der Menschen auf, ohne sich für die politischen Folgen zu interessieren. Der bedeutendste Vertreter dieser Neuen Komödie ist der 343 v. Chr. geborene Menander. Im Zentrum seiner wohl insgesamt 105 (oder sogar 109) Komödien, von denen nur ein Bruchteil überliefert ist, stehen nicht mehr stadtbekannte Politiker und deren skandalöse (außenpolitische) Entscheidungen, sondern Typen und Probleme, die im Prinzip in allen Poleis der damaligen Welt anzutreffen waren. Hierzu gehören persönliche Schicksalswendungen und unterschiedliche Lebensbedingungen von reich und arm, Freiheit und Sklaverei sowie Geschichten von Liebenden, die sich ihren Weg durch ein Dickicht von Verirrungen bahnen, um am Ende meist auf humorvolle Weise zusammenzufinden.

Häufig sind allerdings die Szenen viel zu melodramatisch, als dass sie reale Erfahrungswelten der Zuschauer spiegeln könnten. Möglicherweise zielten sie deshalb neben der Unterhaltung auch darauf ab, durch die kontrastive Zurschaustellung zugespitzter Situationen den hohen

375 So z. B. Gehrke (2003), 91.

Wert eines vergleichsweise ruhigen bürgerlichen Lebens ins Bewusstsein zu rücken.[376] In jedem Fall entließ die Komödie den Polisbürger mit dem behaglichen Gefühl, dass überall auf der Welt die Probleme der Menschen ähnlich sind, aber mit Intelligenz, Wagemut und Toleranz gegenüber den spleenigen Anderen überwunden werden können.[377] Ob am Hindukusch, in Sizilien oder am Euphrat – überall fiel es den Zuschauern leicht, sich mit Personen der Komödie zu identifizieren. Insofern war sie ein Medium der Lebensbewältigung. Tragödie und Drama boten Vertrautes in neuem Gewande sowie optimistische Perspektiven, um sich in einer veränderten Welt zu behaupten.

4. Wandel der Stellung der Frauen?

Mit der Ausbreitung des Städtewesens und dem Aufstieg der Monarchien als Herrschaftsform vergrößerte sich offenbar das Ausmaß öffentlicher Tätigkeiten von Frauen.[378] In mancher Hinsicht vorbildhaft mag hierbei der Einfluss gewesen sein, den die hellenistischen Königinnen z. B. in Ägypten ausübten:[379] Wie sich die Herrscherinnen als öffentliche Wohltäterinnen gerierten und feiern ließen, so kamen auch immer häufiger Frauen aus den ersten Bürgerfamilien in den Genuss öffentlicher Ehrenbekundungen, weil sie ihren Heimatstädten mit großzügigen Spenden unter die Arme griffen.[380] Es häuften sich Fälle, in denen Frauen Priesterämter übernahmen sowie Vorsteherinnen von Kultgemeinschaften wurden. Außerdem wurden nach Aussage mancher Inschriften Frauen stärker als

376 Vgl. Shipley (2000), 257 f.
377 Einen einfühlsamen Überblick über Themen und Stoffe bietet Zimmermann (1998), 216–257.
378 Vgl. Shipley (2000), 105.
379 Vgl. Pomeroy (1985), 188 f.
380 Vgl. Patzek (2000), 158 f.

zuvor als Land-, Sklaven- und Vermögensbesitzer anerkannt. Frauen agierten unabhängiger bei geschäftlichen Transaktionen sowie bei der Darlehensvergabe, auch wenn derartige Geschäfte weiterhin unter Beteiligung männlicher Vormünder durchgeführt werden mussten.[381] Zusätzlich mögen der Kontakt mit indigenen Kulturen (besonders in Ägypten), die Situation der am Rande der griechischen Welt gegründeten Poleis und das Söldnerwesen die Selbständigkeit der Frauen gefördert haben.[382] Denn in dem Maße, wie Verwandte oder Ehemänner als Berufsoffiziere in die Ferne zogen, wuchsen die Frauen in ihrer Rolle als Verwalterinnen des Oikos und Alleinerzieherinnen der Kinder und wurden hierbei von der Polisgesellschaft gestärkt.

So plausibel diese in der Forschung häufig vorgetragenen Überlegungen erscheinen – sie beruhen auf unsicheren Grundlagen. Da uns serielle Quellen oder autobiographische Aufzeichnungen fehlen, ist es methodisch problematisch, aus Einzelaussagen auf allgemeingültige Kategorien der Rolle »der Frau« zu schließen. Außerdem beziehen sich die wenigen Quellen meistens auf die kleine Schicht der adligen Familien. Das Geschlechterverhältnis der kleinen Leute auf dem Land wird dagegen weitgehend ausgeblendet und nur selten durch Schlaglichter der Komödie beleuchtet. Und schließlich wissen wir aufgrund des geringeren und anders gearteten Quellenmaterials der klassischen Zeit nicht, ob nicht viele der angeblich so »neuen« Aspekte des Hellenismus bereits vorher vorhanden waren.

Berücksichtigt man diese Schwierigkeiten, so wird man feststellen, dass es wenige Hinweise auf eine *spürbare* Veränderung der rechtlichen Stellung der Frau gibt.[383] Der erweiterte öffentliche Handlungsspielraum der Frauen blieb

381 Vgl. Pomeroy (1985), 196f.
382 Vgl. Gehrke (2003), 78.
383 Vgl. van Bremen (1993), 223; Shipley (2000), 257ff.

unter der Kontrolle der männlichen Bürgerschaft. Was sich dagegen änderte, war die Wahrnehmung der Rolle der Frau und ihrer Befindlichkeit im »privaten« Bereich der Familie. Die Mobilität über große Entfernungen sowie das freizügigere, gleichwohl artifizielle Leben in den königlichen Residenzen machten das Thema individueller Liebeserfüllung und Erotik in aristokratischen Kreisen ›hoffähiger‹ als in den Jahrhunderten zuvor. Diese Aufgeschlossenheit spiegelt sich in der zeitgenössischen Literatur[384] und bildenden Kunst, und sie prägte auch die Auffassung von ehelicher Gemeinschaft. Sieht man vom Ausnahmefall Athen ab, so begriff man sie nun eher als eine von beiden Seiten gewollte und nicht über Dritte arrangierte Partnerschaft, in der Treue, Respekt und Liebeserfüllung beider Geschlechter einen hohen Stellenwert genossen. Auch der inhaltliche Wandel der Komödien von den »männlichen« Themen wie Krieg und Politik zum privaten Leben deuten darauf hin, dass sich die Gestaltung der Geschlechterverhältnisse etwas von den bürgerlichen Zwängen löste.[385]

In eine ähnliche Richtung scheint zunächst auch eine vielfach als revolutionär empfundene Entwicklung in der bildenden Kunst zu weisen. In der Mitte des 4. Jahrhunderts hatten Darstellungen des nackten männlichen Körpers einen so hohen Grad an Perfektion erreicht, dass er zu einem idealen Vorbild wurde, an dem sich die nachfolgenden Künstler orientierten. Just in dieser Zeit schuf Praxiteles (um 350 v. Chr.) die erste großplastische Darstellung einer nackten Frau; als Modell diente angeblich seine Geliebte Phryne, die sich bei einem Fest nicht scheute, sich »vor den Augen der Griechen« nackt zu zeigen. Praxiteles wagte es freilich nicht, sein Werk als Abbild einer Sterblichen zu präsentieren. Wenn man die traditionellen Normen überwand, konnte man dies wohl nur am Beispiel ei-

384 Vgl. Plutarch, *Moralia* 748c–771, mit Shipley (2000), 105 f., 258 f.
385 Vgl. van Bremen (1993).

ner Göttin tun, die für Schönheit und Liebe schlechthin stand. So entstand die nach dem Aufstellungsort genannte Aphrodite von Knidos. Sie wurde bereits von den Zeitgenossen als Meisterwerk empfunden und (ähnlich wie Leonardos Mona Lisa in der Neuzeit) schon zu Lebzeiten des Künstlers zu einem Magnet von Touristen aus aller Welt.

Sicherlich entsprach das Sujet auch dem Bedürfnis des männlichen »Voyeurismus«.[386] Doch nicht minder wichtig ist das auch in anderen Bereichen (Medizin) zu konstatierende Interesse an der weiblichen Physiognomie.[387] In diesen Trend sind die Aphrodite des Praxiteles und die ihr folgenden Statuen der nackten Göttin auch einzuordnen. Fast alle halten den Augenblick fest, in dem sich die Göttin zum Bade entkleidet. Das Motiv der »badenden Frau« wird zu einem etablierten Thema der Zeit,[388] ohne dass hiermit jedoch eine grundlegende Änderung des Frauenbilds und der Stellung der Frau verbunden gewesen wäre.

Praxiteles übernahm zwar die von den männlichen Figuren bekannte S-förmige Schwingung sowie den Kontrapost, d. h. das harmonische Zusammenspiel von Spiel- und Standbein; während jedoch die Körper der Athleten und Krieger Merkmale wie Mut, Stärke und Tapferkeit signalisierten (s. S. 62), offenbart die weibliche Figur selbst in Gestalt einer Göttin nach Aussage der antiken Physiognomiker »negative« Eigenschaften. Sie werden im Falle der knidischen Aphrodite noch maßvoll angedeutet, sind aber bei den späteren Statuen voll ausgeprägt. Die vorgeneigte Haltung sowie die einwärts gebogenen Knie stehen für »Feigheit«. Nach vorne gezogene Schultern, anliegende Arme und aneinander gepresste Beine sowie der schwächer ausgeprägte Rücken sind Zeichen körperlicher und charakterlicher Schwäche; die fleischigere Bauchform be-

386 Vgl. Pomeroy (1985), 219.

387 Vgl. Shipley (2000), 259.

388 Vgl. Houby-Nielsen, »Grave gifts, women, and conventional values in Hellenistic Athens«, in: Bilde (1997), 241–247.

deutet mangelnde körperliche und charakterliche Tüchtigkeit. Arglist verbindet sich mit Schamlosigkeit, passive Schwäche mit aktiver Verführungskunst.[389] Haltung und Körper der Aphrodite wurden als schön empfunden, aber es war eine Schönheit, die »eher angenehm anzusehen [war] als edel«.[390] Die Darstellung des weiblichen Akts bewegte sich damit innerhalb der klassischen (männlichen) Vorstellungsmuster.

Dies gilt schließlich auch für einen letzten Bereich des städtischen Lebens, in denen Frauen traditionell eine wichtige Rolle spielten, nämlich den öffentlichen Festen. In der Zeit nach Alexander nahm die Zahl der Feste in den königlichen Residenzen und in den Bürgerstädten des vorderasiatischen Raumes zu.[391] Besonders beliebt waren die Feste zu Ehren des Dionysos, der wie kaum ein anderer Gott mit dem Orientfeldzug Alexanders in Verbindung gebracht wurde; Alexander selbst hatte die letzte Strecke seines Marsches aus der Gedrosischen Wüste in Form eines dionysischen Schwarmes inszeniert (s. S. 259), und auch die Feste der Folgezeit boten farbenfrohe Umzüge: Im Zentrum stand die Statue des Gottes auf einem efeuumkränzten Wagen. Er wurde begleitet von weintrunkenen Silenen und Satyrn sowie den Mänaden und Bakchantinnen, den ekstatischen Frauen im mythischen Gefolge des Dionysos.[392] Aus Hinweisen der Tragödie (Euripides' *Bakchen*) wissen wir, dass die adligen Frauen der Poleis jedes zweite Jahr in die Rolle der Mänaden schlüpften. Sie spielten dabei Rituale durch, die es ihnen erlaubten, intensive religiöse (und sexuelle) Erfahrungen im Kreis der Geschlechtsgenossinnen zu machen. Aber auch andere »Frauenfeste«, wie die Thesmophorien für Demeter, boten den Frauen die Möglichkeit, sich außerhalb ih-

389 Vgl. Neumer-Pfau (1982), 75–92.
390 Vgl. Neumer-Pfau (1982), 83.
391 Vgl. André (2002), 87ff.
392 Vgl. André (2002), 89.

rer Häuser von ihren angestammten Pflichten und Rollenmustern zu lösen.[393] Doch erneut zeigt ein Blick auf den Quellenbefund, dass wir es hier mit einem Phänomen zu tun haben, das bereits in der Zeit vor Alexander und sogar in einer Polis wie Athen virulent war, welche den Frauen ansonsten im öffentlichen Leben noch die größten Kontrollen auferlegte.

5. Das Leben auf dem Land und seine Deutung

Dieses Bild einer generellen Beharrung trotz sektoraler Veränderung von Sichtweisen und Interessen gilt schließlich auch für das Leben des Bauern. Insgesamt blieb die Sozialstruktur auf dem Land über Jahrhunderte stabil. Menander beschreibt in seinem 317/316 aufgeführten *Dyskolos* das Leben des Bauern Knemon, der am Fuß des Parnass nördlich von Eleusis sein kleines Stück Land bebaut, fernab von den großen Städten und Verkehrswegen. Knemon kann dem steinigen Boden ohne Hilfe eines Sklaven oder Lohnarbeiters nur karge Erträge abringen. Seine alte Magd besorgt den Haushalt in einem Heim, dessen Primitivität jeden Besucher schockiert. Die Bewohner der nachbarschaftlichen Siedlung verehren Pan und die Nymphen in einer Grotte, wo man gemeinsame kultische Mahlzeiten einnimmt und Jagdfeste feiert – insgesamt ein Bild von Hinterwäldlern, die ein ruhiges, aber ärmliches Leben führen ohne Ehrgeiz und den Drang beruflicher Mobilität.

Dieses Bild dürfte bei allen Überzeichnungen im Detail für weite Teile des griechischen Mutterlandes jenseits der städtischen Zentren zutreffen.[394] Neben dem Ackerbau bildeten Viehzucht und Hirtentätigkeit eine verbreitete ländliche Versorgungsgrundlage zumal in den Bergregio-

393 Vgl. Bremmer (1998), 94f.
394 Vgl. Chamoux (2003), 257f.

nen. Sie boten ausreichend Nahrung für Schafe, Ziegen, Schweine, Esel und Maultiere. Die Herden versorgten die ländliche Bevölkerung mit Milch, Fleisch, Leder und Wolle. Obwohl sich diese Form der Viehhaltung gegenüber den früheren Zeiten nicht änderte, widmen die Dichter dem Leben der Hirten seit Ende des 4. Jahrhunderts ein vorher nicht gekanntes Interesse. Der berühmteste Vertreter dieser Richtung ist der aus Syrakus stammende Theokrit. Seine Hirtengedichte wurden zum Vorbild für eine literarische Kunstform (Bukolik), die über die römische Welt bis in die Neuzeit reicht. Sie wurden von antiken Erklärern zunächst wegen ihrer »kleinen« Form als *Eidyllia* bezeichnet; sie zeichnen ein ländliches Idyll, beruhen aber auf genauer Beobachtung von Sprache und Habitus der Landleute. »Über seiner Schulter hing ein Bocksfell« – so wird z. B. ein Ziegenhirte beschrieben –, »er roch nach Gerberlauge, ein alter Rock bekleidete ihn, mit breitem Riemen gegürtet, in der rechten Hand aber hatte er einen krummen Knüppel«.[395] Dennoch zeigen sich die Hirten als künstlerisch begabt, indem sie Gesänge und Dichtungen darbieten. Das Leben auf dem Land und in der Wildnis – ähnliche Tendenzen gibt es bei der Darstellung der Jagd – wird zu einem Vorbild menschlichen Glücks in einem überschaubaren Rahmen jenseits der hektischen Mobilität der Städte.[396]

Vergleichbare Entwicklungen lassen sich im Bereich der bildenden Kunst beobachten. Die Themen der hellenistischen Großplastik entstammen vielfach der ländlichen Sphäre.[397] Anstelle von Handwerkern, Sklaven, Tänzern und Bettlern – der klassischen Unterschicht der Städte – werden häufig Hirten, Bauern und Fischer geformt und zwar mit einem scheinbar realistischen Blick auf die Mühen und Nöte des ländlichen Lebens: Die Figuren sind

395 Theokrit, *Idylle* VII, 12 f. (Übers. Körte).
396 Vgl. Körte (1960), 214–219.
397 Vgl. Laubscher (1982), 6.

meist alt, von der Arbeit gekrümmt, ihre Haut scheint verwelkt, voller Runzeln und Falten, ihre Gesichtszüge erschlafft. Die betonte Hässlichkeit der Figuren steht damit im krassen Gegensatz zu all dem, was die Statuen nackter Jünglinge der klassischen Zeit repräsentieren. Mit den äußeren Merkmalen geht eine Betonung des emotionalen Ausdrucks einher; deshalb hat man lange geglaubt, dass mit der ländlichen Genreplastik eine neue Einstellung zu den sozialen Nöten der Unterschichten verbunden gewesen sei. Eine solche von christlicher Ethik und modernen Empfindungen geprägte Vermutung ist jedoch anachronistisch. Bei griechischer Plastik beruhen äußere Charakteristika in der Regel auf bestimmten Wertungen, die der Künstler, seine Auftraggeber und Betrachter verstanden.

Demnach galten die für die ländlichen Figuren typische gebeugte Haltung – im Kontrast zur aufrechten Haltung des nackten Jünglings – ebenso wie krauses Haupt- und Barthaar als Zeichen von Feigheit, sklavischem Charakter oder sogar Bosheit. Übergroße Ohren zeugten (in Analogie zum Esel) wie vorquellende und starre Augen sowie dicke Lippen nach der Lehre der Physiognomiker von Dummheit, Trägheit und Schamlosigkeit; ein geöffneter Mund, der vielen ländlichen Figuren zu eigen ist, war ein Merkmal von Bosheit, Dummheit und Feigheit, Runzeln stehen für Tölpelhaftigkeit und Schamlosigkeit, kurzum: Die ländlichen Figuren vereinen in sich all die negativen Eigenschaften, die von der gehobenen städtischen Gesellschaft als genaues Gegenteil eines zivilisierten Lebens angesehen werden.

Die Künstler zeigen dabei zwar ein gesteigertes Interesse an körperlichen Details und bemühen sich um anatomische Exaktheit, was – wie in der Bukolik – genaues Beobachten voraussetzt. Die naturalistische Darstellung transportiert jedoch Werturteile, die einer gesellschaftlich-politischen Intention entsprechen (Verismus): Die aus der Oberschicht stammenden Auftraggeber achteten sehr genau darauf, dass in der von ihr als ideal empfundenen Welt des Landlebens die soziale Differenz gegenüber der ländlichen Unterschicht umso stärker gewahrt wurde. Die Figuren dienten vielfach als Accessoires zu Tafelgeschirr – also in einem betont herrschaftlichen und begüterten Ambiente. Dies zeigt: Man spielte mit der Welt der »Underdogs« und versicherte sich dadurch der eigenen sozialen Überlegenheit.

6. Tendenzen der bildenden Kunst

Elemente des Wandels blieben so an traditionelle Wertungen und Interpretationen gekoppelt. Anders schienen Veränderungen auch gar nicht möglich in einer Gesellschaft, die sich ihrer Traditionen vergewissern muss, um in der größer gewordenen Welt zurechtzukommen. In zwei anderen Bereichen wies die bildende Kunst dagegen Tendenzen auf, die zunächst in einem schwer erklärbaren Widerspruch zu dem bisher Gesagten stehen. Viele Figuren zeigen das Bemühen, anstelle harmonischer Ruhe Leidenschaft (Pathos) und ungewöhnliche Körperhaltungen darzustellen, und dies häufig nicht anhand von Einzelfiguren, sondern am Beispiel eines um ein Thema gruppierten Ensembles. Das bekannteste Beispiel ist die sog. Laokoongruppe. Hier bestimmt nicht mehr die Schönheit des dahinschreitenden Jünglings, sondern der Ausdruck von Schmerz und Todesangst die Darstellung. Der Gesamteindruck wird weniger durch die Einzelfiguren geprägt, sondern beruht auf dem durch mehrfache Parallelen und Diagonalen gekennzeichneten pyramidalen Aufbau. Auch die weibliche Figurendarstellung passt sich diesen Prinzipien an. Im Gegensatz zur knidischen Aphrodite steht z. B. die in Ekstase geratene Mänade des Skopas (350 v. Chr.).

Erneut stellt sich die Frage nach den Gründen für diesen Drang nach Ausdruck von Leidenschaft, Schmerz,

Gefühl und extremer Bewegung. Das Ertragen von Schmerz und Todesangst gehörte seit Homer zu den Tugenden der Aristokratie, die in der Archaik vielerorts auf die männliche Polisgesellschaft übertragen wurde: Der Bürger erträgt gelassen alle Bedrohungen in der Gewissheit seiner körperlichen und geistigen Überlegenheit sowie im Vertrauen auf die Solidarität der Gemeinde. Der erste Prominente, der sich von diesem Tugendkanon entfernte, ist Alexander. Seine Persönlichkeit steht im Gegensatz zur traditionellen delphischen Maxime des Maßhaltens, er ist im Negativen (Zornesausbrüche in Trunkenheit) und im Positiven (keine Scheu vor extremen Belastungen) die Personifikation des Maßlosen. Seine Taten tendieren zur Hybris (vgl. S. 296 ff.).

Allerdings zeitigte dieses Herausbrechen aus dem klassischen Tugendkanon objektive militärische Erfolge, welche die Kapazität der Polisgesellschaft weit überstiegen. Erfolg und Misserfolg waren schon immer untrügliche Gradmesser griechischer Wertsetzungen, und insofern lag es nahe, die alten Vorbehalte gegenüber dem Pathos zu durchdenken. Das bisher in der Tragödie durch den Filter des Mythos problematisierte Interesse an den Extremschwankungen der menschlichen Seele, an den Folgen von Schmerz, Leid und Freude wurde so allmählich auch in den Bereich der bildenden Kunst übertragen. Dass es sich nicht um ein isoliertes Phänomen handelt, zeigt das Interesse auch der zeitgenössischen Literatur (Apollonios Rhodios) für Emotionen und die Psychologie ungewöhnlicher Situationen.[398] Offenbar müssen wir mit Verschiebungen von Wahrnehmungsmustern und Wertauffassungen rechnen, die auch längerfristigen politischen Trends folgen. Es waren jetzt häufig nicht mehr die Bürgerschaften oder Privatleute, sondern die Monarchen in Pergamon, Seleukia oder Alexandria, die als Auftraggeber von Großplastiken

398 Vgl. Shipley (2000), 256.

in Erscheinung traten. Sie wurden zu Förderern der neuen Stilrichtung, weil sie sich an der Person Alexanders orientierten und nicht mehr allein an das bürgerliche Tugendideal der klassischen Polis gebunden fühlten.

7. Die Eroberung des Raums in Kunst und Malerei

Das Interesse der Künstler und ihrer Auftraggeber an Bewegungen, die über das in der Klassik Übliche hinausgehen, führte auch dazu, dass die Figuren weiter in den Raum hineinragen; Figurengruppen wie die Laokoongruppe oder die Bändigung des farnesischen Stieres beziehen einen Großteil ihrer suggestiven Kraft daraus, dass die Figuren keine Raumbegrenzungen mehr kennen und selbst zu einer neuen Raumkomposition verdichtet werden. Ausladende Bewegungen fordern Stützen in Form von Gefäßen, Säulen- oder Baumstümpfen; die Formen werden offener, Armbewegungen beginnen mit imaginären Figuren zu kommunizieren.

Mit diesem neuen Empfinden für Volumen und Bewegung geht partiell ein Verzicht auf idealisierende Abstraktion einher: Man interessierte sich für physiognomische Details und thematisierte die gesamte Bandbreite menschlicher und mythischer Erscheinungen (Kinder, Alte, Betrunkene, Bauern, Ammen, Sklaven und Fischer) in einem situativen Kontext (schlafend, betrunken), den die bisherige Kunst ausgespart hatte. Selbst Tiere sowie bizarre Wesen aus der Mythologie wie Satyrn, Nymphen oder Hermaphroditen finden nun das Gefallen der Künstler und ihrer Auftraggeber.

Gern ist man geneigt, in diesem Interesse an »fremden« Wesen und ungewöhnlichen Situationen erneut einen Reflex der veränderten gesellschaftlich-politischen Verhältnisse zu sehen. Tatsächlich betätigten sich als Auftraggeber neben den Monarchen auch reiche Händler und Kunstsammler. Sie verbanden ihre Freude an thematischer Mannigfaltigkeit mit dem Gefühl, ihren Geschmack nicht mehr nach den Konventionen der Poleis richten zu müssen.[399] Ferner dürfte die Verlagerung der Kunstproduktion nach Kleinasien und in die Levante zu einer Veränderung des Kunstgeschmacks beigetragen haben. Der Hang zu Gruppenplastiken innerhalb eines großräumigeren Rahmens hängt dagegen wohl vornehmlich mit dem Machtaufstieg der makedonischen Könige zusammen. Für griechische Maler war der makedonische Königshof in Pella ein Eldorado. Die Wandmalereien der repräsentativen Grabbauten zeigen, dass von hier aus ein starker Impuls zu großflächigen Darstellungen ausging, der über die kleinförmige Vasenmalerei der Poleis hinausging.[400] Das Interesse an »großer Malerei« dürfte zunächst dem Bedürfnis der Könige nach Selbstvergewisserung entsprungen sein. »Große Malerei« dient immer auch repräsentativen Zwecken und verlangt erheblichen finanziellen Einsatz, den nur eine reiche Elite aufzubringen vermag. Diese übernahm den Geschmack der Monarchen. Die Malerei entwarf zunehmend anstelle der Einzelkämpfe Schlachtszenen mit perspektivischer Tiefenwirkung sowie mythischen und realen Landschaften. Das im Jahre 1831 in der Casa del Fauno in Pompeji gefundene Mosaik der Alexanderschlacht ist das berühmteste Beispiel für diese Tendenzen; die Breite des Bildes beträgt 5,12, seine Höhe 2,71 Meter. Abgesehen von der atemberaubenden Dramatik des Augenblicks offenbart das Gemälde eine Kunst »fast brutaler Tiefenwirkung«.[401]

Am Ende des 4. Jahrhunderts mehren sich schließlich auch im Bereich der Vasenmalerei die Bemühungen, den

399 Vgl. R. Ling, »Hellenistic and Graeco-Roman Art«, in: Boardman/Griffin/Murray (1988), 457.

400 Vgl. I. Wehgartner, »Keramik und Malerei«, in: Borbein (1995), 328f.

401 Vgl. Schuchardt (1971), 446f.

Figuren durch die Vertiefung der Gewandfalten, durch stärkere Drehbewegungen des Körpers sowie durch Betonung von Licht und Schatten bzw. heller und dunkler Farbe eine gesteigerte Plastizität zu verleihen. Die Meister Parrhasios und Zeuxis schufen Bilder von täuschendem Realismus. Der Wille zur Plastizität erhält dort zusätzliche Tiefenwirkung, wo Figuren mit architektonischen Details angereichert wurden. Die Gestaltung des Gesamtraums wird nach hinten durch ein klar gegliedertes Ensemble von Wänden, Türen, Fenstern und Säulen vervollständigt, bis sie schließlich den gesamten Bildrahmen ausmacht.[402]

Eine zweite Richtung verläuft parallel mit Bemühungen der Dichtung, das geographisch-topographische Ambiente einer Szene so exakt wie möglich zu beschreiben, sowie mit dem Ziel der Städtebauer, Berglandschaften in die Anlage der Poleis zu integrieren (s. S. 279, 296).[403] Ebenso beginnen die Maler den architektonischen Hintergrund durch Landschaften zu ersetzen. In den Odysseefresken aus dem 2. Jahrhundert bewegen sich Menschen und Tiere maßstabsgetreu in einer Naturlandschaft, die durch bizarre Felsformationen, Höhlen, Meeresküsten und weite Horizonte mit naturgetreuen Farbtönen gestaltet ist. Der Mensch bleibt jedoch Bezugspunkt des Betrachters – der Künstler hat die Namen der dargestellten Figuren hinzugefügt.[404]

402 Beispiele bei Villard (1988), 131–141.

403 Vgl. Lauter (1986), 68ff.; Shipley (2000), 245, zu Kallimachos, *Hymnos* 1 an Zeus, 15–33.

404 Vgl. Webster (1966), 144–149.

8. Religion und religiöse Kulte

Ähnlich wie im Bereich der Kunst sich neue Entwicklungen neben den alten Konventionen etablierten, so lassen sich im Bereich der Religion Beharrung und Aufbruch parallel verfolgen. Bereits die territoriale Ausweitung des Peloponnesischen Krieges hatte neue Kulte und Ideen in die griechische Poliswelt eindringen lassen, die sich allerdings an die traditionelle Religion anlagerten, ohne sie zu verdrängen. Mit der erweiterten Mobilität von Händlern und Siedlern nach Alexander setzte sich diese Entwicklung fort.[405] Mit jeder Städtegründung wanderte die Götterwelt mitsamt ihren Tempeln und Altären in Gebiete, die zuvor allenfalls Söldner oder Händler erschlossen hatten. Aber auch in den Poleis des Mutterlandes hielt man an den Stadtgöttern fest und gestaltete ihre Verehrung mit Protektion der hellenistischen Monarchen sogar vielfach prunkvoller.

Es macht so den Eindruck, als hätte der Siegeszug Alexanders eine neue (und letzte) Blüte der olympischen Götterwelt bewirkt. Doch waren es gerade die neuen Möglichkeiten und Zwänge territorialer Mobilität, welche die Bindungen an die alten Stadtgötter schwächten. Viele Zugereiste mochten sich nicht mit den Kulten einer neu gegründeten Polis anfreunden, und manchem Söldner oder Händler fehlte die Zeit, sich an den Kulthandlungen für die Stadtgötter zu beteiligen. Der städtische Kult hatte aber über Jahrhunderte das Verhältnis der Menschen zum Religiösen bestimmt. In dem Maße, wie dieser Kult angesichts der großräumigen Wanderungsbewegungen für manche Menschen weniger erfahrbar war und die philosophische Kritik an Religion und Mythos zumal während des Peloponnesischen Krieges zugenommen hatte, verlor die Verehrung der mythisch-personal konzipierten Götter

405 Vgl. Pakkanen (1996), 115.

partiell ihre Verbindlichkeit. Viele Menschen erhofften sich von den Gottheiten der Polis immer weniger Hilfe bei ihren individuellen Nöten und Sorgen. Persönliche Schutzgötter wie die Dioskuren versprachen auf eine viel elementarere Weise emotionale Sicherheit. Sie wurden häufig durch Stiftungen auch von Fremden in die Polis integriert und symbolisierten mit den alten Polisgöttern die sich verstärkende »Zweipoligkeit zwischen Kollektiv und Einzelnem«.[406]

In eine ähnliche Richtung weist die Aktivität der zwischen den Poleis wandernden Seher und Priester (s. S. 298). Schon Platon hatte ihr Wirken als bedrohlich für die Polis eingeschätzt.[407] Die Praxis sah jedoch anders aus, als es die Optik des Philosophen vermuten lässt. Viele nichtgriechische Kulte waren lange vor Alexander z. B. in Athen heimisch geworden, ohne dass sie das städtische Monopol auf Kontrolle der Religionen gefährdeten. Die Griechen konnten auf eine Fülle von religiösen Angeboten zurückgreifen, die sich mehr ergänzten als miteinander konkurrierten. Für mobile Menschen, die von Überfällen, Tod oder Schiffsunglück bedroht waren und selten längere Zeit an einem Ort verweilten, wurde eine Spielart der antiken Religion attraktiv, die wir meist Mysterienreligionen nennen. Gemeint sind Kulthandlungen, die sich zwar auch auf die Verehrung von olympischen Göttern beziehen, aber keine von der Polis bestellten Priester benötigten sowie keine Unterschiede zwischen Fremden und Bürgern, Geschlecht oder Berufsstand machten. Im Zentrum der Kulte und Zeremonien standen neben dem Versprechen von Gewinn (Reichtum, Glück, Erfolg) im Diesseits meist ausführliche Jenseitserwartungen. Die Mysterien setzen damit einen Trend fort, den die Orphiker und Pythagoreer eingeleitet hatten (s. S. 108).

406 Vgl. F. Graf, »Bemerkungen zur bürgerlichen Religiosität«, in: Wörrle/Zanker (1995), 110–113.
407 Vgl. Platon, *Staat* 1,327a, 1–3, zur Göttin Bendis im Piräus.

So verehrten die schon in der Archaik bezeugten Mysterien von Eleusis Demeter und ihre Tochter Kore (»Mädchen«) bzw. Persephone, die, von Hades geraubt, auf inständige Bitten ihrer Mutter zwei Drittel des Jahres über der Erde verbringen durfte und so die Grenze zwischen Leben und Tod durchbrach. Auch die Mysterien des Dionysos konzentrierten sich auf eine Geschichte der Todesüberwindung aus der Kindheit des Gottes: Demnach war es den Titanen mit Heras Hilfe gelungen, das Kind mit einem Spiegel anzulocken und es zu töten, als es in den Spiegel schaute. Danach zerstückelten sie die Leiche, kochten ihre Teile und begannen davon zu essen. Zeus bemerkte jedoch den Frevel und tötete die Titanen. Die Göttermutter Rheia setzte die Teile wieder zusammen und belebte das Dionysoskind.[408]

Der kultische Nachvollzug führte die Eingeweihten ein in dieses Mysterium der »Wiedergeburt« und sollte einen Teil der göttlichen Lebenskraft auf sie übertragen. In welcher Form dies geschah, ist weitgehend unbekannt. Im Falle des Dionysos dürften mythische Szenarien durchgespielt, Kultsymbole verehrt und »heilige Handlungen« durch Gebetsformeln begleitet worden sein. Bestandteil der Handlungssequenzen waren Reinigungs- und Opferrituale sowie Situationen, in denen der Einzuweihende in einem dunklen Raum oder verhüllt mit dem »Erschreckenden« (*deimata*) konfrontiert wurde. Diese Erfahrung ist Voraussetzung für die »befreiende« Begegnung mit dem Göttlichen. Der Höhepunkt der Handlung erleichtert und stärkt den Mysten zugleich; er erfuhr – ähnlich wie durch die Katharsis der Tragödie – eine »innere Reinigung«: »Am Ende der Mysterien«, so ein Fragment, »soll nicht mehr ein Lernen, sondern eine Erfahrung (*pathein*) und ein Wechsel des Bewusstseins stehen«.[409] Durch diese

408 Vgl. Nonnos 6,172 f.
409 Aristoteles Frg. 15; vgl. Synesios, *Dion* 8,48a; Plutarch, *Moralia* 5,382d–e; Clemens von Alexandrien, *Stromateis* 5,71,1.

Bewusstseinsänderung ist der Myste »wiedergeboren« und gegen die Fährnisse des Lebens besser gewappnet.

Indem der Myste einmal die Schrecken überwunden hat, kann er auch dem Tod gelassener ins Auge sehen. Einige Gemeinschaften, die den dionysischen Mysterien nahestanden, verhießen den Eingeweihten eine Fortsetzung des Weihefestes (*telea*) im Jenseits und gaben das Versprechen, bei der Überschreitung der Schwelle zum Hades eine neue Existenz zu erlangen. So jedenfalls sind die Goldplättchen zu verstehen, die in Gräbern in Unteritalien und Thessalien entdeckt wurden und in formelhaften Wendungen den Toten die Hoffnung machen, mit Hilfe der Persephone zu den Sphären der Seligen zu gelangen.[410]

Diese »Jenseits-Dimension« findet sich dagegen dort weniger, wo wir sie zunächst erwarten würden, nämlich bei den sogenannten orientalischen Mysterien. Auch der aus dem kleinasiatischen Phrygien stammende Kult der Kybele basierte auf einem alten Mythos. Diesem liegen unverkennbar vergleichbare Motive zugrunde wie dem Mythos des Dionysos. Es geht um Tod (in Wahnsinn oder Ekstase) und Weiterleben, um Wachstum und Fruchtbarkeit, um die Überwindung des Lebensendes durch göttliches Eingreifen. Bei den Kybelepriestern führte der Nachvollzug des Kultes jedoch zu direkten körperlichen Eingriffen. Ihre in Ekstase vollzogene rituelle Selbstkastration und das Fließen des Blutes galten offenbar als entscheidende Erfahrung im Grenzbereich zwischen Tod und Leben. Und wieder ist es das Motiv des »leidenden« (männlichen) Gottes, das den Kult mitbestimmt. Wie Dionysos so stirbt im Kultmythos der Kybele Attis auf brutale Weise, doch birgt der göttliche Tod ein partielles Weiterleben – ähnlich wie Persephone zwei Drittel des Jahres in der Oberwelt weilt, weil Zeus es so wollte. »Seid guten Mutes, ihr Mysten«, so beschreibt der spätantike Autor

410 Vgl. Burkert (1994), 27f., 85.

Firmicus Maternus das Flüstern der Priester an die Mysten, »da der Gott gerettet ist, wird es auch für euch Errettung von euren Plagen geben.«[411]

In dieses Schema passt auch der zweite große »östliche« Mysterienkult der ägyptischen Isis. Wieder steht am Beginn des Mythos ein (brutaler) Tod. Der Wüstengott Seth ermordet Osiris, den Mann der Isis, und zerstückelt seinen Körper. Ähnlich wie Rheia die Teile des Dionysoskindes zusammensetzt und Kybele mit Hilfe von Zeus Teile des Attiskörpers am Leben hält, gelingt es Isis, nach einer verzweifelten Suche die Körperteile ihres Mannes zusammenzufügen und zu neuem Leben zu erwecken. Ihr Sohn Horus tötet den Mörder und Osiris wird Herr über das Totenreich.

Wie im Demeter- und Kybele-Kult steht im Zentrum der Isis-Mysterien eine Gottheit, die Leben und Fruchtbarkeit durch die Wiedergeburt ihres männlichen bzw. weiblichen Gegenparts bringt. Die agrarische Gesellschaft der Antike hat diese Dualität mit der Abfolge der Jahreszeiten und ihrer Polarität zwischen fruchtbaren (Frühling, Sommer) und unfruchtbaren Perioden (Herbst, Winter) in Zusammenhang gebracht sowie auf die Dualität von Leben (Geburt) und Nichtleben (Tod) übertragen. In beiden Fällen wurden die Grenzen zwischen Leben und Tod durch Nachvollzug der mythischen Götterhandlungen überwunden. Die Mysterienkulte boten somit Antworten auf eine anthropologische Grundproblematik, welche die traditionellen Polis-Religionen nur im Rahmen gemeinschaftlicher Verantwortung (Tod im Kampf für die Polis) behandelte und auf die bereits die Charismatiker der Spätarchaik reagiert hatten (s. S. 107 f.).

Dennoch haben die Mysterien die alten Polisreligionen nicht verdrängt.[412] Der von ägyptischen Händlern um 333

411 Firmicus Maternus, *De errore profanarum religionum* 22,1. Vgl. Burkert (1994), 63.

412 So z. B. Dodds (1951), 242.

v. Chr. in Athen und Delos eingeführte Isiskult existierte z. B. mit staatlicher Unterstützung neben den alten Kulten.[413] Nach spätestens zwei Generationen war die Verehrung von Isis, Attis, Ammon Sarapis oder Bendis offiziell anerkannt. Auf diese Weise wurden die Unterschiede zwischen der Teilnahme an den Mysterienkulten und den alten städtischen Kulten eingeebnet – die Mitglieder des Isiskultes waren im 3. Jahrhundert bereits vorwiegend Athener.

Die Integration der Mysterien gelang auch deshalb so gut, weil sich das Gebot der Verschwiegenheit der Mysten nicht auf den gesamten Ablauf der Mysterienfeier, sondern nur auf die allerheiligsten Handlungen während der letzten Phase der Initiation bezog. Die große Prozession im Anschluss an die Einweihung verlief in aller Öffentlichkeit, wie es die Bürger von ihren Festen zu Ehren der Athena kannten. Die Mysterien von Eleusis wurden zudem durch öffentliche Beiträge (*aparchai*) finanziert. Auch dadurch entstand ein enger Konnex zwischen den städtischen Finanzen und den Heiligtümern bzw. Mysterien. Und es waren städtische Beamte, welche sich nach den Priesterinnen und Priestern in die Prozessionen einreihten und die Organisation der Demeterfeiern mitbesorgten.[414]

Die Mysterien waren aber nicht nur ein anerkanntes Modell religiöser Kultausübung in der Polis; auch die hellenistischen Herrscher brachten ihnen außergewöhnliche Aufmerksamkeit entgegen. Die Attaliden unterstützten das Heiligtum der Kybelepriester von Pessinus, die Ptolemäer errichteten in Memphis den von ägyptischen Händlern und Söldnern verbreiteten und von Griechen geförderten Kult des Sarapis.[415] Demetrios Poliorketes ließ sich (302 v. Chr.) in die eleusinischen Mysterien einweihen. Die Attraktivität der Mysterien bestand darin, dass nicht nur

413 Vgl. Shipley (2000), 165; Préaux (1978), Bd. 2, 639–640.

414 Vgl. Pakkanen (1996), 35–45.

415 Vgl. Plutarch, *Moralia* 5,362a–b; Koester (1982), 187f.; Shipley (2000), 165f.

den Bürgern, sondern allen Menschen – ob Sklaven, Händlern oder Frauen –, soweit sie die mit den Mysterien verbundenen Kosten trugen, diese Ergänzung ihres traditionellen religiösen Lebens offenstand. Sie hatten die Möglichkeit, sich für eine kurze Zeit vom alltäglichen Kultvollzug sowie den Pflichten des städtischen Lebens zu trennen und von individuellen Ängsten befreit zu werden. Diese Erfahrung bewahrte man in privaten religiösen Vereinigungen, deren Zahl seit dem Ende des 3. Jahrhunderts enorm zunahm. Hier fand man eine soziale Sphäre, die frei war von den Distinktionen der Familie, des Oikos, der Phratrien oder Demen, ohne dass man sich aus dem bürgerlichen Leben verabschieden musste. Das Eingehen auf individuelle Existenzängste verband sich so mit einer relativ zwanglosen Gemeinschaft innerhalb eines kosmopolitischen Rahmens: Wenn ein Myste die Riten der Einweihung durchlaufen hatte, fand er überall auf der Welt Gleichgesinnte, die seine Erfahrung teilten, ihm aber keine Änderung der Lebensweise, keine sozialen Verpflichtungen oder Regeln im Alltag auferlegten.

Soziale Toleranz und Offenheit schufen Bindungen über die städtischen Kontakte hinweg und förderten synkretistische Verschmelzungen. In einem Hymnus auf Isis aus dem frühen 1. Jahrhundert v. Chr. heißt es: »Alle Sterblichen, welche die grenzenlose Erde bewohnen, / Thraker, Griechen und Barbaren / sprechen Deinen gerechten Namen aus [...]. Die Syrer nennen Dich hochherrliche Astarte, Artemis, Nania, die Völker Lykiens nennen Dich mächtige Leto, die Dame, / die Thraker nennen Dich Mutter der Götter, / und die Griechen Herrin des großen Thrones oder Aphrodite, / oder Hestia die Gutherzige, Rheia oder Demeter. / Aber die Ägypter nennen Dich Thiouis, weil sie wissen, dass Dich allein /, Dich unter allen anderen Göttinnen die Völker anrufen.«[416] Man-

416 Text in Übersetzung bei Vanderlip (1972), 18–51.

che Forscher wollen in diesen Äußerungen einen »monotheistischen Trend« erkennen, der auf die Sehnsucht nach übergeordneten Gottheiten reagierte.[417] Tatsächlich handelt es sich aber um einen kosmopolitischen Synkretismus mediterraner Polytheismen, denen typische Merkmale einer monotheistischen »Gegenreligion« fehlen. An die Stelle intoleranter Abschottung trat die »Übersetzbarkeit« ethnisch unterschiedlich verankerter Göttertypen, welche gleichberechtigt *eine* Gottheit repräsentieren, ohne Absolutheitsansprüche zu erheben.

Diese Fähigkeit der »religiösen« Abstrahierung prägte auch die göttliche Verehrung der hellenistischen Monarchen. Sie bezog sich in erster Linie auf bestimmte Eigenschaften wie *arete*, *dikaiosyne*, *philanthropia* oder *sophia*.[418] Auch außerhalb der monarchischen Verehrung wurden Kräfte wie Tyche (Zufall, Schicksal) oder Homonoia (Eintracht) mit göttlichen Kräften versehen. Aus diesen Trends auf ein verbreitetes Gefühl individueller Ängste zu schließen, ist jedoch wenig plausibel. Tatsächlich war die griechische Welt nach Alexander viel weniger chaotisch als die durch den Peloponnesischen Krieg geschüttelte Zeit des 5. Jahrhunderts.[419] Was sich änderte, waren die Möglichkeiten individuellen Erfolgs (und Scheiterns) jenseits traditioneller Beschränkungen, während die alten Götter allein nicht mehr den Bedürfnissen der Menschen genügten.

9. Die Suche der Philosophen nach dem Glück

In eine ähnliche Richtung entwickelte sich die Philosophie, deren Lehrmeinungen sich ebenso verbreiteten wie die religiösen Kulte. Auch die Philosophen thematisierten

417 Vgl. Pakkanen (1996), 98.
418 Vgl. Plutarch, *Moralia* 4,2,338 f.; Cerfaux/Tondriau (1957), 148–151, 156–160, 162–166.
419 Vgl. Shipley (2000), 183.

die Rolle der Tyche im Leben des Menschen.[420] Auch Philosophie wurde in kleinen Gemeinschaften betrieben. Die Zahl der Philosophenschulen nahm – den Vereinigungen der Mysten vergleichbar – seit dem 4. Jahrhundert zu. Zur platonischen Akademie und dem Peripatos des Aristoteles traten die Schule der Stoa und die Epikurs, ferner erlebten die Kyniker mit der Ausweitung der griechischen Welt nach Osten einen großen Aufschwung. Doch anders als die Mysterienreligionen richtete sich die Philosophie eher an den elitären Kreis der städtischen Oberschicht. Ihre Angehörigen dokumentierten ihre Bildung nicht mehr nur durch das Durchlaufen einer höheren Schule, sondern sie entdeckten auch – gefördert durch Bibliotheken und den aufblühenden Buchhandel[421] – die individuelle Lektüre (auch wenn es diese schon im klassischen Athen gab). Literarische und philosophische Bildung wurde zu einem vergleichbaren sozialen Distinktionskriterium, wie sie die Genrekunst der Wohlhabenden offenbarte (s. S. 311).

Vor diesem Hintergrund wird man vorsichtig sein gegenüber allen Versuchen, von den Lehren der Philosophen auf allgemeine Lebenseinstellungen der breiten Bevölkerungsschichten zu schließen. Immerhin ergeben sich manche Parallelen zu den bisher behandelten Bereichen hellenistischer Kultur. Auffällig ist zunächst das Interesse der neuen Schulen am individuellen Verhalten des Menschen. Ethik wird wichtiger als die Welterklärungen der Vergangenheit, sie besitzt einen Vorrang gegenüber Logik und Physik. Philosophische Fragestellungen sind ferner praxisbezogen; sie nehmen dabei den Einzelnen mit seinen Sorgen, Nöten und Ängsten in den Blick. Diese Entwicklung passt zur Bedeutung, welche die Oberschichten der Privatsphäre zumaßen (s. S. 305), und sie trifft sich mit den

420 Vgl. Shipley (2000), 153, 174; als Historiker tat dies auch Polybios (29,21).

421 Vgl. Shipley (2000), 247.

Mysterienreligionen, die den Seelenzustand des einzelnen Menschen ansprachen (s. S. 322).

Im Zentrum aller philosophischen Bemühungen steht die Suche nach individuellem Glück. Dieses Anliegen ist nicht neu. Doch in der Zeit nach Alexander gewinnt der Anspruch, ein glückliches Leben mit Hilfe der praktischen Vernunft zu führen, Vorrang vor allen anderen Interessen. Dies unterscheidet die Philosophie von den Mysterien: Nicht Einweihung in geheime Kulte, sondern Unterrichtung in rationalen Lehren soll zum Ziel führen, nicht Reinigung der Seele durch das Schauen des göttlichen Geheimnisses, sondern Bildung der Seele durch Erkenntnis eines logischen Gedankengebäudes bewirkt den Bewusstseinswandel.

Der Zustand menschlichen Glücks war nach übereinstimmender Ansicht verwirklicht, wenn man zu einer umfassenden Seelenruhe (*ataraxia* oder *apatheia*) gelangte. Dazu musste man sich von jeglicher Leidenschaft (*pathos*) freimachen. So erreichte man das Ideal der inneren Gelassenheit. Gelassenheit meint jedoch mehr als eine Grundeinstellung zum Leben: Nach Auffassung der Philosophen könnte ein Mensch im Vollbesitz der Seelenruhe empfindungslos gegenüber den härtesten materiellen und menschlichen Verlusten, gegenüber Krankheit und Tod und gegenüber seelischen Schmerzen und körperlichen Qualen werden. Seelenruhe und »Apathie« stehen für eine Form der Zufriedenheit mit sich und der Umwelt: Ein »Leben im Einklang mit der Natur« war eine stoische Maxime. Der Mensch ist erst dann glücklich, wenn er ein harmonisches und ausgewogenes Verhältnis zur Welt und seinem eigenen Wesen gefunden hat. Ein entscheidender Schritt hierfür war, sich nicht zum Sklaven seiner Begierden oder materieller Wünsche zu machen. Unterschiedliche philosophische Schulen – allen voran die der Stoiker, der Epikureer, der Kyniker und der pyrrhonischen Skepsis –, entwickelten jeweils eigene Lehren, wie man sich gegen die Fährnisse des Lebens am besten wappnen könne.

So unterschiedlich die Wege und Methoden sind, mit der die Philosophen das Ziel seelischer Gelassenheit zu verwirklichen suchten – auffällig ist, dass (im Unterschied zur Zeit des 5. und 4. Jahrhunderts) größere soziale oder politische Einheiten wie die Polis als Untersuchungsobjekt eine vergleichbar geringe Rolle spielten. Keine der hellenistischen Schulen hat sich dezidiert für eine bestimmte Staatsform ausgesprochen. Man formulierte Handlungsanweisungen und ethische Konzepte, die auf wechselnde politische Realitäten reagierten und helfen sollten, sich in unterschiedlichen Systemen zurechtzufinden.[422] Immer blieb die politische Organisationsform eher Rahmen, allenfalls Mittel oder Weg zur Verwirklichung individueller Zufriedenheit.

Diese »Verinnerlichung des Glücks« hatte eine weitere Konsequenz, die sich mit den Praktiken der Mysterienreligionen deckte. Wenn zum Glücklichsein allein das Wissen um die Tugend zählt, d. h. die rechte Erkenntnis über das, was zu erstreben und zu vermeiden ist, dann konnte dieses Ziel jeder Mensch unabhängig von Herkunft und Stand erreichen. Nach Ansicht der Stoiker war ein Sklave genauso wie ein Reicher zum Glück fähig. Für den Kyniker waren soziale Hierarchien ohnehin irrelevant. Und auch Epikur zählte zu seiner Gemeinschaft Frauen und Sklaven. Da sich die Suche nach dem Glück nicht nur von sozialen Hierarchien, sondern auch von politischen Größen emanzipierte, konnte man schließlich das menschliche Dasein unabhängig von der Polis in einem territorial grenzenlosen Rahmen beurteilen. Die Stoiker sowie die kynischen Wanderphilosophen waren die Wegbereiter dieses »anthropologischen« Universalismus, den wir meist als »Kosmopolitismus« bezeichnen. Der Stoiker Zenon dach-

422 Vgl. Shipley (2000), 64 f.; vgl. die Diskussion bei Erskine (1990), 70 ff.

te an eine Art »Weltstaat aus Göttern und Menschen«, in dem es keine Unterschiede zwischen Barbaren und Griechen, Rassen und Völkern, Freien und Sklaven gäbe.[423] »Zenons ›Der Staat‹ [...] – so heißt es in einem Fragment – zielt auf diesen einen Punkt, dass wir unser Haushaltungswesen nicht auf der Grundlage von Städten oder Gemeinden organisieren sollten, die sich jeweils durch eine eigene Gesetzgebung abgrenzen; vielmehr sollten wir alle Menschen als Mitglied unserer Gemeinde und als Mitbürger ansehen, und es sollte *eine* Art zu leben und *eine* Ordnung geben, ähnlich wie bei einer Herde, die zusammen weidet und durch ein gemeinsames Gesetz genährt wird.«[424] Der Kyniker Teles lehrte: »Ob du versuchst, in den Massen gut zu handeln oder als Privatperson, ob du in der Öffentlichkeit oder zu Hause arbeitest, ob du in einem fremden Land bist oder in deinem Land bleibst, es ist in jedem Falle möglich, mit derselben guten Planung Vorteile vom politischen Amt und vom privaten Leben zu gewinnen.«[425] Hieraus spricht nicht passive Resignation, sondern tiefes Vertrauen in die Welt und ihre Menschen.[426] Auch dieses Vertrauen wuchs auf den Rücken der Menschen, die mit Alexander die Grenzen der Welt durchbrachen: Der Mensch ist nicht nur in der Lage, überall zurechtzukommen, sondern er kann auch reisen, wohin er will, und glücklich werden, wo immer er ist.

423 Vgl. Hossenfelder (1985), 66 f.

424 Plutarch, *De Alexandri magni fortuna* 6, 329 A–B, in: Long/Sedley (2000), 512–513.

425 Teles, 64–65.

426 Vgl. J. L. Moles, »Cynic Cosmopolitanism« in: Bracht Branham/Goulet-Cazé (1996), 105 ff.

10. Die geographische und ethnographische Erfassung des indischen Raums

Der Alexanderzug bedeutete nicht nur für die Philosophie, sondern auch für Ethnographie und Geographie eine neue Herausforderung. Die These von der Kugelgestalt der Erde war im 4. Jahrhundert Allgemeingut unter den Gebildeten. Auch Aristoteles, der Lehrer Alexanders, bekannte sich zu ihr. Er übernahm die Erdumfangsberechnung des Eudoxos von Knidos, unterschätzte die Ausdehnung der östlichen Landmasse erheblich und vermutete, dass man von den Gipfeln des Hindukusch im Osten bereits die Grenze der Oikumene und den östlichen Okeanos erblicken könne.[427] Alexanders Weitermarsch zum Indus revidierte diese Meinung. Die wahre Ausdehnung des asiatischen Kontinents blieb jedoch auch ihm verborgen.

Immerhin haben Alexander und seine Gelehrten auf ihrem Marsch nach Osten andere Irrtümer berichtigen können, unter anderem den, wonach Indus und Nil miteinander verbunden seien. Damit drängte sich eine Schifffahrt vom Indus nach Westen in den Persischen Golf auf. Die Expedition des Skylax (s. S. 141) dürfte den Gelehrten um Alexander zwar bekannt gewesen sein, doch schien die Zeit reif, die Fahrt zu bestätigen und das durchzuführen, was seinerzeit der Perserkönig in Auftrag gegeben hatte. So stach Alexanders Freund Nearchos im Frühjahr 325 mit einer großen Flotte westwärts in See. Seine Fahrt dauerte rund 130 Tage. Nearchos verfasste ein Schiffsjournal, das aus zweiter Hand bei Strabon und Arrian erhalten ist. Darin beschrieb er nicht nur die Völker und Küsten, an denen er vorbeifuhr, sondern er versuchte die Fakten in einen logischen Kausalzusammenhang zu bringen.[428] Besonders eindrucksvoll ist die Beschreibung der »Fisch-

427 Vgl. Sonnabend (2007), 119f.
428 Vgl. Dihle (1984), 22–23.

esser« (Ichthyophagen) an der Küste der Gedrosischen Wüste. Zunächst konzentrierte er sich auf diejenigen Erscheinungen, die für das Volk typisch waren, besonders ihre Art der Nahrungsbeschaffung ausschließlich durch Fischerei. Diese ergebe sich aus den Lebensbedingungen an der Küste. Die Fischerei beeinflusse ihrerseits sämtliche materiellen und kulturellen Äußerungen des Volkes. Die Ichthyophagen erscheinen als Rohfleischesser auf einer Stufe der Menschheitsentwicklung, die der von Tieren nahekommt.[429]

Das Gegenteil sind die Einwohner Indiens. Zu Beginn des 4. Jahrhunderts hatte der aus Knidos stammende Ktesias den Subkontinent als ein Land voller Wunder und Seltsamkeiten geschildert. Seriöser gaben sich die Historiographen im Gefolge Alexanders. Sie verzichteten nicht auf wundersame Effekte, versuchten aber mit Hilfe philosophischer, geographischer und meteorologischer Theorien kausale Zusammenhänge zwischen klimatologischen und physikalischen Bedingungen und der Lebensweise herzustellen. Den Ausgangspunkt aller Theorien bildete der Vergleich zwischen Indien (d. h. dem Pandschab und Sindh) und dem Nilgebiet. Die Fruchtbarkeit beider Länder hing von der Sonnenwärme und ihrem Einfluss auf den Luftzustand sowie vom Wasserreichtum des Landes ab, wobei Indien zusätzlich vom Monsunregen begünstigt war.[430] Zur Fruchtbarkeit kam der Reichtum Indiens an Gold, Edelsteinen und Perlen hinzu. Deshalb pflegten die indischen Könige einen luxuriösen Lebensstil, den Kleitarchos von Alexandrien (um 300 v. Chr.) in einer der berühmtesten Partien seines Werkes nach kynischem bzw. epikureischem Vorbild kritisch, aber nicht einseitig geschildert.[431] Mit der Darstellung königlicher Prachtentfaltung korrespondiert die Bewunderung für die Priester (Brah-

429 Vgl. Arrian, *Indike*, c. 29; Müller (1997), 219 f.
430 Vgl. Arrian, *Indike*, 6,9; Strabon 15,690 und 694; Dihle (1984), 49–53.
431 Vgl. Curtius Rufus 8,9,23 ff.; Müller (1997), 221–224.

manen), die, in der »Wildnis lebend, bäuerlich und einfach« nach Weisheit streben und nicht davor zurückschrecken, sich im hohen Alter selbst zu verbrennen.[432] Beide Schilderungen haben das abendländische Bild von Indien bis in die Neuzeit enorm beeinflusst und zur These von der Existenz einer indischen Philosophie geführt, die älter als die griechische sei.[433]

Ein genaueres Studium Indiens ermöglichten schließlich die außenpolitischen Kontakte der Seleukiden. Seleukos I. Nikator (312–281 v. Chr.) hatte die Herrschaft des Maurya-Königs Chandraguptas über den Pandschab anerkennen sowie Gandhara, Teile von Arachosien und Gedrosien abtreten müssen, erhielt aber im Gegenzug 500 Kriegselefanten und ging ein Heiratsbündnis ein. Um 302 gelangte der aus Kleinasien stammende Megasthenes als Gesandter an den Hof Chandraguptas in Pataliputra (beim heutigen Patna am Ganges). Er blieb über zehn Jahre und verfasste in dieser Zeit (oder etwas später) – wohl in Reaktion auf ein Buch des Hekataios über Ägypten – ein Werk über Indien (*Indika*). Seine Informationen schöpfte Megasthenes aus eigener Erkundung, aus den Unterhaltungen mit einheimischen Beamten und Priestern (Buddhisten) sowie aus indischer Literatur.[434]

Megasthenes beschrieb die indischen Verhältnisse gemäß seiner philosophischen Bildung, die das Leben der Menschen nach dem Kriterium rationaler Ethik ergründete.[435] Demnach machten die Inder zwar viel Aufhebens um ihren Gold- und Kleiderschmuck, lebten aber insgesamt maßvoll und zeigten sich gegenüber Fremden gerecht und wahrhaftig. Die Gesellschaft sei in sieben Berufsgruppen eingeteilt. Unter ihnen genossen die Philosophen (wohl die Brahmanen) das höchste Ansehen. Ihr

432 Vgl. Curtius Rufus 8,9,31 ff.; Müller (1997), 223 f.
433 Vgl. Nippel (2001), 52.
434 Vgl. Müller (1997), 225.
435 Vgl. Dihle, »Zur Hellenistischen Ethnographie«, in: ders. (1984), 39.

asketisches, auf die Tugend gerichtetes Leben wird zwar nach kynischem Ideal überzeichnet sein; der Kern der Beschreibung darf jedoch als authentisch gelten. Insgesamt ergibt sich das Bild eines zentral verwalteten und straff organisierten Reiches, das den etwas späteren indischen Quellen weitgehend entspricht.

Wie die menschlichen Extremhandlungen in der Tragödie einen Gegenpol zum Ideal des Mittelwegs bildeten, so blieben jedoch phantastische Geschichten ein Gegenstück zu den auf Empirie beruhenden Forschungen, wobei die Mehrzahl der Fabelwesen indischen Epen entlehnt wurde.[436] Schon Skylax und Ktesias erzählten von Schlangen mit Flügeln, geflügelten Skorpionen und den nach Gold grabenden Ameisen Indiens. Außerdem wird das Land von einer Heerschar von »Monstervölkern« bewohnt, Mundlose, die allein vom Geruch gebratenen Fleisches und den Düften von Obst und Blumen leben, »Nasenlose«, »Einäugige«, »Langohrige« sowie Menschen mit acht Zehen und nach hinten gekehrten Füßen. Diese indischen Mirabilia wurden fester Teil des »Wissenskanons« der westlichen Welt bis in die Zeit des 15. und 16. Jahrhunderts.

11. König Menander und die Begegnung mit dem Buddhismus

Eine etwas anders geartete Form der Kulturbegegnung ging von Baktrien aus, der Satrapie nördlich des Hindukusch im heutigen Afghanistan. Um 250 v. Chr. löste sich der griechische Satrap Diodotos von der seleukidischen Oberherrschaft; sein Nachfolger Euthydemos erweiterte das Herrschaftsgebiet nach Osten und Norden und erzwang die offizielle Anerkennung als unabhängiger König. Wie die Seleukiden pflegten die baktrischen Könige hellenistische

436 Vgl. Wittkower (1984), 89f.

Lebensweise und Architektur, ohne sich indischen Einflüssen zu verschließen. Ihre Münzen verwendeten teilweise die einheimische Sprache ihrer Untertanen[437] und mitunter verliehen sie Indern das griechische Bürgerrecht.

183 v. Chr. nutzte der Sohn des Euthydemos den Machtverfall des Mauryareiches, eroberte das Industal und drang tiefer in indisches Gebiet vor, als Alexander je zu träumen gewagt hatte. Nach dem Vorstoß im Süden bis Barygaza (Broach) gelang ihm die Einnahme von Ujjain, der Residenz der Maurya-Vizekönige. Eine zweite Armee erreichte Pataliputra, die Hauptstadt des Mauryareiches. Beide Vorstöße sicherten den Griechen ein ausgedehntes Herrschaftsgebiet in Indien, das sich vom Ganges bis zum Indus und dem heutigen Belutschistan erstreckte.[438] Der bedeutendste König dieses ersten (und einzigen) griechischen Reiches auf indischem Boden war Menander I. Soter (Mitte des 2. Jahrhunderts v. Chr.). Nach allem, was wir wissen, zeichnete sich seine Herrschaft durch Frieden und Toleranz gegenüber den religiösen Strömungen seines Reiches, insbesondere gegenüber den buddhistischen Mönchen aus. Wie alle griechischen Herrscher war er mit den Grundzügen der Stoa, den Lehren Epikurs sowie den Anschauungen der kynischen Wanderphilosophen vertraut. Dieser geistige Hintergrund, das (typisch griechische) Interesse an fremden Völkern sowie der kosmopolitische Zug der Stoa und der Kyniker (s. S. 326 f.) bildeten eine entscheidende Voraussetzung für den direkten Kontakt mit der indischen Kultur.

Auf indischer Seite suchten neben den Händlern buddhistische Mönche die Nähe der Griechen. Schon Ashoka (269–232), der Enkel des ersten Mauryaherrschers, bekannte sich zum Buddhismus und ließ die Lehre im Westen seines Reiches und im nahen Baktrien durch grie-

437 Vgl. Sedlar (1980), 64.
438 Diskussion des Umfangs der Eroberungen bei: Narain (1957), 76–81.

chische und griechisch-aramäische Monumentalinschriften verbreiten.[439] Nach dem Ende der Mauryadynastie durch (den buddhismusfeindlichen) Pushyamitra geriet der Buddhismus jedoch unter Druck. Viele Mönche flüchteten sich in den Schutz des griechischen Königreiches und weilten in der Nähe der Hauptstadt oder am Hofe Menanders.

In dieser Phase muss es zu einem direkten geistigen Austausch auf höchster Ebene gekommen sein. In den *Milindapanha* (»Die Fragen des Milinda« [Menander]) macht der weise Mönch Nagasena den König mit den Lehren des Buddhismus vertraut. Die Gespräche wurden nur wenige Generationen nach Menander (zunächst in Sanskrit, dann in Bali) aufgezeichnet. Trotz des zeitlichen Abstands wird dem Text ein vergleichsweise hoher Authentizitätsgrad bescheinigt. Er hat später weiteste Verbreitung bis nach Ceylon und China gefunden und gilt noch heute als einer der populärsten Klassiker des Buddhismus.

Menander wird in den Anfangskapiteln »weise, erfahren, eloquent und überaus talentiert« genannt[440] und zeichnet sich als fairer Fragender aus, der sein Gegenüber niemals ungebührlich unterbricht, sondern geduldig dessen Belehrungen lauscht. Am Ende soll er zum Buddhismus übergetreten sein.[441] Ob diese Aussage tatsächlich zutrifft und es zu einer Verbreitung buddhistischer Lehrmeinungen unter königlicher Patronage kam, ist umstritten. Immerhin zeigen Münzen Menanders ein achtspeichiges Rad, das dem buddhistischen Cakra – dem von Buddha in Bewegung gesetzten Rad der Lehre – ähnelt.[442] Laut Plutarch (*Moralia* 821D) soll die Asche des toten Königs auf alle Städte des Reiches verteilt worden sein – eine dem

439 Vgl. Merkelbach/Stauber (2005), 25–36.

440 Vgl. *Milinda's Questions*, Bd. 1, transl. from the Pali by I. B. Horner, London 1963, 5.

441 Vgl. Paranavitana (1971), 75, 92 f.

442 Vgl. Kulke/Rothermund (1982), 80.

Buddhismus vertraute Art der Totenehrung. Nachfolger Menanders schlugen Münzen, auf denen Zeus und Athene oder die Könige die buddhistische Geste des ausgestreckten rechten Arms mit abgespreiztem Zeige- und Mittelfinger nachahmen. Die Münzen zeigen neben der griechischen Legende die altindische Kharosthi-(Gandhatri)-Schrift. Offensichtlich strebten die Könige eine Verständigung mit der geistig-religiösen Elite des Landes an und waren bereit, griechische Traditionen mit der einheimischen zu kombinieren. Indische Eliten haben diese Bemühungen aufgegriffen, auch weil sie sich von den Griechen Schutz versprachen; Menander ist neben Alexander der einzige griechische Herrscher, den die indische Überlieferung bis heute bewahrt hat.[443]

Sicherlich wird man die früher (von dem englischen Gelehrten W. W. Tarn) vertretene These nicht mehr teilen, wonach es im Pandschab zur Erfüllung der von Alexander angeblich erträumten Völkerverschmelzung kam; dazu war die Beziehung zwischen den Griechen und ihrer Umgebung zu stark von machtpolitischen Umständen (der Verfolgung der buddhistischen Mönche nach dem Verfall der Mauryadynastie) abhängig, und dazu war auch die Dauer des griechischen Reiches auf indischem Boden zu kurz. Die *Fragen des Milinda* mit ihrer Mischung aus griechischen Tugendidealen und buddhistischen Weisheitslehren »in fast platonischer Manier«[444] lassen vielmehr auf »a true product of Hellenistic syncretism«[445] schließen. Daneben lebten griechische Kulturelemente (wie die Schrift auf den Münzen, die Stadtplanungen und Herrschaftsarchitektur in Sakala und Taxila) neben den indischen weiter. Eine eindrucksvolle Vermischung vollzog sich im Bereich der Kunst: Im 1. Jahrhundert n. Chr. erscheinen erst-

443 Vgl. Paranavitana (1971), 12; Narain (1957), 74 ff.
444 D. Bivar, »Die Nomadenreiche und die Ausbreitung des Buddhismus«, in: Hambly (1998), 47.
445 Sedlar (1980), 64.

mals im heutigen nordwestlichen Pakistan sowie im östlichen Afghanistan Statuen Buddhas im Porträt. Diese Statuen der sog. Gandhara-Kunst ähneln in der Ponderierung und der Ausführung der Gewänder zeitgleichen Darstellungen griechischer Götter, Redner und Philosophen, so dass man eine direkte – und möglicherweise noch von Menander initiierte[446] – Beeinflussung griechischer Künstler annehmen kann. Es wundert nicht, dass sich in dieser Region ein nicht unbeträchtliches Wissen über griechische Kultur und Geschichte angesammelt hat. Buddhistische Mönche haben dieses Wissen bis nach Ceylon tradiert, wo sich noch heute jeder sinhalesische Buddhist voller Bewunderung an den weisen König Menander (Milandi) erinnert.

12. Massilia und die Welt des Nordens

Der römische Autor Plinius d. Ä. erzählt, dass bei den Indern Korallen einen ebenso hohen Preis erzielten wie im Westen; die begehrtesten Korallen fänden sich im ligurischen Gebiet bis zur Rhônemündung.[447] Tatsächlich wurden Korallen seit Alexander bis nach Indien gehandelt. Ausgangspunkt war Massilia. Die Stadt besaß während ihrer gesamten Geschichte eine aristokratische Verfassung, die von einer »Geburts- und Besitzaristokratie« dominiert wurde. Im Zuge der Zeit dürften Händler in den Kreis der ersten Familien eingedrungen sein. Von Missstimmungen oder Parteienkämpfen ist jedoch nirgends die Rede.[448]

Die Grundlage der Stabilität und des Wohlstands der Stadt bildete neben dem mediterranen Ost-West-Handel die hervorragende Rolle, die Massilia als Knotenpunkt kommerzieller Verbindungen an der Schwelle zwischen

446 Vgl. McEvilley (2002), 278.
447 Vgl. Plinius, *Naturalis Historia* 32,21–23.
448 Vgl. Clavel-Lévêque (1974), 855, 879.

Mittelmeer und Atlantik sowie dem »Barbaricum« spielte. Die Massilier kontrollierten seit dem 5. Jahrhundert mit Hilfe von Subkolonien und Handelsplätzen einen Handelsraum zwischen den Meeralpen und dem Golf von Lyon[449] und wagten es sogar, bis in die karthagischen Interessensphären vorzudringen: So segelte bereits um 530 Euthymenes aus Massilia durch die Straße von Gibraltar entlang der nordafrikanischen Küste bis zum Mündungsgebiet des Senegal und besuchte auf der Hin- oder Rückfahrt das wegen seines Gold- und Silberreichtums so berühmte Tartessos am Guadalquivir. Rund zweihundert Jahre später, etwa in der Zeit, als Alexander von der Indusmündung den vermeintlichen Okeanos erblickte, brach ein gewisser Pytheas aus Massilia erneut in den Atlantik auf, um die sagenumwobenen Zinninseln (Cornwall und Scilly) zu finden, deren Lage von den Karthagern geheim gehalten wurde. Sein Fahrtbericht, den er später zu einer Schrift mit dem Titel *Über den Ozean* ausarbeitete, ist bis auf wenige Bruchstücke und Zitate verloren gegangen. Sicher ist jedoch, dass er über die bretonische Küste nach Land's End in Cornwall kam und damit seinen Landsleuten eine Seeverbindung zu den Zinnabbaugebieten an der Südküste Englands öffnete.

Pytheas verfolgte aber nicht nur handelspolitische, sondern auch wissenschaftliche Ziele. Von Cornwall stieß er entlang der Westküste bis in den äußersten Norden Britanniens vor und segelte dann in sechs Tagesreisen zu einer Insel, die er Thule nannte. Die Römer nahmen später an, Pytheas habe die Shetlandinseln entdeckt; andere denken an die Küste Norwegens oder Skandinavien vorgelagerte Inseln; selbst Island wird mit Thule identifiziert. Von Thule fuhr er entlang der Ostküste Englands in den Kanal, durch das Wattenmeer der friesischen Inseln zur Elbmündung und traf hier zum ersten Mal auf Germanen

449 Vgl. Gschnitzer (1958), 24 ff.

in ihrer Heimat. Und wie die Ethnographen des Ostens stellte Pytheas einen Zusammenhang zwischen der Natur des Landes und der Lebensweise der Einwohner her:[450] Das Klima war so kalt, »dass man sich von Hirse, wild wachsenden Kräutern, Früchten und Wurzeln ernähre [...]. Das Getreide dreschen die Einwohner, weil sie keine klaren Tage haben, in großen Gebäuden [...]; denn offene Tennen sind wegen des fehlenden Sonnenscheins und der Regengüsse für sie unbrauchbar.« Von Jütland – so sein Bericht – habe er die Insel Abalus (das keltische Avalon?) aufgesucht, an deren Strand die Wellen Bernstein anspülten. Von dort aus ging die Fahrt zurück durch den Kanal bis in die Biscaya und in vertraute Gewässer.

Pytheas erschloss den Einwohnern von Massilia einen Raum, der bisher außerhalb ihrer Erfahrungswelt lag. Doch wie im Fall so manch anderer großer Entdecker fanden seine Berichte zumindest im Westen lange wenig Glauben. Zu den wenigen Gelehrten, die Pytheas ernst nahmen, zählten der in Alexandria wirkende Eratosthenes von Kyrene (um 285–194 v. Chr.). Er verarbeitete die Berichte des Nearch, des Pytheas sowie die Entdeckungsfahrten der Ptolemäer zu einer kartographischen Erfassung der Erde (*Geographika*). Thule erscheint als kleine Insel knapp unter dem Polarkreis. Auch wenn die Wattenmeerküste und Jütland unklar wiedergegeben sind, kam seine Beschreibung der Realität näher als alle Arbeiten vor ihm.[451]

450 Strabon 4,5,5.
451 Vgl. Geus (2002), 260–288, bes. 283ff.

13. Das Bild der Kelten zwischen Topik und Autopsie

Während die Expeditionen zur See den Massiliern die Routen zu den mineralreichen Inseln des Atlantiks erschlossen, verlief der Handel mit dem mitteleuropäischen »Barbaricum« entlang der Rhône. Hier trafen die Griechen auf die Kelten, von den Quellen *Galli*, *Galates* oder *Keltoi* genannt. Ihre Siedlungsgebiete erstreckten sich im 4. und 3. Jahrhundert von Spanien bis zum Schwarzen Meer und umfassten große Gebiete der Donauländer; 279 begründeten die Galater sogar im Innern Kleinasiens ein eigenes Reich. Während der Kontakt mit den Griechen im Osten von militärischen Auseinandersetzungen bestimmt war (s. S. 272, 352), entwickelte sich im Westen mit den Einwohnern von Massilia ein weitgehend friedlicher Austausch: Die Massilioten lieferten der keltischen Stammeselite Wein, Öl, Salz, Bronze- und Tongefäße sowie polierte Spiegel. Im Gegenzug erhielten sie Zinn und Eisen für den Schiffbau und die Waffenherstellung sowie Felle, Wolle, Gold und Sklaven. Im Zuge dieses für beide Seiten einträglichen Handels verbreiteten sich griechische Schrift und Sprache in den keltischen Binnenräumen. Im 3. Jahrhundert v. Chr. finden sich gallische Inschriften in griechischen Buchstaben, ein Jahrhundert später verfassten in der Nähe von Massilia ansässige Gallier Verträge auf Griechisch. Massilia – so der Geograph Strabon – war eine Schule für die Barbaren.[452]

Trotz der Infiltration nordwestlicher Gebiete durch griechische Kultur sowie der intensiven Handelskontakte der Massilier haben sich die Griechen lange Zeit wenig um eine genauere ethnographische Erforschung des innerkeltischen Raums gekümmert. Exkurse von Historikern wie

452 Vgl. Strabon 4,1,5; 6,14; Caesar, *Bellum Gallicum* 1,29; Momigliano (1979), 70.

Ephoros oder Timaios waren – im Vergleich mit den genauen Angaben, die man im Osten über die Inder gesammelt hatte – oberflächlich. Die Kelten wurden von den Schriftstellern des griechischen Ostens primär als Söldner oder Kriegsgegner wahrgenommen, während der Söldnerdienst im Westen mit direkten oder mittelbaren Handelsbeziehungen verbunden blieb. Der Dienst in den Armeen der Diadochen führte zwar zu einer Hellenisierung der Kelten. Doch anders als den ebenfalls als Söldner geschätzten Juden fehlten ihnen aus griechischer Sicht wesentliche Elemente eines philosophischen Gelehrtentums, die als Interaktionsbrücke hätten dienen können; nur die Druiden wurden als »barbarische« Philosophen anerkannt, und vielleicht haben die Massilioten von den Kelten den Glauben an die Unsterblichkeit der Seele übernommen. Anders als den Indern schrieb man den Kelten jedoch keine Kulturleistungen zu und hielt ihre Zivilisation nicht für besonders alt. Sie konnten zwar wegen der Randlage ihrer Wohngebiete im fernen Nordwesten idealisierte Züge annehmen und so mit dem griechischen Mythos der Hyperboreer verknüpft werden;[453] doch spätestens dann, wenn sie als Kriegsgegner in den Erfahrungsraum der Griechen vorstießen, wurden sie nur noch als nordische Barbaren wahrgenommen. Fremdheit und Differenz, nicht Gleichheit auf kultureller Ebene bestimmten zumindest im 4. und 3. Jahrhundert auch das öffentliche Bild der Kelten.

Eindrucksvoll zeigen dies die Bronzestatuen der sog. Großen Gallier, die Attalos I. kurz nach 223 v. Chr. als Weihgeschenk im Heiligtum der Athena in Pergamon errichten ließ (s. S. 272).[454] Während die Griechen traditionell bartlos und kurzhaarig dargestellt wurden, tragen die Gallier Schnurrbärte sowie durch Kalk gestärkte, buschig

453 Vgl. Bridgman (2005), 65 ff., 92 ff.
454 Vgl. Fless (2002), 65 ff.

abstehende Haare – für jeden Griechen ein eindeutiges Kennzeichen barbarischer Wildheit. Der typische Halsschmuck (Torques) der Kelten unterstreicht die Differenz gegenüber dem griechischen Bürger, der in der Regel schmucklos erscheint. Der Künstler benutzte reale ethnographische Details – die durch archäologische Funde sowie antike Berichte bestätigt sind –, um in pathetischer Steigerung Unterschiede aufzuzeigen, welche die Identität der Griechen und ihres Königs stärkten. Auch Nacktheit beruht auf ethnographischer Beobachtung – Kelten sollen weitgehend unbekleidet gekämpft haben; sie dient aber in erster Linie dazu, körperliche Dispositionen zu offenbaren: Die Kelten sind zwar muskulös und durchtrainiert, was man nach der ethnographisch-klimatischen Theorie der Zeit auch nicht anders erwartete; sie haben aber ihre Wunden nicht durch den Feind im Kampf erhalten, sondern sich selbst zugefügt – aus griechischer Sicht ein höchst unheroisches Fehlverhalten. Während der Grieche alles daran setzte, sich und seine Kameraden zu retten, begingen die gallischen Krieger Selbstmord und scheuten sich nicht, sogar ihre Frauen mit in den Tod zu ziehen. All dies entspricht dem Topos, wonach die »Barbaren« zwar kräftig und kampfeslustig seien, aber zu grausamem und kopflosem Handeln in schwierigen Situationen neigten. Den Galliern gelingt es nicht, ihr körperliches Potential mit vernünftigem Handeln in Einklang zu bringen. Künstler, Auftraggeber und Betrachter waren sich einig, dass sie es mit einem Volk zu tun hatten, das – anders als Inder und Juden – aufgrund seiner Lebensweise keine Chance hatte, griechische Verhaltensideale zu adaptieren.

Eine Korrektur dieser Betrachtungsweise bewirkten zum einen die Veränderung der militärischen Konfliktsituation zwischen Griechen und Kelten seit der Mitte des 2. Jahrhunderts, zum andern die Übernahme stoischer Theorien über die Gleichheit der Menschen durch die ethnographische Forschung. Im Osten stellten die Kelten seit etwa 150 v. Chr. keine ernsthafte Bedrohung mehr dar, während im Westen Rom die Kelten mehrfach besiegte und ein stabiles Bollwerk gegen erneute Invasionen bildete. Auf dieser veränderten machtpolitischen Basis öffnete sich die Ethnographie unbefangener (mit römischer Unterstützung) dem noch verbliebenen keltischen Siedlungsraum.

Was Eratosthenes für die geographische Erfassung des Nordens leistete, erbrachte jetzt der Universalgelehrte Poseidonios von Apamea auf ethnographischem Gebiet. Ein Gastfreund aus Massilia verschaffte ihm die Gelegenheit zu mehreren Exkursionen ins Landesinnere und vermittelte Kontakte zu keltischen Stammesadligen. Wie keinem Gelehrten zuvor gelang es Poseidonios auf diesen Reisen, die Einflüsse der geographischen Umwelt auf die Physis, Kultur und Geschichte eines Volkes zu ergründen und deren Eigenarten zu erklären. Seine ethnographischen Exkurse beginnen zunächst mit einer typisch hellenozentrischen Erklärung der keltischen Herkunft. Demnach habe Herakles mit einer einheimischen Königstochter den tapferen Galatas gezeugt, woher die Bezeichnung »Galater« herrühre. Daran schließt sich die aus den Indienexkursen der Alexanderhistoriker bekannte Beschreibung des Landes und der Lebensweise an: Da die Kälte weder Wein- noch Olivenanbau erlaube, brauten die Kelten Bier. Der Goldreichtum des Landes und die Leichtigkeit des überirdischen Abbaus führten zu einem verschwenderischen Aufwand des Äußeren sowie zu »klotzigen« Kultspenden. Das raue Klima, die düsteren Winter und die Gewalt der Stürme prägten das Äußere der Kelten, ihren hohen Wuchs, ihre weiße Hautfarbe, ihr blondes Haar und ihre kräftige Stimme, ferner zügellose Triebhaftigkeit und Leidenschaften. Dabei besäßen sie einen scharfen Verstand, wie sich besonders an den Barden und den Druiden zeigte. Der Zusammenhang zwischen Klima und Geographie des Landes sowie der Lebensweise der Bewohner führt nun zu der optimistischen Erkenntnis, dass die Kelten ein Naturvolk seien, das sich – wie Poseidonios am Beispiel der Galater zeigt – durch Akkulturation den mediterranen »Kulturvölkern« anpassen könne und zivilisieren lasse.

IX.
Die griechischen Mächte und das Eingreifen Roms in den östlichen Mittelmeerraum

1. Pyrrhos von Epirus und die »Magna Graecia«

Während in den Randgebieten der Oikumene das Wissen über fremde Völker sukzessive zunahm und in Alexandria wissenschaftlich verarbeitet wurde, blieb der östliche Mittelmeerraum von den Machtkämpfen der hellenistischen Königreiche geprägt. Die Etablierung der drei Monarchien in Ägypten, Vorderasien und Makedonien bedeutete nämlich nicht, dass man die Idee der Alleinherrschaft (nach dem Vorbild Alexanders) aufgab: Alle Monarchen lauerten auf jede sich bietende Gelegenheit, die Macht der Konkurrenten zu schwächen, ihnen Territorien abzunehmen oder ihr Reich dem eigenen anzugliedern, um auf diese Weise doch noch in die Fußstapfen Alexanders treten zu können.

Der fast ununterbrochene Kampf konzentrierte sich im Wesentlichen auf zwei Territorien, nämlich den syrisch-levantinischen und den mutterländisch-ägäischen Raum. Im Letzteren hatten die Ptolemäer wichtige Außenbesitzungen und die stärkste Flotte. Sie wurden so zum natürlichen Gegner der Antigoniden. Diese hatten mit den Gemeinden und Bündnissen der griechischen Halbinsel zu kämpfen, die von den Ptolemäern unterstützt wurden. Und im Osten begann der Einflussbereich der Seleukiden sowie der sich im 3. Jahrhundert etablierenden Mittelmächte wie Pergamon, die jede Machtausdehnung der Makedonen nach Kleinasien misstrauisch beäugten. Hieraus ergab sich ein Konfliktpotential, das die außenpolitische Dynamik der hellenistischen Zeit bestimmte und einer der entscheidenden Gründe dafür ist, dass es nie mehr zu einer vereinten Frontbildung gegen auswärtige Aggressoren kam.

Das militärische Profilierungsbedürfnis erfasste aber nicht nur die großen Monarchien, sondern auch die bislang am Rande des Geschehens agierenden Mächte. So brachte ein Angriff des ehrgeizigen Pyrrhos von Epirus im Jahre 286 (zusammen mit Lysimachos) den wenige Jahre zuvor zum König von Makedonien und Thessalien ausgerufenen Demetrios Poliorketes zunächst in Gefangenschaft des Seleukos (wo er kurze Zeit später starb) und stürzte das einst so mächtige Stammland Alexanders in eine fast zehnjährige Agonie, die erst 277 mit dem Regierungsantritt des Antigonos I. Gonatas als König beendet wurde.[455]

Pyrrhos hatte nach dem Erfolg gegen Demetrios vergeblich gehofft, seine Macht im Osten auszuweiten; hier traf er auf den unerbittlichen Widerstand des Lysimachos. Das Selbstverständnis des epirotisch-molossischen Königtums verlangte jedoch außenpolitische Erfolge, und so wandte er sich nach Westen. Eine Heirat mit der Tochter des Agathokles von Sizilien unterstrich die Ambitionen des ruhelosen Mannes und bewies einmal mehr, in welchem Maße die Geschehnisse in der Magna Graecia mit denen des Mutterlands verbunden waren. 281 bot eine Stadt in Italien den gewünschten Anlass zum Eingreifen, die seit dem 4. Jahrhundert zu einer der am engsten in den griechischen Kulturkreis integrierten Städte des Mittelmeerraums geworden war (vgl. S. 142f.): Rom hatte nach der Abwehr der Kelten (mit Hilfe Massilias) einen von der griechischen Welt wohl registrierten Machtaufstieg erlebt. Nach Kleitarch suchte eine römische Gesandtschaft Alex-

455 Vgl. Errington (1986), 148ff.

ander in Babylon auf.[456] Parallel zu den Kämpfen der Diadochen im Osten konnte sich Rom vom Ende des 3. bis zum Beginn des 2. Jahrhunderts gegen eine Koalition der Samniten, Kelten und Etrusker durchsetzen und stieß damit in den Einflussbereich der süditalischen Städte vor.

281 bat das nun von Rom bedrängte Tarent Pyrrhos um militärische Hilfe. Ein Jahr später setzte der Epirote auf das italische Festland über, machte Tarent zu seinem Hauptquartier und propagierte seinen Krieg gegen Rom als Befreiungskampf der unteritalischen Griechenstädte gegen die Barbaren. Sein gesamter Feldzug imitierte Alexanders Eroberungen im Osten: Nicht nur dass er sich in einer ähnlichen Rüstung wie Alexander präsentierte und auf eine Verwandtschaft mit dem Makedonen verwies – wie Alexander nahm er sich auch Herakles zum Vorbild, stützte er sich auf seine Hetairoi und ähnlich wie Alexander organisierte er seine Truppen.[457]

Die Beschwörungen schienen Früchte zu tragen. In zwei großen Schlachten (bei Herakleia und Ausculum) schlug er die Römer, allerdings unter erheblichen Verlusten (»Pyrrhossiege«). Doch angesichts der beharrlichen Weigerung der Römer, einen Friedensvertrag zu schließen, sowie der Stabilität des römischen Bundesgenossensystems ließen sich die Siege nicht in politische Gewinne ummünzen. Zudem hatten die Römer ganz in etruskischer Tradition (vgl. S. 115) angesichts der Bedrohung aus dem Osten ein Bündnis mit Karthago geschlossen. Die karthagische Flotte störte daraufhin die Versorgungswege der Truppen des Pyrrhos erfolgreich.

Die römisch-karthagische Kooperation bedrohte aber nicht nur Pyrrhos, sondern auch Syrakus. Die Geschichte der Stadt war seit dem Tod des Dionysios im Wesentlichen von zwei Faktoren geprägt: zum einen durch die in-

456 Vgl. Plinius, *Naturalis Historia* 3,57; Appian, *Italike*; Forte (1972), 6 f.; Gruen (1986), 318.

457 Vgl. Meißner (2007), 25 f.

nenpolitische Auseinandersetzung zwischen Oligarchen und der demokratisch gesinnten Bürgerschaft, zum anderen durch den Anspruch der Stadt auf eine Hegemonialstellung im Osten Siziliens; dieses Ziel brachte Syrakus nicht nur in Konflikte mit den anderen Griechenstädten Siziliens, sondern auch mit dem karthagischen Einflussbereich im Osten der Insel.

317 v. Chr. hatte ein Mann namens Agathokles die Situation genutzt und sich zum unbeschränkten Oberbefehlshaber (*strategos autokrator*) der Stadt aufgeschwungen. Basis seiner Macht bildeten die mit dem syrakusanischen Bürgerrecht ausgestatteten Söldner. Sein außenpolitisches Ziel war die Vereinigung aller Griechenstädte unter syrakusanischer Herrschaft, und tatsächlich gelang es ihm in wenigen Monaten, Messana, Akragas und Gela durch einseitige Verträge in seinen Einflussbereich einzugliedern. Um die Herrschaft von Syrakus langfristig zu sichern, bedurfte es jedoch eines gemeinsamen Gegners. Zu diesem Zweck brach Agathokles einen Krieg gegen Karthago vom Zaun, der ihn bis vor die Tore der Metropole in Nordafrika führte, während gleichzeitig eine karthagische Armee vor Syrakus lagerte. In Afrika konnte er mehrere Schlachten gegen die Karthager gewinnen und zahlreiche Städte einnehmen. Im Frühjahr schloss er ein Bündnis mit Ophellas, einem ehemaligen Offizier Alexanders d. Gr., der seit 322 Kyrene regierte. Agathokles versprach ihm die nordafrikanischen Besitzungen, während er für sich die Herrschaft über Sizilien beanspruchte. Ophellas erschien daraufhin mit 20 000 Mann im Hauptquartier des Agathokles. Doch hier kam es – vermutlich wegen des Oberbefehls – zum Streit, in dessen Verlauf Ophellas ermordet wurde und seine Truppen unter den Befehl des Agathokles kamen.[458] Just in dieser Situation erzwang jedoch die sich zuspitzende Lage in Syrakus die Rückkehr des *strategos autokrator*. 306 einigten sich

458 Vgl. Meister (1989), 396f.

beide Seiten auf einen Frieden, der den Halys als Grenze der Machtsphären festsetzte, damit aber immerhin die Oberherrschaft von Syrakus über den Ostteil der Insel anerkannte. Agathokles nahm daraufhin als erster sizilischer Herrscher den Königstitel an.

Seine weiteren Ambitionen richteten sich – der imperialen Außenpolitik des großen Dionysios folgend – auf das italische Festland. Hier half er zunächst den griechischen Städten in ihren Abwehrkämpfen gegen die inneritalischen Völker. Als dann noch seine Tochter Lanassa König Pyrrhos heiratete (s. S. 344) und dieser Kerkyra als Mitgift erhielt, verschränkten sich die Aktivitäten des syrakusanischen und epirotischen Herrschers. Fortan hingen sämtliche politischen Ereignisse, die sich im Spannungsfeld zwischen Sizilien, Unteritalien und Westgriechenland abspielten, unwiderrufbar zusammen, mochten sie auch lokalen Ursprungs sein.

Ausgangspunkt der weiteren Verwicklungen, die schließlich auch Makedonien und Rom in den Sog der Konflikte an der Schnittstelle zwischen östlichem und westlichem Mittelmeerraum zogen, bildete der Tod des Agathokles im Jahre 289. Machtkämpfe in Syrakus führten unter dem Druck militärischer Misserfolge gegen die Karthager fast zu einem Bürgerkrieg. Schließlich einigten sich die Kontrahenten und boten Pyrrhos – wie einst Agathokles – den Oberbefehl über die Stadt an. Der Zeitpunkt war gut gewählt. Die Operationen des Epiroten in Unteritalien waren in eine Sackgasse geraten, und so nahm er die Chance wahr und landete im Herbst 278 in Tauromenion. Ein Kongress der Griechen in Syrakus wählte ihn zum Hegemon und Basileus (König) der Insel. In einem atemberaubenden Siegeszug drängte er die Karthager bis in ihre Festung Lilybaion im Westen Siziliens zurück. Die harten Herrschaftsmethoden des Pyrrhos im griechischen Teil Siziliens, die selbst vor Konfiskationen und Steuererpressungen nicht zurückschreckten, ließen jedoch die Zustimmung der Griechen schnell sinken. So kehrte Pyrrhos im Frühjahr 275 nach Italien zurück. Eine letzte verlustreiche Schlacht gegen die Römer bei Maleventum (Benevent) brachte keine Entscheidung. Angesichts fehlender Ressourcen gab Pyrrhos den Kampf auf, überquerte im gleichen Jahr mit den ihm verbliebenen Truppen die Straße von Otranto und landete schließlich in Epirus, von wo aus er nur sechs Jahre zuvor sein italisches Abenteuer begonnen hatte.

Doch auch in Griechenland war ihm das Glück nicht hold. Zwar gelang es ihm zunächst mit seinem Sohn Ptolemaios Antigonos Gonatas (in Thessalien) zu schlagen und sich die Kontrolle über Makedonien zu sichern; eine Ausweitung seiner Macht im Süden verhinderte jedoch heftiger Widerstand aus Griechenland. Bei einem der Kämpfe gegen die verbündeten makedonisch-spartanischen Truppen um Argos fand Pyrrhos 272 den Tod – eine Wende in der internationalen Politik:[459] Antigonos Gonatas konnte in der Folgezeit seinen Anspruch auf den makedonischen Thron endgültig durchsetzen und hatte die Herrschaft seines Hauses (der Antigoniden) für die nächsten vier Generationen so weit gesichert, dass die Makedonen sogar den Ptolemäern die Seeherrschaft in der Ägäis streitig machen konnten.[460]

2. Der Aufstieg der griechischen Bundesstaaten im 3. Jahrhundert

Allein in Mittelgriechenland selbst war die Situation aus Sicht der Makedonen problematisch. Hier hatten Bundesstaaten (Koina) die Einzelpoleis als entscheidende Machtfaktoren abgelöst. Anders als die hegemonialen Bündnisse

459 Vgl. Shipley (2000), 125.
460 Vgl. Meißner (2007), 27f.; Bengtson (1977), 404f.

der Athener und Spartaner waren die Poleis oder Ethnien der Koina nicht an eine Hegemonialmacht vertraglich gebunden, sondern entwickelten gemeinsame politische Institutionen, welche die Geschicke des Bundesgebietes lenkten (s. S. 231f.). Die Bundesstaaten bildeten auf diese Weise das institutionelle und politische Gegengewicht der Griechen gegen die mächtigen Monarchien; sie sind die letzte politische Erfindung, welche die Polisgriechen der Nachwelt vor ihrem Aufgehen in der römischen Herrschaft hinterlassen haben.

Die bedeutendsten Bundesstaaten waren die der Ätoler und Achäer. Das achäische Koinon war im Verlauf des 3. Jahrhunderts zu einer ernst zu nehmenden »Mittelmacht« herangereift, vergleichbar den pergamenischen oder bithynischen Königreichen. Gerade in der Zeit, als der griechisch-unteritalische Raum durch die Operationen des Pyrrhos geprägt war, begannen die im Westen der Landschaft Achaia gelegenen Poleis Patrai, Dyme, Pherai und Tritaia ihre Zusammenarbeit zu intensivieren, vermutlich im Rahmen eines hellenischen Bundes zur Befreiung Griechenlands unter Führung Spartas.[461] 272 trat auch Pyrrhos diesem Bund bei; rund zehn Jahre später, als im Westen Rom und Karthago um Sizilien kämpften, schlossen sich Athen, Sparta und die Ptolemäer dem achäischen Koinon an.[462]

Im Zuge der außenpolitischen Erfolge wandelte sich das institutionelle Gefüge des Koinon. Anstelle eines jährlich bestellten Dreierkollegiums entwickelte sich ein hierarchischer Aufbau mit einem Strategen an der Spitze, der die politisch-militärische Führung innehatte. Die Reform stärkte die Effizienz der Entscheidungsmechanismen, erhöhte die militärische Schlagkraft des Bundes und machte damit das Koinon attraktiv für weitere Zuwächse.[463] 251

461 Vgl. Urban (1979), 5–7.
462 Vgl. Habicht (1979), 111f.
463 Vgl. Polybios 2,43,1f.; Strabon 8,7,3; Bastini (1987), 18f.

trat mit Sikyon erstmals eine Polis dem Koinon bei, die nicht zum alten Stammesgebiet der Achäer gehörte. Gleichzeitig veranlasste der außenpolitische Druck durch Antigonos Gonatas die Achäer, Ptolemaios III. den Oberbefehl zu Wasser und zu Land anzubieten. Mit dem Rückhalt der Ptolemäer gelang es den Bundesmitgliedern, das Bundesterritorium binnen zehn Jahren zu verdoppeln. 235 wurde das bisher zum makedonischen Machtbereich gehörende Megalopolis angegliedert, 229 folgten Ägina, Hermione und weite Teile Arkadiens, Argos und wenige Zeit später Phleius.[464] Damit war die gesamte Peloponnes frei von makedonischem Einfluss.[465]

Bis zum Jahre 229 gab es auch eine vertragliche Übereinkunft des Achäischen Bundes mit dem Ätolischen Koinon, das sich Ersatz für den Austritt der Epiroten aus der antimakedonischen Front erhoffte.[466] Ausgangspunkt für den Aufstieg der Ätoler bildete die zeitweilige Schwächung der makedonischen Herrschaft in einer Zeit, in der einmal mehr die griechische Halbinsel durch keltische Einfälle bedroht wurde. Ätolien galt lange als ein unterentwickeltes Bergland, dessen Bewohner sich als Söldner auszeichneten, aber nicht in der Lage waren, eine echte Poliskultur zu entwickeln. Im späten 4. Jahrhundert änderte sich diese Einschätzung. Ätoler arbeiteten nun auch als Gelehrte an den Höfen der Könige; Arkesilaos aus Pitane wurde sogar Oberhaupt der platonischen Akademie. Gleichzeitig wandelte sich Ätolien von einer lockeren Vereinigung landsmannschaftlich geprägter Stämme und Familienclans (denen große Freiheit bei der Erwerbung von Beute und Reichtum zugestanden wurde) zu einer Vereinigung protourbaner Siedlungen (Poleis). Alle Bürger der föderierten Siedlungen versammelten sich mindestens einmal im Jahr im Herbst zum Fest der Thermika bei

464 Vgl. Plutarch, *Aratos*, 34–35; Polybios 2,44,6.
465 Vgl. Polybios 2,43–44; Meißner (2007), 34.
466 Vgl. Scholten (2000), 138 f.

Thermon. Diese Versammlung hatte die letzte Entscheidungsgewalt bei allen politischen Fragen, insbesondere über Krieg und Frieden. Zusätzlich vereinbarte man eine Zusammenkunft im Frühling (*Panaitolika*) an einem bestimmten Ort des Bundesterritoriums.

Der wichtigste Tagesordnungspunkt jeder Thermika war die Wahl der Bundesoffiziere für das Folgejahr. Um 260 besaß der Bund drei höhere Beamte, einen obersten Feldherrn (*strategos*), der die Bundestruppen führte und die Bundesversammlungen leitete, dessen Stellvertreter (*hipparchos*) und einen Sekretär (*grammateus*). Hinzu kamen sieben Kassenwarte (*tamiai*) und sieben Anführer der Elite (*epilektarchoi*), die vermutlich mit militärischen Unterfunktionen beauftragt waren.[467] Daneben gab es eine rund 500 Köpfe umfassende, wohl monatlich tagende Versammlung (*synhedrion*, *boula*), die sich aus gewählten Delegierten der Distrikte (Poleis) nach Proporz rekrutierte; selbst die kleinste Gemeinde hatte Anspruch auf mindestens eine Stimme. In der Regel stellten sich jedoch nur die Reichsten zur Wahl, so dass faktisch die Versammlung eine Repräsentation der wohlhabenden aristokratischen Elite bildete. Zudem war der Rat angesichts seiner Größe allein nicht handlungsfähig. Er musste Ausschüsse bilden. Die wichtigste Kommission (der Apokleten) übernahm vor allem den diplomatischen Verkehr. Sie wurde von einer wohlhabenden Adelsclique beherrscht, die weitgehend ohne Kontrolle übergeordneter Institutionen häufig mehr ihre eigenen (finanziellen) Interessen als das Wohl des Koinon verfolgte.[468]

Der schlechte Ruf der Ätoler (als Räuber und Plünderer) wurde nur einmal durch den Glanz eines überraschenden militärischen Erfolgs überdeckt, als sich das Koinon gegen die Einfälle der Kelten zur Wehr setzte. 279

467 Vgl. Larsen (1968), 208f.; Beck/Funke (2015) zu den Strukturen der Bünde seit dem 4. Jh. v. Chr.

468 Vgl. Scholten (2000), 26f.

zerstörte eine keltische Abteilung den ätolischen Vorposten Kallion. Anstatt sich in die unwegsamen Bergregionen der Heimat zurückzuziehen, stoppten die Ätoler das weitere Vordringen der Kelten, retteten Delphi und übernahmen mit frisch ausgehobenen Truppen die Führung der griechischen Koalition, welche die Angreifer nach Norden zurückdrängten. Pausanias[469] bezeichnete später Eurydamos, den erfolgreichsten Strategen des Koinon, als Hegemon der Verteidigung Griechenlands.

Dieser Erfolg verschaffte den Ätolern ungeahntes Ansehen in der griechischen Welt; selbst der den Ätolern notorisch abgeneigte Historiker Polybios musste sich zu einem Lob durchringen. Schon verglich man den Einbruch der Kelten mit der Invasion der Perser. Nicht ohne Grund weihten die Ätoler in Delphi die erbeuteten gallischen Schilde neben denen, welche die Athener den Persern 490 v. Chr. abgenommen hatten.[470] Die Kelten wurden für die Ätoler (ähnlich wie für die Pergamener) zu Geburtshelfern eines identitätsstiftenden Selbstbewusstseins sowie einer außenpolitischen Ideologie, die das eigene Machtstreben überdeckte und sich besonders gegen die großen Monarchien wie die Makedonen instrumentalisieren ließ.[471]

So formten die Ätoler nach den Siegen über die Kelten die delphische Amphiktyonie unter Ausschluss der Thessaler zu einer politischen Einheit unter ätolischer Kontrolle: Lakrates, der Führer im Gallierkrieg, erhielt den Posten des Grammateus; Eurydamos und Polyphron wurden gewählte Delegierte. Gleichzeitig gelang es den Ätolern, neue Mitglieder in den Bund zu integrieren sowie Gemeinden zu assoziieren, die ethnisch nicht den Ätolern zuzurechnen waren. Formal wurden den Bürgern der neuen Gemeinden (durch das Instrument der Sympolitie)

469 Pausanias 10,16,4.
470 Vgl. Pausanias 10,19,4; Scholten (2000), 40f.
471 Vgl. Koehn (2007), 88ff., 101ff.

gleiche Rechte wie den Mitgliedern des ätolischen Stammes eingeräumt; ihre Eliten erhielten hohe Ämter im Koinon. Durch weitgehend gewaltlose Politik gelang es auf diese Weise dem Bund, große Teile Zentralgriechenlands unter Kontrolle zu bringen und sich die nötigen Ressourcen zu verschaffen, um der makedonischen Herrschaft Paroli zu bieten:[472] Nach einem Sieg über die Böoter in offener Feldschlacht bildeten die Ätoler zusammen mit den Phokern, Böotern und Epiroten einen stabilen Block, der sich quer durch Griechenland vom Euböischen Golf im Osten bis zum Ionischen Meer im Westen erstreckte. Die Ätoler verstanden sich jetzt als Großmacht; demonstrativ wandelten sie in den frühen 240er Jahren die heiligen Spiele der delphischen Amphiktyonie in Nachahmung der Ptolemäer in Alexandria in die alle fünf Jahre stattfindenden Spiele des Koinon unter ätolischer Leitung um.[473]

Ganz im Stil einer Großmacht suchte man sogar durch diplomatische Bande sowie den Austausch von Privilegien (u. a. des Bürgerrechts und der Proxenie) den Einfluss in die Ägäis auszuweiten. Da dem Koinon eine große Flotte fehlte, übernahmen ätolische Adlige mit ihren Schiffen die Aufgabe, die Position des Koinon zu stärken.[474] Die sich hieraus ergebende Mischung aus privater Initiative und offiziellen diplomatischen Kontakten schuf ein Netz von abhängigen ägäischen Poleis, wobei die Initiative offenbar nicht selten von den Gemeinden selbst ausging. Nimmt man die Unterstützung der Ptolemäer hinzu, so war es vielleicht das mächtigste Bündnissystem, das die griechische Welt seit den Tagen des Peloponnesischen Bundes gesehen hatte. Es war der machtpolitische Höhepunkt des bundesstaatlichen Gedankens, der die Führung Griechenlands im Widerstand gegen Makedonien organisierte. Nicht ohne Grund entsandten die Römer ihre Gesandten,

472 Vgl. Scholten (2000), 2f.
473 Vgl. Nachtergael (1977), 223–235, 335f.
474 Vgl. Scholten (2000), 10–116; Koehn (2007), 56f., 102ff.

welche die Ursache für den Ersten Illyrischen Krieg darlegen sollten, an beide Koina.[475]

Die stete Ausweitung des ätolischen Koinon schuf allerdings bei allen Integrationsbemühungen und außenpolitischen Erfolgen auch Probleme. So gingen die Vermehrung der Delegierten in der *boula* des Bundes sowie die entsprechende Aufstockung von Posten (u. a. der *tamiai*) nicht mit einer größeren Zentralisierung der Entscheidungsgewalt innerhalb des Koinon einher. Keiner der einflussreichen ätolischen Aristokraten war bereit, ein kompaktes Herrschaftssystem mit effektiven Entscheidungsmechanismen zu entwickeln, weil eine solche zentrale Instanz ihre Handlungsspielräume und Bereicherungsmöglichkeiten eingeschränkt hätte.[476] Es gelang der Bundesorganisation nicht, die Privatinteressen ihrer Eliten auf eine außenpolitische Linie zu verpflichten. Deren Gewinne als Kaperer und Händler flossen in privaten Bodenbesitz und kamen nur sekundär den Finanzen des Bundes zugute. Auch wenn der Bund in der Phase seiner größten Erfolge so wohlhabend war, dass er exklusiv die kostspieligen amphiktyonischen Spiele ausrichten sowie (vielleicht mit ptolemäischer Hilfe) den Festungsbau an den Grenzen des Koinon vorantreiben konnte – es fehlte der Wille zum steten Aufbau finanzieller Reserven für schwere Zeiten.

Diese Reserven wären spätestens zu dem Zeitpunkt bitter nötig gewesen, als sich erste Konflikte mit den allmählich wieder an Stabilität gewinnenden Makedonen ankündigten und sich das Misstrauen griechischer Konkurrenten (wie Epirus und der Achäer) verstärkte. 227 gelang es dem makedonischen König Antigonos Doson, den antimakedonischen Block zu durchbrechen. Eine wesentliche Voraussetzung des Erfolgs war die Weigerung der Ptolemäer, angesichts der bedrohlichen maritimen Ambitionen der

475 Vgl. Polybios 2,12,4.
476 Vgl. Scholten (2000), 62 f., 96.

Ätoler in der Ägäis den zu mächtig scheinenden Bündnissen weitere Subsidien zu gewähren. Stattdessen unterstützten die Ptolemäer den Spartanerkönig Kleomenes III. Beeindruckt von dessen militärischen Erfolgen (u. a. der Einnahme der östlichen Poleis Arkadiens) und enttäuscht von der mangelnden Hilfeleistung der Ätoler, wechselte nicht nur Phokis, sondern 226 auch der Achäische Bund auf Initiative Arats von Sikyon die Fronten.[477] 226–224 näherte er sich Makedonien an und schloss ein Bündnis. Dieses Bündnis wurde zwischen 224–222 auf Seiten der Makedonen zum sog. hellenischen Bund (Achaia, böotisches Koinon, Ostphokis, Westakarnanien) erweitert; es war (vermutlich in Verbindung mit einer *Koine Eirene*) das freiheitlichste hegemoniale Bundesgenossensystem der griechischen Geschichte und bewährte sich im sog. Bundesgenossenkrieg, den der Nachfolger des Antigonos Doson, Philipp V., mit den Achäern 220-217 gegen die Ätoler, Elis und Sparta führte. 217 mussten die Ätoler im Frieden von Naupaktos sämtliche während des Krieges gewonnenen Städte herausgeben und die Hellenische Symmachie anerkennen. Die Ätoler blieben zwar eine achtunggebietende Macht, mussten aber akzeptieren, dass der Versuch einer »panhellenischen« Frontstellung gegen die Makedonen gescheitert war.

3. Die Konfrontation der Makedonen und Seleukiden mit Rom

Besonders bitter für die Ätoler muss ihre fast völlige Isolierung gegenüber den übrigen griechischen Mächten gewesen sein. Da man zudem herbe finanzielle Verluste und den Tod führender Militärs zu beklagen hatte, suchte und fand man neue Unterstützung, zunächst 217 in Pergamon

477 Vgl. Polybios 2,51,4–52,4.

und fast gleichzeitig im Westen. Rom hatte nach der Festigung seiner Herrschaft in Unteritalien eine außenpolitische Zielrichtung verfolgt, die bereits Pyrrhos eingeschlagen hatte. Rund zehn Jahre nach dem Übergang des Epiroten nach Sizilien setzte eine römische Legion über die Meerenge, um dem von Syrakus und einer karthagischen Besatzung bedrängten Messana zu Hilfe zu kommen. Aus diesem Konflikt entwickelte sich ein Krieg mit Karthago um ganz Sizilien. Unterstützung beim Aufbau der Kriegsflotte erhielt Rom nicht nur von den unteritalischen Städten, sondern auch von Syrakus, mit dessen Herrscher Hieron II. die Römer wenige Jahre nach Kriegsbeginn (262) ein Bündnis geschlossen hatten.[478]

Der Kampf zwischen Rom und Karthago um Sizilien wurde ebenso wie der von Hannibal 218 neu eröffnete Krieg um die Vorherrschaft im westlichen Mittelmeer von den hellenistischen Mächten genau verfolgt. Die Ptolemäer pflegten zu beiden Kriegsparteien diplomatische Kontakte. Entscheidend für die weitere Entwicklung wurde jedoch das Bündnis, das Philipp V. von Makedonien 216 mit dem in Italien operierenden Hannibal schloss. Ziel des Vertrags war, den Makedonen endlich den Einfluss an der Adria zu sichern, den ihnen die Römer bislang verwehrt hatten.

Die Römer reagierten drei Jahre später und schlossen ihrerseits mit dem Ätolischen Bund einen Vertrag, der die Truppen Philipps in Griechenland binden sollte.[479] Für die Ätoler bot der Vertrag die Möglichkeit, die außenpolitische Isolierung zu durchbrechen. Für das Ansehen der Römer in Griechenland war er desaströs. Denn sie reichten ihre Hand der Macht, welche ihr Renommee als Verteidigerin Griechenlands gegen die Kelten längst verspielt hatte und mehr denn je als rücksichtslose Vertreterin eige-

478 Vgl. Schulz (2005), 158.
479 Vertragstext bei Meißner (2007), 54.

ner Interessen galt. Teile der jüngeren Forschung haben zwar versucht, dieses Bild zu korrigieren, indem sie auf das politisch bedingte Ressentiment des Polybios verweisen, der Hauptquelle für die Geschichte der Ätoler. Die zunächst geheim gehaltenen Vertragsbestimmungen sowie die sich hieraus ergebenden Kriegshandlungen der Ätoler sprechen jedoch eine deutliche Sprache.

Demnach wurden den Ätolern im Fall einer von ihnen allein unternommenen Eroberung sämtliche Immobilien (also die Stadt selbst) zugesprochen; die Römer erhielten lediglich das bewegliche Gut, von dem sie einen Teil an die Ätoler abführen mussten. Da die Römer angesichts ihrer Belastung im Krieg gegen Hannibal kaum allein eine Stadt in Griechenland erobern konnten, bedeutete dies, dass die Ätoler freie Hand bei Plünderungen und der Ausweitung ihres Territoriums erhielten. Die Befürchtungen der Griechen bestätigten sich insofern, als die Ätoler nicht etwa den gemeinsamen Hauptgegner Philipp V., sondern planmäßig und mit Billigung der Römer dessen Verbündete sowie die Mitglieder des Hellenenbundes, also alle griechischen Staaten bis auf Messene, Elis und Sparta angriffen.[480] Es ging den Ätolern offenkundig weniger um die Zurückdrängung Philipps oder gar die Befreiung Griechenlands von makedonischer Herrschaft, sondern um rücksichtslose Beute- und Gebietsgewinne. Die Römer hatten die hierzu notwendige Blankovollmacht ausgestellt und galten seitdem schlichtweg als Barbaren.[481]

Philipp konnte aus dieser Situation jedoch zunächst kein Kapital schlagen. Die Erfolge Roms gegen Hannibal vereitelten seinen Plan, den makedonischen Einfluss in Illyrien zu festigen. Immerhin gelang es ihm, im Jahre 206 die Ätoler – entgegen den Bestimmungen des Römervertrags von 212 – zu einem für sie nachteiligen Sonderfrie-

480 Vgl. Dreyer (2002), 36–39.
481 Vgl. Dreyer (2007), 122–139; Koehn (2007), 108ff.

den zu zwingen; ein Jahr später schloss er auch mit Rom, das den Rücken gegen Hannibal freihaben wollte, den Frieden von Phoinike (205). Philipp bekam zwar seinen Besitz des illyrischen Stammesgebiets von Atintanien bestätigt, jedem weiteren Ausgreifen nach Westen wurde jedoch der Boden entzogen. Die neuen Ziele Philipps richteten sich daher nach Osten.[482]

Wie schon im Jahrhundert zuvor hingen außenpolitische Erfolge im ägäischen und kleinasiatischen Raum in hohem Maße von der Stärke der Ptolemäer sowie dem Verhalten der hellenistischen Mittelmächte ab. Jahrzehntelang hatten die Ptolemäer alles getan, um potentielle Gegner der Makedonen in Griechenland aufzubauen und die makedonischen Ambitionen auf das Mutterland zu beschränken. Auch die guten Kontakte zu Rom gehörten in diese Strategie der makedonischen Machtbeschränkung. Da sich ein Sieg Roms gegen Hannibal seit 205 abzeichnete und die Ptolemäer rund zehn Jahre zuvor einen bedeutenden militärischen Erfolg gegen den seleukidischen Dauerrivalen bei Raphia errangen, schien sich dieses Konzept in den Folgejahren zu bewähren.

Unerwartete Probleme entstanden jedoch im Innern des Ptolemäerreiches. Die ständigen Kämpfe mit den Seleukiden belasteten die Staatsfinanzen und führten sogar zu mehreren Aufständen der einheimischen Bevölkerung. Gerade in dieser schwierigen Phase starb Ptolemaios IV. (205 oder 204) und hinterließ einen minderjährigen Nachfolger. Schon vorher hatten die Ptolemäer ihre wichtigen Außenbesitzungen in der Ägäis aufgeben müssen, jetzt kam eine dynastische Krise hinzu; in Ägypten spaltete sich der Süden des Landes vom Nildelta ab.

Diese Chance ließen sich die beiden großen hellenistischen Monarchien nicht entgehen. In Form von geheimen Absprachen (die gemeinhin mit dem Begriff »Raubver-

482 Vgl. Meißner (2007), 54 f.

trag« zusammengefasst werden) grenzten Philipp V. und Antiochos III. 203/202 ihre Interessensphären ab, teilten die ptolemäischen Außenbesitzungen unter sich auf und vereinbarten zumindest in Kleinasien eine direkte militärische Zusammenarbeit.[483] Philipp sicherte sich die Kykladen, Karien und das nordägäische Thrakien und offenbarte damit seine außenpolitische Zielrichtung, nämlich die Herrschaft über die Ägäis und den Bosporus. 202 griffen makedonische Truppen die Meerengen an und belagerten Pergamon. Eine Seeschlacht (bei Chios) gegen die verbündeten pergamenischen und rhodischen Verbände ging zwar verloren, doch die Bedrohung blieb.

Offensichtlich zielte die Politik Philipps V. darauf, sich durch die Eroberung strategisch wichtiger Küstenpositionen die Kontrolle über den Getreidehandel zu sichern. Hiervon waren nicht nur Pergamon und Rhodos betroffen, sondern auch das ferne Rom. Denn die Stadt war gegen Ende des 3. Jahrhunderts eine der bevölkerungsreichsten Gemeinden des westlichen Mittelmeerraums und musste im Krieg gegen Hannibal schwere Verwüstungen der Getreide produzierenden Anbauflächen in Italien verkraften. Doch auch davon abgesehen erinnerten sich die Senatoren nur allzu gut an den Vertrag, den Philipp mit Hannibal geschlossen hatte, und ebenso hatte man nicht vergessen, dass Philipp im Zuge dieses Vertrags die Insel Pharia vor der dalmatinischen Küste erobert hatte, als Hannibal seinerseits Tarent besetzte. Mochte Philipp seine Interessen zunächst nach Osten richten, die Gefahr einer erneuten Ausweitung seines machtpolitischen Einflusses im Westen war nicht zuletzt aufgrund des Anspruchs der hellenistischen Könige, die Herrschaft über die *gesamte* Oikumene anzustreben, immer präsent. Zudem waren die Adelskreise in Rom offensichtlich daran interessiert, ihren seit dem Vertrag mit den Ätolern verspielten Ruf wieder aufzupolieren.

483 Vgl. die ausführliche Diskussion bei Dreyer (2007), 259–272.

Ein militärisches Engagement (ohne die Ätoler), das sich eindeutig gegen die Makedonen und ihr Hegemonialstreben richtete, war bestens geeignet, verloren gegangenen Kredit wiederzugewinnen. Vor diesem Hintergrund lag es nahe, dass sich die Pergamener und Rhodier Hilfe suchend an Rom wandten. Als Philipp die ultimative Forderung der Römer ablehnte, seine Eroberungen am Bosporus herauszugeben und Kampfhandlungen einzustellen, konnte der Senat schließlich mit dem Hinweis auf die Gefahren, die der Machtaufstieg Philipps für Italien bedeutete, die Volksversammlung vom Kriegsplan überzeugen.

Epochemachend und erklärungsbedürftig ist weniger der militärische Erfolg der Römer, der 197 mit der Schlacht bei Kynoskephalai besiegelt wurde, sondern ihr vorausgegangener diplomatischer Siegeszug. Es gelang ihnen im Laufe der Kampfhandlungen nicht nur, die Bundesstaaten der Ätoler und Achäer (die sich mit Rhodos und Pergamon verbündeten), sondern auch das traditionell den Achäern feindlich gesinnte Sparta auf ihre Seite zu ziehen.[484] Der Grund für diesen einmaligen diplomatischen Erfolg lag zum einen in der rücksichtslosen Machtpolitik, die Philipp im Ägäisraum betrieb und die auch für Zentralgriechenland nichts Gutes erwarten ließ. Zudem hatten die Ätoler mit den Makedonen mehrere Rechnungen offen, die sie nun mit Hilfe der Römer zu begleichen hofften. Alles entscheidend dürfte aber das militärische Prestige gewesen sein, das sich die Römer gegen Hannibal erworben hatten. Dass selbst während der Erfolge Hannibals in Italien die Mehrheit der griechischen Poleis Süditaliens zu Rom hielt, konnte schließlich als sicheres Zeichen dafür gedeutet werden, dass es den Griechen unter der Vorherrschaft der Römer nicht schlechter ging als unter einer vergleichbaren Herrschaft der Makedonen.

Ihre Hoffnungen schienen sich zu bestätigen, als der rö-

484 Zu den Achäern vgl. Bastini (1987), 45–50.

mische Feldherr Titus Quinctius Flamininus im Jahre 196 bei den Isthmischen Spielen nicht nur die für Philipp harten Friedensbedingungen verkündete, sondern den Griechen feierlich ihre außen- und innenpolitische Freiheit (Autonomie) garantierte.[485] Noch im selben Jahr verließen sämtliche römischen Truppen die griechische Halbinsel.

Damit hatten die Römer ihre Glaubwürdigkeit wiedergewonnen. Die Reaktion der Griechen war überschwänglich. Politisch sollte das griechische Mutterland nach Vorstellung des Flamininus durch ein System von Bundesstaaten gesichert werden, das parallel zu den bestehenden Koina aufgebaut wurde und u. a. das Koinon der Euböer, den Thessalischen, Böotischen und Akarnanischen Bund sowie den Bundesstaat Magnesia in Thessalien umfasste. Dies war eine Absage an das monarchische Prinzip, auch wenn Makedonien als Bollwerk gegen die nördlichen Barbaren erhalten blieb. Den hellenistischen Königen gaben die Römer damit jedoch ein falsches Signal. Sie konnten den römischen Rückzug nach einem eindeutigen militärischen Sieg gar nicht anders als ein Eingeständnis von Schwäche deuten. Denn für das hellenistische Selbstverständnis schloss Erfolg im Krieg den Anspruch auf den Besitz des Territoriums ein (s. S. 262).

Antiochos III. kam so zu einer völligen Fehleinschätzung der Lage. Gestärkt durch einen spektakulären Feldzug im Osten seines Reiches bis nach Indien und durch die Eroberung ptolemäischer Küstenstädte in Lykien, Kilikien und Karien, folgte er der Logik der hellenistischen Machtpolitik, welche unmissverständlich vorschrieb, die Schwäche einer der Monarchien (Makedonien) sofort auszunutzen, um so als siegreicher Herrscher über die gesamte Oikumene doch noch den alten Traum von der Einheit des Alexanderreiches zu verwirklichen. Der Wechsel der Bündnisfronten war ein Leichtes: Ein Vertrag mit Ptole-

485 Vgl. Polybios 18,46,1–10.

maios V. sowie dessen Heirat mit der Tochter des Antiochos stabilisierten die umkämpfte Südwestfront des Reiches und hielten den Rücken frei für das Vordringen nach Makedonien und Griechenland. Gestärkt wurde Antiochos durch die Pläne Hannibals, der seit 195 am Hofe des Seleukidenherrschers weilte. Nach seiner Vorstellung sollte Rom von Karthago mit der seleukidischen Flotte in Italien selbst angegriffen werden, während Antiochos mit dem Landheer vorrückte. Auch wenn Antiochos nach anfänglichen Sympathien von den Plänen Abstand nahm, sie wurden in Rom bekannt und dürften erhöhte Wachsamkeit hervorgerufen haben.[486]

Doch es war nicht nur Hannibal, der Antiochos in den Westen drängte. Mit ausschlaggebend für den Entschluss, nach Griechenland vorzustoßen und das von Rom garantierte Bundesstaatensystem zu durchbrechen, war eine Clique des ätolischen Apokleten-Gremiums, welche, unzufrieden mit der römischen Friedensordnung, leichte Gebietsgewinne sowie eine geschlossene Front griechischer Staaten vorgaukelte, die nur darauf warteten, sich dem Feldzug gegen Rom anzuschließen.[487] Zur Bestärkung ihrer Aussichten wählten sie Antiochos nach dessen Landung sogar zum Oberfeldherrn des Bundes und zum militärischen Führer (Hegemon) der vereinigten Truppen.[488]

Tatsächlich erwies sich die Situationsbeschreibung der Ätoler als eine Täuschung. Wie schon in den Jahren des Bündnisses mit Rom blieben sie in Griechenland weitgehend isoliert – nur der unberechenbare Spartanerkönig Nabis und einige unbedeutende Poleis schlugen sich auf die Seite der Seleukiden; dagegen trat der unter Philopoimen wieder mächtiger gewordene Achäische Bund auf die römische Seite und erklärte den Ätolern und Antiochos den Krieg – vier Monate bevor die erste römische Legion

486 Vgl. Dreyer (2007), 207f., 223ff.
487 Vgl. die Diskussion bei Dreyer (2007), 229ff.
488 Vgl. Polybios 20,1; Livius 35,45,9.

nach Griechenland übersetzte.[489] Selbst die Unterstützung Hannibals half Antiochos angesichts dieser Zersplitterung der griechischen Kräfte wenig. Den Soldtruppen der Seleukiden fehlte zudem die Kampferfahrung der Legionäre, denen die topographischen Verhältnisse in Griechenland seit dem Krieg gegen Philipp vertraut waren. Möglicherweise scheute Antiochos auch – so weit vom Zentrum seines Reiches entfernt – eine längere Auseinandersetzung bis zum Letzten.

So drängten die Römer die Truppen des Antiochos nach einem ersten Treffen bei den Thermopylen ohne größere Schwierigkeiten aus Griechenland heraus und siegten trotz doppelter zahlenmäßiger Unterlegenheit in der Entscheidungsschlacht bei Magnesia (in Kleinasien) 190/189. Der Friedensvertrag von Apameia legte den Seleukiden eine hohe Kriegskontribution (15 000 Talente Silber in 14 Jahren) sowie harte Rüstungsbeschränkungen im Bereich der Flotte (Beschränkung auf zehn Schiffe) und des Landheeres (Verbot von Kriegselefanten) auf. Ferner musste Antiochos alle Besatzungen in Kleinasien bis zum Taurosgebirge räumen.[490] Ein militärisches Eingreifen jenseits des Kap Sarpedonion wurde untersagt. Niemals zuvor hatten die Erben Alexanders so demütigende Zugeständnisse machen müssen. Das Machtgefüge der hellenistischen Großreiche war zutiefst erschüttert.

Rätselhaft muss den Königen nicht nur die militärische Überlegenheit, sondern auch die den Siegen folgende Außenpolitik der Römer erschienen sein, die sich so ganz von ihrem eigenen Vorgehen unterschied. Erneut zogen sich sämtliche Legionen nach Italien zurück. Allerdings sah sich der desillusionierte Senat gezwungen, von dem Bundesstaatensystem des Flamininus abzugehen, weil es dem griechischen Raum nicht die gewünschte Stabilität

489 Vgl. Bastini (1987), 72 ff.; Lehmann (1967), 238; Polybios 39,3,8.
490 Vgl. Polybios 21,44–48; Livius 38,39.

gebracht hatte. Um künftig notorische Unruhestifter wie die Ätoler und den Spartanerkönig, die sich nicht in dieses Konzept einordnen ließen, in Schach zu halten, ging man seit 180 zu einer berechnenden Form indirekter Herrschaft über, die man später mit dem Begriff *nova sapientia* umschrieb:[491] Verträge zugunsten loyaler Mittelmächte wie Pergamon, Rhodos und Achaia bildeten ein Gegengewicht zum Revisionismus der Seleukiden, Makedonen und Achäer, antirömische Gruppierungen wurden eingeschüchtert, im Gegenzug prorömische Politiker unterstützt; die innenpolitischen Polarisierungen führten vielfach zu heftigen sozialen und politischen Kämpfen und schwächten die griechischen Mächte von innen. Handelspolitische Beschränkungen sollten zusätzlich jede Machtakkumulation im Keim ersticken.

Diese neue Form der Machtpolitik war der hellenistischen Welt unbekannt. Unfähig (oder unwillig), schlagkräftige Koalitionen zu bilden, glaubte man, den nach jedem militärischen Erfolg einsetzenden Rückzug der Römer für die Erweiterung der eigenen Machtsphäre nutzen zu können, so wie man es Jahrhunderte lang getan hatte. Jedes Mal provozierte man dadurch einen neuen römischen Angriff und/oder noch härtere vertragliche Sanktionen. Als erste Macht bekamen die Ätoler die neuen Verhältnisse zu spüren. In dem falschen Glauben, die Schwäche Makedoniens und die Verwicklungen Roms in Kleinasien nutzen zu können, wurden sie erneut in Zentralgriechenland aktiv und begannen, die Makedonen zu einem Krieg zu provozieren. Noch im gleichen Jahr des Friedens von Apameia intervenierten römische Truppen und zwangen das Koinon zu einem Vertrag, der es zur Waffenhilfe, zu materiellen Abgaben sowie zur Aufgabe der Herrschaft über Delphi verpflichtete.[492] Das Ätolische

491 Vgl. Dreyer (2007), 364 ff.
492 Vgl. Bengtson (1977), 483; Meißner (2007), 61.

Koinon hatte endgültig seinen Status als griechische Mittelmacht verspielt.

Auch die Achäer konnten die neue Lage nicht nutzen. Es gelang zwar ihrem bewährten Strategen Philopoimen, nach einer umfassenden Heeresreform ihren Territorialbesitz fast auf die gesamte Peloponnes auszuweiten sowie intensive diplomatische Kontakte mit den Ptolemäern und Seleukiden zu knüpfen.[493] Doch anstatt die Poleis der südlichen Peloponnes durch Entgegenkommen an sich zu binden, verwickelte man sich in Kämpfe mit Sparta und Messenien, die – von Rom unterstützt – auf ihre außenpolitische Autonomie pochten und der achäischen Machterweiterung einen Riegel vorschoben.

Eine letzte Chance zu einem großen antirömischen Machtblock schien sich anzudeuten, als Perseus, der ehrgeizige Sohn Philipps, auf den makedonischen Thron gelangte und die Zeichen der Zeit erkannte. Anstelle unseliger Kleinkriege suchte er über Heiratsbeziehungen eine Verständigung mit den Seleukiden sowie mit den Mittelmächten Bithynien und Rhodos im kleinasiatischen Raum. Die Römer erkannten die Gefahr und drohten – von ihrem treuesten Verbündeten Eumenes II. von Pergamon bestärkt – bereits 172 mit einem erneuten Krieg, der dann ein Jahr später ausbrach und nach drei Jahren heftiger Kämpfe im Jahre 168 zur Niederlage des Perseus bei Pydna führte. Diese Niederlage bildet ein epochales Ereignis der griechischen Geschichte. Diesmal beließen es die Römer nicht bei einem Vertrag, sondern lösten das makedonische Königtum auf. Das Königreich Alexanders, Vorbild aller hellenistischen Monarchien, hatte nicht nur eine Schlacht, sondern mit einem Federstrich auch seine Existenz verloren. Als Perseus 165 in römischer Gefangenschaft starb, war das Königsgeschlecht der Antigoniden erloschen.

493 Vgl. Bastini (1987), 96 f.; Dreyer (2007), 367.

Eine Senatskommission zerschlug das makedonische Kernland in vier selbständige Republiken mit jährlich wechselnden Amtsträgern. Um eine Wiedervereinigung zu unterbinden, wurden Handel (*commercium*) und Heiraten (*conubium*) zwischen den Republiken untersagt.[494] Das offizielle Verbot des einträglichen Silber- und Goldabbaus sowie des Holzexports entzog einer möglichen Wiederaufrüstung den Boden und stürzte das Land in eine wirtschaftliche Krise. Alle makedonischen Außenbesitzungen wurden entweder für autonom (frei) erklärt oder den mit Rom verbündeten Poleis in Griechenland zugesprochen. Athen erhielt auf diese Weise die Herrschaft über die Insel Delos sowie seine alten Kleruchien Lemnos, Imbros und Skyros und avancierte für fast hundert Jahre zum bevorzugten Alliierten der Römer.[495]

Aber auch die mit Perseus verbündeten Mächte in Griechenland, vor allem die Ätoler und Epirus, wurden hart bestraft. Aemilius Paullus ließ in Epirus angeblich siebzig Städte zerstören und 150 000 Menschen versklaven. Die Ätoler mussten 1000 Geiseln aus den Reihen der romfeindlichen Familien nach Italien entsenden; unter ihnen befand sich der Reiterkommandeur Polybios aus Megalopolis, der zum gerühmten Historiker des römischen Machtaufstiegs avancieren sollte. Selbst die Inselrepublik Rhodos, die nach dem Frieden von Apameia mit beträchtlichen Gebietsgewinnen belohnt worden war und sich geschickt als loyaler Partner und maritime Aufsichtsmacht (gegen die Piraterie) im ostmediterranen Raum etabliert hatte, verlor die römischen Sympathien und musste sogar zeitweilig mit einem direkten militärischen Angriff rechnen.[496] Dieser kam zwar durch die Intervention des älteren Cato, der gewichtige persönliche Handelsinteressen in Rhodos verfolgte, nicht

494 Vgl. Livius 45,18; Diodor 31,8; Strabon Frg. 7,48; Plutarch, *Aemilius* 28; Justin 33,2,7.
495 Vgl. Shipley (2000), 385.
496 Vgl. Mittag (2006), 113.

zustande, doch verlor die Inselrepublik immerhin ihre Festlandsbesitzungen. Der den Athenern zugeschlagene Freihafen von Delos scheint zudem einen nicht geringen Teil der früher über Rhodos laufenden Handelsströme abgezweigt zu haben, so dass die Einnahmen der Rhodier über Hafengebühren (vornehmlich Zölle) zumindest zeitweise angeblich von jährlich einer Million Drachmen auf 150 000 Drachmen einbrachen.[497] Mag Rom mit dieser Maßnahme auch in erster Linie Athen für dessen Loyalität belohnt und weniger Rhodos bestraft haben,[498] die Maßnahme ist deshalb so bedeutungsvoll, weil die Römer hiermit eine neue Dimension indirekter Herrschaft etablierten, welche erstmals bewusst weiträumige Handelsinteressen mit politischer Kontrolle verband.

Epochal war das Jahr 168 aber auch deshalb, weil nicht weit entfernt vom griechischen Kriegsschauplatz im syrisch-ägyptischen Raum ein anderer Krieg beendet wurde, der erneut die These stützt, dass die hellenistischen Mächte nach rund dreißig Jahren die römische Politik immer noch nicht richtig einzuschätzen gelernt hatten. Anstatt Perseus mit eigenen Truppen zu unterstützen, griff der Seleukidenkönig Antiochos IV. (Epiphanes) das Ptolemäerreich an, das mit Rom traditionell freundliche Beziehungen unterhielt. Zweimal gelang es Antiochos (während des sog. 6. Syrischen Krieges), bis nach Ägypten vorzustoßen, König Ptolemaios ins Exil zu zwingen und sich vermutlich selbst zum Pharao krönen zu lassen. Beim zweiten Angriff traf er auf eine römische Gesandtschaft unter Popilius Laenas, der ihm einen Senatsbeschluss überreichte und ihn ultimativ aufforderte, Ägypten zu verlassen. Als sich der König mit seinen Freunden beraten wollte, zog Popilius um Antiochos mit seinem Stab einen Kreis in den Sand und verlangte eine Entscheidung, bevor der König

497 Vgl. Polybios 30,31; Meißner (2007), 63; Shipley (2000), 382.
498 Vgl. Shipley (2000), 382 f.

den Kreis verlassen könne. Antiochos gab nach und beugte sich den römischen Forderungen.

Das schroffe Auftreten des Popilius repräsentierte wohl kaum die offizielle Senatspolitik, sondern erklärt sich aus persönlichen Motiven eines Mannes, der glaubte, in Rom Eindruck hinterlassen zu müssen.[499] Wahrscheinlich hat zudem Polybios die Szene in dem Bemühen überzeichnet, die Niederlage des Perseus bei Pydna sowie die Behandlung des Antiochos als zeitgleiche Zäsuren des Aufstiegs Roms zur Weltherrschaft zu stilisieren. Man wird deshalb das Nachgeben des Antiochos nicht vorschnell als Zeichen eines unaufhaltsamen Niedergangs deuten können; immerhin standen dem Prestigeverlust nicht geringe materielle (Beute) und politische (Schwächung des Ptolemäerreiches) Gewinne entgegen. Zudem konnte sich Antiochos in den Folgejahren ungestraft über den Vertrag von Apameia hinwegsetzen und sein Reich im Innern sowie nach außen stabilisieren.[500]

Allerdings richtete sich diese Stabilisierung ausschließlich auf Gebiete, die jenseits der unmittelbaren Interessensphäre Roms lagen. An eine militärische Zurückdrängung des römischen Einflusses war nicht zu denken. Binnen eines Jahres hatten die Römer zwei der mächtigsten hellenistischen Großreiche zerstört oder so dezimiert und diplomatisch in die Schranken gewiesen, dass sie nicht mehr den Rang einer an Alexander orientierten Großmacht beanspruchen konnten, welche auch das östliche Mittelmeer zu ihrem Einflussgebiet zählen musste. Die dritte große Monarchie der Ptolemäer hatte fast sämtliche Außenbesitzungen (und damit wichtige materielle Zuflüsse) verloren und konnte sich nur noch mit römischer Unterstützung an der Macht halten. Die Frage drängt sich erneut auf, wie dieser Machtverlust zu erklären ist.

499 Vgl. Mittag (2006), 215–220.
500 Vgl. Mittag (2006), 221 f., 224, 296 ff.

4. Gründe und Folgen der Schwäche der griechischen Welt

Anders als Rom im Westen nach dem Sieg über Hannibal waren besonders die Seleukiden und Antigoniden gezwungen, ihre Energien stets an mehreren außenpolitischen Fronten sowie in verschiedenen Brennpunkten ihrer Reiche einzusetzen. Deshalb konnten sie selten über längere Zeit ihre geballte militärische Kraft auf *einen* Gegner richten. Die *militärische* Überlegenheit der römischen Legionen erklärt ferner sich zum großen Teil damit, dass die hellenistischen Monarchien im Bereich des Belagerungs- und Geschützwesens, aber auch des Kriegsschiffbaus einer Art monumentalem und sehr teurem Technikwahn verfielen, sich dagegen im Bereich der Taktik zu Land einseitig in eine Richtung entwickelten, die wenig Raum für Innovationen ließ: Alle Könige strebten danach, große Truppenmassen aufzubieten und durch Massierung der Soldaten die Stoßkraft der Phalangen zu erhöhen. Dieses Bemühen verminderte die Beweglichkeit und den Flankenschutz der Phalanx und machte sie gegenüber flexibleren Einheiten in hohem Maße angreifbar.

Ein weiteres Problem bestand darin, dass die hellenistischen Monarchien neben den makedonischen Kerntruppen hoch bezahlte griechische Söldner sowie in Asien und Ägypten ausgehobene einheimische Verbände einsetzten. Die Kriegskunst der Feldherren bestand darin, die ethnisch heterogenen Verbände und ihre Schlagkraft in der Schlacht taktisch bestmöglich zu koordinieren. Dabei glaubten die Feldherren, die von Alexander einst im Osten angewandten Methoden auch gegen den neuen Gegner aus dem Westen erfolgreich nutzen zu können; die Beibehaltung der Sarissentechnik durch Philipp und Perseus sind hierfür die besten Beispiele.

Was jedoch nicht möglich war und wohl auch nicht angestrebt wurde, war eine Weiterentwicklung der Truppenkörper, die ein flexibles Reagieren auf die beweglicheren Manipel der Legionen erlaubt hätte; als einziger hellenistischer Herrscher verfügte Antiochos IV. über eine Einheit von 5000 nach römischer Art bewaffneten Fußsoldaten, die aber wohl lediglich bei Festparaden auftraten.[501] Bis weit ins 1. Jahrhundert vertrauten dagegen die Feldherren der großen Monarchien auf die Sarissa, während die Römer mit dem Kurzschwert im Nahkampf weitaus größere Erfolge erzielten.[502] Das Festhalten an der starren Phalanx hatte den Nachfolgern Alexanders schon manche Niederlage gegen die unkonventionell kämpfenden Kelten eingebracht,[503] gegen die Römer hatte es fatale Folgen: Bei Pydna gelang es den Manipeln im Gefecht Mann gegen Mann, die Schlacht unter großen makedonischen Verlusten für sich zu entscheiden: Auf Seiten der Phalangiten sollen 20 000, auf Seiten der Legionäre 100 Mann gefallen sein.[504]

Die offensichtliche militärische Schwäche der königlichen Armeen schmälerte die für das monarchische Selbstverständnis so bedeutende Tugend der Sieghaftigkeit. Anstatt militärische Stärke durch Reformen wiederzugewinnen, versuchte man die Lorbeeren gegen schwächere hellenistische Konkurrenten zu ernten (wie es Antiochos gegenüber dem Ptolemäerreich tat) oder die Defizite auf militärischem Gebiet durch Zurschaustellung von überbordendem Reichtum, dem zweiten legitimatorischen Grundpfeiler der Monarchie, auszugleichen. So ließ es sich Antiochos IV. zwei Jahre nach dem von Rom erzwungenen Rückzug aus Ägypten nicht nehmen, in Daphne einen der gewaltigsten Festumzüge der Zeit zu veranstalten, bei dem über dreißig Tage lang in verschwenderischer Monumen-

501 Vgl. Polybios 30,25,3 mit Mittag (2006), 285, 289f. Die von Rom unterstützten Fürsten zeigten sich anpassungsfähiger: vgl. Caesar, *Bellum Alexandrinum* 68.

502 Vgl. Livius 31,34,4; Diodor 19,83.

503 Vgl. Delbrück (2003), 265f.

504 Vgl. Plutarch, *Aemilius* 22; Polybios 18,28ff.; Livius 44,42,7f.; Schulz (2018), 219f.

talität dem Volk sowie den über 300 Festgesandtschaften aus der griechischen Welt die materielle und militärische Potenz des Königreichs demonstriert wurde; die römischen Militärs hat dies wenig beeindruckt (weshalb sie sich auch nicht daran störten, dass der König entgegen den Vertragsbestimmungen von Apameia seine Armee wiederaufrüstete), wusste man doch um die Stärke der Legionen. Auch die Ptolemäer haben immer wieder auf die Karte ihres geradezu sprichwörtlichen Reichtums gesetzt, als sie militärisch längst kein ernst zu nehmender Faktor mehr waren. Zusätzlich versuchten z. B. die Seleukiden verlorenes Prestige in Griechenland dadurch auszugleichen, dass man sich gegenüber den Poleis als spendabler Euerget hervortat. All dies kostete Unsummen und brachte keine militärischen und territorialen Gewinne; die Außenpolitik der nach Pydna übrig gebliebenen hellenistischen Königreiche wurde immer mehr zu einer Sache des Geldes und der demonstrativen Zurschaustellung generösen Luxus, dem zunehmend die machtpolitische Substanz fehlte. Sie drohten zum Opfer nicht nur einer militärisch überlegenen Macht, sondern ihres eigenen Selbstverständnisses zu werden.

Anders stellte sich naturgemäß die Situation den griechischen Poleis des mutterländischen Raums dar. Das Auftreten einer militärisch überlegenen Macht war für die Einwohner Griechenlands und Kleinasiens nichts Neues; doch hatte sich zumal gegenüber den hellenistischen Monarchien ein *modus vivendi* eingespielt, der sie ihr Gesicht und im Innern Autonomie wahren ließ. In der Regel erkannte man den Monarchen als überlegenen Herrscher an, und dieser glich die Loyalität der Poleis damit aus, dass er sich um sie kümmerte, als Wohltäter auftrat, Ölspenden gewährte oder Gelder für den Unterhalt von Gymnasien beisteuerte sowie verdiente Bürger ehrte. Die Römer verhielten sich anders. Sie führten erfolgreiche Feldzüge, allerdings ohne territoriale Ambitionen, zogen sich danach regelmäßig zurück und hinterließen ein Land, dem Verträge und Freiheitsversprechen den Weg in eine ungewohnte Zukunft wiesen; aber kaum ein Römer war willens, diesen Weg persönlich zu begleiten und – dies war für die griechische Wahrnehmung entscheidend – sich über einen längeren Zeitraum um die Poleis oder die Bündnisse durch irgendwelche Zeichen des Euergetismus zu kümmern. Der Kontakt mit dem fernen Rom lief über formelle Gesandtschaften, aber nicht über das kunstvolle Instrumentarium des gegenseitigen Respekts, das die hellenistischen Könige im Umgang mit den Städten entwickelt hatten.

Dieses Verhalten der Römer beließ den Griechen im Prinzip nur zwei Optionen: Entweder man versuchte innerhalb des von Rom abgesteckten Rahmens seine Macht zu wahren und gegen Konkurrenten zu erweitern oder man passte sich den neuen Gegebenheiten bedingungslos an, um unter römischem Schutz wenigstens persönlich Karriere zu machen. Vermutlich waren die Eliten der meisten Städte in Gruppen gespalten, die eine der beiden Optionen bevorzugten. Am deutlichsten ist die Zerrissenheit innerhalb des Achäischen Bundes erkennbar.

Philopoimen hatte zeitlebens versucht, eine gegenüber den römischen Forderungen selbstbewusste Außenpolitik zu betreiben, war jedoch nicht selten ungeschickt mit den römischen Senatoren umgegangen, indem er immer wieder auf die Verfassungsbestimmungen des Bundes verwies. Insbesondere verkannte er die Bedeutung persönlicher Patronagebeziehungen zu einflussreichen Römern im Senat. Gegen seine Politik formierte sich um 180 eine Gruppe um den gewandten Politiker Kallikrates, die selbst unter günstigsten Bedingungen keine Chance mehr für eine außenpolitische Machtentfaltung des Bundes sah.[505] Während einer Gesandtschaft nach Rom wies er – entgegen

505 Vgl. Lehmann (1967), 287ff.; Dreyer (2007), 365ff.; knappe Diskussion auch bei Koehn (2007), 42ff.

den ausdrücklichen Anweisungen seiner Heimat – auf angebliche Machenschaften von Römerfeinden innerhalb des Bundes hin und forderte die Römer zum Eingreifen auf, um sich selbst lästiger Konkurrenten zu entledigen und seine Macht im Bund zu sichern; die Senatoren – von den ständigen griechischen Reibereien und lästigen Bitt- und Beschwerdegesandtschaften enerviert – gingen nur allzu gern auf dieses Angebot ein. Der Ehrgeiz des Kallikrates und seiner Anhänger führte sogar dazu, dass sie den Römern nach der Schlacht von Pydna ganze Listen griechischer Opponenten übergaben und dafür sorgten, dass ihre innenpolitischen Konkurrenten als Geiseln nach Rom transportiert wurden.[506] Unter ihnen war auch der bewährte Reitergeneral Polybios (s. S. 366).

5. Die Provinzialisierung Makedoniens

Das Verhalten der Romfreunde vom Schlage eines Kallikrates forcierte nicht nur den Hass auf die »Kollaborateure«, sondern auch die Verbitterung gegenüber den Römern, die aus griechischer Sicht ihrer Pflicht als gerechte und spendable Herrscher nur ungenügend nachkamen und den Intrigen freien Lauf ließen. Damit wurde den Griechen ihre Machtlosigkeit umso deutlicher vor Augen geführt. Umgekehrt verfestigte das Verhalten des Kallikrates und seiner Freunde auf Seiten der Römer das Bild der verschlagenen *Graeculi*, die um der eigenen Karriere willen nicht davor zurückschreckten, ihre eigenen Landsleute zu verraten.

Die Verachtung der Römer gegenüber den Griechen sowie der ohnmächtige Hass der »Patrioten« auf die Kollaborateure verhinderten nicht nur eine einheitliche Politik der Griechen gegenüber Rom, sondern führte nach der

506 Vgl. Polybios 30,13,7; Bastini (1987), 167–174.

Zerschlagung des makedonischen Königtums immer wieder zu ressentimentgeladenen Ausbrüchen gegen die römischen Interessen. Als im Jahre 149 ein gewisser Andriskos verkündete, er sei ein legitimer Sohn und Erbe Philipps, fand er die Zustimmung der Makedonen, die sich nie mit der Eliminierung des Königtums hatten abfinden können. Mit Hilfe thrakischer Truppen bestieg er den Thron in Pella und begann sogar diplomatische Kontakte zu Karthago zu knüpfen. Ein Jahr später musste aber auch er sich der militärischen Überlegenheit Roms beugen und wurde von einem Expeditionsheer unter Q. Caecilius Metellus überwältigt. Aus römischer Sicht hatte sich damit die angestrebte Lösung des makedonischen Unruheherds durch die Etablierung der vier Republiken als untauglich erwiesen. Es blieb ihnen nichts anderes übrig, als das so wichtige Land im Norden Griechenlands durch militärische Präsenz zu sichern. So wurde im Jahre 146 mit der Provinz Macedonia das erste direkte römische Herrschaftsgebiet im ostmediterranen Raum unter einem regelmäßig aus Rom entsandten Militärgouverneur eingerichtet. Fünfzig Jahre nach der Freiheitserklärung des Flamininus waren die Makedonen Untertanen Roms geworden.

Was in Makedonien begann, setzte sich in Griechenland fort. Hier hatte die einseitige Förderung romfreundlicher Parteien keineswegs zu einer Stabilisierung der Lage, sondern zu Unmut und sozialen Spannungen geführt. Auch die Führer des Achäischen Bundes konnten mit diesen Spannungen nicht umgehen und mussten sich immer direktere Eingriffe der römischen Aufsichtsmacht in die politischen Belange des Koinon gefallen lassen. Als sich die Achäer offen gegen das von Rom unterstützte Sparta wandten und jede Vermittlung ausschlugen, griffen die Römer in einer nicht gekannten Härte durch (Achäischer Krieg). Auf die Zerstörung Korinths im Jahre 146 folgte die gnadenlose Exekutierung der antirömischen Agitatoren. Das Gebiet des Achäischen Bundes, die letzte bedeutende Mittelmacht im griechischen Raum mit einer der modernsten Verfassungen, welche die Antike je hervorgebracht hat, wurde zu großen Teilen der Provinz Macedonia unterstellt, die Städte waren fortan tributpflichtige Untertanen Roms.[507] Eine der wenigen Gemeinden, die vor der rücksichtslosen Härte der Römer Gnade fanden, war Athen. Die Stadt hatte sich konsequent loyal gegenüber Rom verhalten und genoss unter römischem Schutz eine der längsten Friedenszeiten ihrer Geschichte.

6. Der Niedergang der östlichen Königreiche und das Ende Pergamons

Auch die militärisch geschwächten hellenistischen Königtümer jenseits des Bosporus hatten nicht mehr die Kraft zum Widerstand. Spätestens jetzt machten sich die grundsätzlichen Strukturprobleme der Monarchien auf fatale Weise bemerkbar. Die patrimoniale Auswahl der Berater und das Fehlen objektiver Rechtskriterien führten innerhalb des Hofrats zu Intrigen, Konkurrenzkämpfen und Heimlichkeiten, die einen rationalen Entscheidungsprozess zumal in außenpolitischen Krisensituationen erschwerten.[508] Die Einführung von Hoftiteln mit fester Rangfolge und fachlichen Kompetenzzuweisungen dürfte diese Mängel gemindert, aber nicht beseitigt haben; sie waren auch einer der wesentlichen Gründe, weshalb sich die hellenistischen Monarchien immer schwerer damit taten, eine gemeinsame Abwehrpolitik gegenüber mächtigen Aggressoren zu entwickeln.

Seit dem ersten Drittel des 2. Jahrhunderts nutzten im Reich der Ptolemäer und der Seleukiden Hoffunktionäre die Unmündigkeit der Könige bzw. deren Abwesenheit als

507 Vgl. Pausanias 7,16,9; Shipley (2000), 385.
508 Vgl. Meißner (2007), 99 f.

Geisel in Rom, um sich zu faktischen Herrschern aufzuschwingen und eine Außenpolitik zu betreiben, die nicht auf eine Verständigung mit Rom, sondern auf militärische Erfolge auf Kosten anderer hellenistischer Staaten abzielte. Die von Rom abhängige Königsdynastie versuchte das Heft wieder in die Hand zu bekommen, blieb aber abhängig von den Höflingen. Denn Rom versäumte es wie im Fall der griechischen Poleis und Mächte, jenseits der üblichen Gesandtschaften vor Ort präsent zu sein und die ihnen nahestehenden Dynastien zu unterstützen. Selbst als im Jahre 162 v. Chr. Ptolemaios VIII. Euergetes II. die Kyrenaika testamentarisch den Römern vermachte, um deren Unterstützung im Kampf gegen seinen Bruder zu gewinnen, reagierte der Senat nicht (weil offiziell der Erbfall nicht eintrat). Diese offen zur Schau getragene außenpolitische Distanz trotz eindeutiger militärischer und machtpolitischer Überlegenheit konnte nur als entehrend empfunden werden und verstärkte den Hass auf die fremde Macht, die durch Gesandtschaften die Welt regierte, ansonsten aber nicht glaubte, sich um diese Welt kümmern zu müssen.

Die hellenistischen Mächte fühlten sich so auf erniedrigende Weise fremdgesteuert. Als Reaktion hierauf versuchten sie zumindest im Innern ihre Herrschaft durch harte Restriktionen zu stärken. Der von Rom gemaßregelte Antiochos IV. forcierte die Hellenisierung der Untertanen in Syrien und Judäa und griff auf die Besitztümer der Tempel zurück. Zwei Jahre nach der denkwürdigen Begegnung mit Popilius Laenas brach der Aufstand der Makkabäer (166–164) aus, der zur Etablierung eines von Rom geförderten Staates der Hasmonäer in Palästina führte. Wie im Fall Griechenlands hatte das Zusammenwirken einer Politik der distanzierten Fremdsteuerung zu einem sukzessiven Machtverlust der griechisch-makedonischen Königreiche geführt.

Ein dritter Faktor beschleunigte diesen Machtverlust des griechischen Ostens. Um 250 v. Chr. – fast zeitlich mit der Etablierung des baktrischen Reiches unter Euthydemos (s. S. 332) – hatten östlich des Kaspischen Meeres die Parther ihre Unabhängigkeit von den Seleukiden erklärt und waren nach einem Jahrhundert harter Kämpfe gegen zentralasiatische Reiternomaden zur Vormacht des Orients aufgestiegen. Die seit der Mitte des 2. Jahrhunderts einsetzenden innerdynastischen Kämpfe im Seleukidenreich erleichterten den Aufstieg der neuen Macht: Kurz nach dem Makkabäeraufstand hatten die Parther den Seleukiden die zentralen Gebiete ihrer asiatischen Herrschaft (Medien, Ostiran) einschließlich Mesopotamien entrissen und verlegten das Zentrum ihrer Macht aus der turkmenischen Steppe nach Westen. Der Partherkönig Mithridates I. (um 171–131/138 v. Chr.) eroberte mit Seleukia am Tigris eines der Zentren des Seleukidenreiches. 129 verlor Antiochos VII. sämtliche östlichen Reichsgebiete an den Partherkönig Phraates II., der in der alten makedonischen Gründung Ktesiphon am Tigris seine Residenz nach hellenistischem Vorbild errichtete.

Allein Pergamon schien sich als alter Bundesgenosse Roms gegen die Makedonen halten zu können und profitierte in der ersten Hälfte des 2. Jahrhunderts vom Niedergang der Seleukiden. Nach dem Frieden von Apameia 188 erhielt Eumenes II. (197–160) große Teile des seleukidischen Kleinasien und begann in der Folgezeit das Gebiet der Galater (Kelten) in Anatolien zu unterwerfen. Wegen der unklaren Haltung im Krieg gegen Perseus entzog der Senat dem König jedoch diese Gebiete wieder und versuchte ihn zusätzlich dadurch zu schwächen, dass er dessen Bruder als Kronprätendenten aufbaute.[509] Auch wenn dieser Versuch misslang – deutlich erkennbar ist das Bestreben Roms, ähnlich wie im Fall der Seleukiden und Ptolemäer die noch existierenden hellenistischen Königreiche von innen heraus so weit zu schwächen, dass sie als eigenständiger Machtfaktor ausfielen bzw. in ihrer Ent-

509 Vgl. Heuß (1998), 118.

wicklung allein von der Gnade Roms abhängig waren. Ein wichtiges Steuer- und Kontrollinstrument bildete hierbei das bald übliche Verfahren, die Prinzen der östlichen Königsdynastien (wie Antiochos IV. von 189–175 v. Chr.) in Rom als Geisel zu erziehen und sie im günstigen Augenblick auf dem Thron ihrer Heimat zu installieren. Zusätzlich förderte der Senat die Gewinnchancen römischer Händler und Bankiers, z. B. indem man anstelle von Rhodos die bis dahin eher unbedeutende Insel Delos zum Freihafen erklärte. Diese und ähnliche Maßnahmen erschwerten nicht nur die lukrativen Handelsgeschäfte der Rhodier, sondern verringerten offenbar auch die Zolleinnahmen der hellenistischen Königtümer im ostmediterranen Raum.

Diese an die Politik der Engländer gegenüber den Maharadschas im Indien des 19. Jahrhunderts erinnernde Politik ließ zwar der Prachtentfaltung der Dynastien im unmittelbaren Bereich ihrer Residenzen freien Lauf, machte aber mittelfristig eine solide Herrschaftspolitik der Könige unmöglich. Das Auftreten von Thronprätendenten war fast an der Tagesordnung. Spitzte sich die Situation zu, waren die regierenden Dynastien einseitig abhängig vom guten Willen Roms. Eine solche Entwicklung trat auch in Pergamon in den 130er Jahren ein, als ein unehelicher Sohn Attalos' II., Aristonikos, gegen den legitimen Erben Attalos III. Thronansprüche erhob. Attalos III. sah daraufhin keine andere Möglichkeit, sein Reich vor einem mörderischen Bürgerkrieg zu bewahren, als dieses testamentarisch den Römern zu vermachen – ähnlich wie es Ptolemaios VIII. (Euergetes II.) im Fall der Kyrenaika getan hatte (s. S. 376), wobei er immerhin die Hauptstadt Pergamon sowie die autonomen griechischen Poleis für frei erklärte.[510] Als der Erbfall schließlich eintrat, versuchte Aristonikos den Römern zuvorzukommen, nahm den Namen

510 Vgl. Meißner (2007), 75.

Eumenes an und begann planmäßig die Bewohner des Inlands um sich zu scharen, indem er die Solidarität der Armen gegen die verhasste Schicht der Reichen schürte.

Erst nach drei Jahren verwickelter Kämpfe gelang es dem römischen Konsul M. Perpenna, Aristonikos zur Kapitulation zu zwingen und den Aufstand niederzuschlagen. Die Situation ähnelte nun auch in Kleinasien der Lage in Griechenland nach der Niederschlagung des Andriskos-Aufstands knapp 20 Jahre zuvor. Die auf Schwächung staatlicher Machtstrukturen zielende Politik der Römer hatte letztlich Aufstände regelrecht provoziert, die binnen weniger Jahre die noch bestehenden und von Rom geduldeten Ordnungen hinwegfegten. Die griechischen Städte und ihre prorömischen Eliten waren einmal mehr nicht in der Lage, dem Chaos Einhalt zu gebieten, und so stand am Ende dieser Entwicklung im Jahre 129 auch in Kleinasien die Umwandlung eines großen Teils des pergamenischen Reiches in ein direktes römisches Herrschaftsgebiet (Provinz Asia).

X.
Griechische Politik und Kultur unter der Herrschaft Roms

1. Die politischen und rechtlichen Rahmenbedingungen griechischen Lebens unter römischer Herrschaft

Mit der Umwandlung hellenistischer Königreiche in Provinzen und mit der machtpolitischen Schwächung der griechischen Koina avancierten die Städte zu entscheidenden Ansprechpartnern der neuen römischen Herrschaft. Ihre Pflichten gegenüber Rom unterschieden sich nicht prinzipiell von denen der Gemeinden innerhalb der im Westen eingerichteten Provinzen. Während die von Rom privilegierten Freistädte steuerfrei blieben und weitgehende Autonomie genossen, waren die stipendiären Poleis der Steuerpflicht unterworfen und hatten regelmäßig Abgaben an den Haushalt des Statthalters zu entrichten sowie mit Eingriffen in die lokale Gerichtsbarkeit zu rechnen. Die gemeinsame Verpflichtung aller lief darauf hinaus, keine romfeindliche Politik zu betreiben sowie im Kriegsfall die römischen Feldherren materiell und personell zu unterstützen.[511]

Um die Belastungen erträglich zu gestalten, bemühten sich die Städte, gleich welchen Status, bereits im 2. Jahrhundert um den Aufbau eines personellen Verbindungsnetzes zu den führenden Mitgliedern der römischen No-

511 Vgl. Quass (1993), 138–149.

bilität.[512] Für diese äußerst zeitintensive Aufgabe war man wie zu Zeiten der hellenistischen Herrschaft auf Mitglieder der lokalen Oberschicht angewiesen, wobei der Kreis der in Frage kommenden Personen schon im 2. Jahrhundert auf wenige Personen beschränkt war.[513] Was sich gegenüber der Zeit der großen Monarchien änderte, waren neben den außenpolitischen auch die institutionellen Rahmenbedingungen, innerhalb derer die Städte ihre Ziele zu erreichen suchten. Die Römer übernahmen zwar in Kleinasien wichtige Organisationsstrukturen ihrer Vorgänger – wie die Einteilung der Provinz in Diözesen –, versuchten aber die Gebiete mit einem viel geringeren Personal- und Verwaltungsaufwand als die Könige zu regieren: Während unter den Attaliden jede Diözese von einem eigenen Statthalter (mit separatem staatlichen Personal) verwaltet wurde, übernahm jetzt ein aus dem fernen Rom entsandter Statthalter mit einem denkbar kleinen Verwaltungsstab die Regierung der gesamten Provinz.[514]

Die Tendenz zur Rücknahme staatlicher Verwaltungsstrukturen und der Konzentration der Herrschaft auf eine Amtsperson und seinen Stab war ferner mit einer hohen Fluktuation der Amtsinhaber selbst verbunden. Rom ließ bewusst eine personelle Kontinuität der Regierungstätigkeit der Statthalter in den Provinzen gar nicht erst aufkommen: Die Amtszeit der Statthalter und der in den Osten entsandten Feldherren dauerte maximal drei Jahre, dann wurden sie durch einen in der Regel per Los bestellten Nachfolger ersetzt. Und auch in Rom war es nicht ein eindeutig zu identifizierender Herrscher, sondern mehrere miteinander konkurrierende Senatoren, welche die potentiellen Ansprechpartner der Griechen waren.

Diese Veränderungen dürften für die griechischen Un-

512 Vgl. Lehmann (1998), 146–153; Quass (1993), 138–149. Patronat: Eilers (2002).

513 Vgl. Gehrke (1993), 150f., und Lehmann (1998), 146–153.

514 Vgl. Dreyer/Engelmann (2003), 24f.

tertanen ein erhebliches Maß an Unsicherheit bedeutet haben, zumal die Regierungszentrale in Rom viel weiter entfernt war als der ehemalige Herrschersitz in Pergamon. Zusätzlich erschwert wurde die Lage dadurch, dass – anders als in Griechenland – parallel zur Minimierung staatlicher Verwaltungsstrukturen das Steuersystem von den Römern seit 121 in private Hände der Steuerpächter (*publicani*) gelegt wurde. Diese übernahmen die attalidischen Steuerstationen[515] und begannen einen hierarchisch gegliederten und sich über mehrere Provinzen erstreckenden Verwaltungsapparat inklusive Boten- und Banksysteme aufzubauen, der die Lücke füllte, welche die römische Amtsmacht aufgrund ihres Verzichts auf umfassende Herrschaftsstrukturen hinterlassen hatte. Die Steuerpächter und die mit ihnen kooperierenden italischen Bankiers drangsalierten spätestens seit 100 v. Chr. auch die Städte in einem Maße, das der vorrömischen Zeit unbekannt war.

Die römische Zentrale hat in dieses Treiben kaum regulierend eingegriffen. Viele römisch-italische Geschäftsleute hatten infolge der Reformen des Gracchus an politischem Einfluss gewonnen und zählten mächtige Senatoren zu ihren Anteilseignern. In der Regel bestanden deshalb zwischen Statthaltern und Steuerpächtern gütliche Übereinkommen, die zulasten der provinzialen Steuerzahler gingen. Nur selten wagten es Nobiles wie der Rechtsgelehrte Mucius Scaevola und sein Legat Rutilius Rufus im Jahre 94, Gegenmaßnahmen einzuleiten. Genutzt haben diese Einzelaktionen wenig. Rutilius Rufus, wohl der geistige Wegbereiter der von Scaevola implementierten Reformen, wurde in Rom von den Rittern vor Gericht gezogen und verurteilt. Die Interessenkumpanei zwischen den wirtschaftlich aktiven Rittern und der Mehrheit der Nobiles war zu intensiv, als dass Einzelne Veränderungen bewirken konnten.

515 Vgl. Kallet-Marx (1995), 116 f.

Es waren aber nicht nur die Steuerpächter und die mit ihnen kooperierenden römischen Bankiers, die den griechischen Städten zu schaffen machten. Mit der gezielten Schwächung oder Eliminierung der hellenistischen Königreiche sowie dem Rückzug eigener Seestreitkräfte hatte Rom ein maritimes Machtvakuum geschaffen, das seit den 30er Jahren des 2. Jahrhunderts durch die Piraterie kretischer und kilikischer Herkunft gefüllt wurde. Sie bot Söldnern und Abenteurern nach der Auflösung der großen hellenistischen Armeen neue Beschäftigungsmöglichkeiten und konnte von den geschwächten Königen der Seleukiden und Ptolemäer Rückzugsgebiete auf Zypern und in Kyrene erzwingen. Ein um 100 v. Chr. erlassenes Volksgesetz sah zwar einen koordinierten Angriff der im Osten stationierten Statthalter gegen die kilikischen Piraten vor und verbot den Königen von Zypern, Ägypten, Kyrene und Syrien, den Seeräubern Asyl zu gewähren; doch kam es nie zur Ausführung, offenbar weil der Senat nicht ein Gesetz mittragen wollte, das dem leitenden Konsul im Erfolgsfall eine gewaltige Anhängerschaft unter den Griechen verschafft hätte. So blieb denn alles beim Alten. Rom kam aus Sicht vieler Griechen erneut seiner Fürsorgepflicht nicht nach, und so wundert es nicht, dass die Mehrheit der Provinzialen im Jahre 89 sich auf die Seite eines Mannes schlug, der noch einmal mit aller Macht versuchte, die römische Vorherrschaft im Osten hinwegzufegen.

2. Die Griechen und der Angriff des Mithridates auf die Herrschaft Roms

Anders als im 2. Jahrhundert entwickelte sich der Widerstand diesmal nicht in den von Rom besiegten oder besetzten Gebieten, sondern in einem Bereich, der sich lange im Windschatten der großen Politik befand. Im Jahre 112, also rund 15 Jahre nach der Einrichtung der Provinz Asia, war der aus einer iranisch-griechischen Dynastie stammende Mithridates VI. durch eine Palastrevolution auf den Thron des Königreichs Pontos gelangt. Das pontische Reich hatte sich wohl schon in der Zeit Alexanders gebildet und gehörte in die Kategorie der kleinasiatischen Fürstentümer, die nach dem Sieg Roms über Antiochos III. neue Entfaltungsmöglichkeiten erhielten. Tatsächlich gelang es bereits Pharnakes I., dem bedeutendsten Vorgänger des Mithridates, nach Apameia Schritt für Schritt, die griechischen Poleis der pontischen Südküste zu annektieren und auch die auf der Krim gelegenen Städte unter seinen Schutz zu stellen. In der Mitte des 2. Jahrhunderts fühlte sich der König bereits so stark, um mit Pergamon und Kappadokien Krieg zu führen. Mithridates VI. setzte diese Expansionspolitik mit Hilfe griechischer Berater konsequent fort. Nach wenigen Jahren standen alle bedeutenden Städte der nordwestlichen Schwarzmeerküste unter seinem Protektorat; ganz in der Tradition der hellenistischen Könige betätigte er sich sogar als Städtegründer (Eupatoria).

Nur in südlicher und westlicher Richtung scheiterten seine Expansionsgelüste am Widerstand des bithynischen Königs, der sein Reich mit römischer Rückendeckung zu einer beträchtlichen Stabilität geführt hatte. 94 stürzte jedoch sein Tod das Land in Thronwirren; gleichzeitig war die römische Schutzmacht durch den Aufstand der italischen Bundesgenossen gebunden. Sofort schloss Mithridates ein Bündnis mit Tigranes II. von Armenien und gab ihm seine Tochter zur Frau. Zusammen planten sie, sich das gesamte Gebiet der nordkleinasiatischen Fürstentümer einzuverleiben: Während Tigranes 91/90 den Herrscher von Kappadokien vertrieb, besetzte Mithridates Bithynien.

Noch im gleichen Jahr beendete Rom jedoch den Bundesgenossenkrieg und konnte noch einmal den vordrängenden Mithridates zum Rückzug zwingen. Im folgenden

Jahr wagte der neue bithynische König auf Drängen römischer Gesandter seinerseits einen Angriff auf pontisches Gebiet, um durch Beute der römischen Forderung nach finanziellem Ausgleich für die gewährte Unterstützung nachzukommen. Gleichzeitig sperrte er die Dardanellen für pontische Schiffe – Grund genug für Mithridates, zurückzuschlagen: 89 marschierte er in Kappadokien ein und wandte sich gegen die Provinz Asia. Hier gelang es ihm, den Hass der Griechen auf die Römer zu schüren; mehrheitlich wurde er als Befreier und (neuer) Dionysos begrüßt. Innerhalb der Provinz konnten dagegen nur wenige romfreundliche Honoratioren ihre Mitbürger auf Roms Seite halten.[516] Die Städte an der Küste nördlich des Mäander, unter ihnen Ephesos, Pergamon und Mytilene (und vielleicht auch auf Samos), votierten dagegen für Mithridates.[517] Es handelte sich um Gemeinden, die besonders stark unter den römischen Steuerpflichten zu leiden hatten und sich von dem Versprechen des Mithridates, eine allgemeine Schuldentilgung sowie Steuerfreiheit für fünf Jahre zu gewähren, viel versprachen. Wie groß der Hass auf die römisch-italischen Bankiers und Steuereintreiber war, zeigte schließlich der berüchtigte Befehl zum Mord an angeblich 80 000 Römern und Italikern beiderlei Geschlechts vornehmlich in Ephesos, Kaunos, Tralleis, Adramyttion und Pergamon (»Vesper von Ephesus«). Er war von Mithridates und seinen Funktionären mit den städtischen Behörden geplant und mit dem Versprechen, den Griechen das Vermögen der Getöteten zu übergeben, in einer Kaltblütigkeit durchgeführt worden, die in der griechischen Geschichte einmalig ist. Die nur 30-jährige Provinzialherrschaft hatte ausgereicht, um ein Massaker zu bewirken, das sich gegen ein ganzes Volk (»italischer Zunge«) richtete.[518]

516 Vgl. Sherk (1969), Nr. 48; Quass (1993), 130.
517 Vgl. Bernhardt (1985), 109; Valerius Maximus 9,2
518 Vgl. Appian, *Mithridatius* 23.

Auch in Griechenland hatte die Propaganda des Mithridates wenn nicht flächendeckend, aber immerhin in einigen Städten und Regionen Erfolg, wobei die Gründe für den Abfall im Einzelnen schwer auszumachen sind. In Athen gelang es dem Philosophen Athenion – ähnlich wie einigen Rhetoren in Kleinasien –, sich als Mithridatesfreund zunächst zum Strategen wählen zu lassen und mit der Unterstützung des Demos eine Art Militärtyrannis zu errichten. Der Flottenadmiral des Mithridates sicherte ihm zudem die Tempelschätze von Delos. Da Mithridates mit Hilfe seiner Flotte und verbündeten Piraten das Meer beherrschte, verlor Rom bis auf kleine Rückzugsgebiete (Euböa) die Kontrolle über fast ganz Griechenland und Kleinasien.

Doch genauso schnell, wie Mithridates die Kontrolle über die römischen Provinzen jenseits der Straße von Lepanto gewonnen hatte, brach seine Herrschaft beim ersten massierten Gegenstoß zusammen. Der per Volksbeschluss seines Kommandos enthobene Sulla landete auf eigene Initiative 87 in Griechenland, ein Jahr später nahm er Athen nach längerer Belagerung ein und besiegte die Truppen des Mithridates in zwei Schlachten bei Chaironeia und Orchomenos. Nach einem erfolgreichen Flottenvorstoß seines Quästors Lucullus musste sich Mithridates zum Frieden bequemen (Friede von Dardanos 85 v. Chr.). Dieser zwang den König nicht nur zu hohen Kriegskontributionen, sondern auch zum Rückzug aus allen besetzten Gebieten einschließlich der römischen Provinzen. Damit war Mithridates eigentlich glimpflich davongekommen; wesentlich schlimmer traf es die Provinz Asia, deren Städte mehrheitlich nicht zu Rom gehalten hatten. Sie mussten innerhalb eines Jahres die gesamte ausgefallene Steuersumme der letzten fünf Jahre aufbringen; hinzu kamen die Belastungen, die durch die Einquartierungspflicht römischer Truppen entstanden. Nur wenige Städte, die sich wie Aphrodisias, Chios und die Poleis Lykiens loyal verhalten hatten, blieben steuerfrei und erhielten den bevorzugten Status eines *amicus*; ihre romtreuen Honoratioren wurden gestärkt. Rhodos erhielt als Belohnung erneut den Besitz von Gebieten auf dem Festland zurück.

So schnell Sulla den pontischen König auch bezwungen hatte – die politische Organisation seines Sieges war ein einziger Fehlschlag, geprägt durch den Willen, sich und seinen Soldaten große Beute- und Geldsummen zu sichern und Mithridates kurzfristig aus dem Bereich der römischen Provinzialherrschaft herauszudrängen. Auch wenn die Steuerpächter in ihrem Handlungsspielraum beschränkt wurden, die finanziellen Strafsummen und militärischen Belastungen verschlimmerten die Situation der städtischen Bevölkerung stetig und trieben viele Bürger sowie zahlreiche der einst zu Mithridates tendierenden Honoratioren in das Räuberwesen oder zur Piraterie. Dies war einer der Kardinalfehler Sullas nach dem militärischen Erfolg: Anstatt die Chance zu nutzen, die ostmediterranen Küstengebiete durch eine langfristig angelegte Flottenpolitik endgültig unter römische Kontrolle zu bringen, beließ er alles beim Alten.

Es wundert so nicht, dass Mithridates die erste Chance zur Revanche nutzte, um in Kooperation mit der aufstrebenden Piraterie seinen alten Traum von einem ostmediterranen Königreich zu verwirklichen. Ausgangspunkt bildete erneut das strategisch günstig gelegene Königreich Bithynien. Dessen Herrscher Nikomedes IV. vermachte sein Reich – ähnlich wie seinerzeit Attalos III. Pergamon – den Römern, um es nicht in die Hände des pontischen Königs fallen zu lassen. 75/74 trat der Erbfall ein, doch bevor die Römer aktiv werden konnten, annektierte Mithridates, der inzwischen mit Hilfe der Seeräuber Kontakt zum römischen Rebellen Sertorius in Spanien aufgenommen hatte, große Teile des Landes. Doch wieder – die Ereignisabfolge schien sich zu wiederholen – zeigte er sich militärisch der Reaktion Roms nicht gewachsen.

L. Licinius Lucullus, der als Statthalter von Asia diesmal in offiziellem Auftrag das Kommando gegen Mithridates übernahm, hatte als Quästor Sullas reiche Erfahrungen im Osten sammeln können und den geschundenen Provinzialen während seiner kurzen Amtszeit erhebliche Steuererleichterungen verschafft. Hier war ein Mann am Werk, der erkannte, dass jeder militärische Sieg dann nutzlos war, wenn er nicht mit einer Reform der Verwaltung und der Zustimmung der Griechen kombiniert wurde. Zusammen mit seinem Flottenadmiral M. Aurelius Cotta griff er die pontischen Kernlande direkt an und zwang den König zur Flucht nach Armenien. 69 siegte Lucullus aber auch vor den Toren der Königsresidenz Tigranokerta. Nie hatte Rom seine militärischen Erfolge weiter nach Osten ausgedehnt; es schien, als ob mit dem erfolgreichen Feldzug gegen Mithridates Lucullus den Römern ein neues Provonzialreich im Osten sichern sollte.

Doch wie einst Alexander am Hyphasis, so musste Lucullus die Erfahrung machen, dass die Ziele eines Feldherrn nicht immer mit den Wünschen seiner Armee übereinstimmten. Die Strapazen für die Legionäre in den Hochebenen Armeniens waren zu groß, zumal man beutebeladen eiligst nach Hause wollte. Hinzu kam, dass die von Lucullus in Kleinasien zurechtgestutzten Geschäftsleute jede Chance nutzten, um Gerüchte über arrogantes Auftreten und mangelnde Führungsqualitäten des großen Generals zu verbreiten.

3. Das Ende des Seleukidenreiches und die neue Rolle des Pompeius als Patron des griechischen Ostens

Unbesiegt wurde Lucullus schließlich von dem nicht minder begabten Pompeius per Volksbeschluss im Jahre 67 ersetzt. Pompeius war eine gute und logische Wahl.

Ein Jahr zuvor hatte er die sich zu einem eigenen Machtfaktor entwickelnde mediterrane Piraterie zurückgedrängt, danach gewann er einen Großteil der Seeräuber nach dem Vorbild der hellenistischen Könige als Bundesgenossen und machte sie – nach römischem Verständnis – zu seinen Klienten.[519] Damit besaß er eine wichtige maritime Unterstützung, die vorher Mithridates bei allen Niederlagen zu Land Bewegungsspielräume eröffnet hatte. Gleichzeitig zeigte Pompeius, wie der Osten langfristig in die Herrschaft Roms integriert werden konnte. Die Provinzialherrschaft musste ausgefüllt und ergänzt werden durch das persönliche Patronat von Feldherren, die sich auch nach ihrem Kommando für die Gestaltung der Untertanengebiete und ihrer Bewohner einsetzten.

Hierzu musste man global denken und den gesamten Bereich des Mittelmeers und seiner Randgebiete in seine Überlegungen mit einbeziehen. Pompeius schloss dementsprechend noch im Jahre 66 ein Bündnis mit dem Partherkönig Phraates III. (70–58/57). Damit versperrte er Mithridates die Fluchtmöglichkeit nach Osten und sicherte die kleinasiatische Provinz gegen Angriffe aus dem vorderasiatischen Raum. Phraates ging verabredungsgemäß gegen Armenien vor, und Pompeius konnte in einem ersten Treffen die pontischen Truppen besiegen. Mithridates zog sich daraufhin in den Schwarzmeerraum zurück. Hier gelang es ihm noch einmal, an der pontischen Ostküste (Kolchis) und am kimmerischen Bosporus eine Herrschaft nach hellenistischem Vorbild aufzubauen. An ein Ausgreifen nach Süden war jedoch angesichts der parthischen Invasion Armeniens, der römischen Truppenpräsenz in Kleinasien und der Herrschaft Roms über die Ägäis und das Marmarameer nicht mehr zu denken. Am Ende wurde der König von seinem

519 Vgl. zuletzt Ehling (2008), 267.

Sohn, der sich den Römern andienen wollte, in den Selbstmord getrieben.[520]

Pompeius hatte in der Zwischenzeit (66/65) in der Absicht, zuerst Lucullus und dann Alexander zu übertreffen, einen raumgreifenden Feldzug bis in den Kaukasus nach Georgien und Aserbaidschan geführt. Sein Blick richtete sich von Anfang an jedoch nicht nur auf unmittelbare militärische Erfordernisse, sondern er dachte – wie schon während des Piratenkriegs – in großen Dimensionen. 65 und 64 setzte er auf einer Konferenz aller noch verbliebenen kleinasiatischen Fürsten eine grundlegende Neuordnung des Ostens durch. Um das gesamte Gebiet im Sinne Roms langfristig zu stabilisieren, mussten sämtliche bisher unabhängigen bzw. von Königen regierten Gebiete, welche Roms Herrschaft nicht anerkannt hatten oder nicht in der Lage waren, eine stabile Herrschaft auszuüben, in Provinzen umgewandelt werden. Nach dieser Maxime entstand zunächst aus Bithynien zusammen mit den Resten des Königreichs Pontos die Provinz Bithynia et Pontos. Kilikien war schon Jahre vorher im Zusammenhang mit den Bemühungen um die Eindämmung der Piraterie zur Provinz erklärt worden. Nachdem Tigranus von Armenien fast das gesamte Seleukidenreich erobert und Pompeius die Wiedereinsetzung des Antiochos XIII. abgelehnt hatte, wurden auch die kümmerlichen Reste des einst größten hellenistischen Königreichs als Provinz Syria eingerichtet. Damit waren sämtliche hellenistischen Monarchien, welche am Mittelmeer bzw. an der Ägäis und dem südlichen Schwarzmeer lagen, mit Ausnahme des Ptolemäerreiches zu direkten Untertanengebieten des Imperiums geworden. Diesem maritim orientierten Herrschaftsraum wurde ein weiter im Osten gelegener Block von abhängigen Fürsten- und Königtümern angegliedert (sog. Klientelkönige). Zu ihnen zählte neben Armenien

520 Vgl. Heuss (1998), 260; Meißner (2007), 86.

das »neue« pontische Königreich des Phraates (hervorgegangen aus den ostpontischen Gebieten), Kappadokien, Lykien, Galatien (unter König Deiotarus) und seit 63 v. Chr. Judäa. Innerhalb der Klientel-Königreiche und Provinzen wurden kleinere Stadtstaaten für unabhängig erklärt.[521]

Diesmal scheint die Mehrheit der Griechen – offenbar der nicht enden wollenden Kämpfe müde – die neue Ordnung begrüßt zu haben. Pompeius hatte sich zu Wasser und zu Land als größter Feldherr der Zeit und glänzender Organisator mit viel Fingerspitzengefühl für die lokalen Besonderheiten bewährt: Erstmals nahm sich ein Sieger nicht nur einzelner Regionen innerhalb seines Kommandobereichs an – wie es Lucullus getan hatte –, sondern fühlte sich für das gesamte nahöstliche Gebiet bis zu den Grenzen des Partherreiches verantwortlich. Jovial und offen für die Bitten der Untertanen schien er dem Ideal eines »guten Königs« wie kein hellenistischer Herrscher vor ihm nahezukommen. Nicht ohne Grund wurde Pompeius – fast wie der aus Indien heimkehrende Alexander – auf seinem Rückmarsch durch Kleinasien und Griechenland »als Retter und Wohltäter, Hüter der Erde und des Meeres« gefeiert. Endlich hatte der griechische Osten das, was er so lange vermisst hatte: eine mächtige »patronale Mitte«, auf die sich alle Hoffnungen und Wünsche ausrichten konnten und die langfristig Frieden und Schutz vor verantwortungsloser Ausbeutung versprach. »In Pompeius meldete sich [...] zum erstenmal die Tatsache zu Wort, dass Rom die griechische Zivilisation nicht nur als Geschenk entgegennahm, sondern sie offen zu seiner Sache machte.«[522]

521 Vgl. Meißner (2007), 88; Baltrusch (2002), 254; Ehling (2008), 271 ff.
522 Heuss (1998), 268.

4. Das Ptolemäerreich zwischen Desintegration und Überlebenskampf

Auch das Ptolemäerreich gehörte längst zu den Gebieten, die nur noch von Roms Gnaden existierten. Zerrissen von dynastischen Fehden, gelenkt von ehrgeizigen Funktionären und begehrtes Objekt römischer Geschäftsleute, befanden sich das Reich und seine zwei Außenbesitzungen Zypern und Kyrenaika in einem Schwebezustand zwischen autonomer Existenz und Integration in den römischen Reichsverband. Bezeichnenderweise wurden alle drei Territorien kurz vor der Jahrhundertwende von drei Mitgliedern der ptolemäischen Dynastie regiert. Vor ihnen hatte bereits Ptolemaios Apion im Jahre 94 den Weg beschritten, dem zuvor Attalos in Pergamon und Nikomedes von Bithynien gefolgt waren, und die Kyrenaika den Römern vererbt; es wurde erst 74 von Rom annektiert und sieben Jahre später mit Kreta als Doppelprovinz Kreta und Kyrene eingerichtet. 58 folgte Zypern als Teilgebiet der Provinz Kilikien dem gleichen Schicksal, was für das ptolemäische Staatseinkommen einen erheblichen Verlust bedeutete.[523]

Allein das Stammland Ägypten konnte sich nominell unabhängig halten, obwohl es von dem 89/88 ins Exil vertriebenen Ptolemaios X. den Römern vermacht worden war. Letztlich entging das Land der Provinzialisierung allein deshalb, weil sich die *nobiles* bei der Erteilung des Auftrags zur lukrativen Annexion gegenseitig blockierten. Keiner gönnte dem anderen die fette Beute.[524] Jeder wusste, dass das reiche Ägypten demjenigen, der das Land dem Imperium anfügen würde, eine Hausmacht verschaffen würde, die das seit Pompeius aus den Fugen geratene Machtgleichgewicht unter den Senatoren zusätzlich stören

523 Vgl. Shipley (2000), 232; Strabon 17,1,13.
524 Vgl. Clauss (2000), 11.

würde. So beließ man es dabei, das Land in einer fast modernen Form informeller Herrschaft auszubeuten: Als wieder einmal einer der sich mehrenden Aufstände den legitimen König Ptolemaios XII. (Auletes) nach Rom trieb, versprach dieser den römischen Großen Unsummen für eine erfolgreiche Reinstallation und erreichte tatsächlich seine offizielle Anerkennung als »Freund und Bundesgenosse des römischen Volkes«; damit war die im Raum stehende Provinzialisierung vom Tisch. 55 v. Chr. erteilte Pompeius seinem Gefolgsmann Aulus Gabinius den Auftrag zur Rückführung des Königs. Gabinius erfüllte ihn erfolgreich. Ägypten wurde seitdem ähnlich behandelt, wie es die Engländer gegenüber den indischen Maharadschas seit der Mitte des 19. Jahrhunderts taten: Mit Ptolemaios XII. saß eine von Rom gesteuerte Marionette auf dem ägyptischen Thron; römische Berater sicherten die Interessen des Imperiums, ein römischer Geschäftsmann sorgte in der Stellung eines Finanzministers vier Jahre lang dafür, dass er selbst und die Gläubiger des Königs auf ihre Kosten kamen.

Ptolemaios XII. selbst ließ kurz nach der Rückkehr seine Tochter Berenike IV. umbringen, um dynastisch begründete Aufstände zu verhindern.[525] Kurz vor seinem Tod 51 v. Chr. erhob er seine älteste Tochter Kleopatra VII. zur Königin und verfügte testamentarisch eine Koregentschaft mit ihrem jüngeren Bruder Ptolemaios XIII. Ein Exemplar des Testaments schickte er nach Rom. Das hierin vorgesehene Konstrukt scheiterte allerdings früh an dem Ehrgeiz Kleopatras sowie den Intrigen der Höflinge, die den 13-jährigen Ptolemaios nur deshalb aufbauten, um selbst die Fäden in der Hand zu halten. Erschwert wurde die Situation zusätzlich durch den Ausbruch des Bürgerkriegs in Rom zwischen Caesar und dem senatstreuen Pompeius. Dieser bot seine östlichen Klienten auf und

525 Vgl. Meißner (2007), 92.

setzte mit Unterstützung ehemaliger Piratenkapitäne ein letztes Mal auf den alten Plan Hannibals (und des Mithridates), Italien von zwei Seiten, nämlich Spanien und Griechenland, anzugreifen. Auch das Ptolemäerreich war dem Pompeius seit dem Aufenthalt des Ptolemaios in Rom verpflichtet, spielte allerdings in diesen Überlegungen zunächst keine Rolle; erst nach der Niederlage bei Pharsalos wählte der geschlagene General das Land als Rückzugsgebiet. Hier wurde er auf Betreiben der Hoffunktionäre Ptolemaios XIII. ermordet, weil diese sich die Gunst des präsumtiven Siegers erhofften.

Als Caesar 48 v. Chr. in Ägypten eintraf, sah er sich mit einer Situation konfrontiert, die für römische Generale und Politiker fast zur Routine geworden war. Die aus Alexandria vertriebene Kleopatra machte an den Grenzen des Landes mit angeworbenen Truppen ihren Herrschaftsanspruch genauso geltend wie ihr Bruder und die ihn umgebenden Hoffunktionäre; es galt, einen klassischen Thronstreit entsprechend dem Testament des Auletes zu klären. Brisant war allein, dass es sich um den ehrwürdigsten Thron der Oikumene handelte und sich der Schiedsrichter Caesar noch im Kriegszustand mit dem Senat befand.

Dass es schließlich Kleopatra gelang, Caesar für sich zu gewinnen und nicht nur ihre Regentschaft zu sichern, hat immer wieder zu fast melodramatischen Überzeichnungen ihrer staatsmännischen Finesse geführt. Zweifellos spielte ihre Liebesbeziehung zu Caesar eine ebenso wichtige Rolle wie ihr Geschick, verfahrene Situationen durch zielbewusstes Handeln zu nutzen; doch darf man nicht vergessen, dass aus römischer Sicht objektiv die Entscheidung für Kleopatra gegen ihren Bruder schon deshalb politisch ratsam erschien, weil sich ihre Gegner durch den Mord an einem der größten römischen Feldherren desavouiert hatten und jeder die Instabilität eines durch Höflinge gelenkten Königs allzu gut kannte. Eine prinzipiell wohl immer noch mögliche Provinzialisierung hätte eine Umschichtung politischer Verantwortlichkeiten bedeutet, die in der Kriegssituation gegen jede Vernunft verstieß. Ptolemaios XIII. und seine Berater begingen zudem den Fehler, ihren Forderungen durch Gewalt Geltung zu verschaffen und Caesar im Königspalast zu belagern. Nach dessen Sieg über die Truppen des Ptolemaios war es mehr als ein Gebot staatsmännischer Klugheit und auch viel mehr als ein Liebesbeweis, Kleopatra mit ihrem jüngeren Bruder Ptolemaios XIV. als Herrscher Ägyptens und Zyperns zu inthronisieren.[526]

Kleopatra war damit die bedeutendste Klientelkönigin des Ostens und wusste diese Starthilfe zu nutzen. Nach dem Tod ihres Geliebten 44 v. Chr. in Rom ließ sie in gewohnter Manier ihren Bruder ermorden und setzte an dessen Stelle den wahrscheinlich von Caesar gezeugten Sohn *Ptolemaios Kaisar* als Mitregenten auf den Thron. Dieses Konstrukt makedonisch-römischer Dynastievermischung zeigt, wie flexibel der Überlebenswillen der Ptolemäer auf die erdrückende Übermacht noch zu reagieren in der Lage war. Gleichzeitig deutet die dynastische Verbindung zum mächtigsten Mann Roms auf die einzige Lösungsmöglichkeit der ungleichen Machtkonstellation hin, die ihr Land vor der nach wie vor drohenden Provinzialisierung bewahren konnte: Als sich Ende der 40er Jahre Caesars fähigster Offizier Antonius zunächst im Einvernehmen mit Octavian, dann als dessen Gegner auf den Spuren des Pompeius eine unabhängige Machtposition im Osten aufzubauen begann, ging Kleopatra erneut eine Liebesbeziehung mit dem neuen großen Mann Roms ein.

Antonius brachte von Beginn an – anders als Caesar – seine Verbundenheit mit dem griechischen Osten auch dadurch zum Ausdruck, dass er sich in Erinnerung an Alexander als »Neuer Dionysos« in Kleinasien feiern ließ;

526 Vgl. Meißner (2007), 92; Clauss (2000), 31.

Ähnliches hatten manche römischen Generale und auch Mithridates versucht (s. S. 385), doch keiner ging dabei so konsequent vor wie Antonius. Nach der feierlichen Heirat mit Kleopatra im Jahre 36 (oder 34) und der Scheidung von seiner römischen Frau Octavia 32 waren die Bande zum Tiber endgültig zerrissen. Antonius gerierte und verstand sich als hellenistischer König, der zusammen mit Kleopatra den gesamten ägyptisch-ostmediterranen Raum auf monarchischer Basis zu regieren gedachte. Es war die intensivste Anpassung römischer Herrschaft an die hellenistische Herrschaftsform, welche die Welt gesehen hat. Kleopatra konnte hoffen, dass ihr diese Symbiose die nötige Basis für den Erhalt ihres Reiches und die sukzessive Rückgewinnung der verloren gegangenen Außenbesitzungen verschaffen würde. Tatsächlich gab Antonius in seiner Doppelrolle als monarchischer Verwalter des Ostens und römischer Feldherr im Stile des Pompeius dem Ptolemäerreich Kilikien, die Levante, Kreta und wichtige Stützpunkte in Judäa zurück; die betroffenen Klientelfürsten unterstanden Kleopatra und überwiesen Tribute nach Alexandria. Antonius war jedoch der eigentliche König der Könige. Er veranlasste die zweite große Neuordnung des Ostens nach Pompeius, welche die griechische Welt in eine Richtung führen sollte, die auf eine Teilung der mediterranen Oikumene in einen griechischen Osten und einen römischen Westen hinauslief.

Dass diese Richtung dennoch nicht zum Ziel führte, lag einmal mehr an der Macht der Waffen und dem Ehrgeiz eines römischen Adligen, der eine unabhängige Machtakkumulation im Osten nicht dulden konnte – ohne seinen Anspruch auf das Erbe des Imperiums aufzugeben. Was sich im Bürgerkrieg zwischen Caesar und Pompeius angedeutet hatte, verdichtete sich im Jahre 31 bei Actium (Nordwestgriechenland): An der Schnittstelle zwischen dem Ost- und dem Westteil des Mittelmeerraums standen sich mit den Flotten Octavians und den vereinten Kriegsschiffen der Kleopatra und des Antonius auch zwei Herrschaftsansprüche gegenüber, die nicht miteinander zu vereinbaren waren: Auf der einen Seite der Anspruch Octavians auf die Herrschaft Roms über die gesamte Oikumene, auf Seiten des Antonius das Ziel, im Osten den alten Traum von der Einheit eines hellenistischen »Super-Königtums« zu verwirklichen. Das den römischen Waffen seit zwei Jahrhunderten holde Kriegsglück sowie das nautische Geschick des römischen Admirals entschieden die letzte große Seeschlacht der Antike für Rom; sie wies der Mittelmeerwelt den Weg in das nächste halbe Jahrtausend, bis sich erneut ein griechischer Osten (mit der Hauptstadt Byzanz) vom lateinischen Westen abspaltete. 500 Jahre lang herrschte jedoch die von Octavian begründete Reihe römischer Kaiser über die Oikumene, die keinen hellenistischen Rivalen mehr duldeten.

Antonius und Kleopatra haben die Ausweglosigkeit der Niederlage bei Actium wohl erkannt: Am Tage der Eroberung Alexandrias durch die Truppen Octavians nahm sich Antonius das Leben. Neun Tage später folgte Kleopatra dem Vorbild ihres Geliebten durch rituellen Selbstmord (Biss einer Schlange) und verschaffte damit dem glanzvollsten hellenistischen Reich einen denkwürdigen Abtritt von der Weltbühne. Der Sieger folgte indessen den ptolemäischen Methoden der Herrschaftssicherung, ließ die Söhne, die Kleopatra von Caesar und Antonius empfangen hatte, ermorden und die übrigen Kinder in Rom erziehen. Ägypten selbst erhielt den Status einer Provinz. Damit war nicht nur das ehrwürdigste hellenistische Königreich ausgelöscht, sondern allen Versuchen einer römisch-ptolemäischen Dynastiebildung auf monarchischer Grundlage eine Absage erteilt. Nicht ohne Grund stabilisierte Octavian seine Position als Alleinherrscher dadurch, dass er die Rückkehr zum altrömischen *mos maiorum* zum Angelpunkt seiner Reichsideologie erhob.

5. Die städtischen Eliten unter römischer Herrschaft

Das Ende der großen hellenistischen Monarchien bedeutete allerdings nicht das Ende griechischen Lebens und griechischer Kultur, ganz im Gegenteil. Doch mit jeder Provinzbildung verschoben sich die Gewichte. In dem Maße, wie seit dem 2. Jahrhundert die hellenistischen Könige geschwächt und ihre Gebiete in römische Provinzen verwandelt wurden, gewannen die griechischen Poleis als Ansprech- und Kommunikationspartner Roms an Bedeutung. Aber auch in Rom selbst hatte sich die politische Lage gewandelt. Der Krieg zwischen Octavian und Antonius sowie die folgende Alleinherrschaft des Augustus waren nur der Endpunkt einer Entwicklung, die mitunter schleichend, häufig schlagartig die Entmachtung und Eliminierung der hellenistischen Mächte begleitete: Anstelle einer ständig streitenden Versammlung eitler Nobiles waren es seit Marius und Sulla große Einzelne, welche sich der anstehenden Probleme des Imperiums (wie der Piraterie) annahmen und im griechischen Osten immer unabhängiger aktiv wurden.

Die Führungsschicht der griechischen Städte musste sich auf diese Veränderungen einstellen und hat dies auch seit Sulla mit erstaunlicher Flexibilität getan. Formell herrschte in fast allen Städten auch der Provinzen eine demokratische Verfassung, d. h., jede politische Entscheidung, die im Rat vorformuliert wurde, bedurfte der Bestätigung durch die Volksversammlung, und es war die Beamtenschaft, welche mit der Ausführung der Beschlüsse beauftragt wurde. Auch die Beamten wurden in der Volksversammlung gewählt. Faktisch setzte sich jedoch der schon in frühhellenistischer Zeit einsetzende Trend zur politischen Führung einer Gruppe von Familien und ihre Oberhäupter durch, die sich gegenüber der übrigen Bevölkerung durch Statusmerkmale wie Herkunft, Rang,

Bildung und Reichtum abgrenzten. Formell äußerte sich ihr führender Rang dadurch, dass sie die wichtigsten Ämter der Stadt bekleideten und sich im Rat (*bule*) versammelten. Sie allein verfügten über die finanziellen Mittel, mit den Abgesandten Roms standesgemäß Umgang zu pflegen. Traditionell besaßen sie eine von Generation zu Generation weitergegebene Erfahrung im Umgang mit der Macht, psychologisches und diplomatisches Geschick sowie eine gediegene Bildung, um ihre Stadt würdevoll zu vertreten; und sie verfügten über Verbindungen, die sie den Römern – im Gegenzug für deren Wohlverhalten – zur Verfügung stellen konnten.

Allerdings verschlechterten sich die Bedingungen der Beziehungsaufnahme im Vergleich zur Zeit der attalidischen Herrschaft. Gesandte fanden erst unter zum Teil erniedrigenden Bedingungen monatelangen Antichambrierens Zugang zu den senatorischen Häusern, bevor ihre Angelegenheit auf die Agenda des Senats kam. Den Erfolgreichsten von ihnen, die das Nadelöhr durchschritten hatten, bot sich dann zwar die Chance, gewissermaßen als Ersatz für frühere Karrieren im attalidischen Mittelbau zum »Handlungsbevollmächtigten« Roms aufzusteigen und für die neue Macht am Tiber die Kontakte zu den Poleis ganzer Provinzen zu pflegen.[527] Die alternativlose Ausrichtung auf Rom schränkte jedoch zusammen mit den finanziellen Belastungen der Provinzialherrschaft die Handlungsspielräume der Eliten erheblich ein. Anders als die römische Seite konnte die lokale Elite ihren Wünschen nur selten durch politischen Druck Geltung verschaffen, sondern war einseitig vom Wohlwollen Roms abhängig. Die einzige Chance, das Machtgefälle auf dem schmalen Grat gemeinsamer Interessen zu überwinden, bestand für die Griechen darin, mit den Römern regelmäßig und möglichst

527 Vgl. z. B. die Kolophoninschriften für Menippos und Polemaios: Lehmann (1998), 143 ff.

direkt zu kommunizieren sowie in diese Kommunikation Mechanismen einzubauen, welche die Fiktion von Gleichheit zu evozieren vermochten, wie gemeinsame Interessen, Kunstgeschmack und Bildung. Die Zahl der einheimischen Bittsteller war jedoch groß und der Wille der Römer zur beiderseitig verpflichtenden Kooperation begrenzt. Es wundert so nicht, dass viele Griechen – wie die Römer immer wieder herablassend bemerkten – spezifische Formen von Schmeicheleien, Tricks und Betrügereien anwandten, um Zugang zu den Quellen der Macht zu finden.

Um ihren Bitten wirkungsvoller Geltung zu verschaffen, bemühten sich die Städte – wie schon zur Zeit der hellenistischen Könige – zudem, neben den heimischen Honoratioren Männer aus dem Kreis der zwischen den Städten umherreisenden oder in den Gemeinden etablierten Philosophen, Redner, Geographen oder Historiker für ihre Sache zu gewinnen.[528] Sie genossen als »Intellektuelle« und Literaten überregionales Ansehen, unterrichteten die adlige Jugend und übernahmen häufig im Auftrag der Gemeinde – ohne regelmäßig städtische Ämter zu bekleiden oder im Rat zu sitzen – wichtige Gesandtschaften oder wurden dem Führer einer Gesandtschaft als Begleiter mitgegeben.[529] Die Städte versprachen sich von ihnen auch eine Stärkung ihrer »kulturellen« Identität gegenüber den Mächtigeren.

Der Einsatz für die Stadt gegenüber dem machtpolitischen Übergewicht Roms bedeutete freilich nicht, dass die Oberschicht geeint die Interessen ihrer Heimat vertrat. Auch unter der römischen Herrschaft war die lokale Elite von Rivalitäten ehrgeiziger Familien bzw. Familienoberhäuptern geprägt, die jede Gelegenheit nutzten, in die führenden Positionen der Städte vorzurücken. Häufig verband sich die Rivalität mit einer entsprechenden außenpo-

528 Vgl. Yarrow (2006), 3.
529 Vgl. Cicero, *Pro Flacco* 18.

litischen Ausrichtung für oder gegen Rom. Diese Gespaltenheit lokaler Oberschichten bot auch den Intellektuellen die Chance, sich persönliche Machtstellungen aufzubauen. Sie bildeten wegen ihrer häufig geringen institutionellen Anbindung an die Städte ein erhebliches Unruhe- und Gefahrenpotential und nutzten nicht selten innenpolitische Polarisierungen zu ihren Gunsten.

So musste sich beim Einmarsch des Mithridates in Kleinasien in einigen Städten die romfreundliche Mehrheit der Oberschicht den Intrigen zugereister oder eingeheirateter Intellektueller beugen, denen der Zugang zum Rat verwehrt worden war. In Adramyttion ließ der Rhetor Diodoros kurzerhand den gesamten Rat ermorden, weil er sich unter Mithridates Aufstiegsmöglichkeiten erhoffte, die ihm der Rat verweigerte. Ein ähnlicher Fall ereignete sich auf dem griechischen Festland in Chaironeia. In Chalkedon mobilisierte der bekannte Rhetor Metrodoros aus Skepsis die romfeindliche Bürgerschaft offenbar mit der Aussicht auf allgemeinen Schuldenerlass und floh nach der Niederlage des Mithridates in dessen Gefolge. In Griechenland, das nach wie vor keinen Provinzialstatus hatte, war das Verhältnis der städtischen Führungsschichten zu den Römern etwas anderen Bedingungen unterworfen sowie Ergebnis eines viel längeren Anpassungsprozesses; außerdem fehlte hier das flächendeckende Steuerpachtsystem Kleinasiens. Immerhin gelang es auch in Athen dem Philosophen Athenion, der ebenfalls nicht der Oberschicht entstammte, die (wirtschaftliche und politische) Unzufriedenheit von Teilen der Oberschicht auszunutzen und den politischen Umschwung zugunsten des Pontoskönigs einzuleiten (s. S. 386).[530]

Der Rückzug des Mithridates und die harten finanziellen Belastungen, die Sulla der Provinz mit wenigen Aus-

530 Vgl. Deininger (1971), 249ff.; zu den Gründen des Umschwungs Dreyer (2001), 60ff.

nahmen sowie Griechenland auferlegte (s. S. 386 f.), werden nicht alle mithridatesfreundlichen Familien ihrer Stellung beraubt haben; vielfach gab es gar keine personellen Alternativen. Insgesamt dürfte jedoch die Position der Römerfreunde gestärkt worden sein. Denn mit dem Wegfall einer ernsthaften außenpolitischen Konkurrenz zu Rom fehlten ihren Gegnern Anknüpfungspunkte realistischer Opposition; viele von ihnen flohen deshalb in die Piraterie oder zum Räuberwesen.[531] Andererseits waren die Städte noch mehr als früher auf die Kontakte und das Wohlwollen ihrer reichsten Bürger angewiesen. Damit verengte sich der ohnehin schon kleine Kreis derer, die Erleichterungen bewirken konnten, auf einzelne Reiche wie etwa Chairemon, Diodoros Pasparos, Chairon aus Laodikea oder den inschriftlich mehrfach lobend erwähnten Artemidoros aus Aphrodisias. Vermutlich spitzte sich so ein Trend zu, der im 2. Jahrhundert eingesetzt hatte[532], als sich manche Honoratioren anstelle der hellenistischen Könige als Euergeten profilierten und – ohne offizielle Ämter zu bekleiden – die Geschicke ihrer Stadt lenkten.[533]

Im Laufe des 1. Jahrhunderts v. Chr. verfügten jedenfalls viele griechische Städte nicht nur des Ostens, sondern offenbar auch im Westen (Sizilien) über *einen* Vertreter, der sich – wie Cicero sagt – durch Herkunft, Ehre, Ansehen und Vermögen auszeichnete und den ersten Rang (*princeps*) innerhalb der Oberschicht erworben hatte.[534] Das bekannteste Beispiel für den Westen ist die herausragende Position, die der Honoratiore Sthenius in Thermai Himeraiai einnahm. Als Gastfreund des Marius zunächst auf Seiten der Gegner Sullas, gelang es ihm im Jahre 82, den heranrückenden Pompeius von einer Bestrafung Thermais

531 Vgl. Appian, *Mithridatius* 9,62–63; Plutarch, *Pompeius* 24.
532 Vgl. Lehmann (1998), 152.
533 Vgl. Shipley (2000), 102 f.; Gauthier (1985), 72 ff.; Dmitriev (2005), 335.
534 Vgl. Cicero, *Pro Flacco* 72; *Ad familiares* 13,25; 13,78 sowie *Ad Quintum fratrem* 1,2,4.

abzuhalten; er selbst – so Sthenius vor Pompeius – habe seine Freunde und Feinde unter der Bürgerschaft seinerzeit dazu gebracht, auf Perpenna zu setzen – ein deutlicher Hinweis auf die Autorität und den Einfluss, den Sthenius in Thermai genoss.[535] Laut Cicero soll Sthenius »alle Ämter mühelos erlangt und mit größtem Glanz und Ruhm verwaltet haben«.[536] Er gerierte sich wie die Honoratioren des Ostens als spendabler Euerget – eine Bronzetafel im Rathaus der Stadt bewahrte seine Verdienste – und konnte sich über Jahrzehnte als *princeps* der Stadt etablieren.[537]

Diese Konzentration der lokalen Herrschaft auf eine oder (in den größeren Hafenstädten) zwei führende Familien mag aus römischer Sicht die Effektivität der Herrschaft gesteigert haben; das strukturelle Konfliktpotential innerhalb der Oberschicht wurde damit jedoch allenfalls entschärft, aber nicht beseitigt. Römische Patrone sorgten zwar durch Empfehlungsschreiben an Statthalter dafür, dass die *principes* von lokalen Rechtsstreitigkeiten (meist um Grund und Boden) unbehelligt blieben sowie von städtischen Finanzverpflichtungen und den Forderungen der Steuerpächter weitgehend dispensiert wurden. Doch gerade die einseitige Protektion von außen wurde von der Mehrheit der Oberschicht häufig als illegitimer Eingriff in das interne ›Spiel‹ um Rang und Ehre empfunden, weil sie die schichteninterne Gleichheit innerhalb der Oberschicht missachtete. Ein von Rom geförderter *princeps* war deshalb häufig mehr geduldet als geachtet.[538]

Hielt sich ein römischer Statthalter – aus welchen Gründen auch immer – einmal nicht an das traditionelle Machtgefüge in den Städten, dann nutzten lokale Konkurrenten sofort die Situation. Sthenius flüchtete später nach Rom

535 Vgl. Plutarch, *Pompeius* 10,6; Cicero, *In Verrem* 2,2,111; zu Griechenland: Strauch (1996), 26.

536 Cicero, *In Verrem* 2,2,112.

537 Cicero, *In Verrem* 2,2,112.

538 Strabon 14,2,24.

vor einem Kapitalverfahren, welches seine innerstädtischen Gegner angestrengt hatten. Ein anderer griechischer *princeps* namens Philodamos wurde in seiner Heimatstadt Lampsakos auf Betreiben der ansässigen römischen Kaufleute und einheimischer Neider zum Tode verurteilt. Dies zeigt, wie labil die Stellung lokaler Größen nicht nur innerhalb der Gemeinde, sondern auch gegenüber den römischen Gastfreunden war. Diese schätzten zwar ihre griechischen *hospites* als Helfer und Informanten in der Provinzialverwaltung. Doch gerade die große Zahl der Gastfreunde und die ständigen Bitten der Griechen, ihr Patron zu werden, machten den einzelnen *hospes* (zumindest für die Routinekommunikation) ersetz- und austauschbar.

6. Die Kontakte der Griechen zu den großen Persönlichkeiten der späten Republik

Diejenigen Mitglieder der lokalen Oberschicht, die es sich leisten konnten und über entsprechende kommunikative Fähigkeiten verfügten, zogen hieraus ihre Konsequenz: Sie gaben bei günstiger Gelegenheit ihren lokalen Standort auf und versuchten – wie früher an den Hof des hellenistischen Herrschers – direkt in das Haus (*familia*) bzw. das Hauptquartier römischer Politiker und Feldherren überzuwechseln. Das bekannteste Beispiel ist Theophanes, ein führender Honoratiore von Mytilene. Er hatte sich gegen die mithridatesfreundlichen Konkurrenten durchgesetzt und vereinigte hohe Bildung mit Geschick in der lokalen Politik. Als Pompeius 67 einen zuverlässigen Helfer bei der Organisation des Piratenkriegs benötigte, nutzte Theophanes die Chance und begleitete danach den großen Feldherrn nach Rom. Hier stieg er zu den einflussreichsten Beratern seines römischen Gönners auf.[539]

539 Vgl. Strabon 13,2,3.

Doch es waren nicht nur politisch aktive Honoratioren, welche auf diese Weise unter Umgehung üblicher Zugangsbeschränkungen in die Machtzentren der großen Politik vorrückten. Unter den Ratgebern römischer Feldherren und Politiker finden wir auch zahlreiche Philosophen und Gelehrte. Auch für dieses Phänomen – das nicht neu war – lieferten die Kriege gegen Mithridates einen markanten Entwicklungsschub.[540] Einige griechische Intellektuelle fanden als maritime und geographische Experten Aufnahme in den Kreis der im Osten operierenden römischen Feldherren. Andere knüpften persönliche Kontakte, wenn die Nobiles während einer Bildungsreise oder auf dem Weg in die Provinz die Gelehrtenzentren Athen, Rhodos, Tarsos oder Alexandria besuchten.[541] Wieder andere nutzten die Übernahme einer Gesandtschaft oder etablierten sich während ihrer Lehrtätigkeit in Rom als Vertraute römischer Protektoren.

Der Vorteil solcher enger Beziehungen bestand für die römische Seite nicht nur darin, dass man einen gebildeten Gesprächspartner und Lobredner in eigener Sache gewann. Viele Griechen verfügten durch ihre Lehrtätigkeit in Rhodos, Tarsos oder Alexandria oder als ehemalige Berater und Ärzte östlicher Fürsten und Klientelkönige über ausgezeichnete überregionale Kontakte und intime Kenntnisse lokaler Verhältnisse, die für einen römischen Feldherrn von großem Nutzen waren. Deshalb begleitete z. B. der Akademiker Antiochos von Askalon den Lucullus auf seinem Weg nach Alexandria und gehörte während des Krieges gegen Mithridates zu seinen Vertrauten. Aber auch in Rom leisteten Männer wie der Epikureer Curtius Nikias wichtige Dienste, weil sie aufgrund ihrer weltmännischen Bildung Zugang zu den Salons der Nobiles fanden und ihre Gönner mit exzellenten Informationen versorg-

540 Vgl. Rawson (1985), 7–8.
541 Vgl. Jocelyn (1977), 337–340.

ten. Auf diese Weise entwickelte sich oberhalb der routinemäßigen Kontakte zwischen der Provinzialelite und den römischen Beamten eine exklusivere Kommunikationsebene, auf der *einzelne* griechische *principes* und Intellektuelle direkten Zugang zu den Entscheidungsprozessen ihrer Protektoren fanden. Männer wie Theophanes von Mytilene vermochten sich sogar zwischen die Kommunikationswege römischer Adliger einzuschalten und diese partiell zu monopolisieren. Im Gegenzug erhielten sie häufig von ihren Gönnern das römische Bürgerrecht und konnten mit dauerhafter Unterstützung rechnen.[542]

Cicero hat diese Auswüchse – und überhaupt eine allzu starke Vertrautheit mit den Griechen – kritisiert. Er konnte sich der Zustimmung seiner Standesgenossen in der Öffentlichkeit sicher sein; kein Römer gab es gern zu, seine Entscheidungen nach den Ratschlägen der *Graeculi* gerichtet zu haben. Tatsächlich war es aber die exklusive Kommunikationsebene zwischen griechischen Eliten und römischen Mächtigen, auf der die großen Reichsprobleme (wie die Bekämpfung der Piraterie, die Getreideversorgung oder die Neuorganisation der östlichen Herrschaftsgebiete) jenseits republikanischer Beschränkungen angepackt und gelöst wurden.[543] In dem Maße, wie sich die politische Macht vom Senat auf einzelne Mitglieder der Aristokratie verschob und deren Konkurrenzkämpfe intensiver wurden, begannen die großen Einzelnen auch die auswärtigen Beziehungen, die sich früher auf fast alle Familien der Nobilität und die gesamte Breite der in Übersee tätigen Beamten verteilten, auf sich zu konzentrieren. Männer wie Lucullus, Pompeius, Caesar oder Antonius verfügten über einen reichsweiten Berater- und Freundeskreis griechischer Herkunft, der denen der hellenistischen Herrscher kaum nachstand.

542 Vgl. Schäfer (2000), 27.
543 Vgl. Baltrusch (2002), 254.

Die griechischen Poleis reagierten auf diese Verdichtung globaler Verbindungen mit einer Steigerung lokaler Ehrungen für den einheimischen Vertreter und für den römischen Patron. Auf diese Weise versuchten sie eine Beziehung zu konservieren, die angesichts der Schwäche des Senats immer wichtiger wurde. Tatsächlich bildeten diese Verbindungen Kommunikationsbrücken, auf denen das Reich durch die Wirren der Bürgerkriege in die Ordnung des Augustus geführt wurde: Mitglieder der Familie des Theophanes konnten trotz der Niederlage ihres Gönners Pompeius in der frühen Kaiserzeit mit dem Wohlwollen Roms rechnen. Ein Sohn des Theophanes erlangte unter Augustus das Amt des Prokurators der Provinz Asia, ein Enkel zog in den Senat ein und erreichte unter Tiberius die Prätur.[544] In der Kaiserzeit setzten Magnaten wie Dion von Prusa oder Herodes Atticus als *principes* ihrer Städte die Tradition lokaler Machtkonzentration fort, die sich in der Republik entwickelt hatte.

7. Die geistige Auseinandersetzung der Griechen mit Rom zwischen Widerstand, Beeinflussung und Anpassung

Wie sich die griechischen Eliten unter dem Eindruck der römischen Herrschaft wandelten und ihre Kommunikationsformen der neuen Machtlage anpassten, so veränderte sich auch die Einstellung der römischen Nobilität zur griechischen Kultur und ihren Repräsentanten. Schon vor den Kämpfen gegen Pyrrhos war Rom von hellenistischer Kultur tief beeinflusst (s. S. 344). Dieser Trend verstärkte sich im Zuge des militärischen Ausgreifens auf das Gebiet der griechischen Städte Siziliens (Erster Punischer Krieg) und setzte sich in der Folgezeit bruchlos fort.

544 Vgl. Strabon 13,2,3.

Besonders die Zeit von den Punischen Kriegen bis zum militärischen Eingreifen im Osten war durch die intensive Rezeption griechischer Kultur vor allem im Bereich der Literatur und Kunst geprägt.[545] Die Römischen Spiele des Jahres 240 v. Chr. boten zum ersten Mal neben dem traditionellen Programm die Aufführung einer griechischen Tragödie und Komödie. Der aus Tarent stammende Kriegsgefangene Livius Andronicus hatte die lateinische Bearbeitung der beiden Stücke übernommen sowie wohl einige Zeit zuvor Homers *Odyssee* ins Lateinische übersetzt. Der Tarentiner machte damit nicht nur die beiden Hauptgattungen der griechischen Literatur (Epos und Drama) in Rom heimisch, sondern stellte Textgrundlagen bereit, welche es den Römern erlaubten, einen an hellenistischen Institutionen orientierten Schulbetrieb (Grammatikunterricht) einzurichten. Mit der Revision des Schulwesens und der Latinisierung von Epos und Drama war der Anstoß zur Entwicklung einer römischen Literatur gegeben, die sich an dem Vorbild der Griechen orientierend rasant entwickelte und selbst Werke von hohem Rang hervorbringen sollte.

Dieser Prozess der literarischen Aneignung und Transformation griechischer Werke wurde seit dem Ausgreifen römischer Legionen über die Straße von Otranto von einer Ausbeutung materieller griechischer Kultur begleitet, welche römische Generale zwar bereits im Westen punktuell (264 in Syrakus) betrieben hatten, in ihrer extremen Form dem griechischen Raum des östlichen Mittelmeers aber bisher unbekannt war: Seit den Siegen des T. Quinctius Flamininus endete fast jeder Feldzug mit ausgedehnten Plünderungen griechischer Kunstschätze und Luxusartikel: Allein M. Fulvius Nobilior soll im Jahre 179 aus Akarnanien 785 Bildwerke aus Bronze und

545 Vgl. H. Schneider, »Rom von den Anfängen bis zum Ende der Republik (6. Jh. bis 30 v. Chr.)«, in: Gehrke/Schneider (2019), 338ff.

120 aus Marmor abtransportiert haben. In den nächsten Jahrhunderten füllten sich nicht nur die Privathäuser der Nobiles mit kostbaren Möbeln, Teppichen, Musikinstrumenten sowie Gold- und Silbergerät; auch die öffentlichen Bauten und Plätze wurden mit erbeuteten Statuen geradezu überschwemmt: 58 v. Chr. soll M. Aemilius Scaurus ein anlässlich seiner Siegesspiele erbautes Theater mit 3000 (!) griechischen Statuen geschmückt haben.[546]

Den durch Siegerrecht und Vertrag sanktionierten Plünderungen folgten die von Offizieren, Beamten und Privatleuten individuell erworbenen (oder erpressten) Kunstschätze aller Art.[547] Dies wiederum ließ den Handel mit griechischen Produkten florieren. Ganze griechische Werkstätten begannen sich auf den Geschmack und die Gier römischer Auftraggeber einzustellen. In der gleichen Zeit, als immer mehr Gelehrte und Philosophen nach Rom zogen, um unter der Patronage römischer Adelshäuser ihr Auskommen zu finden, wurde Rom auch zum Anziehungspunkt von Kunsthandwerkern, die sich in der reicher werdenden Stadt am Tiber lukrative Aufträge versprachen. Manche Feldherren brachten sich die griechischen Künstler gleich mit, um sich ihre Triumphe entsprechend gestalten zu lassen.

Die neuen Beschäftigungsmöglichkeiten, welche die Hauptstadt des Weltreichs dem griechischen Kunsthandwerk bot, konnten freilich die materiellen Verluste in Griechenland in keiner Weise ausgleichen. Ganze Landstriche wurden ihrer künstlerischen Identitätsmerkmale beraubt, welche die Bürgerschaften sich über Generationen mit hohem persönlichen Aufwand erschaffen hatten. Es wundert daher nicht, dass dieser Aderlass zusammen mit den Geld- und Steuerzahlungen an die *publicani* und italischen Bankiers erhebliche Ressentiments schürte, wel-

546 Quellenverweise und Interpretationen bei T. Hölscher (1994), 876–883.
547 Vgl. Strauch (1996), 12.

che letztmals während der Kriege gegen Mithridates zum Ausbruch kamen.

Formuliert haben die Vorwürfe schon früher mutige Politiker, als es noch nicht endgültig abzusehen war, dass Rom sein direktes Herrschaftsgebiet nach Osten ausweiten werde. Erstmals in Rom selbst wagte es die Philosophie: 155 v. Chr. erschien eine Gesandtschaft der Athener in Rom, angeführt von den Häuptern der platonischen Akademie, des aristotelischen Peripatos sowie der Stoa. Die Philosophen nutzten die Gelegenheit, um ihr Wissen und Können außerhalb der offiziellen Termine zu präsentieren. Besonders spektakulär war der Auftritt des Akademikers Karneades: Er war der glänzendste Vertreter einer skeptizistischen Richtung, welche die Akademie seit dem Ende des 4. Jahrhunderts eingeschlagen hatte. Getreu ihrer Lehre, dass keiner Sache eine absolute Gewissheit, sondern nur Glaubwürdigkeit anhafte, sprach er am ersten Tag seiner Vorlesung für die Gerechtigkeit als erstrebenswertes Gut, um sie am nächsten Tag als »haltloses Hirngespinst« zu bezeichnen. Die Menschen – so sein Gedankengang – richteten ihre Handlungen und formulierten Gerechtigkeitsvorstellungen nur nach ihrem Nutzen. Wenn es eine Gerechtigkeit unabhängig von diesem menschlichen Nutzen gäbe, wäre sie die größte Torheit, weil sie dazu zwänge, fremden Nutzen höher als den eigenen Nutzen zu beurteilen. Und nun folgte die aufsehenerregende Verifizierung dieser These: Auch die römische Herrschaft beruhe in Wahrheit auf Gewalt und dem Nutzen, den die Römer aus ihr zögen. Wenn dagegen die Römer »wahre« Gerechtigkeit anstrebten, müssten sie konsequenterweise die geraubten Güter zurückgeben und in die armseligen Hütten ihrer Vorväter zurückkehren, sprich: ihr Imperium aufgeben. Das täten sie natürlich nicht, weil sie klug, aber eben nicht »gerecht« in dem Sinne seien, welcher der Gerechtigkeit als Ideal innewohnt.[548]

548 Vgl. Capelle (1932), 1–3.

Man hat diese Reden als reine »Schaustücke« ohne jeglichen politischen Gehalt abtun wollen und darauf verwiesen, dass ein Gesandter Athens kaum so unvorsichtig gewesen wäre, in aller Öffentlichkeit eine philosophisch verbrämte Kritik am römischen Imperium zu äußern.[549] Es gilt freilich zu bedenken, dass die Athener zu den loyalsten Verbündeten Roms zählten und sich deshalb wohl etwas herausnehmen zu können glaubten, was andere sich nicht getrauten. Dass Karneades eine der ideologischen Grundfesten des römischen Imperialismus, nämlich das Beharren auf der Gerechtigkeit und Rechtmäßigkeit römischer Handlungen, zumindest indirekt in Frage stellte und als Recht des Stärkeren entlarvte, ist auf jeden Fall nicht wegzudiskutieren.[550] Immerhin sah sich Cato genötigt, einen Antrag zu stellen, wonach die athenischen Gesandten so bald wie möglich zu verabschieden seien. Außerdem waren der Eindruck der Rede sowie andernorts geäußerte Kritik so groß, dass die Römer selbst in der Folgezeit daran gingen, ihre Herrschaft mit neuen Argumenten zu rechtfertigen; nicht die Herrschaft des *Stärkeren* – so konterten Cicero, Vergil und Livius – sondern die des *Besseren* begründe ihr Imperium, das deshalb auch zum Nutzen der Beherrschten ausgeübt werde und der Welt Frieden und Sicherheit gebracht habe.[551]

Die Griechen haben sich von dieser typisch aristokratischen und wenig originellen Logik kaum beeindrucken lassen. Die Argumente des Karneades tauchten immer wieder in Form literarischer Kritik östlicher Provenienz auf und dürften auch den Kern der Propaganda des Mithridates sowie seiner Anhänger in Kleinasien gebildet haben. Hinzu kam offenbar der alte Vorwurf krasser Vermögenskonzentration auf Seiten der Großgrundbesitzer so-

549 Vgl. Gruen (1986), 342.
550 Vgl. Syme (1957/60), 7.
551 Vgl. Strasburger (1982), 929ff., gegen Capelle (1932), 91ff., der diesen Gedanken auf Panaitios zurückführt.

wie der hieraus folgenden Verschuldung breiter städtischer Schichten, die durch die römische Politik gefördert wurde.

Dieser Kritik an der Eroberungspolitik und Herrschaft Roms stand freilich eine andere Position gegenüber, welche das Imperium als unwiderruflich akzeptierte, das gegebene Phänomen zu verstehen sowie entsprechende Handlungsnormen zu entwickeln suchte. Auf Seiten der Historiker war es Polybios, dessen Geschichtswerk den Aufstieg Roms zur Weltmacht nachzeichnete und auf verschiedenen Ebenen die Gründe für Roms Stärke sowie die Schwäche der Griechen eruierte. Unter den Philosophenschulen beschäftigten sich besonders die der Politik aufgeschlossenen Stoiker mit den neuen Verhältnissen. Während die Vertreter der älteren Stoa auf dem Gleichheitsgrundsatz aller Menschen beharrten und dementsprechend Bodenreformen zur Aufhebung bzw. Beschränkung von Besitzkonzentrationen in Griechenland (Sparta im 3. Jahrhundert) sowie Rom (Gracchen) unterstützten und sich auch an Aufständen gegen Rom beteiligten, begann sich spätestens nach dem Scheitern dieser Bemühungen im letzten Drittel des 2. Jahrhunderts v. Chr. eine Gruppe mit den Verhältnissen zu arrangieren. Der berühmteste Vertreter dieser meist als »mittlere« Stoa bezeichneten Richtung war Panaitios aus Rhodos. Er schloss um 144 in Rom Freundschaft mit dem großen Scipio Aemilianus und begleitete diesen u. a. auf seiner Asienreise 141.

Da Panaitios und seine Schüler engsten Kontakt zu den Nobiles *und* den griechischen Gemeinden pflegten sowie zahlreiche römische Adelssöhne zu ihren Schülern zählten, besaßen sie die besten Voraussetzungen, um ihre Beobachtungen in doppelter Hinsicht im Rahmen ihres ethischen Systems zu reflektieren. In Abkehr von der älteren Stoa akzeptierten sie die bestehenden Besitzverhältnisse (und damit auch die Position der Honoratioren) und entwickelten Verhaltensempfehlungen, die sich von dem Rigorismus ihrer Vorgänger lösten und dem Nutzen für die Gemeinde eine gewichtige Bedeutung einräumten. Hieraus entstand eine Pflichtenlehre, die sich in praktische Handlungsanweisungen umsetzen oder als Rechtfertigungsschema politischer Handlungen partiell einsetzen ließ. So orientierten z. B. öffentlich geehrte Honoratioren ihre inschriftlich verewigten Lebenskarrieren an stoischen (und aristotelischen) Handlungsidealen. Ziel des Honoratiors ist die individuelle Vervollkommnung und ein tugendhaftes Leben im Sinne eines edlen Weisen; dieses Ziel kann (und soll) er aber durch den Einsatz für die Gemeinde erreichen, welche ihn entsprechend ehrt und entlohnt.[552] Vertreter der mittleren Stoa boten den Eliten der griechischen Städte eine Handlungsideologie, mit deren Hilfe sie ihr Tun gegenüber der Gemeinde, gegenüber Rom, aber vor allen auch gegenüber sich selbst und ihresgleichen rechtfertigen konnten.

Umstritten ist dagegen der Einfluss der Stoiker auf die Nobiles in Rom. Mitglieder senatorischer Familien strömten zwar in die Hörsäle der Philosophen und zählten viele Gelehrte zu ihrem Freundeskreis; Panaitos und seine Schüler werden auch philosophische bzw. ethische Argumente für die Existenz des Imperiums beigesteuert haben. Inwieweit die Römer jedoch diese Anregungen aufnahmen und sich in ihren Handlungen tatsächlich beeinflussen ließen, ist eine offene Frage. Offensichtlich gab es Staatsmänner – von Mucius Scaevola und Rutilius Rufus über Cicero bis zu Cato dem Jüngeren sowie dem Caesarmörder Brutus –, welche in den ethischen Angeboten der Stoiker eine Chance sahen, dem als nicht mehr zeitgemäß erachteten *mos maiorum* eine ethische Stütze und den adligen Konkurrenzkämpfen einen systemstabilisierenden Regulationsrahmen (im Sinne von Selbstbeschränkung und Selbst-

552 Vgl. Pohlenz (1990), 269ff.

kontrolle) zu verschaffen.[553] Und sicherlich flossen manche Vorsätze auch in die Formulierung einer besseren Reichsverwaltung ein.

Ob diese Vorsätze allerdings wesentlichen Einfluss auf die praktische Politik im Ernstfall hatten, erscheint zweifelhaft. Selbst ein Musterstoiker wie Cato scheute sich nicht, sich bei günstiger Gelegenheit im Osten die Taschen zu füllen; auch sein Schwiegersohn Brutus ließ rücksichtslos Schulden griechischer Gemeinden und Klientelfürsten eintreiben. Und Cicero, der sich wie kein anderer mit sämtlichen Richtungen der hellenistischen Philosophie produktiv auseinandersetzte, tat während seiner Statthalterschaft in Kilikien wenig, um den Erpressungen der Provinzialen entgegenzuwirken. Das gängige Verhalten eines römischen Politikers scheint demnach unter »normalen« Umständen von philosophischen Vorgaben griechischer Gelehrter kaum beeinflusst worden zu sein.[554]

Wenn sich römische Politiker während ihrer Tätigkeit im Osten auf griechische Schriften oder Vorbilder beriefen, dann handelte es sich bezeichnenderweise um spätklassische oder hellenistische Reflexionen über vorbildliche Monarchen; besonders beliebt war Xenophons *Kyrupädie*. Das Werk wird neben dem *Agesilaos* auch von Cicero im Rahmen seines nach der Art einer hellenistischen Fürstenbelehrung gestalteten Briefes über die Provinzialverwaltung erwähnt.[555] Sieht man von den wenigen direkten Beeinflussungen hellenistischer Hofkultur (z. B. die Einteilung der *philoi*) auf politische Praktiken in Rom selbst ab (Einteilung der *amici*), konnten sich derartige Abhandlungen nur im Osten selbst und im Umgang mit den Griechen entfalten. Immerhin war es im hellenistischen Osten gute Sitte, dass sich Könige von Philosophen beraten ließen, und diese versuchten nicht selten der alten

553 Vgl. Gehrke (1996), 536 ff.
554 Vgl. Gehrke (1996), 536 f., 538.
555 Vgl. Rawson (1975), 154.

Forderung gerecht zu werden, dass der Weise, wenn er schon nicht selbst regierte, den Regenten auf den Weg zu einem ethisch »guten Königtum« führte.

Insofern lag es nahe, dass die wie Könige angesehenen Feldherren und Statthalter spätestens nach dem Machtverfall der hellenistischen Monarchien von Philosophen begleitet wurden. Hinzu kamen die Kontakte, welche römische Große zu den Gelehrtenzentren pflegten. Selbst Pompeius gehörte zu den Hörern des Poseidonios in Rhodos. Poseidonios versuchte die stoische Maxime von der Gleichwertigkeit aller Menschen mit der Existenz des Imperium Romanum zu vereinbaren, indem er es als die wichtigste Aufgabe der Römer ansah, die Behandlung der Untertanen an Kategorien wie *epeikeia* (*clementia*) und *philantropia* (*humanitas*) zu orientieren. Damit übertrug er hellenistische Herrscherideale als Verhaltensmuster auf die im Osten aktiven Römer.

Poseidonios interessierte sich zudem wie kaum einer seiner Vorgänger für die Lebensbedingungen der Menschen im römischen Reich sowie für die Rolle wirtschaftlicher Nöte bei der Entstehung politischen Widerstands. Verlockend ist daher die Vermutung, dass z. B. die von Pompeius betriebene Politik der Kooperation und Ansiedlung besiegter Piraten auf Vorstellungen des Poseidonios zurückgeht. Vielleicht wurde auch das Herrschaftsverständnis des großen Feldherrn als fürsorglicher Patron der griechischen Ostgebiete von philosophischen Maximen beeinflusst.[556] In diese Richtung weist auch ein Werk *Über den guten König nach Homer* des Epikureers Philodemos von Gadara, des Hausphilosophen des L. Calpurnius Piso; man hat vermutet, dass es auf die innenpolitische Szene zielte und Pisos Schwiegersohn Caesar Handlungsmuster vermitteln wollte;[557] das Bild des Herrschers, der milde

556 Vgl. Strasburger (1982), 936 ff., mit der Kritik an dieser Vorstellung von Rawson (1997), 241 ff.

557 Vgl. Murray (1965), 178 f.; dagegen Rawson (1975), 154 f.

und gütig regieren, Zwietracht und Missgunst verhindern sowie durch militärische Tugenden glänzen soll, passt aber viel eher in den reichspolitischen Bereich. Nicht zufällig regierte Piso, dem die Schrift gewidmet ist, kurze Zeit nach deren Abfassung die Provinz Makedonien.

Dennoch bleiben die praktischen Auswirkungen solcher Unterweisungen zweifelhaft. Pompeius knüpfte seine Außen- und Kriegspolitik im Osten an machtpolitische und machtorganisatorische Erwägungen, die auch ohne den Rückgriff auf stoisches oder epikureisches Gedankengut erklärbar sind: Die Ansiedlung der Piraten verschaffte ihm wichtige Klienten und war aus der überfälligen Erkenntnis geboren, dass das Seeräuberwesen nur politisch, aber nicht militärisch zu lösen war; ebenso kann die Neuordnung des Ostens unter einer neuen patronalen Mitte als folgerichtige Reaktion auf das Scheitern der bisherigen Reichspolitik verstanden werden, die sich noch nicht zu einer umfassenden Verantwortung gegenüber den Griechen durchgerungen hatte. Die Ehrungen, die Pompeius von den griechischen Städten als »Retter und Wohltäter« erhielt, zeigen, dass die Griechen genau dies von den Römern erwarteten; sie beweisen aber nicht, dass Philosophen als graue Eminenzen Grundsatzentscheidungen der römischen Großen mitbestimmten.

Offensichtlich haben also beide Seiten in Fragen der Reichs- und Staatspolitik eine systematische und über den Einzelfall hinausgehende konzeptionelle Beratung als nicht opportun erachtet. Die Römer suchten in erster Linie Spezialisten auf den Gebieten, in denen sie sich selbst nicht zu Hause fühlten (Mathematik, Medizin, Astronomie, Geographie) oder in die zu investieren ihnen keine Karrierevorteile versprach; Politik und Herrschaft über ein Weltreich gehörten mit Sicherheit nicht zu diesen Bereichen, denn hierin – darin waren sich zumal die Poleis einig – hatten die Griechen ja regelmäßig versagt.

Was aber haben die Griechen von den Römern übernommen und inwieweit haben sie sich wirklich jenseits taktischer Erwägungen und individueller Anpassungsbemühungen mit der neuen Weltmacht ausgesöhnt? Diese Fragen sind nach wie vor offen. Skeptisch wird man gegenüber allen Vorstellungen bleiben, welche seit der frühen Kaiserzeit eine friedlich geeinte griechisch-römische Zivilisation glauben heranwachsen zu sehen. Hier scheint die Beschwörung humanistischer Ideale sowie mediterraner Einheitspostulate Realitäten zu suggerieren, die schwer nachzuweisen sind. Seinen künstlerischen und kulturellen Führungsanspruch hat der griechische Osten allenfalls partiell aufgegeben; die Anpassung an römische Vorbilder etwa in der Porträtkunst erlaubten sich nur die städtischen Dynasten und die von Rom protegierten Reichen. Ansonsten blieb der Gegensatz zwischen *kaloskagathos*-Ideal und *virtus*-Streben bestehen.[558] Natürlich gab es zahllose griechische Intellektuelle wie Plutarch oder Aelius Aristeides, die den römischen Erfolg ehrlich bewunderten; doch darf man nicht vergessen, dass die meisten Klagen über römische Raubgier und Unzivilisiertheit verloren gegangen sind. Nachdenklich machen muss, wenn eine der wenigen uns erhaltenen Schriften aus der Zeit des Augustus ihrem Hass freien Lauf lässt: Beim Gedanken, dass Rom zerstört würde, stimme ihn – so bekannte der Alexandriner Timagenes – nur eines traurig: dass nämlich die Stadt nachher umso schöner wieder aufgebaut würde. Noch die griechischen Historiker der Folgezeit verwiesen voller Häme auf die primitiven Anfänge der Römer, die nichts anderes als frauenraubende und brudermordende Hirten waren.[559]

Und noch etwas anderes deutet auf eine nie überwundene Kluft zwischen Griechen und Römern hin: Der Os-

558 Vgl. Smith (1988), 130f., und Swain (1996).
559 Vgl. Fuchs (1964), 15f.

ten hat die lateinische Sprache nie als seine eigene akzeptiert oder gar adaptiert; sie blieb die Amtssprache der Herren vom Tiber, die – mochten sie sich noch so bemühen – nie recht in die Geheimnisse der griechischen Kultur einzudringen verstanden. Dieser tief in der Mentalität der Menschen zwischen Athen und Antiochia verankerte Vorbehalt hat selbst das Verhältnis der östlichen Christen zu ihren westlichen Glaubensbrüdern geprägt. Augustins *Gottesstaat* – das größte Werk der antiken Christenheit des Westens – wurde von den östlichen Glaubenslehrern achselzuckend ignoriert.

Die große Politik sah es kaum anders: Natürlich machten immer mehr griechische Honoratioren, mit dem Bürgerrecht ausgestattet, Karriere im römischen Staatsdienst und verbanden Fürsorgepflichten für ihre Heimat mit der Loyalität für Kaiser und Reich; und natürlich haben die wirtschaftliche Prosperität und der Frieden des Imperium Romanum Gegensätze überbrückt und Animositäten gemindert. Doch als die »heile« Welt erste Risse bekam und sich militärische Krisen häuften, taten sich alte Gräben wieder auf. Es war vor diesem Hintergrund wohl mehr als ein taktisches Überlebenskalkül, wenn im 5. Jahrhundert n. Chr. der Kaiser des »griechischen« Konstantinopel germanische Stämme nach Westen lenkte und die römischen Kaiserhöfe in Italien teilnahmslos dem Ansturm der Germanen auslieferte. Nur wer Böses denkt, mag hierin die späte Rache der einst Unterworfenen erblicken – aber bekanntlich weiß die Geschichte ohnehin mehr Böses als Gutes zu berichten.

Verzeichnis der Karten

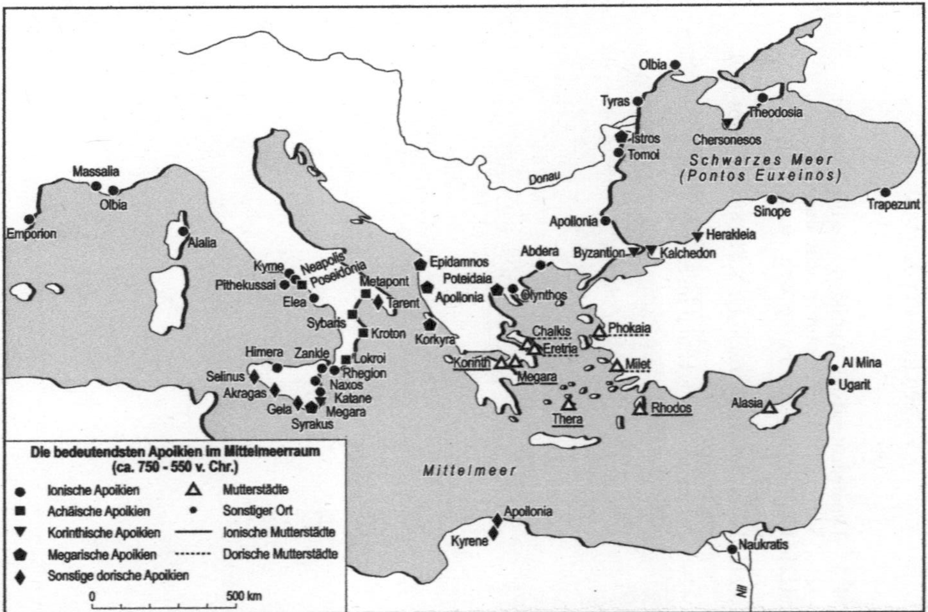
Die bedeutendsten Apoikien im Mittelmeerraum
(ca. 750 - 550 v. Chr.)
Ionische Apoikien
Achäische Apoikien
Korinthische Apoikien
Megarische Apoikien
Sonstige dorische Apoikien
Mutterstädte
Sonstiger Ort
Ionische Mutterstädte
Dorische Mutterstädte
0
500 km
Schwarzes Meer
(Pontos Euxeinos)
Mittelmeer
Donau
Nil
Olbia
Tyras
Theodosia
Chersonesos
Istros
Tomoi
Trapezunt
Sinope
Apollonia
Herakleia
Byzantion
Kalchedon
Abdera
Massalia
Olbia
Emporion
Alalia
Kyme
Neapolis
Poseidonia
Pithekussai
Elea
Metapont
Tarent
Sybaris
Kroton
Epidamnos
Poteidaia
Apollonia
Olynthos
Korkyra
Chalkis
Eretria
Phokaia
Himera
Zankle
Lokroi
Rhegion
Selinus
Akragas
Naxos
Katane
Gela
Megara
Syrakus
Korinth
Megara
Milet
Al Mina
Ugarit
Thera
Rhodos
Alasia
Apollonia
Kyrene
Naukratis

Sparta und der Peloponnesische Bund

● Mit Sparta verbündete Städte
✕ Plätze bedeutender Schlachten
■ Sonstige Orte

Von Sparta kontrollierte Staaten
Mit Sparta 505 v. Chr. verbündete Staaten

0 — 50 km

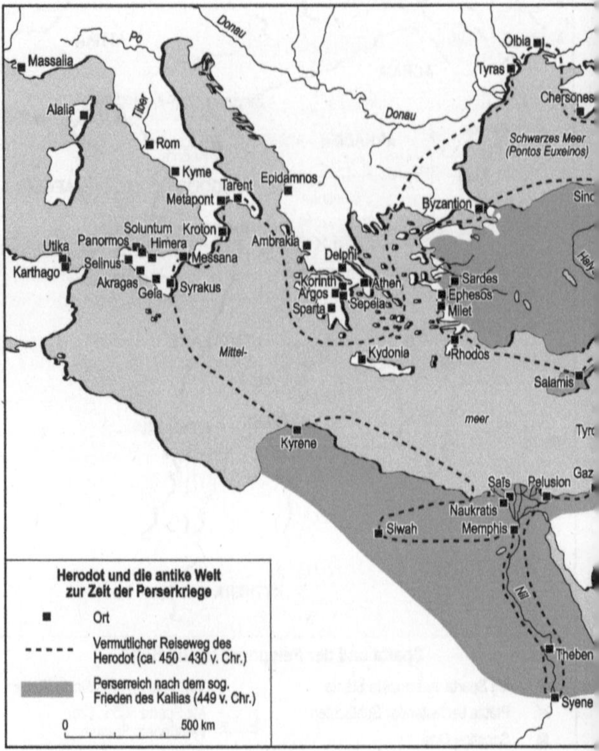
Herodot und die antike Welt zur Zeit der Perserkriege
Ort
Vermutlicher Reiseweg des Herodot (ca. 450 - 430 v. Chr.)
Perserreich nach dem sog. Frieden des Kallias (449 v. Chr.)
0
500 km
Donau
Po
Tiber
Massalia
Alalia
Rom
Kyme
Tarent
Metapont
Kroton
Epidamnos
Soluntum
Panormos
Himera
Messana
Utika
Karthago
Selinus
Akragas
Gela
Syrakus
Ambrakia
Delphi
Korinth
Argos
Sparta
Athen
Sepeia
Kydonia
Olbia
Tyras
Chersones
Schwarzes Meer
(Pontos Euxeinos)
Byzantion
Sardes
Ephesos
Milet
Rhodos
Salamis
Mittel-
meer
Kyrene
Saïs
Pelusion
Naukratis
Memphis
Siwah
Nil
Theben
Syene

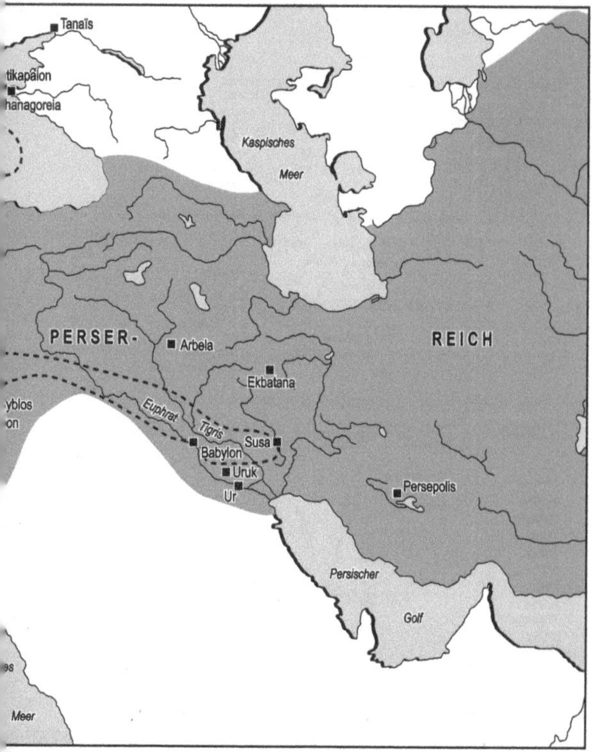
Tanaïs
tikapaion
hanagoreia
Kaspisches
Meer
PERSER-
REICH
Arbela
Ekbatana
yblos
on
Euphrat
Tigris
Susa
Babylon
Uruk
Ur
Persepolis
Persischer
Golf
Meer

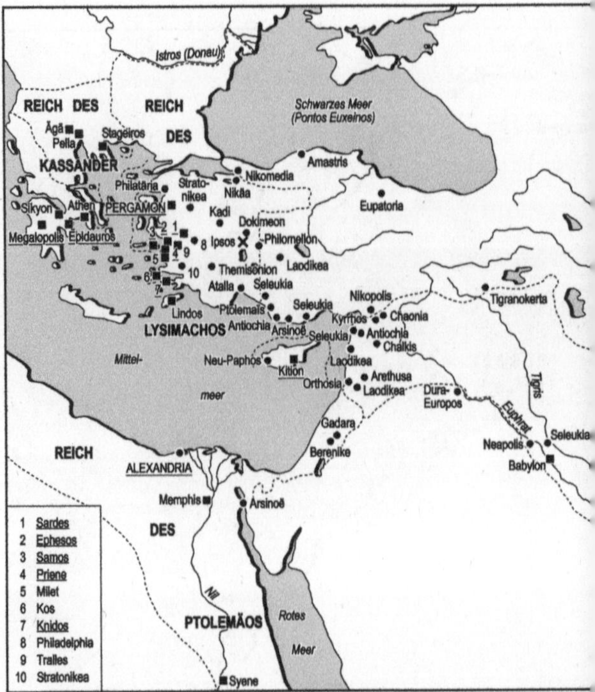

GEISTESGESCHICHTE

Aristoteles von Stageiros (384 - 322), Philosoph
Epikur von Samos (341 - 270), Philosoph
Zenon von Kition (336 - 262), Gründer der Stoa
Kallimachos von Kyrene (~310 - 240), Dichter
Aristarchos von Samos (~310 - 230), Mathematiker
Euklid von Alexandria (~300), Mathematiker
Eratosthenes von Kyrene (~270 - 194), Geograph
Polybios aus Megalopolis (~205 - 122), Historiker

PLASTIK

Aphrodite von Knidos (4. Jh. v. Chr.), vom Bildhauer Praxiteles
Zeusaltar von Pergamon

BAUKUNST

Theater in Epidauros
Athenatempel in Priene
Artemistempel in Sardes und Ephesos
Königspaläste in Pergamon

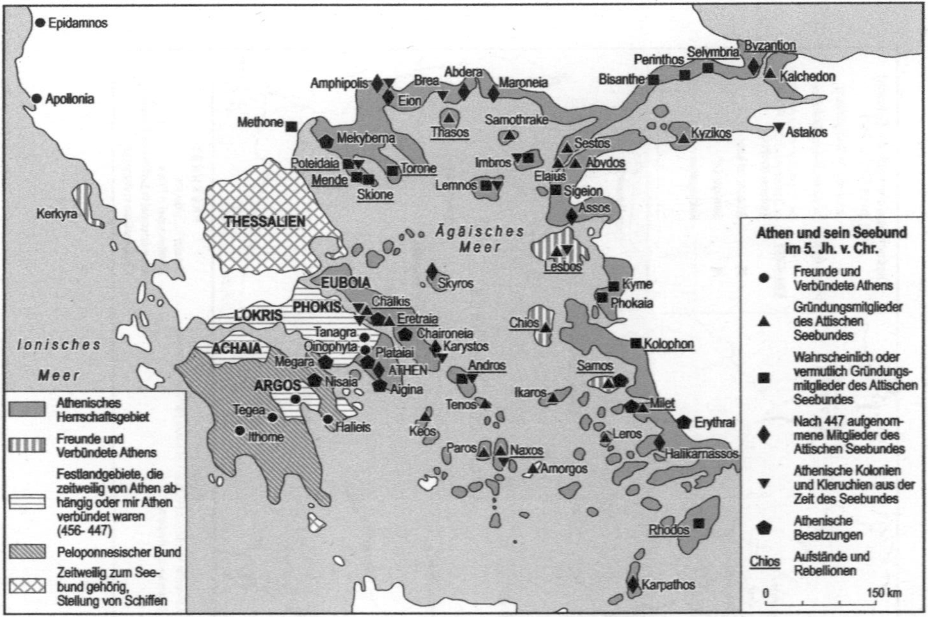
Athen und sein Seebund im 5. Jh. v. Chr.
Freunde und Verbündete Athens
Gründungsmitglieder des Attischen Seebundes
Wahrscheinlich oder vermutlich Gründungsmitglieder des Attischen Seebundes
Nach 447 aufgenommene Mitglieder des Attischen Seebundes
Athenische Kolonien und Kleruchien aus der Zeit des Seebundes
Athenische Besatzungen
Chios Aufstände und Rebellionen
0
150 km
Athenisches Herrschaftsgebiet
Freunde und Verbündete Athens
Festlandgebiete, die zeitweilig von Athen abhängig oder mir Athen verbündet waren (456- 447)
Peloponnesischer Bund
Zeitweilig zum Seebund gehörig, Stellung von Schiffen
Epidamnos
Apollonia
Kerkyra
Ionisches Meer
Ägäisches Meer
THESSALIEN
EUBOIA
PHOKIS
LOKRIS
ACHAIA
ARGOS
Methone
Mekyberna
Poteidaia
Mende
Skione
Torone
Amphipolis
Eion
Brea
Abdera
Maroneia
Thasos
Samothrake
Imbros
Lemnos
Elaius
Sestos
Abydos
Sigeion
Assos
Bisanthe
Perinthos
Selymbria
Byzantion
Kalchedon
Kyzikos
Astakos
Lesbos
Kyme
Phokaia
Chios
Kolophon
Samos
Milet
Erythrai
Leros
Halikarnassos
Rhodos
Karpathos
Skyros
Chalkis
Eretraia
Chaironeia
Karystos
Tanagra
Oinophyta
Plataiai
Megara
Nisaia
ATHEN
Aigina
Tegea
Ithome
Halieis
Andros
Tenos
Keos
Ikaros
Paros
Naxos
Amorgos

Literaturhinweise

I. Quellen, Quellensammlungen und -interpretationen

Austin, M.: The Hellenistic World from Alexander to the Roman Conquest: A Selection of Ancient Sources in Translation. Cambridge 1981. [3]2008.

Bengtson, H.: Die Staatsverträge des Altertums. Bd. 2. München 1962. 2., durchges. und erw. Aufl. 1975.

Brodersen, K. / Günther, W. / Schmitt, H. H. (Hrsg.): Historische Griechische Inschriften in Übersetzung. [Zit. als: HGIÜ.] Bd. 1: Die Archaische und Klassische Zeit. Darmstadt 1992.

Burstein, S. M.: The Hellenistic Age: From the Battle of Ipsos to the Death of Kleopatra VII. Cambridge 1985. (Translated Documents of Greece and Rome III.)

– Agatharchides of Cnidos. On the Erythraean Sea. London 1989.

Dreyer, B. / Engelmann, H. (Hrsg.): Die Inschriften von Metropolis. Tl. 1. Bonn 2003. (Inschriften griechischer Städte aus Kleinasien. 63.)

Edel, E.: Der Seevölkerbericht aus dem 8. Jahr Ramses' III. (Medinet Habu Taf. 46, 15–18.) Übersetzung und Struktur. In: Festschrift für G. Mokhtar. Bd. 1. Kairo 1985. S. 223–237.

Gehrke, H. J. / Schneider, H. (Hrsg.): Geschichte der Antike. Quellenband. 2., erw. Aufl. Stuttgart/Weimar 2013. (Einschlägig: S. 1–143.)

Greek Historical Inscriptions 404–323 BC. Ed. with introd., transl. and comm. by P. J. Rhodes and R. Osborne. Oxford 2003.

Harding, P.: From The End of the Peloponnesian War to the Battle of Ipsus. Cambridge 1985. (Translated Documents of Greece and Rome II.)

Hennig, R.: Terrae Incognitae. Eine Zusammenstellung und kritische Bewertung der wichtigsten vorcolumbischen Entdeckungsreisen an Hand der darüber vorliegenden Originalberichte. 2., verb. Aufl. Leiden 1944.

Long, A. A. / Sedley, D. N. (Hrsg.): Die hellenistischen Philosophen. Texte und Kommentare. Aus dem Engl. von Karlheinz Hülser. Stuttgart/Weimar 2000.

Merkelbach, R. / Stauber, J. (Hrsg.): Jenseits des Euphrat. Grie-

chische Inschriften. Zsgst., übers. und erkl. Ein epigraphisches Lesebuch. München 2005.
Patzek, B. (Hrsg.): Quellen zur Geschichte der Frauen. Bd. 1: Antike. Stuttgart 2000.
Schönberger, O. (Hrsg.): Hesiod, Theogonie. Griech./Dt. Stuttgart 1999.
Sherk, R. K.: Roman Documents from the Greek East. Senatus Consulta and Epistulae to the Age of Augustus. Baltimore 1969.
Stahl, M.: Die griechische Polis. Quellen zur griechischen Geschichte von 800–400 v. Chr. Paderborn 1989.

Forschungsliteratur

Akrigg, B.: Population and Economy in Classical Athens. Cambridge 2019.
André, J.-M.: Griechische Feste. Römische Spiele. Die Freizeitkultur der Antike. Leipzig 2002.
Andreev, J. V.: Die homerische Gesellschaft. In: Klio 61 (1988) S. 5–85.
Applebaum, S.: Jews and Greeks in Ancient Cyrene. Leiden 1979. (Studies in Judaism in Late Antiquity. 28.)
Archibald, Z. H. / Davies, J. K. / Gabrielsen, D.: Making, Moving and Managing: The New World of Ancient Economies, 323–31 BC. Oxford 2004.
– Ancient Economies of the North Aegean, Fifth to First Centuries BC. Oxford 2013.
Atack, C.: The Discourse of Kingship in Classical Greece. London / New York 2019.
Balcer, J. M.: The Persian Conquest of the Greeks (545-450 BC). Konstanz 1995.
Baltrusch, E.: Symmachie und Spondai. Untersuchungen zum griechischen Völkerrecht der archaischen und klassischen Zeit (8.–5. Jahrhundert v. Chr.). Berlin 1994.
– Sparta. Geschichte, Gesellschaft, Kultur. München 1998. [3]2007.
– Zwischen Autonomie und Repression: Perspektiven und Grenzen einer Zusammenarbeit zwischen jüdischen Gemeinden und hellenistischem Staat. In: M. Schuol / U. Hartmann / A. Luther (Hrsg.): Grenzüberschreitungen. Formen des Kontakts zwischen Orient und Okzident im Altertum. Stuttgart 2002. S. 23–33.

– Auf dem Weg zum Prinzipat: Die Entwicklung der republikanischen Herrschaftspolitik von Sulla bis Pompeius (88–62 v. Chr.). In: J. Spielvogel (Hrsg.): Res publica reperta. Zur Verfassung und Gesellschaft der römischen Republik und des frühen Prinzipats. Festschrift für Jochen Bleicken zum 75. Geburtstag. Stuttgart 2002. S. 245–262.
– Außenpolitik, Bünde und Reichsbildung in der Antike. München 2008. (Enzyklopädie der griechisch-römischen Antike 7.)
Bastini, A.: Der achäische Bund als hellenische Mittelmacht: Geschichte des achäischen Koinon in der Symmachie mit Rom. Frankurt a.M. 1987.
Beck, H.: Polis und Koinon. Untersuchungen zur Geschichte und Struktur der griechischen Bundesstaaten im 4. Jahrhundert v. Chr. Stuttgart 1997. (Historia Einzelschriften. 114.)
– A Companion to Ancient Greek Government. Malden [u.a.] 2013.
– Localism and the Ancient Greek City-State. Chicago/London 2020.
– / Funke, P. (Hrsg.): Federalism in Greek Antiquity. Cambridge 2015.
Beloch, K. J.: Griechische Geschichte. 4 Bde. 2., neubearb. Aufl. Straßburg/Berlin 1912–27. Nachdr. Berlin 1967.
Bengtson, H.: Griechische Geschichte. Von den Anfängen bis in die Römische Kaiserzeit. München [5]1977. (Handbuch der Altertumswissenschaft. Bd. 3/4.)
Berger, P. R.: Die Alaija-Briefe Ugarita 5. In: Ugarit-Forschungen 1 (1969) S. 217–221.
Berger, S.: Democracy in the Greek West and the Athenian Example. In: Hermes 117 (1989) S. 303–314.
Bernhardt, R.: Polis und römische Herrschaft in der späten Republik (149–31 v. Chr.). Berlin / New York 1985.
Bernstein, F.: Konflikt und Migration. Studien zu den griechischen Fluchtbewegungen im Zeitalter der sogenannten Großen Kolonisation. St. Katharinen 2004. (Mainzer Althistorische Studien V.)
– »Ionische Migration« vs. »Große Kolonisation der Griechen«: Kategorien und Konsequenzen. In: Historia 68 (2019) S. 258–284.
Berve, H.: Gestaltende Kräfte der Antike. Aufsätze zur griechischen und römischen Geschichte. München 1949.
– Die Tyrannis bei den Griechen. 2. Bde. Darmstadt 1967.
Bilde, P.: Conventional values of the Hellenistic Greeks. Aarhus 1997. (Studies in Hellenistic civilization. 8.)

Bleckmann, B.: Der Peloponnesische Krieg. München 2007.

Bleicken, J.: Die athenische Demokratie. 2., völlig überarb. und wesentlich erw. Aufl. Paderborn [u. a.] 1994.

Blok, J.: Citizenship in Classical Athens. Cambridge 2017.

Blösel, W.: Themistokles bei Herodot. Spiegel Athens im fünften Jahrhundert. Studien zur Geschichte und historiographischen Konstruktion des griechischen Freiheitskampfes 480 v. Chr. Stuttgart 2004.

Boardman, J. / Griffin, J. [u. a.] (Hrsg.): The Oxford History of Greece and the Hellenistic World. Oxford 1988.

Borbein, A. H.: Das Alte Griechenland. Geschichte und Kultur der Hellenen. Gütersloh 1995.

Bosworth, A. B.: Conquest and empire. The reign of Alexander the Great. Cambridge 1988.

Bracht Branham, R. / Goulet-Cazé, M.-O. (Hrsg.): The Cynics. The cynic movement in antiquity and its legacy. Berkeley 1996. (Hellenistic culture and society. 23.)

Bremmer, J. M.: Götter, Mythen und Heiligtümer im antiken Griechenland. Berlin 1998.

Bresson, A.: The Making of the Ancient Greek Economy. Institutions, Markets, and Growth in the City-States. Princeton/Oxford 2016.

Bridgman, T. P.: Hyperboreans. Myth and history in Celtic-Hellenic Contacts. New York / London 2005.

Bringmann, K.: Der König als Wohltäter. Beobachtungen und Überlegungen zur hellenistischen Monarchie. In: J. Bleicken (Hrsg.): Colloquium aus Anlass des 80. Geburtstages von Alfred Heuss. Kallmünz 1993. S. 83–95.

Brock, R. / Hodkinson, S. (Hrsg.): Alternatives to Athens. Varieties of Political Organization and Community in Ancient Greece. Oxford 2000.

Brodersen, K. (Hrsg.): Höhepunkte der Antike. Darmstadt 2006.

Bruit Zaidman, L. / Schmitt Pantel, P.: Die Religion der Griechen. Kult und Mythos. Aus dem Frz. von Andreas Wittenburg. München 1994.

Buckler, J. / Beck, H. (Hrsg.): Central Greece and the Politics of Power in the Fourth Century BC. Cambridge 2008.

Burkert, W.: Griechische Religion der archaischen und klassischen Epoche. Berlin/Köln/Mainz 1977. (Die Religionen der Menschheit. 15)

– Krieg, Sieg und die Olympischen Götter. In: F. Stolz (Hrsg.): Religion zu Krieg und Frieden. Zürich 1986. S. 65–86.
– Mythos und Mythologie. In: Propyläen Geschichte der Literatur. Bd. 1: Die Welt der Antike 1200 v. Chr. – 600 n. Chr. Berlin 1988. S. 11–35.
– Antike Mysterien. Funktionen und Gehalt. München 1990. 3., durchges. Aufl. 1994.
– Krieg und Tod in der griechischen Polis. In: Von Stietencron, H. / Rüpke, J. (Hrsg.): Töten im Krieg. München 1995. (Veröffentlichungen des Instituts für historische Anthropologie e. V. Bd. 6) S. 179–196.
– Homo Necans. Interpretationen altgriechischer Opferriten und Mythen. Berlin / New York [2]1997.
– Die Griechen und der Orient. Von Homer zu den Magiern. München 2003.
Capelle, W.: Griechische Ethik und römischer Imperialismus. In: Klio 25 (1932) S. 86–113.
Cartledge, P. (Hrsg.): Kulturgeschichte Griechenlands in der Antike. Übrs. von Wilfried Nippel. Stuttgart 2000.
– Thebes. The Forgotten City of Ancient Greece. London 2020.
Chadwick, J.: Die mykenische Welt. Stuttgart 1979.
Chaniotis, A.: Die Öffnung der Welt. Eine Globalgeschichte des Hellenismus. Darmstadt 2019.
Cerfaux, L. / Tondriau, J.: Le culte des souverains dans la civilisation gréco-romaine. Tournai 1957.
Chamoux, F.: Hellenistic Civilization. Oxford 2003.
Clauss, M.: Kleopatra. München [2]2000.
– Alexandria. Schicksale einer antiken Weltstadt. München [2]2004.
Clavel-Lévêque, M.: Das griechische Marseille. Entwicklungsstufen und Dynamik einer Handelsmacht. In: E. C. Welskopf (Hrsg.): Hellenische Poleis. Krise – Wandlung – Wirkung. Bd. 2. Berlin (Ost) 1974. S. 855–969.
Cohen, G. M.: The Seleucid Colonies. Studies in Founding, Administration and Organization. Wiesbaden 1978.
Dahlheim, W.: Die Antike. Griechenland und Rom von den Anfängen bis zur Expansion des Islam. Paderborn [u. a.] [6]2002.
Davies, J. K.: Corridors, Cleruchies, Commodities, and Coins: The Pre-history of the Athenian Empire. In: A. Slawisch (Hrsg.): Handels- und Finanzgebaren in der Ägäis im 5. Jh. v. Chr. Istanbul 2013. S. 1–24.

De Angelis, F.: Archaic and Classical Greek Sicily. A Social and Economic History. Oxford 2016.

Deger-Jalkotzy, S. / Lemos, I. S. (Hrsg.): Ancient Greece: From the Mycenean Palaces to the Age of Homer. Edinburgh 2006.

Deininger, J.: Der politische Widerstand gegen Rom in Griechenland 217–86 v. Chr. Berlin / New York 1971.

Delbrück, H.: Geschichte der Kriegskunst. Tl. 1: Das Altertum. Von den Perserkriegen bis Caesar. Hamburg 2003. (Nachdr. der 3. Aufl. 1920.)

Dickinson, O.: The Aegean from Bronze Age to Iron Age. Continuity and Change between the Twelfth and Eighth Centuries BC. London / New York 2006.

Diefenbach, S.: Demetrios I. Poliorketes (306–282 v. Chr.). In: K. Ehling / G. Weber (Hrsg.): Hellenistische Königreiche. Darmstadt 2014. S. 36–41.

Dihle, A.: Die Griechen und die Fremden. München 1994.

– Antike und Orient. Gesammelte Aufsätze. Hrsg. von V. Pöschl u. H. Petersmann. Heidelberg 1984.

Dmitriev, S.: City Government in Hellenistic and Roman Asia Minor. Oxford 2005.

Dodds, E. R.: The Greek and the Irrational. Berkeley [u.a.] 1951. ^{2}1963.

Dougherty, C.: The Poetics of Colonization. From City to Text in Archaic Greece. New York / Oxford 1993.

Dover, K. J.: Religiöse und moralische Haltungen der Griechen. In: Propyläen Geschichte der Literatur. Bd. 1: Die Welt der Antike. Berlin 1988. S. 68–84.

Dreher, M.: Athen und Sparta. München 2001.

Dreyer, B.: Wann endet die Klassische Demokratie Athens? In: Ancient Society 31 (2001) S. 27–66.

– Die Thrasykrates-Rede bei Polybios (11,4–6) und die Bezeichnung der »Opfer« im Römisch-Ätolischen Vertrag von 212 v. Chr. Zur inhaltlichen Ergänzung der Inschrift von Thyrrheion (Akarnanien) IG 12,2 Nr. 231 = StVA III 536 vor der sog. Klausel a. In: Zeitschrift für Papyrologie und Epigraphik 140 (2002) S. 36–39.

– Die römische Nobilitätsherrschaft und Antiochos III. (205 bis 188 v. Chr.). Hennef 2007. (Frankfurter Althistorische Beiträge. 11.)

Duby, G. / Perrot, M.: Geschichte der Frauen. Bd. 1: Antike. Hrsg. von P. Schmitt Pantel. Frankfurt a. M. 1997.

Duplouy, A.: Le prestige des élites. Recherches sur les modes de reconnaissance sociale en Grèce entre les Xe et Ve siècles avant J.-C. Paris 2006.

Eadie, J. W. / Ober, J. (Hrsg.): The Craft of the Ancient Historian. Lanham [u.a.] 1985.

Edmunds, L.: Greek Myth. Berlin/Boston 2021.

Ehling, K.: Untersuchungen zur Geschichte der späten Seleukiden (164 – 63 v. Chr. Vom Tode des Antiochos IV. bis zur Einrichtung der Provinz Syria unter Pompeius. Stuttgart 2008. (Historia Einzelschriften. 196.)

– / Weber, G. (Hrsg.): Hellenistische Königreiche. Mainz 2014.

Eich, A.: Die politische Ökonomie des antiken Griechenland (6.–3. Jahrhundert v. Chr.). Köln/Weimar/Wien 2006. (Passauer Historische Forschungen. 14.)

Eilers, C.: Roman Patrons of Greek Cities. Oxford 2002.

Eliade, M.: Schamanen, Götter und Mysterien. Die Welt der alten Griechen. Freiburg/Basel/Wien 1992. (Geschichte der religiösen Ideen. 1/2.)

Engels, J.: Philipp II. und Alexander der Große. Darmstadt 2006. (Geschichte Kompakt.)

Errington, M.: Geschichte Makedoniens. Von den Anfängen bis zum Untergang des Königreiches. München 1986.

Erskine, A.: The Hellenistic Stoa. Political Thought and Action. London 1990.

– (Hrsg.): A Companion to the Hellenistic World. Malden/Oxford 2005. (Blackwell Companions to the Ancient World.)

Fehr, B.: Bewegungsweisen und Verhaltensideale. Physiognomische Deutungsmöglichkeiten der Bewegungsdarstellung an griechischen Statuen des 5. und 4. Jhs. v. Chr. Bad Bramstedt 1979.

Ferrario, S. B.: Historical Agency and the ›Great Man‹ in Classical Greece. Cambridge 2014.

Figueira, T. J.: Aigina. Society and Politics. New Hampshire 1981.

Finley, M. I.: Die Welt des Odysseus. München 1979.

Fless, F.: Zur Konstruktion antiker Feindbilder – Das Beispiel der »Großen Gallier«. In: Die Religion der Kelten: fromm, frech, barbarisch. Leipzig 2002 [Ausstellungskat.]. S. 59–70.

Foxhall, L.: Cultures, Landscapes, and Identities in the Mediterranean World. In: I. Malkin (Hrsg.): Mediterranean Paradigms and Classical Antiquity. London / New York 2005. S. 75–92.

Forte, B.: Rome and the Romans as the Greeks saw them. Rom 1972.

Fränkel, H.: Dichtung und Philosophie des frühen Griechentums. Eine Geschichte der griechischen Epik, Lyrik und Prosa bis zur Mitte des 5. Jahrhunderts. München ⁴1993.
Fraser, P. M.: Ptolemaic Alexandria. 3 Bde. Oxford 1972.
Friend, J. L.: The Athenian Ephebeia in the Fourth Century BCE. Leiden/Boston 2018.
Fuchs, H.: Der geistige Widerstand gegen Rom in der antiken Welt. Berlin 1938. Nachdr. 1964.
Fuhrer, Th. / Zinsli, S. (Hrsg.): Gender Studies in den Altertumswissenschaften. Bd. 2. Trier 2003.
Funck, B.: Griechen im Perserreich. In: A. Demandt (Hrsg.): Mit Fremden leben. Eine Kulturgeschichte von der Antike bis zur Gegenwart. München 1995. S. 24–36.
Funke, P.: Athen in klassischer Zeit. München 1999.
Gauthier, P.: Les cités grecques et leurs bienfaiteurs (IVe-Ier siècle avant J.-C.). Contribution à l'histoire des institutions. Paris 1985.
Gehrke, H.-J.: Geschichte des Hellenismus. München 1990. 3., überarb. Aufl. 2003. (Oldenbourg Grundriss der Geschichte. 1A.)
– Thisbe in Böotien. Eine Fallstudie zum Thema »Griechische Polis und Römisches Imperium«. In: Klio 75 (1993) S. 150–154.
– Römische Nobilität und Hellenismus. In: B. Funck (Hrsg.): Hellenismus. Beiträge zur Erforschung von Akkulturation und politischer Ordnung in den Staaten des hellenistischen Zeitalters. Tübingen 1996. S. 526–541.
– Raumbilder in der griechischen Geographie. In: T. Hantos / G. A. Lehmann (Hrsg.): Althistorisches Kolloquium aus Anlass des 70. Geburtstages von Jochen Bleicken. Stuttgart 1998. S. 29–41.
– Alexander der Große. 4., durchges. Aufl. München 2005.
– Die Gründung Alexanders. Alexandria: Metropole im östlichen Mittelmeer. Darmstadt 2006. S. 69–82.
– / Schneider, H. (Hrsg.): Geschichte der Antike. Ein Studienbuch. 5., erw. Aufl. Stuttgart/Weimar 2019.
Geus, K.: Eratosthenes von Kyrene. Studien zur hellenistischen Kultur- und Wissenschaftsgeschichte. München 2002. (Münchener Beiträge zur Papyrusforschung und antiken Rechtsgeschichte. 92.)
Giebel, M.: Das Orakel von Delphi. Geschichte und Texte. Griech./Dt. Stuttgart 2001.
Giangiulio, M.: Avventurieri, mercanti, coloni, mercenari. Mobilità umana e circolazione di risorse nel Mediterraneo arcaico. In:

S. Settis (Hrsg.): I Greci. Storia – Cultura – Arte – Società. Bd. 2,1: Una storia greca. 1: Formazione. Rom 1996. S. 497–525.
Giovannini, A.: Les relations entre États dans la Grèce antique. Du temps d'Homère à l'intervention romaine (ca. 700–200 av. J.-C.). Stuttgart 2007. (Historia Einzelschriften. 193.)
Giullerm, A.: La marine dans l'Antiquité. Paris 1995.
Graeser, A.: Die Philosophie der Antike 2. Sophistik und Sokratik, Plato und Aristoteles. München [2]1993. (Geschichte der Philosophie. 2.)
Greaves, A. M.: The Land of Ionia. Society and Economy in the Archaic Period. Chichester/Malden 2010.
Gropp, G.: Herrscherethos und Kriegsführung bei Achämeniden und Makedonen. In: J. Ozols / V. Thewalt (Hrsg.): Aus dem Osten des Alexanderreiches. Völker und Kulturen zwischen Orient und Okzident. Iran, Afghanistan, Pakistan, Indien. Köln 1984. S. 32–42.
Grote, O.: Die griechischen Phylen. Funktion – Entstehung – Leistungen. Stuttgart 2016.
– Zur politischen Funktion der Volksversammlung in Sparta. In: Historische Zeitschrift 305 (2017) S. 1-36.
Gruen, E. S.: The Hellenistic World and the coming of Rome. Berkeley [u. a.] 1984, Pb. [1]1986.
Gschnitzer, F.: Abhängige Orte im griechischen Altertum. München 1958.
Gschnitzer, F.: Griechische Sozialgeschichte. Von der mykenischen bis zum Ausgang der klassischen Zeit. Wiesbaden 1981.
Günther, L.-M., Griechische Antike, Tübingen 2008.
Gygax, M. D.: Benefaction and Rewards in the Ancient Greek City. The Origins of Euergetism. Cambridge 2016.
Haake, M.: Diadem und Basileus. Überlegungen zu einer Insignie und einem Titel in Hellenistischer Zeit. In: A. Lichtenberger [u. a.] (Hrsg.): Das Diadem der hellenistischen Herrscher. Übernahme, Transformation oder Neuschöpfung eines Herrschaftszeichens? Bonn 2012. S. 293–313.
Habicht, C.: Gottmenschentum und griechische Städte. 2., durchges. Aufl. München 1970. (Zetemata. 41.)
– Untersuchungen zur politischen Geschichte Athens im 3. Jahrhundert v. Chr. München 1979. (Vestigia. 30.)
Haider, P. W.: Griechen im Vorderen Orient und Ägypten bis ca. 590 v. Chr. In: C. Ulf (Hrsg.): Wege zur Genese griechischer

Identität. Die Bedeutung der früharchaischen Zeit. Berlin 1996. S. 59–115.

Hall, J. M.: Ethnic identity in Greek antiquity. Cambridge 1997.

– A History of the Archaic Greek World. Ca. 1200 to 479 BC. London 2007. (Blackwell History of the Ancient World. Malden [u. a.] ²2014.)

Hambly, G. (Hrsg.): Zentralasien. Augsburg 1998. (Weltbild-Weltgeschichte. 16.)

Hammond, N. G. L.: The Macedonian State: The Origins, Institutions, and History. Oxford 1989.

– Philip of Macedon. London 1994.

Hampe, R. / Simon, E.: Tausend Jahre Frühgriechische Kunst. München 1980.

Hansen, M. H.: Die Athenische Demokratie im Zeitalter des Demosthenes. Struktur, Prinzipen und Selbstverständnis. Berlin 1995.

– / Heine Nielsen, Th. (Hrsg.): An Inventory of Archaic and Classical Poleis. Oxford 2004.

Hanson, V. D.: Die Kriege der griechischen Antike. Berlin 2001.

Harley, J. B. / Woodward, D. (Hrsg.): Cartography in Prehistoric, Ancient, and Medieval Europe and the Mediterranean. Chicago/London 1987. (The History of Cartograpy. 1.)

Hartmann, E. / Hartmann, U. / Pietzner, K. (Hrsg.): Geschlechterdefinitionen und Geschlechtergrenzen in der Antike. Stuttgart 2007.

Heilen, S.: Die Anfänge der wissenschaftlichen Geographie: Anaximander und Hekataios, In: W. Hübner (Hrsg.): Geographie und verwandte Wissenschaften. Stuttgart 2000. S. 33–54.

Heinen, H.: Geschichte des Hellenismus. Von Alexander bis Kleopatra. München 2003.

Hengel, M.: Judentum und Hellenismus. Studien zu ihrer Begegnung unter besonderer Berücksichtigung Palästinas bis zur Mitte des 2. Jh.s v. Chr. 2., durchges. und erg. Aufl. Tübingen 1973. (Wissenschaftliche Untersuchungen zum Neuen Testament. 10.)

Herington, J.: Aischylus in Sicily. In: Journal of Hellenistic Studies 87 (1967) S. 74–85.

Hermary, A. / Hesnard, A. / Treziny, H. (Hrsg.): Marseille grecque, 600–49 av. J.-C. La cité phocéenne. Paris 1999.

Heuss, A.: Stadt und Herrscher des Hellenismus in ihren staats- und völkerrechtlichen Beziehungen. Leipzig 1937.

– Die archaische Zeit Griechenlands als geschichtliche Epoche. In:

F. Gschnitzer (Hrsg.): Zur Griechischen Staatskunde. Darmstadt 1969. (Wege der Forschung. 96.) S. 36–96.
– Hellas. In: G. Mann / A. Heuss (Hrsg.): Propyläen Weltgeschichte. Bd. 3. Frankfurt a. M. / Berlin 1993. S. 69–400.
– Römische Geschichte. Hrsg. von J. Bleicken, W. Dahlheim und H.-J. Gehrke. Paderborn [6]1998.
Highbarger, E. L.: Theognis and the Persian Wars. In: Transactions and Proceedings of the American Philological Association 68 (1937) S. 88–111.
Hignett, C.: Xerxes' Invasion of Greece. Oxford 1963.
Hildebrandt, B.: Damos und Basileus. Überlegungen zu Sozialstrukturen in den Dunklen Jahrhunderten Griechenlands. München 2005.
Hölbl, G.: Geschichte des Ptolemäerreiches. Politik, Ideologie und religiöse Kultur von Alexander dem Großen bis zur römischen Eroberung. Darmstadt 1994.
Hölkeskamp, K.-J.: Schiedsrichter, Gesetzgeber und Gesetzgebung im archaischen Griechenland. Stuttgart 1999.
– Ptolis and Agore. Homer and the Archaeology of the City State. In: F. Montanari (Hrsg.): Omero tremila anni dopo. Rom 2002. S. 297–347.
Hölscher, T.: Hellenistische Kunst und römische Aristokratie. In: G. Hellenkemper Salies [u. a.] (Hrsg.): Das Wrack. Der antike Schiffsfund von Mahdia. Bd. 2. Köln 1994. S. 875–888.
– Aus der Frühzeit der Griechen. Räume – Körper – Mythen. Stuttgart/Leipzig 1998. [Zit. als: 1998a.]
– Öffentliche Räume in frühen griechischen Städten. Heidelberg 1998. [Zit. als: 1998b.]
Hölscher, U.: Die Odyssee. Epos zwischen Märchen und Roman. München [3]1990.
– Der epische Odysseus. In: G. Fuchs (Hrsg.): Lange Irrfahrt – große Heimkehr. Odysseus als Archetyp – zur Aktualität des Mythos. Frankfurt a. M. 1994. S. 29–47.
Holland, T.: Persisches Feuer. Das erste Weltreich und der Kampf um den Westen. Aus dem Engl. von Andreas Wittenburg und Susanne Held. Stuttgart 2008.
Holt, F. L.: Thundering Zeus. The Making of Hellenistic Bactria. Berkeley [u. a.] 1999.
Hornblower, S.: The Greek World 479–323 BC. London / New York [3]2002.

– The Greek World 479–323 BC. London / New York [4]2011. (Routledge History of the Ancient World.)
Hossenfelder, M.: Die Philosophie der Antike 3. Stoa, Epikureismus und Skepsis. München 1985. (Geschichte der Philosophie. Hrsg. von W. Röd. 3.)
Hoyos, D.: The Carthaginians. London 2010.
Huß, W. Geschichte der Karthager. München 1985. (Handbuch der Altertumswissenschaft 3,8.)
– Ägypten in hellenistischer Zeit 332–30 v. Chr. München 2001.
Hüttl, W.: Verfassungsgeschichte von Syrakus. Prag 1929.
Hutzfeld, B.: Das Bild der Perser in der griechischen Dichtung des 5. vorchristlichen Jahrhunderts. Wiesbaden 1999. (Serta Graeca. Beiträge zur Erforschung griechischer Texte. 8.)
Igelbrink, C.: Die Kleruchien und Apoikien Athens im 6. und 5. Jahrhundert v. Chr. Rechtsformen und politische Funktionen der athenischen Gründungen. Berlin/Boston 2015.
Ismard, P.: Democracy's Slaves. A Political History of Ancient Greece. Cambridge/London 2017.
Itgenshorst, T.: Denker und Gemeinschaft. Polis und politisches Denken im archaischen Griechenland. Paderborn [u. a.] 2014.
Iversen, J.: Die Frau im Alten Griechenland. Religion, Kultur, Gesellschaft. Düsseldorf/Zürich 2002.
Jocelyn, H. D.: The Ruling class of the Roman Republic and Greek Philosophers. In: Bull. of the John Rylands University Library of Manchester 59 (1977) S. 337–354.
Kahn, C. H.: Anaximander and the origins of Greek cosmology. Columbia [2]1985.
Kallet-Marx, R.M.: Hegemony to Empire. The Development of the Roman Imperium in the East from 148 to 62 B.C. Berkeley [u. a.] 1995.
Kienast, D.: Philipp II. von Makedonien und das Reich der Achämeniden. Wiesbaden 1973.
Kinzl, K. (Hrsg.): A Companion to the Classical Greek World. Malden/Oxford 2006. (Blackwell Companions to the Ancient World.)
Koehn, C.: Krieg – Diplomatie – Ideologie: zur Außenpolitik hellenistischer Mittelstaaten. Stuttgart 2007. (Historia Einzelschriften. 195.)
Körte, A.: Die Hellenistische Dichtung. 2., vollst. neubearb. Aufl. von P. Händel. Stuttgart 1960.

Kopcke, G.: Handel. Archaeologia Homerica. Bd. 2. Göttingen 1990.

Kramer-Hajos, M.: Mycenean Greece and the Aegean World. Palace and Province in the Late Bronze Age. Cambridge 2016.

Kuhrt, A. / Sherwin-White, S. (Hrsg.): Hellenism in the East. The interaction of Greek and non-Greek civilizations from Syria to Central Asia after Alexander. London 1987.

– From Samarkhand to Sardis. A new Approach to the Seleucid Empire. London 1993.

Kulke, H. / Rothermund, D.: Geschichte Indiens. Stuttgart [u.a.] 1982.

Larsen, A. O.: Greek Federal States. Their Institutions and History. Oxford 1968.

Latacz, J.: Einführung in die griechische Tragödie. Göttingen ²2003.

Laubscher, H. P.: Fischer und Landleute. Studien zur hellenistischen Genreplastik. Mainz 1982.

Lauffer, S.: Alexander der Große. ²München 1981.

Lauter, H.: Die Architektur des Hellenismus. Darmstadt 1986.

Lehmann, G. A.: Untersuchungen zur historischen Glaubwürdigkeit des Polybios. Münster 1967. (Fontes et Commentationes. 5.)

– Umbrüche und Zäsuren im östlichen Mittelmeerraum und Vorderasien zur Zeit der »Seevölker«-Invasionen um und nach 1200 v. Chr. Neue Quellenzeugnisse und Befunde. In: Historische Zeitschrift 262 (1996) S. 1–38.

– »Römischer Tod« in Kolophon/Klaros: Neue Quellen zum Status der »freien« Polisstaaten an der Westküste Kleinasiens im späten zweiten Jahrhundert v. Chr. Göttingen 1998. (Nachrichten der Akademie der Wissenschaften in Göttingen. Phil.-hist. Kl. 1998. Nr. 3.)

– Demosthenes von Athen. Ein Leben für die Freiheit. München 2004.

Lewis, D. M.: Greek Slave Systems in their Eastern Mediterranean Context, c. 800–146 BC. Oxford 2018.

Lolos, Y.: Land of Sikyon. Archaeology and History of a Greek City-State. Princeton 2013.

Lomas, K.: The Polis in Italy. Ethnicity, Colonization, and Citizenship in the Western Mediterranean. In: R. Brock / S. Hodkinson (Hrsg.): Alternatives to Athens. Varieties of Political Organization and Community in Ancient Greece. Oxford 2000. S. 167–185.

Lonis, R.: Guerre et religion en Grèce à l'époque classique. Paris 1979.

Ma, J.: Antiochos III and the Cities of Western Asia Minor. Oxford 1999.

Mack, W.: Proxeny and Polis. International Networks in the Ancient Greek World. Oxford 2015.

Mafodda, G.: La monarchia Gelone fra pragmatismo, ideologia e propaganda. Messina 1996.

Malkin, I.: Religion and Colonization in Ancient Greece. Leiden 1987. (Studies in Greek and Roman Religion. 3.)

– A Small Greek World. Networks in the Ancient Mediterranean. Oxford 2011.

– / Raaflaub, K. (Hrsg.): Ancient Perceptions of Greek Ethnicity. Cambridge (MA) / London 2000.

Mann, C.: Die Demagogen und das Volk. Zur politischen Kommunikation im Athen des 5. Jahrhunderts v. Chr. Berlin 2007. (klio Beih. N. F. 13.)

Matuszewski, R.: Räume der Reputation. Zur bürgerlichen Kommunikation im Athen des 4. Jahrhunderts. Stuttgart 2019.

McEvilley, T.: The Shape of Ancient Thought. Comparative Studies in Greek and Indian Philosophies. New Dehli 2002.

McGing, B. C.: The Foreign Policy of Mithridates VI Eupator King of Pontos. Leiden 1986.

Meier, Chr.: Die Entstehung einer autonomen Intelligenz bei den Griechen. In: S. N. Eisenstadt (Hrsg.): Kulturen der Achsenzeit. Ihre Ursprünge und ihre Vielfalt. Tl. 1. Frankfurt a. M. 1987. S. 89–127.

– Die politische Kunst der griechischen Tragödie. München 1988.

– Die Entstehung des Politischen bei den Griechen. Frankfurt a. M. ²1989.

Meier, Chr.: Athen. Ein Neubeginn der Weltgeschichte. Berlin 1993. Tb.-Ausg. München 1995.

– Kultur, um der Freiheit willen. Griechische Anfänge – Anfang Europas? München 2009.

Meier, M.: Aristokraten und Damoden. Untersuchungen zur inneren Entwicklung Spartas im 7. Jahrhundert v. Chr. und zur politischen Funktion der Dichtung des Tyrtaios. Stuttgart 1998.

Meißner, B.: Hellenismus. Darmstadt 2007. (Geschichte Kompakt.)

Meister, J. B.: »Adel« und gesellschaftliche Differenzierung im archaischen und frühklassischen Griechenland. Stuttgart 2020.
– Der Hellenismus. Kultur und Geistesgeschichte. Stuttgart 2016.
Meister, K.: Agathokles. In: F. W. Walbank [u.a.] (Hrsg.): The Cambridge Ancient History. Bd. VII,1. Cambridge ²1984. S. 384–411.
– Die griechische Geschichtsschreibung. Von den Anfängen bis zum Ende des Hellenismus. Stuttgart 1990.
Melé, A.: Il Commercio greco arcaico: prexis ed emporie. Neapel 1979.
Migeotte, L.: The Economy of the Greek Cities from the Archaic Period to the Early Roman Empire. Berkeley [u.a.] 2009.
Mileta, C.: Der König und sein Land. Untersuchungen zur Herrschaft des hellenistischen Monarchen über das königliche Gebiet Kleinasiens und seine Bevölkerung. Berlin 2008.
Mitchell, B.: Cyrene: Typical or Atypical. In: R. Brock / S. Hodkinson (Hrsg.): Alternatives to Athens. Varieties of Political Organization and Community in Ancient Greece. Oxford 2000. S. 82–102.
Mittag, P. F.: Antiochos IV. Epiphanes. Eine politische Biographie. Berlin 2006.
Momigliano, A.: Hochkulturen des Hellenismus. Die Begegnung der Griechen mit Kelten, Römern, Juden und Persern. München 1979.
Moreno, A.: Feeding the Democracy. The Athenian Grain Supply in the Fifth and Fourth Centuries BC. Oxford 2007.
Morgan, C.: Politics without the Polis: Cities and the Achaean Ethnos, ca. 800–500 BC. In: R. Brock / S. Hodkinson (Hrsg.): Alternatives to Athens. Varieties of Political Organization and Community in Ancient Greece. Oxford 2000. S. 189–211.
Morpeth, N.: Thucydides' War: Accounting for the faces of Conflict. New York / Hildesheim 2006.
Morris, I. / Powell, B.: The Greeks. History, Culture, and Society. Upper Saddle River [u.a.] ²2014.
Mossé, C.: Alexander der Große. Leben und Legende. Düsseldorf/ Zürich 2004.
Müller, C. W.: Der schöne Tod des Polisbürgers oder »Ehrenvoll ist es, für das Vaterland zu sterben«. In: Gymnasium 96 (1989) S. 317–340.
Müller, K. E.: Geschichte der antiken Ethnologie. Hamburg 1997.

Murray, O.: Philodemus on the Good King according to Homer. In: Journal of Roman Studies 55 (1965) S. 161–182.
– Das frühe Griechenland. München [4]1991. (dtv-Geschichte der Antike.)
– / Price, S. (Hrsg.): The Greek City. From Homer to Alexander. Oxford 1990.
– The Ionian Revolt. In: J. Boardman [u.a.] (Hrsg.): The Cambridge Ancient History. Bd. IV. Cambridge [2]1988. S. 461–490.
Muth, R.: Einführung in die griechische und römische Religion. Darmstadt 1988. [2]1998.
Nachtergael, O.: Les Galates en Grèce et les Sôtéria de Delphes. Recherches d'histoire et d'épigraphique hellénistiques. Brüssel 1977. (Académie Royale de Belgique, Mémoires de la Classe des Lettres. 63.)
Narain, A. K.: The Indo-Greeks. Oxford 1957.
Neumer-Pfau, W.: Studien zur Ikonographie und gesellschaftlichen Funktion hellenistischer Aphrodite-Statuen. Bonn 1982.
Neville, J.: Was there an Ionian Revolt? In: The Classical Quarterly 29,2 (1979) S. 268–275.
Ninck, M.: Die Entdeckung Europas durch die Griechen. Basel 1945.
Martini, W.: Die archaische Plastik der Griechen. Darmstadt 1990.
Niemeier, W.-D.: Der Kouros vom Heiligen Tor. Mainz 2002.
Nippel, W.: Die »Barbaren« aus der Sicht der Griechen. In: B. Jostes / J. Trabant (Hrsg.): Fremdes in fremden Sprachen. München 2001. S. 43–56.
Ober, J.: Das antike Griechenland. Eine neue Geschichte. Stuttgart 2016.
O'Halloran, B.: The Political Economy of Classical Athens. A Naval Perspective. Leiden/Boston 2018.
Orrieux, C. / Schmitt Pantel, P.: A History of Ancient Greece. Malden/Oxford 1999.
Osborne, R.: Early Greek Colonization? The Nature of Greek Settlement in the West. In: Fischer, N. / Van Wees, H. (Hrsg.): Archaic Greece: New Approaches and new Evidence. London 1998. S. 251–270.
– Greek History. London / New York 2004.
– Greece in the Making 1200–479 BC. Abingdon 1996. (Routledge History of the Ancient World. Neudr. London / New York [2]2009.)
Ozols, J. / Thewalt, V. (Hrsg.): Aus dem Osten des Alexanderrei-

ches. Völker und Kulturen zwischen Orient und Okzident. Iran, Afghanistan, Pakistan, Indien. Köln 1984.
Pakkanen, P.: Interpreting Early Hellenistic Religion. A Study Based on the Mystery Cult of Demeter and the Cult of Isis. Athen 1996. (Papers and Monographs of the Finnish Institute at Athens. Bd. 3.)
Paranavitana, S.: The Greeks and the Mauryas. Colombo 1971.
Pfister, E. (Hrsg.): Die Reisebilder des Herakleides. Wien 1951.
Pichot, A.: Die Geburt der Wissenschaften. Von den Babyloniern zu den frühen Griechen. Darmstadt 1995.
Pistorius, T.: Hegemonialstreben und Autonomiesicherung in der griechischen Vertragspolitik klassischer und hellenistischer Zeit. Frankfurt a. M. 1985.
Pohlenz, M.: Die Stoa. Geschichte einer geistigen Bewegung. 2 Bde. Göttingen [6]1990.
Pomeroy, S. B.: Frauenleben im Klassischen Altertum. Stuttgart 1985.
Préaux, C.: Le monde hellénistique. La Grèce et l'Orient de la mort d'Alexandre à la conquête romaine de la Grèce (323–30 av. J.-C.). 2 Bde. Nancy 1978.
Purcell, N.: Mobility and the Polis. In: O. Murray / S. Price (Hrsg.): The Greek City From Homer to Alexander. Oxford 1990. S. 29–58.
Quaß, F.: Die Honoratiorenschicht in den Städten des griechischen Ostens. Untersuchungen zur politischen und sozialen Entwicklung in hellenistischer und römischer Zeit. Stuttgart 1993.
Raaflaub, K.: Die Entdeckung der Freiheit. Zur historischen Semantik und Gesellschaftsgeschichte eines politischen Grundbegriffes der Griechen. München 1985.
– Politisches Denken und Handeln bei den Griechen. In: Propyläen Geschichte der Literatur. Bd. 1: Die Welt der Antike. Berlin 1988. S. 36–67.
– Die Bedeutung der Dark Ages: Mykene, Troia und die Griechen. In: C. Ulf (Hrsg.): Der neue Streit um Troja. Eine Bilanz. München 2003. S. 309–329.
– Zwischen Ost und West. Phönizische Einflüsse auf die griechische Polisbildung? In: R. Rollinger / C. Ulf (Hrsg.): Griechische Archaik. Interne Entwicklungen – Externe Impulse. Berlin 2004. S. 271–289.
– / Ober, J. / Wallace, R. W.: Origins of Democracy in Ancient Greece. With chapters by Paul Cartledge and Cynthia Farrar. Berkeley 2007.

– / van Wees, H. (Hrsg.): A Companion to the Archaic Greek World. Malden [u.a.] 2009. (Blackwell Companions to the Ancient World.)

– »Arche«, »Reich« oder »athenischer Groß-Staat«? Zum Scheitern integrativer Staatsmodelle in der griechischen Poliswelt des 5. und frühen 4. Jahrhunderts v. Chr. In: E. Baltrusch / H. Kopp (Hrsg.): Seemacht, Seeherrschaft und die Antike. Stuttgart 2016. S. 103–132.

Rahe, P. A.: The Grand Strategy of Classical Sparta. The Persian Challenge. New Haven / London 2015.

– Sparta's First Attic War. The Grand Strategy of Classical Sparta, 478–446 B. C. London 2019.

Rawson, E.: Caesar's Heritage: Hellenistic Kings and their Roman Equals. In: Journal of Roman Studies 65 (1975) S. 148–159.

– Intellectual Life in the Late Roman Republic. London 1985.

– Roman Rulers and the Philosophic Adviser. In: M. Griffin / J. Barnes (Hrsg.): Philosophia Togata. Essays on Philosophy and Roman Society. Oxford 1997. S. 241–260.

Reden, S. von: Exchange in Ancient Greece. London 2003.

Rhodes, P. J.: A History of the Classical Greek World 478–323 BC. Malden [u.a.] ²2010. (Blackwell History of the Ancient World.)

Riedweg, C.: Pythagoras. Leben – Lehre – Nachwirkung. Eine Einführung. München 2002.

Roberts, J. T.: The Plague of War. Athens, Sparta, and the Struggle for Ancient Greece. Oxford 2017.

Robinson, E. W.: Democracy Beyond Athens. Popular Government in the Greek Classical Age. Cambridge 2011.

Rockwell, N.: Thebes. A History. New York 2017.

Röd, W.: Die Philosophie der Antike 1: Von Thales bis Demokrit. München ²1988. (Geschichte der Philosophie. 1.)

Rohde, D.: Von der Deliberationsdemokratie zur Zustimmungsdemokratie. Die öffentlichen Finanzen Athens und die Ausbildung einer Kompetenzelite im 4. Jahrhundert v. Chr. Stuttgart 2019.

Rohde, E.: Psyche. Seelencult und Unsterblichkeitsglaube der Griechen. Darmstadt 1991. (Nachdr. der 2. Aufl. Freiburg i. Br. [u. a.] 1898.)

Rollinger, R.: Homer, Anatolien und die Levante: Die Frage der Beziehungen zu den östlichen Nachbarkulturen im Spiegel der schriftlichen Quellen. In: C. Ulf (Hrsg.): Der neue Streit um Troja. Eine Bilanz. München 2003. S. 330–348.

– Zu Herkunft und Hintergrund der in altorientalischen Texten genannten ›Griechen‹. In: R. Rollinger / A. Luther / J. Wiesehöfer (Hrsg.): Getrennte Wege? – Kommunikation, Raum und Wahrnehmung in der Alten Welt. Frankfurt a. M. 2007. S. 259–330.

– / Luther, A. / Wiesehöfer, J. (Hrsg.): Getrennte Wege? – Kommunikation, Raum und Wahrnehmung in der Alten Welt. Frankfurt a. M. 2007.

– / Jacobs, B. (Hrsg.): A Companion to the Achaemenid-Persian Empire. Malden 2014.

Romm, J. S.: The Edges of earth in Ancient Thought. Geography, Exploration, Fiction. Princeton 1992.

Rüter, K. / Matthiessen, K.: Zum Nestorbecher von Pithekussai. In: Zeitschrift für Papyrologie und Epigraphik 2 (1968) S. 231–255.

Sabin, Ph. / van Wees, H. / Whitby, M. (Hrsg.): The Cambridge History of Greek and Roman Warfare. Vol. 1: Greece, the Hellenistic World and the Rise of Rome. Cambridge 2007.

Sallares, R.: The ecology of the Ancient Greek world. London 1991.

Samons Ii, L. J. (Hrsg.): The Cambridge Companion to the Age of Pericles. Cambridge 2007.

Sartre, M.: Religion und Herrschaft: das Selekidenreich. In: Saeculum 57 (2006) S. 163–190.

Schäfer, N.: Die Einbeziehung der Provinzialen in den Reichsdienst in augusteischer Zeit. Stuttgart 2000.

Schalit, A.: The Letter of Antiochos III to Zeuxis regarding the Establishment of Jewish Military Colonies in Phrygia and Lydia. In: Jewish Quarterly Review 50 (1960) S. 292–260.

Schalles, H.-J.: Der Pergamonaltar. Zwischen Bewertung und Verwertbarkeit. Frankfurt a. M. 1986.

Schefold, K.: Die Griechen und ihre Nachbarn. In: Propyläen Kunstgeschichte. Bd. 1. Berlin 1967.

Schenk von Stauffenberg, A.: Trinakria. Sizilien und Großgriechenland. München/Wien 1963.

Schlesinger, R.: Menschen und Götter unterwegs. Ritual und Reise in der griechischen Antike. In: T. Hölscher (Hrsg.): Gegenwelten zu den Kulturen Griechenlands und Roms in der Antike. München/Leipzig 2000. S. 129–157.

Schmidt-Hofner, S.: Das klassische Griechenland. Der Krieg und die Freiheit. München 2016.

Schmitt, T.: Kein König im Palast. Heterodoxe Überlegungen zur

politischen und sozialen Ordnung on der Mykenischen Zeit. In: Historische Zeitschrift 288 (2009) S. 281–346.
– Wer steckt hinter Agamemnons Maske? Zur politischen Herrschaft in mykenischer Zeit. In: S. Rebenich (Hrsg.): Monarchische Herrschaft im Altertum. Berlin/Boston 2017. S. 83–103.
Schmitz, W.: Nachbarschaft und Dorfgemeinschaft im archaischen und klassischen Griechenland. Berlin 2004.
– Die griechische Gesellschaft. Eine Sozialgeschichte der archaischen und klassischen Zeit. Heidelberg 2015.
Schneider, L. A.: Zur Bedeutung der archaischen Korenstatuen. Hamburg 1975. (Hamburger Beiträge zur Archäologie. Beih. 2.)
Scholten, J. B.: The Politics of Plunder. Aitolians and their Koinon in the Early Hellenistic Era, 279–217 B. C. Berkeley 2000. (Hellenistic Culture and Society. 24.)
Schubert, C.: Vom Areopag zur Agora: Die Entstehung der Demokratie. In: Brodersen, K. (Hrsg.): Höhepunkte der Antike. Darmstadt 2006. S. 39–55.
Schuchardt, W.-H.: Geschichte der Griechischen Kunst. Stuttgart 1971.
Schulz, R.: Militärische Revolution und politischer Wandel. Das Schicksal Griechenlands im 4. Jahrhundert v. Chr. In: Historische Zeitschrift 268 (1999). S. 281–310.
– Die Antike und das Meer. Darmstadt 2005.
– Athen und Sparta. Darmstadt [5]2015. (Geschichte Kompakt.)
– Abenteurer der Ferne. Die großen Entdeckungsfahrten und das Weltwissen der Antike. Stuttgart [2]2016.
– Die Perserkriege. Berlin/Boston 2017. (Seminar Geschichte.)
– Feldherren, Krieger und Strategen. Krieg in der Antike von Achill bis Attila. Stuttgart [3]2018.
– Zwischen Eroberungskrieg und Präventivschlag? Neue Perspektiven zu den Perserkriegen und ihren Voraussetzungen. In: Historische Zeitschrift 306 (2018) S. 647–684.
– Als Odysseus staunte. Die griechische Sicht des Fremden und das ethnographische Vergleichen von Homer bis Herodot. Göttingen 2020.
– Innovationsraum, Impulsgeber und imperiale Vorreiter. Der Einfluss der »kolonialen« Randgebiete auf die gesamtgriechische Entwicklung. In: GWU 71 (2020) S. 117–133.
Schumacher, L.: Zum Herrschaftsverständnis Philipps II. von Makedonien. In: Historia 39 (1990) S. 426–330.

Schuol, M.: Zur Überlieferung homerischer Epen vor dem Hintergrund altanatolischer Traditionen. In: M. Schuol / U. Hartmann / A. Luther (Hrsg.): Grenzüberschreitungen. Formen des Kontakts zwischen Orient und Okzident im Altertum. Stuttgart 2002. S. 331–362.
Sedlar, J. W.: India and the Greek World. A Study in the Transmission of Culture. New Jersey 1980.
Seeck, G. A.: Die griechische Tragödie. Stuttgart 2000.
Seelentag, G.: Das archaische Kreta. Institutionalisierung im frühen Griechenland. Berlin/Boston 2015.
Settis, S. (Hrsg.): I Greci. 4 Bde. Turin 1996–2005.
Shapiro, H. A. (Hrsg.): The Cambridge Companion to Archaic Greece. Cambridge 2007.
Sherwin-White, S.: Babylonian Chronicle Fragments as source for Seleucid history. In: Journal of Near Eastern Studies 42 (1983) S. 256–270.
Shipley, G.: The Greek World after Alexander. 323–30 BC. London 2000. (Routledge History of the Ancient World.)
Small, D.: Surviving the Collapse. The Oikos and Structural Continuity Between Late Bronze Age and Later Greece. In: G. Seymour [u. a.] (Hrsg.): Mediterranean Peoples in Transition. Thirteenth to Early Tenth Centuries BCE. Jerusalem 1998. S. 283–291.
Smith, R. R. R.: Hellenistic Royal Portraits. Oxford 1988.
Snodgrass, A.: Archaic Greece. The Age of Experiment. Berkeley / Los Angeles 1980.
Sonnabend, H.: Die Grenzen der Welt. Geographische Vorstellungen der Antike. Darmstadt 2007.
Stahl, M.: Gesellschaft und Staat bei den Griechen: Archaische Zeit. Paderborn 2003.
– Gesellschaft und Staat bei den Griechen: Klassische Zeit. Paderborn 2003. [Zit. als: 2003a.]
Starr, C. G.: The Economic and Social Growth of early Greece 800–500 B. C. New York 1977.
Stein-Hölkeskamp, E.: Adelskultur und Polisgesellschaft. Studien zum griechischen Adel in archaischer und klassischer Zeit. Stuttgart 1989.
– Im Land der Kirke und der Kyklopen. Immigranten und Indigene in den süditalischen Siedlungen des 8. und 7. Jahrhunderts v. Chr. In: Klio 88 (2006) S. 311–327.

– Das archaische Griechenland. Die Stadt und das Meer. München 2015.
– / Hölkeskamp, K.-J. (Hrsg.): Die griechische Welt. Erinnerungsorte der Antike. München 2010.
Stewart, A.: Art, Desire, and the Body in Ancient Greece. Cambridge 1997.
Stickler, T.: Korinth und seine Kolonien. Die Stadt am Isthmus im Mächtegefüge des klassischen Griechenland. Berlin 2010.
Strasburger, H.: Poseidonios über die Römerherrschaft. In: Studien zur Alten Geschichte. Hrsg. von W. Schmitthenner und R. Zoepfel. Bd. 2. Hildesheim / New York 1982. S. 920–945.
Strauch, D.: Römische Politik und griechische Tradition. Die Umgestaltung Nordwest-Griechenlands unter römischer Herrschaft. München 1996.
Swain, S.: Hellenism and Empire. Language, Classicism, and Power in the Greek World, AD 50–250. Oxford 1996.
Syme, R.: The Greeks under Roman Rule. In: Proceedings of the Massachusetts historical society 72 (1957/60) S. 3–20.
Tandy, D. W.: Die Kultur der Hellenistischen Welt. Darmstadt [3]1966.
– Warriors into Traders. The Power of the Market in Early Greece. Berkeley [u. a.] 1997.
Tarn, W. W.: The Greeks in Bactria and India. Cambridge [3]1951.
Taylor, C.: Poverty, Wealth, and Well-being. Experiencing Penia in Democratic Athens. Oxford 2017.
Thommen, L.: Sparta. Verfassungs- und Sozialgeschichte einer griechischen Polis. 2., erw. Aufl. Stuttgart/Weimar 2017.
Thonemann, P.: The Hellenistic Age. Oxford 2016.
Tritle, L. A. (Hrsg.): The Greek World in the Fourth Century. From the Fall of the Athenian Empire to the Successors of Alexander. London 1997.
Tronson, A.: The Hellenic League of 480 BC – Fact or Fiction? In: Acta Classica 34 (1991) S. 93–110.
Trundle, M.: Greek mercenaries: from the late archaic period to Alexander. London [u. a.] 2004.
Tsetskhladze, G. R. (Ed.): Greek Colonisation. An Account of Greek Colonies and Other Settlements Overseas. [Bisher] 2 Bde. Leiden/Boston 2006–09.
Ulf, C. / Kistler, E.: Die Entstehung Griechenlands. Berlin/Boston 2020. (Oldenbourg Grundriss der Geschichte. 46.)

Urban, R.: Wachstum und Krise des achäischen Bundes: Quellenstudien zur Entwicklung des Bundes von 280 bis 222 v. Chr. Wiesbaden 1979.
Van Bremen, R.: Women and Wealth. In: A. Cameron / A. Kuhrt (Hrsg.): Images of Women in Antiquity. Detroit ²1993. S. 223–242.
Vanderlip, V. F.: The Four Greek Hymns of Isidorus and the Cult of Isis. Toronto 1972. (American Studies in Papyrology. 12.)
Vasilev, M. I.: The Policy of Dareios and Xerxes towards Thrace and Macedonia. Leiden/Boston 2015.
Vernant, J.-P.: The Origins of Greek Thought. Translated from the French. London 1982.
– (Hrsg.): Problèmes de la guerre en Grèce ancienne. Nouv. éd. Paris 1999.
Veyne, P.: Glaubten die Griechen an ihre Mythen? Ein Versuch über die konstitutive Einbildungskraft. Aus dem Frz. von M. May. Frankfurt a. M. 1987.
– Brot und Spiele. Gesellschaftliche Macht und politische Herrschaft in der Antike. Aus dem Frz. von K. Laermann und H. R. Brittmacher. München 1994.
Vidal-Naquet, P.: The Black Hunter. Forms of Thought and Forms of Society in the Greek World. Aus dem Frz. ins Engl. übers. von A. Szegedy-Maszak. Baltimore/London 1986.
Villard, F.: Malerei. In: J. Charbonneaux / R. Martin / F. Villard (Hrsg.): Das Hellenistische Griechenland 330–50 v. Chr. München ²1988. S. 97–198.
Vlassopoulos, K.: Unthinking the Greek Polis. Ancient Greek History Beyond Eurocentrism. Cambridge 2007.
Völcker-Janssen, W.: Kunst und Gesellschaft an den Höfen Alexanders d. Gr. und seiner Nachfolger. München 1993. (Quellen und Forschungen zur Alten Welt. 15.)
Walbank, F. W.: Die hellenistische Welt, München 1983. (dtv-Geschichte der Antike.)
– Monarchies and Monarchic Ideas. In: F. Walbank [u. a.] (Hrsg.): The Cambridge Ancient History. Bd. VII,1. Cambridge ²1984. S. 62–100.
Wallinga, H. T.: Xerxes's Greek Adventure. The Naval Perspective. Leiden/Boston 2008.
Walter, U.: An der Polis teilhaben. Bürgerstaat und Zugehörigkeit im Archaischen Griechenland. Stuttgart 1993. (Historia Einzelschriften. 82.)

– Griechenland vom Ende der Bronzezeit bis 500 v. Chr.; Das klassische Griechenland (499–322 v. Chr.). In: Der Große Ploetz. Die Enzyklopädie der Weltgeschichte. Göttingen [35]2008. S. 151–195.
– Die Archaische Zeit – noch immer eine Epoche der griechischen Geschichte? In: Das Altertum 58 (2013) S. 99–113.
– Ares-Söhne oder brave Siedler? Migrationen im frühen Griechenland. In: GWU 71 (2020) S. 174–189.
Wees, H. van: Greek Warfare. Myths and Realities. London 2004.
– Ships and Silver, Taxes and Tribute. A Fiscal History of Archaic Athens. London / New York 2013.
Weber, Gregor: Dichtung und höfische Gesellschaft. Die Rezeption von Zeitgeschichte am Hof der ersten drei Ptolemäer. Stuttgart 1993. (Hermes Einzelschriften. 62.)
– Interaktion, Repräsentation und Herrschaft. Der Königshof im Hellenismus. In: A. Winterling (Hrsg.): Zwischen »Haus« und »Staat«. Antike Höfe im Vergleich. München 1997. S. 27–71. (Historische Zeitschrift. Beih. 23.)
Webster, T. B. L.: Hellenismus. Baden-Baden 1966.
Weiler, I.: Griechische Geschichte. Einführung, Quellenkunde, Bibliographie. Darmstadt [2]1988.
Welwei, K.-W.: Die griechische Polis. Verfassung und Gesellschaft in archaischer und klassischer Zeit. Stuttgart [u. a.] 1983.
– Sparta. Aufstieg und Niedergang einer antiken Großmacht. Stuttgart 2004.
– Griechische Geschichte. Von den Anfängen bis zum Beginn des Hellenismus. Paderborn 2011.
Wentker, H.: Sizilien und Athen. Die Begegnung der attischen Macht mit den Westgriechen. Heidelberg 1956.
Werner, R.: Zur Geschichte der vorderorientalisch-phönikischen und mykenisch-griechischen Handels- und Kolonisationsfahrten im Spiegel der Epos und Periplusliteratur. In: Orientalisch-Ägäische Einflüsse in der europäischen Bronzezeit. Bonn 1990. (Römisch-Germanisches Zentralmuseum. Forschungsinstitut für Vor- und Frühgeschichte Monographien. 15.)
West, M. L.: The East Face of Helicon. West Asiatic Elements in Greek Poetry and Myth. Oxford 1997.
Wiemer, H.-U.: Alexander der Große. München 2005.
– Alexander – der letzte Achaimenide? Eroberungspolitik, lokale Eliten und altorientalische Traditionen im Jahr 323. In: Historische Zeitschrift 284 (2007) S. 281–309.

Wilcken, U.: Alexander der Große. Leipzig 1931.
Wilker, J.: ›... that all your Security Depends on the Sea‹. Concepts of Hegemony at Sea in the 4th Century BCE. In: E. Baltrusch / H. Kopp / C. Wendt (Hrsg.): Seemacht, Seeherrschaft und die Antike. Stuttgart 2016. S. 131–147.
Wittkower, R.: Die Wunder des Ostens: Ein Beitrag zur Geschichte der Ungeheuer. In: R. W.: Allegorie und der Wandel der Symbole in Antike und Renaissance. Köln 1984. S. 88–92.
Wolff, C.: Sparta und die peloponnesische Staatenwelt in archaischer und klassischer Zeit. München 2010.
Wörrle, M. / Zanker, P. (Hrsg.): Stadtbild und Bürgerbild im Hellenismus. Kolloquium, München 24.–26. Juni 1993. München 1995.
Worthington, I.: Philip II of Macedonia. New Haven (CT) [u.a.] 2008.
– Demosthenes of Athens and the Fall of Classical Greece. New York 2013.
– By the Spear. Philipp II, Alexander the Great, and the Rise and Fall of the Macedonian Empire. Oxford 2014.
Yarrow, L. M.: Historiography at the end of the Republic. Provincial perspectives on Roman rule. Oxford 2006.
Zahrnt, M.: Die Schlacht bei Himera und die sizilische Historiographie. In: Chiron 23 (1993) S. 353–390.
Die Zeit: Welt- und Kulturgeschichte. Epochen, Fakten, Hintergründe in 20 Bänden. Bd. 4: Klassische Antike. Hamburg 2006. [Mit zahlreichen Beiträgen von W. Schuller.]
Zimmermann, B.: Die griechische Tragödie. Düsseldorf/Zürich 1998.
Zuchtriegel, G.: Colonization and Subalternity in Classical Greece. Experience of the Nonelite Population. New York 2017.

Namensregister
(Personen, Götter, Völker)

Die Sammelbezeichnung für die Einwohner von Städten (Spartaner, Athener, Römer usw.) sind den geographischen Begriffen zugeordnet.

Ortsregister
(Städte, Landschaften, Flüsse, Meere)

Zum Autor

RAIMUND SCHULZ, geboren 1962. Studium der Geschichte und Klassischen Philologie in Göttingen. Nach dem Staatsexamen 1988 wissenschaftlicher Mitarbeiter am Institut für Geschichtswissenschaft, Fachgebiet Alte Geschichte der TU Berlin, 1991 Promotion, danach wissenschaftlicher Assistent bis 1999 sowie nach der Habilitation 1996 Privatdozent. 2001 bis 2008 Studienrat an Gymnasien in Berlin und Hildesheim sowie Lehrbeauftragter an verschiedenen Universitäten. Seit 2003 Außerplanmäßiger Professor an der Technischen Universität Berlin. Seit Herbst 2008 ordentlicher Professor für Allgemeine Geschichte unter besonderer Berücksichtigung der Alten Geschichte an der Universität Bielefeld. Zahlreiche Buch- und Aufsatzveröffentlichungen zur Griechischen und Römischen Geschichte, u. a.: *Herrschaft und Regierung. Roms Regiment in den Provinzen in der Zeit der Republik* (1997); *Athen und Sparta. Geschichte Kompakt* (5. Aufl. 2015); *Die Antike und das Meer* (2005); *Feldherren, Krieger und Strategen. Krieg in der Antike von Achill bis Attila* (3. Aufl. 2018); *Abenteurer der Ferne. Die großen Entdeckungsfahrten und das Weltwissen der Antike* (2. Aufl. 2016); *Die Perserkriege. Seminar Geschichte* (2017); *Als Odysseus staunte. Die griechische Sicht des Fremden und das ethnographische Vergleichen von Homer bis Herodot* (2020); »The Making of Greece. Contributions from the Edges«, in: F. De Angelis (Hrsg.), *A Companion to Greeks across the Ancient World*, Hoboken 2020 (Blackwell Companions to the Ancient World), S. 513–529.